TERRES RARES

Sandro Veronesi est né à Prato, en Toscane, en 1959 et obtient un diplôme d'architecture à l'université de Florence, en 1985, avant de se tourner vers l'écriture. Après une incursion précoce mais sans suite en poésie, il fait ses débuts en tant que romancier. Son premier roman traduit en français, *Les Vagualâmes*, est publié chez Laffont en 1993. Suit en 2000 *La Force du passé* (lauréat du prix Campiello et du prix Viareggio en Italie) chez Plon. *Chaos calme*, adapté au cinéma avec Nanni Moretti dans le rôle principal, a obtenu le prix Strega 2006 en Italie et a été récompensé en France par le prix Méditerranée 2008 et le prix Femina la même année.

Paru au Livre de Poche :

CHAOS CALME

TERRAIN VAGUE

UN COUP DE TÉLÉPHONE DU CIEL

XY

SANDRO VERONESI

Terres rares

ROMAN TRADUIT DE L'ITALIEN PAR DOMINIQUE VITTOZ

GRASSET

Titre original :

TERRE RARE
Publié par Bompiani.

ISBN : 978-2-253-07013-9 – 1re publication LGF

À Zeno,
arrivé entre-temps.

PREMIÈRE PARTIE

Une journée inhumaine

1

Le monde dépend de ses narrateurs, mais aussi de ceux qui écoutent l'histoire et la conditionnent parfois.

Javier MARÍAS

Le sujet du jour, c'est l'alerte écrevisses. Tous les journaux en parlent et pas seulement à la rubrique régionale de Rome. Les écrevisses tueuses de Louisiane. Le ton est à l'inquiétude parce que cette espèce particulière, importée de Louisiane il y a une quinzaine d'années par un éleveur du lac de Bracciano, a proliféré dans tout le Latium grâce, paraît-il, à sa capacité immodérée de se reproduire. De fossé en fossé, de rigole en rigole, elles sont remontées jusqu'à la décharge de Malagrotta, et de là, toujours selon la presse, elles ont donné l'assaut à Rome la nuit dernière, traversant la via Aurelia à la hauteur du kilomètre treize, ce qui n'est pas allé sans provoquer de sérieux problèmes. On déplore un carambolage en chaîne entre des véhicules incapables de freiner, nous dit-on, sur l'asphalte tapissé de ces monstres rouges. D'après les journaux, la Province installe d'imposantes clôtures, la gendarmerie est sur le terrain et les écologistes crient au danger pour l'équilibre de l'écosystème, pendant que l'on redoute de nouvelles attaques dans les prochains jours. Tel est le tableau dans les médias.

Or, il se trouve que j'y suis, au kilomètre treize de la via Aurelia, assis sur le pas de la porte devant nos bureaux. Par cette matinée lumineuse où l'air croustille, le ciel résonne d'hirondelles et une brise tiède me caresse les poils des bras, tandis que j'observe en effet deux ouvriers en tenue de travail orange qui plantent le long de la route, à cent mètres de moi, une clôture à vrai dire en rien imposante. Mais surtout, j'étais déjà ici hier matin à cinq heures et demie – de passage pour récupérer les clés de chez moi après une nuit mouvementée – et j'ai vu de mes yeux vu un fourgon à plaque d'immatriculation étrangère – roumain peut-être ou polonais – déraper et accrocher la glissière, la porte arrière s'ouvrir d'un coup et une avalanche d'écrevisses se répandre sur la chaussée. Des écrevisses, donc, en veux-tu en voilà, et grosses par-dessus le marché. Zéro caisse en polystyrène, zéro emballage d'aucune sorte dans ce fourgon bourré Dieu sait pourquoi d'écrevisses en vrac et de glace pilée, qui de fait a déversé sa cargaison sur la chaussée devant moi, en poursuivant sa trajectoire sans daigner ralentir. Il est donc exact qu'hier matin, à l'aube, au kilomètre treize, la via Aurelia s'est soudain et incongrûment couverte d'un tapis d'écrevisses charnues, vite réduites en bouillie par les voitures qui suivaient le fourgon. Et il est tout aussi exact qu'au moment où l'on ne pouvait plus en connaître ni en deviner la provenance, cette purée s'est rendue responsable d'un accident entre deux voitures qui roulaient un peu trop vite – une vieille Clio grise et une Punto verte –, lesquelles, obligées de freiner, sont parties en tête-à-queue, se télescopant non sans grâce pour aller s'échouer ensemble contre la glissière, où elles ont encaissé ce que la branche de la physique dénommée cinématique définit comme un « choc parfaitement inélastique » – je le sais parce que ma fille doit rattraper sa moyenne de physique pour passer en terminale, et qu'elle révise en ce moment. Ces faits sont exacts, parce que j'y ai assisté. Mais pas le reste. Le reste est faux. Zéro invasion.

Donc, hier matin à l'aube, j'avais d'autres chats à fouetter et pas de temps à perdre, mais avant de repartir chez moi, je le jure, j'ai attendu de savoir si mon aide ou mon témoignage ou les deux étaient utiles, voire nécessaires. Prenant acte que les conducteurs des deux véhicules étaient descendus indemnes constater ce qu'il s'était passé et que les autres voitures s'arrêtaient ou ralentissaient sans les faucher ni aggraver l'accident, considérant que je n'avais pas relevé le numéro du fourgon et n'imaginant pas une seconde être le seul à connaître le fin mot de l'histoire, sans compter que j'étais, croyez-moi, totalement claqué, que j'aspirais à une douche, à un minimum de repos et surtout à retrouver ma fille à la maison pour le petit déjeuner avant de revenir dans ces mêmes bureaux entamer ma journée de travail, j'ai décrété que je pouvais quitter les lieux sans m'en mêler. Ça ne m'était pas arrivé à moi, ai-je pensé, si vous voyez ce que je veux dire, si vous prenez en compte vous aussi la différence cruciale entre *devant moi* et *à moi.* Je suis donc parti. À mon retour quatre heures plus tard, il restait quelques écrevisses écrasées sur le bitume et, stationnant dans la contre-allée, une voiture de la gendarmerie dont les occupants oisifs ne cherchaient guère à se renseigner, tandis que, devant la chaussée mouillée et propre, personne ne semblait plus penser à cet étrange accident. À ce stade, je n'ai plus eu de scrupules quant à l'utilité de mon témoignage sans numéro d'immatriculation dans l'éventuelle interception du fourgon au cas où l'on aurait cherché un responsable à qui imputer les dégâts ou du moins réclamer des explications sur ce transport insolite de crustacés en vrac au mépris des règles d'hygiène, et je n'ai plus pensé à cette affaire. Puis, ce matin, en ouvrant le *Corriere della Sera*, je tombe sur les écrevisses de Louisiane. Un entrefilet aux faits divers, avare de détails. Alors je suis allé acheter le *Messaggero*, imbattable sur Rome pour les informations locales, où j'ai trouvé d'abord un court article à la rubrique nationale, puis une pleine page à la régionale, où figurait le récit que je viens de rapporter sur les écrevisses tueuses de Louisiane, leur importation, leur prolifération, leurs conquêtes territoriales jusqu'à leur traversée de la via Aurelia, ainsi que trois interviews – l'éleveur de Bracciano, un militant écologiste et le porte-parole de la gendarmerie – accompagnées d'un encart sur *Forrest Gump*, photo de Tom Hanks à l'appui, mais peut-être pas tirée du film parce qu'il porte des lunettes.

Du coup, à l'idée que je suis le seul au monde à savoir ce qu'il s'est passé ici hier matin à l'aube, je sens germer dans mon esprit le soupçon que cette histoire me regarde et que, contrairement à ce que je pensais, elle m'est arrivée, à *moi*. En même temps, j'essaie de ne pas glisser sur cette pente, parce que je croyais avoir acquis au moins cette capacité en prenant de l'âge : ne pas me sentir concerné par ce qui ne me concerne pas. Je dois chasser une à une les questions qui se bousculent dans ma tête, et il y a du boulot.

Qui a mis en circulation cette histoire d'invasion des écrevisses de Louisiane ?

Peu importe.

Pourquoi ?

Peu importe.

Est-ce une légende urbaine ?

Il y a bien des chances.

Alors tous les journaux (j'ai vérifié aussi dans la *Repubblica* et *Il Tempo*) l'auraient gobée sans vérifier ?

Oui.

En admettant que les écrevisses larguées sur la via Aurelia appartenaient vraiment à cette espèce, comment se fait-il que personne n'ait remarqué qu'elles étaient déjà mortes ?

À moins qu'elles n'aient été vivantes ?

Peu importe.

Pourquoi personne ne parle de la glace tombée du fourgon en même temps que les écrevisses, qui, en toute logique, devrait plaider pour l'hypothèse de la cargaison perdue de préférence à celle d'une invasion de crustacés affamés ?

Elle a donc fondu si vite à l'aube, alors que la température ne dépasse pas les dix-huit degrés ?

Et même si c'était le cas, comment se fait-il que personne n'ait été surpris de voir, par une matinée claire et dégagée, cette portion de chaussée mouillée *avant* l'arrivée des pompiers appelés pour la laver ?

Peu importe.

Oui.

Superficialité.

Ne devrais-je pas me manifester pour dire ce que j'ai vu et rétablir un minimum de vérité ?

Non.

N'est-il pas exagéré de parler de « vérité » pour une histoire pareille ?

Si.

D'ailleurs serais-je cru si je me résolvais à témoigner, quand cet éleveur, qu'on estime être le premier responsable de la prolifération anormale pointée par les journaux, confirme l'hypothèse d'écrevisses arrivant jusqu'ici depuis Bracciano sur leurs vilaines petites pattes ?

Sans doute pas.

Et dans tous les cas, Bon Dieu, où allait à une heure pareille un fourgon rempli d'écrevisses en vrac ?

La sonnerie retentit, quelqu'un pénètre dans notre parking.

2

Les attractions sont proportionnelles aux destinées.

Charles FOURIER

Jürgen est garde suisse. Avec le grade de capitaine. En allemand *Hauptmann*. La garde pontificale ne compte que quatre officiers de grade supérieur au sien : un colonel (*Oberst*), qui commande la garnison, un lieutenant-colonel (*Oberstleutnant*), un aumônier militaire (*Kaplan*), assimilé à lieutenant-colonel, mais sans fonctions de commandement, et un commandant (*Major*). C'est du moins ce qu'il m'a expliqué, en me laissant entendre de façon assez claire qu'il n'était somme toute pas n'importe qui. Il m'a donné de nombreuses précisions sur son travail, satisfaisant une curiosité à l'égard de ce corps qui, chez un Romain, ne peut être que vive, surtout si, comme moi, il en a un pour client de son magasin d'automobiles. Un garde suisse intéressé par une voiture d'occasion : vous reconnaîtrez que ce n'est pas banal. D'ailleurs, notre magasin non plus n'est pas banal, puisqu'il est le seul à proposer des véhicules récupérés dans le cadre de leasing contentieux, opportunité dont peu de gens sont informés. C'est pourquoi le simple fait que Jürgen ait entendu parler de nous m'a intrigué. Il a déclaré qu'il venait de la part d'un de nos clients, en citant un nom, Cociani, qui toutefois ne me dit rien : à l'évidence il s'agit d'un des rares acheteurs amenés par Lello, mon associé, qui en général s'occupe de rentrer les véhicules, pas de les vendre. Quoi qu'il en soit, Jürgen s'est présenté ici voici deux semaines, en disant qu'il voulait jeter un coup d'œil, et il a tout de suite visé le véhicule le plus luxueux de notre stock actuel, la star de notre parking : une Jeep Grand Cherokee 2.7 CRD turbo-diesel de 163 chevaux, version Overland – traduire : sellerie en cuir, sièges avant ventilés à réglage électrique, sièges avant et arrière chauffants, volant chauffant en ronce de noyer et cuir, GPS à écran tactile d'une mémoire de 30 Gb, système mains libres Bluetooth, installation hifi et lecteur DVD Audison, toit panoramique et bien sûr jantes en alliage –, dont l'immatriculation n'a pas plus de onze mois. Fruit d'une des dernières récupérations de Lello, à coup sûr la plus prestigieuse cette année et sans doute la plus juteuse, ce qui me poussait et me pousse encore à imaginer un acheteur un peu différent de Jürgen. Parce que d'après moi – c'est là le hic –, Jürgen ne peut pas s'offrir une voiture pareille. Je ne suis pas dans ce métier depuis très longtemps, mais j'y ai appris que les voitures font encore rêver. Or, quand l'objet de ses rêves est à vendre, tôt ou tard on l'achète, quitte à commettre de grosses erreurs. J'ai appris aussi que les voitures *parlent*. Elles parlent à leur propriétaire, mais surtout elles parlent d'eux au reste de l'humanité qui les voit passer. Beaucoup sont discrètes et présentent à mi-voix un propriétaire qui, en dépit de ses rêves, se contente de ce qui est à la hauteur de ses moyens. Il va sans dire que ce sont les moins écoutées. D'autres exposent haut et fort des goûts précis, des ambitions, des velléités. D'autres encore racontent que leur propriétaire est un gros balourd, un blaireau, un beauf ou un salaud. D'autres que c'est un libertin, une tête brûlée, un manipulateur. D'autres que c'est un bon père de famille, d'autres qu'il fraude le fisc, et certaines, comme le modèle en question, révèlent que, crise ou pas crise, le propriétaire a de l'argent à ne plus savoir qu'en faire. Voilà pourquoi à mon avis cette voiture n'est pas pour Jürgen. Soyons clairs, combien peut gagner un capitaine des gardes suisses ? Pourquoi désirerait-il un véhicule aussi coûteux ? Seulement parce que chez nous il la paie un peu moins cher ? Et de toute façon, pourquoi clamerait-il à tous les vents un message aussi fallacieux – *Moi, j'ai du fric* –, qui dans son métier risque plutôt de le desservir ? Mais rien à faire, pour Jürgen cette voiture est une obsession, *il veut l'acheter, il veut l'acheter, il veut l'acheter...*

Il est déjà revenu deux fois, feignant chaque fois d'examiner des offres moins onéreuses, toujours dans le haut de gamme de notre stock – une Alfa 159 1.9 turbo-diesel de l'an dernier, une Croma 1.9 16 soupapes de 2011 et une BMW 316d 2.0 Touring, 2011 aussi, métallisée avec pléthore d'options très chères –, mais pour bien vite les écarter sous un prétexte futile, bloqué sur une unique alternative – *celle-ci* ou rien – qui l'obligera à dépasser son budget. Le plus beau dans tout ça, c'est que je n'ai rien à faire : le poisson saute tout seul dans la barque. Il a tenté de marchander, mais je n'ai pas baissé d'un centime le prix annoncé la première fois. Pourtant le voici qui trotte à côté de moi pour la quatrième fois, tout guilleret à la perspective de toucher à nouveau la voiture de ses rêves, de l'admirer, de s'imaginer assis au volant avec toute sa famille. Désormais, elle est son démon et il faudrait l'exorciser pour qu'il change d'idée.

Jürgen est plus petit que moi, ce qui m'a surpris, parce que j'imaginais qu'il fallait être une armoire à glace pour entrer chez les gardes suisses. Mais non, le minimum requis est un mètre soixante-quatorze, c'est-à-dire moins que la stature moyenne des adultes de sexe masculin et de nationalité suisse – parce qu'il faut l'être, suisse. Suisse et de sexe masculin. Il a un étrange visage lisse et ouvert, teuton avec indécence, des cheveux clairsemés d'un blond filasse, qui battent en retraite sur ses tempes, de petits yeux aqueux et chassieux, une bouche fine aux lèvres inexistantes et de timides taches de rousseur sur une peau rougeâtre. Il parle un italien sans hésitations ni erreurs, malmené toutefois par un rude accent allemand, comme le pape qu'il était chargé de protéger avant qu'il ne démissionne. Il a tenu à préciser qu'il avait trente-huit ans, parce qu'il sait bien qu'il fait plus vieux, mais peut-être aussi parce qu'un capitaine de moins de quarante ans constitue une exception, un petit prodige. Ce Jürgen se croit trempé dans un métal inoxydable, mais devant moi il se révèle en proie à une faiblesse décadente, qui éveille ma pitié. Le voici de nouveau à bord du 4 × 4, que désormais il estime inscrit par les trois Parques dans le grand livre de son destin, inspectant les détails d'un habitacle sans conteste parfait, très bien entretenu et surtout très peu utilisé, puisque le compteur n'affiche que dix-neuf mille kilomètres. C'est en effet un cas représentatif d'une des deux catégories de véhicules que nous récupérons, à savoir la voiture dont le client sait en l'achetant qu'il ne la paiera pas : un maximum d'options sur la version la plus luxueuse, paiement limité aux deux premières échéances du leasing, puis hop, disparition dans l'opacité du monde. (L'autre catégorie est constituée de voitures et aussi, depuis peu à cause de la crise, de fourgonnettes, camions et remorques, que l'acheteur avait l'intention de payer jusqu'au bout, avant qu'une faillite réelle ne l'en empêche, par exemple la Croma garée à côté, que Jürgen traite avec un souverain mépris, alors que son prix – moitié moins cher que la Jeep – dit que, de toute évidence, c'est la voiture qu'il lui faut.) Le voilà qui allume à nouveau le tableau de bord pour tripoter–

Non, j'y crois pas.

Il a apporté un DVD et veut essayer le lecteur. *Les 101 Dalmatiens*. En allemand. *101 Dalmatiner*. Il me demande de l'insérer dans l'appareil et de lui montrer comment il marche, avec et sans la télécommande, parce qu'il ne s'y risque pas lui-même. La dernière fois, en effet, il s'était longuement attardé sur cette option bling-bling au possible – qualificatif que justifie, plus que le lecteur en soi, la puissance disproportionnée des quatre haut-parleurs Audison répartis dans l'habitacle –, mais je n'avais pas compris qu'il lui accordait autant d'importance. Au moment où j'introduis le DVD, je me souviens que le lecteur n'a pas été vérifié. Et s'il était défectueux ? En effet, pendant plusieurs secondes, il ne se passe rien, et la déconvenue se peint sur le visage de Jürgen. Voilà, Jürgen, tu es sauvé : le lecteur DVD ne réagit pas et comme à l'évidence il constitue ta vraie motivation, tu ne vas pas acheter cette voiture que tu ne peux pas t'offrir. L'affaire pourrait en rester là. Mais l'idée me vient de sélectionner le mode DVD sur la télécommande, qui était en mode CD, et aussitôt l'écran se réveille avec la bande-annonce de *Tarzan* en allemand. Un grand sourire s'épanouit sur le visage de Jürgen, qui me demande la permission d'utiliser la télécommande. C'est une télécommande bête et méchante, mais il la manipule avec vénération, comme un objet sacré. Il augmente et baisse le volume, accélère, revient en arrière, met sur pause, redémarre, en grand singe ébloui par la technologie. Mais son extase n'a pas encore atteint son paroxysme. Je m'en aperçois quand il me demande quel bouton active les écrans placés sur les repose-tête avant. Il s'agit en effet de repose-tête actifs, dotés d'un dispositif de sécurité qui les monte automatiquement en cas de choc, afin de prévenir le coup du lapin et, cerise sur le gâteau, équipés sur leur face arrière d'un écran de – hum, combien ? – six pouces, relié au lecteur DVD, un plus tellement noyé parmi les autres que pour ma part j'avais oublié de le lui signaler. Mais il s'en est aperçu tout seul semble-t-il.

J'appuie sur un des boutons de la télécommande dont j'ignore la fonction, tombant juste du premier coup : le film disparaît de l'écran du navigateur, relayé par les écrans intégrés dans les repose-tête. Jürgen est fasciné. Il s'assied sur le siège arrière et regarde le film d'un air absent (c'est la scène où Cruella fulmine parce que Rudy a refusé de lui vendre la portée de chiots et, en allemand, l'affaire semble encore plus grave), parce qu'il s'identifie, j'imagine, aux deux enfants blonds à taches de rousseur dont il m'a montré les photos tirées du portefeuille au cuir délavé et distendu qu'ils lui ont sans doute offert à Noël avec la complicité de leur mère ; enfants qui seront les bénéficiaires en dernière instance de cette merveille pendant les longs voyages de retour en Suisse aux vacances d'été et d'hiver et qui arrêteront enfin de lui casser les pieds sur l'autoroute en demandant toutes les cinq minutes quand est-ce qu'on s'arrête, abrutis jusque dans la voiture par le pouvoir hypnotique – puisqu'en définitive on en revient là – de la télévision.

Le voici donc Jürgen, et sa faiblesse. Au fond, il serait presque attendrissant dans cette façon de rêver à la place de ses enfants, sans associer – du moins en ce moment – à ce symbole de statut social d'autres utilisations ou plaisirs. Et pourtant, non, je n'éprouve aucune tendresse à son égard. Il continue plutôt à me faire pitié, et de plus en plus, ce qui ne n'arrive pas souvent avec un client et, à vrai dire, n'est pas une bonne chose, parce qu'on risque de se montrer moins ferme dans la négociation et de manger son bénéfice. Qu'est-ce que je disais, le voici qui sort de sa torpeur et revient à la charge pour obtenir un rabais. Mais sa requête n'a rien de convenu. En effet, tout le monde marchande et avec succès, vu qu'il est beaucoup plus avantageux d'accorder une petite réduction que d'immobiliser une voiture sur le parking un ou deux mois supplémentaires. Non, il me le demande *à titre amical*, comme s'il s'agissait de lui faire un cadeau personnel, au nom de ses enfants, de sa femme, de leur harmonie familiale, toutes choses qui devraient, allez savoir pourquoi, me tenir à cœur. Sauf que dans ce cas, eu égard à la situation, la pitié produit l'effet contraire, c'est-à-dire qu'elle me conforte dans mon inflexibilité : je ne baisse pas le prix d'un euro et ne propose pas de lui racheter sa Passat break turbodiesel de 2007 chargée de kilomètres, que d'entrée de jeu je n'ai acceptée qu'en dépôt-vente – tout cela dans l'espoir qu'un sursaut de lucidité ou même de simple fierté révèle à Jürgen que cette fin de non-recevoir de ma part est inouïe et inacceptable, surtout par les temps qui courent (chute de vingt-quatre pour cent des nouvelles immatriculations cette année, selon l'évaluation de ce mois, nous voici revenus au même niveau de ventes qu'en 1979), qu'il tourne les talons, oubliant le Grand Cherokee qui ne lui sera d'aucune utilité et qu'il décide d'acheter, pour beaucoup moins cher, une Scénic neuve chez le concessionnaire (ou un Qashqai, s'il lui en coûte trop de renoncer au 4 × 4), qui lui offrira une reprise avantageuse de sa voiture, des bonus écologiques, une réduction supplémentaire pour tout achat signé avant la fin du mois et un prêt à taux zéro avec première mensualité en janvier. Impossible, me dis-je, que cette solution banale ne subsiste dans quelque recoin sombre de son cerveau, et la dureté de mes refus n'est qu'une façon de lui tendre la lanterne qui éclairera ledit recoin, de manière qu'il examine cette solution et se soustraie à l'impératif de luxe malsain qui le guette pour l'instant. Je ne le fais pas pour son bien, mais, je le répète, poussé par *la pitié* que j'éprouve à le voir se débattre dans le gouffre d'une tentation aussi aberrante. Or cette pitié grandit, m'empêchant encore plus de lui accorder une ristourne ne serait-ce que symbolique, et elle finira, s'il s'obstine à ne pas saisir la perche que je lui tends et qu'il jette l'éponge en pensant que je suis trop coriace pour lui, par augmenter encore et s'étendre de façon exponentielle à sa femme, à ses enfants et à tous ceux qui placent en lui confiance et espoirs, le croyant cet homme fort, intelligent et fiable qu'il tient tant à paraître, alors qu'il n'est qu'un pauvre Hauptmann petit-bourgeois, incapable d'imaginer une borne à ses convoitises matérielles.

Il finit par céder d'un seul coup et accepter mon prix inacceptable comme s'il n'avait jamais essayé de le négocier. Le voici donc ravi, aux prises avec le contrat de vente, jonglant avec le montant de l'acompte, la durée de la garantie et les délais de livraison. Mardi prochain, lui dis-je, pour la livraison. Garantie un an. Pour le versement à signature, je le laisse proposer la somme, et là il me surprend – cinq mille, me dit-il, ça va ? – d'autant plus qu'il me demande juste après si j'accepte d'être réglé en espèces. Je réponds que je ne peux pas, une loi interdit les transactions en espèces pour les montants supérieurs à mille euros. Mais je ne devais pas avoir un ton très convaincant. À croire que je n'ai rien dit, il sort de sa poche un rouleau de billets de cinq cents euros retenus par un élastique, en compte dix l'un sur l'autre, les aplatit et les pousse sur mon bureau – il lui en reste au moins autant, me semble-t-il, car le rouleau est encore épais – en me déclarant que son chéquier est fini, qu'il n'a rien d'autre sur lui et qu'il est facile de contourner cette loi en effectuant un paiement échelonné où l'acompte correspondra aux cinq premiers règlements de 999,99 euros chacun. La ficelle me paraît grosse, mais un phénomène étrange survient, qu'il me faut rapporter : à la vue de ces dix billets – du vrai argent, des billets de banque un peu fripés dans toute leur irrésistible vulgarité –, il me vient une grande envie de les saisir, de les empocher, de les prendre *pour moi*, et l'expédient suggéré, qui en rajoute une couche côté vulgarité, ne fait qu'accroître ce désir. J'examine les billets sur mon bureau : violets à couronne d'étoiles sur les façades vitrées d'un gratte-ciel anonyme, ou bien, sur le verso – parce que certains sont à l'envers – la carte de l'Europe et ce vilain pont suspendu censé symboliser, je crois, la modernité. Je me dis que s'ils étaient faux, je ne m'en apercevrais pas. J'anticipe aussi les trois ou quatre déplacements à la banque nécessaires pour déposer une telle somme sans que le caissier fasse d'histoires ou le temps qu'il me faudra perdre pour trouver quelqu'un qui me les change. Bref je pense que je ne devrais pas les accepter et que ce refus pourrait régler le problème à la base, faisant capoter une vente que je persiste à considérer comme aberrante. Mais je ne suis pas habitué à ce type de séduction, moi qui manipule peu d'espèces, et soudain les rôles se sont renversés, eh oui, c'est moi qui désire et lui qui donne. Or je désire beaucoup, passionnément, à la folie, ces billets de banque, comme je pourrais désirer quelque chose d'absurde, de vulgaire, d'irrésistible – une selle cloutée, une enseigne au néon, une femme aux lèvres siliconées – et il doit s'en apercevoir ou peut-être le sait-il, et le savait-il depuis le début, parce que, pendant que je vacille devant une tentation aussi difficile à repousser, il n'insiste pas pour me convaincre, considérant comme acquis que je les accepterai, et sort la botte secrète qu'il gardait en réserve depuis le début : au moins, lance-t-il, les frais de changement de propriétaire sont pour vous, n'est-ce pas ? Cher capitaine, toute cette comédie pour rogner six cents euros de carte grise sur un achat presque cent fois plus onéreux. Cet homme est sur la mauvaise pente, croyez-moi. Ce père de famille, cet officier... En attendant, il reste qu'au terme d'une négociation où je croyais contrôler la situation du début jusqu'à la fin, c'est moi qui me plie à ses conditions, parce que je lui vends la voiture, accepte ses billets et lui signe les cinq reçus de paiement échelonné fictif qui, selon lui, m'autorisent à accepter des espèces. Par conséquent, tout bien considéré, qui cède à la tentation : lui ou moi ?

3

Tous nos actes évoquent un démon.

Dylan THOMAS

Croque, tu t'en repentiras après.

J'ai suivi la suggestion de Lello, je suis allé sur le compte Twitter de cette fille. Super – la fille, je veux dire. *Croque, tu t'en repentiras après,* c'est la devise sous sa photo de profil – un gros plan sur ses yeux, son nez et sa bouche de trois quarts, masse de cheveux noir corbeau qui balaie ses pommettes et regard fulgurant, insolent, droit dans l'objectif, sans une ombre de maquillage. Elle a des dizaines de milliers d'abonnés, pour la plupart des hommes jeunes qui lui témoignent une vénération dont l'origine remonte à ses lointaines, mais il faut croire inoubliables, apparitions télévisées, dans *Big Brother* voici plusieurs années et – d'après Lello qui est un grand « regardeur » des chaînes Mediaset – dans quelques émissions de nuit qu'il qualifie de « culte » sur Italia 1 et dont j'ai oublié les titres une seconde après les avoir entendus. Ses fans lui écrivent qu'elle est belle, fantastique, une merveille de la nature, etc. et elle les remercie avec un smiley, un petit cœur ou un clin d'œil. Elle a aussi des amies filles, avec qui elle échange des messages cabalistiques bourrés d'arobases, dièses, autres prénoms féminins, parenthèses, traits d'union, deux points, points-virgules, points de suspension, points d'exclamation, agrémentés de nouveaux émoticons, contenant au maximum deux ou trois vrais mots, dont l'un est presque toujours « ciaooooo » avec le *o* final répété jusqu'à épuisement des cent quarante caractères. Je vous assure que c'est totalement incompréhensible. Mais surtout il y a les photos, une débauche de photos. Ses amies et elle n'arrêtent pas d'en poster et de les commenter : chiots et chatons, plages à l'horizon bancal, gros plans de tatouages, sacs, chaussures, appareils de fitness, pots de Nutella, glaces, boîtes à biscuits, assiettes d'huîtres, de fruits, de pâtes, de légumes vapeur, enfants en bas âge dans des poussettes, jambes nues allongées sur un tableau de bord de voiture, chevilles tatouées et surtout pieds nus aux ongles vernis de différentes couleurs ou rehaussés de chaussures à talon, manifestement coûteuses. Mais il y a aussi les photos qui témoignent de son statut persistant, malgré un écho peut-être moins immédiat, de *célébrité* : défilés de mode, coulisses de télévision, festivités estivales, présentations de sous-vêtements féminins. Ce sont les photos où sa beauté devient plus agressive et subvertit le message banal et somme toute rassurant transmis par les autres, parachevant l'autoportrait ambigu dont, à l'évidence, Lello voulait que je mesure toute l'ampleur quand il m'a conseillé de regarder ces pages. Et il le voulait, parce que le message qu'il m'a laissé est animé de l'intention indubitable de me fourrer un démon dans la tête – *son* démon. D'ailleurs, c'est du Lello pur jus. Il espère toujours que, mis au pied du mur, on se révèle semblable à lui. Et maintenant que pour la première fois je suis amené à remplir son rôle, j'essaie d'agir comme lui. Du moins comme il dit avoir agi.

Croque, tu t'en repentiras après.

Lello et moi sommes très différents. Complémentaires serait le mot juste. Notre société fonctionne comme suit : il s'occupe de récupérer des véhicules en leasing impayés – mais le terme qu'il emploie est *prélever, opérer un prélèvement* –, et je me charge de les vendre. Depuis que nous sommes associés, il n'a presque jamais réalisé de vente, tout comme de mon côté je n'ai participé qu'à un seul prélèvement, en tandem avec lui bien sûr : une Range Rover appartenant à une société de Brescia en faillite, que le propriétaire avait planquée sur la Costa Smeralda et que Lello avait retrouvée en interceptant une série de PV dressés par la police municipale d'Arzachena. C'était un vendredi de la fin mai, chaud et parfumé. On est allés ensemble à Olbia par le vol de l'après-midi, on a loué une Punto à l'aéroport et filé droit à l'adresse – une maison de campagne familiale – où Lello savait qu'on trouverait à la fois le véhicule et l'acheteur indélicat, en tendre compagnie. J'étais fébrile, m'attendant à courir des risques : bagarre, altercation, résistance. En réalité, l'opération s'est déroulée selon un schéma qui, à en croire Lello, est le même pour tous les prélèvements : l'indélicat (bas du cul, épaules voûtées, lunettes en fond de bouteille) a vidé la voiture de ses effets personnels et nous a remis les clés sans moufter. Une signature au bas d'un formulaire, une poignée de main et l'affaire était dans le sac. Il nous a même remerciés, parce que, au lieu de nous présenter chez lui, nous lui avons demandé de sortir et c'est dehors que nous l'avons informé de la procédure de prélèvement, lui évitant de perdre la face devant la fille qui l'accompagnait. Il faut dire que le parking de la villa, au pied d'un jardin où, dans une débauche de fleurs, se nichait une demeure cossue en pierre sarde sur laquelle jouaient des reflets de piscine, accueillait deux autres voitures, une Golf GTD et une Smart. Je le précise au cas où la pensée que ce pauvre homme se retrouvait à pied vous empêche de dormir. La Punto rendue à l'aéroport d'Olbia, nous avons dégusté des pâtes au coulis d'anchois à l'Osteria del Mare avant de prendre le ferry de nuit pour le continent. C'est le seul prélèvement auquel j'ai participé en presque six ans : certaines de mes balades à Fregene ont présenté plus d'inconvénients. En tout cas, Lello assure qu'il en va ainsi pour tous les prélèvements, parce que l'acheteur indélicat, dit-il, y compris quand ce n'est pas une mauviette comme le type de la Range Rover, mais un gars baraqué, arrogant et volontiers violent, sait très bien que la seule réaction sensée en face de Lello ou de quiconque remplit cette mission est de restituer les clés sans discuter. L'astuce consiste à retarder cette rencontre le plus longtemps possible en planquant la voiture dans des endroits sans lien aucun avec l'adresse portée sur le contrat de leasing et en espérant que personne ne trouvera le temps, son compte ou la motivation pour s'atteler à sa recherche. Mais quand, la voiture retrouvée, la partie de cache-cache prend fin, personne n'a intérêt à tomber dans le délit d'abus de confiance pour la prolonger. La restitution est sans conteste la tactique la plus rentable. Pendant des mois, parfois des années, le client s'est baladé dans des voitures haut de gamme dont il n'a payé que l'acompte et, au début, quelques mensualités de leasing (la moyenne, dixit Lello, est de deux mensualités virgule soixante-trois) et s'il ne fait pas d'histoires pour la restituer, il n'a à redouter ni poursuites ni réclamations. De sorte que quelques mois plus tard, il peut recommencer en changeant de société et surtout de banquier. Car c'est pour le compte des banques que Lello récupère ces véhicules. Dans un sens large, il travaille pour le système bancaire. Dans un sens encore plus large, moi itou, même si je doute qu'avec le vilain tour que mon frère leur a joué, mon nom de famille ait bonne presse chez les financiers.

Bref, l'heure est venue aujourd'hui de mon deuxième prélèvement. Seul, puisque Lello est parti je ne sais où – à Trévise, je crois – se faire opérer d'une hernie discale par un virtuose du bistouri, parent de sa femme. La voiture est une Audi Q3 Advance 2.0 TDI 4 × 4 boîte de vitesses automatique, gris métallisé, immatriculée en juin 2011, achetée pour le compte d'une société de Savona, la Wega-T, qui s'est déclarée en faillite l'année suivante. Depuis cette date, les mensualités du leasing ne sont plus honorées, générant un impayé qui aujourd'hui, c'est-à-dire deux ans plus tard, atteint déjà vingt-huit mille euros et dont il n'y a aucune raison de penser qu'il ne s'élèvera pas à la valeur restante totale de la voiture, c'est-à-dire vingt mille euros de mieux. C'est là que nous entrons en scène. Enfin, Lello, qui dut découvrir tout seul – vu que le fonctionnaire responsable de ce leasing avait changé d'employeur – que derrière la société de Savona se trouvait un sous-secrétaire du précédent gouvernement et que la banque concernée n'a pas moufté tant que le gouvernement restait en place, pour s'empresser de sortir le dossier au moment de sa chute, à l'automne 2011. Sauf qu'entre-temps on avait perdu toute trace de la voiture. Mais Lello a l'art et la manière de retrouver les voitures disparues et, en l'occurrence, il a tout misé sur deux éléments : 1) le message résolument féminin que lançait cette voiture (« Je suis une femme belle à qui la vie sourit, pas forcément riche, mais dans ce cas quelqu'un paie pour moi ») ; 2) la propension bien connue dudit sous-secrétaire à étaler dans les pages people sa mine de perpétuel bronzé. Grâce à l'idée géniale d'un dépouillement de toute la presse à scandale, auquel j'ai contribué moi aussi – une full immersion dans la culture populaire telle que je n'en avais pas connue depuis des années, mais dont le seul résultat en ce qui me concerne a été de constater à quel point tous les noms des célébrités de la jet set m'étaient étrangers – il est apparu que peu avant l'interruption du paiement des échéances, une starlette nommée Rosy Malaparte, dans le civil Rossana Bonavolontà, avec qui notre sous-secrétaire entretenait une liaison à l'évidence trop peu cachée, avait été surprise par un paparazzo en compagnie d'un jeune danseur de je ne sais quelle émission télé. Malgré la mauvaise définition due au téléobjectif, le reportage photos apportait les preuves du flirt avec ses scènes habituelles de baiser au restaurant et fuite à visage couvert dès que le photographe avait été repéré, mais marquait aussi le come-back de la Q3 portée disparue, à bord de laquelle le scoop immortalisait le couple s'échappant dans la nuit, la jeune femme au volant. Bingo. La suite n'était plus qu'un jeu d'enfant pour Lello, qui, voici deux ou trois mois, était parti récupérer le véhicule. Mais, m'avait-il dit à l'époque, il avait subi un contretemps, la jeune femme n'habitait plus à l'adresse trouvée et un supplément d'enquête avait été nécessaire. Pour être franc, cela ne m'avait pas mis la puce à l'oreille – même Lello peut rater son coup –, mais à présent je suis obligé de considérer la question sous un autre angle.

Lello m'a laissé des instructions écrites très claires, qui se terminent en message personnel. En effet, après m'avoir précisé où et quand je pourrai trouver la jeune femme, il m'avoue que deux mois plus tôt, il n'avait pas raté son coup : il l'avait bel et bien rencontrée, mais *avait décidé de lui accorder un délai*. Et en me conseillant la même indulgence, il me suggère d'aller voir son compte Twitter. « Croque, tu t'en repentiras après toi aussi, conclut Lello. De toute façon, on la coincera quand on voudra. »

Donc, comme je l'ai dit, je suis allé voir cette fille sur Twitter, et je ne saurais nier que ce micmac, dans les termes où Lello l'a présenté, m'a plongé dans un trouble certain. Je l'ai appelé dans la foulée. J'espérais que la conversation dissiperait mon trouble, balayé par notre petit jeu de rôle habituel où il se moque de mes scrupules et moi de son aplomb, et qu'il ressortirait sans ambiguïté que, *bien sûr*, cette histoire de délai n'était qu'une blague. Mais il est injoignable au téléphone, comme je pouvais m'y attendre, vu qu'à cette heure il doit être allongé sur la table d'opération du spécialiste des dos en compote. C'est ainsi que je me suis embarqué dans la Yaris de la société – puisque voiture de société il y a –, destination l'adresse indiquée par Lello sur son message, à savoir une petite localité du littoral romain inconnue de moi, Passoscuro, où je devrais dénicher la voiture et la jeune femme. Et déjà cette démarche, toute prévue qu'elle soit sur notre agenda, en dit long. Je pouvais très bien ne pas m'y coller, laisser courir et attendre le retour de Lello. Comme il le dit lui-même, on la coincera quand on voudra. Alors que j'y suis allé – enfin, que j'y vais. Me voici en route pour le deuxième prélèvement de ma vie, j'ai emporté le dossier de prêt, le décret du tribunal, tous les éléments nécessaires, et pourtant au lieu d'épouser cette dynamique, je laisse planer l'idée d'un délai. *Croque, tu t'en repentiras après.*

4

Les physiciens aiment penser qu'il suffit de dire : « Voici les conditions, que se passe-t-il ensuite ? »

Richard Phillips FEYNMAN

Il convient peut-être que je me présente mieux. Je m'appelle Pietro Paladini, j'ai cinquante et un ans et – mais oui, je suis le frère du Paladini patron de la Barrie – je vis à Rome. Je suis romain d'origine, mais jusqu'à la mort de ma femme – il y a huit ans, une mort brutale par rupture d'anévrisme –, j'habitais à Milan et faisais un travail très milanais qui à l'époque me plaisait : directeur d'une chaîne de télévision payante. Après la mort de ma femme, mais pas nécessairement à cause de celle-ci, il s'est passé un certain nombre d'événements que je vous épargne et, pour finir, j'ai tout laissé tomber et suis revenu à Rome. Je suis resté un an sans travailler, jusqu'au moment où j'ai retrouvé un ancien camarade de fac, Raffaele Pica, dit Lello, et où je suis entré à cinquante pour cent dans sa société de revente de voitures, la Super

Car (un nom risible, je le sais, mais il serait trop compliqué de le changer), dont le siège se trouve au kilomètre treize de la via Aurelia, dans une banlieue baptisée pour cette raison Tredicesimo, où, coincés entre une grande surface de vêtements Carabetta et le méga-concessionnaire Toyota, nous gérons bravement notre stock de voitures, sur un parking équipé d'un préfabriqué en bois et d'un petit atelier.

J'ai une fille de dix-huit ans, Claudia, qui a fait sa première scientifique cette année et doit rattraper sa moyenne en physique pour passer en terminale. Depuis quatre ans, j'ai une relation avec une femme que, pour l'heure, je me contenterai d'appeler D., en vous priant de croire que j'ai de bonnes raisons. Blonde, séparée, mère de deux enfants, elle vit dans un drôle d'endroit, pas loin de mon travail, appelé Residenza Aurelia. Cette femme dépasse tout ce que j'aurais jamais pu espérer et mériter ces huit dernières années, parce qu'elle est jeune, belle, sympathique, et pour moi romaine de façon irrésistible. Je n'insisterai pas davantage sur ce sujet au moment même où la lubie m'a pris de la tromper, mais, croyez-moi sur parole, elle est un fabuleux cadeau tombé du ciel. Fabuleux. Pourtant, alors que j'éprouve pour elle de la tendresse, de l'estime, un désir de protection, de la complicité, du respect, en sus d'une attirance physique qui ne se dément pas, force m'est de dire que ces éléments n'ont jamais convergé en un ensemble unique et lumineux. Je ne crois pas l'aimer, voilà, du moins pas dans le sens traditionnel du mot, et je ne crois pas qu'elle m'aime. Simplement nous sommes liés, et pour l'heure ce lien nous préserve du risque de nous raccrocher par ennui, désarroi ou solitude à des personnes bien pires. Cela vaut surtout pour elle qui, contrairement à moi, est encore jeune et a tout le temps de changer de vie plusieurs fois, alors que, pour ma part, je ne l'ai déjà que trop fait.

Tout cela pour dire que oui, je lui ai été fidèle pendant ces quatre années et que, tout en vivant de mon côté avec ma fille, je me suis occupé d'elle, de ses enfants, de son jardin attaqué par le charançon rouge (*Rhynchophorus ferrugineus*) et même de son épave d'ex-mari (cocaïne) ; mais aussi que cette idée soufflée par Lello de délai pour la restitution de la voiture, qui me trotte par la tête en ce moment, ne vient pas, disons, menacer une union profonde et indissoluble ni contrecarrer un projet de vie établi. Et fort de cette justification, au volant de la Yaris sur l'Aurelia, je caresse l'idée d'imiter Lello. De l'imiter dans ce qu'il affirme avoir fait. Mais d'abord, en suis-je capable ? Ai-je le culot nécessaire pour proposer ou seulement suggérer un tel marché ? Non, je ne pense pas, mais j'ai appris que dans certains domaines il faut s'attendre à se surprendre soi-même quand les élucubrations théoriques cèdent le pas au fameux passage à l'acte. Face au grondement de la réalité lancée au galop, j'ai découvert en moi à la fois des ressources et des lacunes tout à fait imprévisibles. Par conséquent, je me sens autorisé à ne plus m'étonner de rien.

Et pour finir de me présenter, j'indiquerai que je suis propriétaire d'un appartement piazza San Saba, c'est-à-dire le quartier de mon enfance, que mes parents sont morts tous les deux et qu'il ne m'est pas aisé de fréquenter mon frère depuis qu'il est réfugié en Amérique du Sud. Et ça s'arrête là. Ah si, j'ai une belle-sœur à Milan, la sœur de ma femme, mais elle non plus, je ne la vois jamais. En dépit de la crise, l'état de mes finances est stable, tandis que mon état de santé est entaché d'une certaine difficulté à éliminer le cholestérol, que je combats en prenant de l'atorvastatine et en jouant au tennis dans un petit club près du bureau, deux fois par semaine, avec un professeur qui s'appelle Ettore et le samedi avec des membres comme moi. Je ne suis pas mauvais au filet, mais très médiocre en fond de court, ce qui au total fait de moi un joueur assez faible – et de plus inactif depuis un mois, à cause d'une synovite persistante au poignet droit, qui explique pourquoi au volant, comme maintenant, ou pour tout autre geste sollicitant ce poignet, je porte une attelle rigide fermée par des bandes en stretch qui prend la moitié de mon avant-bras. J'adore Federer, comme tout le monde.

En ce moment, comme je l'ai déjà dit, je conduis la Yaris de la société sur l'Aurelia, en guettant le carrefour pour Passoscuro. J'ai cinq mille euros dans mon portefeuille et un plan *Tuttocittà* corné sur le siège passager, où je crois comprendre que mon carrefour est proche. J'ai été obligé d'emporter les cinq mille euros, parce que je ne me souvenais ni de la combinaison du coffre du bureau ni du nom fictif auquel je l'ai associée dans mon répertoire téléphonique, précédée des chiffres 335 pour la camoufler en numéro de téléphone portable. J'ai parcouru tous les noms de mon répertoire dans l'espoir de la reconnaître en tombant dessus, mais ça n'a rien donné, le trou noir.

Cinzia, notre secrétaire, s'en souvient sûrement, mais elle ne viendra que cet après-midi, et quand j'ai essayé de la joindre, son téléphone était éteint, résultat : je suis obligé de me coltiner le magot. Ah voici mon carrefour, semble-t-il, qui d'ailleurs n'en est pas un, mais une bretelle de sortie. Un grand panneau bleu invite à prendre à droite pour Passoscuro, Bracciano, Palidoro, Hôpital Bambino Gesù. Lello l'a écrit dans ses instructions : pendant un certain temps, je dois suivre les indications pour les urgences pédiatriques de l'antenne locale de l'hôpital Bambino Gesù. Je quitte l'Aurelia, passe dessous, prends le rond-point, toujours en suivant les indications pour Passoscuro. Je ne connais pas le coin, je n'y suis jamais venu. Une passerelle sur une voie ferrée à l'apparence abandonnée. Un nouveau carrefour. Via San Carlo a Palidoro maintenant, parfait : droit dans la campagne sur une route au revêtement tout frais, noir et lisse comme une strate de réglisse. Et voici déjà le panneau d'entrée de Passoscuro, pourtant la mer est encore loin, or cette fille habite sur le bord de mer. La route continue rectiligne, entre deux rangées de pins et d'eucalyptus tordus par le vent, qui la séparent des champs de blé moissonnés depuis peu. De grosses mottes de terre retournées, des meules cylindriques éparpillées en attente de ramassage, que Claudia petite appelait plantes roulantes. Et voici le feu rouge au carrefour pour l'hôpital, où je dois continuer tout droit. Poteaux électriques à l'américaine avec les câbles apparents. Une ferme par-ci, par-là. C'est la campagne ici, la vraie, mais déjà au loin on devine un empilement de constructions cubiques qui semblent édifiées au mauvais endroit, puisqu'elles bouchent la vue sur la mer.

Voici le panneau de bienvenue à Passo Oscuro (le nom soudain est écrit en deux mots et ce « Passage Obscur » devient inquiétant), flanqué d'une petite statue de la Vierge dans une niche et d'un vendeur de pastèques sous un auvent. Voici le début de l'agglomération avec le premier rond-point et les panneaux indicateurs : plombier, parapharmacie, campings, hôtels, plages. Je tire toujours tout droit vers la mer. Je passe les premières petites villas, des maisons toutes simples, entendons-nous, des pavillons populaires avec cette allure un peu écorchée et inachevée qu'ils ont toujours en limite de ville sur la côte. Encore un rond-point, je continue tout droit, le bord de mer doit être là devant. Raté, ça ne passe pas. Un camping au milieu des dunes, baptisé rien moins que Rome Plage, coupe la route sans crier gare. Je fais demi-tour, un gamin pieds nus me regarde, rit, et à cet instant précis, j'ai l'impression d'être au Guatemala : enfoncée Rome Plage ! Je retourne au rond-point et prends la sortie sur la gauche, puis, là oui, encore à gauche, comme disent en effet les instructions de Lello, pour déboucher sur le bord de mer.

Lequel n'a rien d'un bord de mer, c'est-à-dire d'une avenue plantée de palmiers et d'agaves, bordée d'un large trottoir, flanquée de magasins, parkings, piste cyclable, promenade et drapeaux au vent en haut des mâts sur la plage, puisqu'il s'agit d'une voie étroite, quatre mètres pas plus, coincée entre les plages privées d'un côté et les murs d'enceinte des copropriétés de l'autre. Je passe devant le numéro où devrait être domiciliée la fille, et voici la Q3 garée devant : c'est elle, je le sais sans avoir besoin de contrôler la plaque. Elle est crade et la carrosserie a souffert. Soudain je me retrouve nez à nez avec une Skoda. Aussi incroyable que cela paraisse, cette rue est à double sens. Le chauffeur de la Skoda, un homme en débardeur, passe la marche arrière et recule sur une dizaine de mètres jusqu'à un parking non goudronné où la rue s'arrête sans prévenir. Là, il dispose d'assez de largeur pour me croiser, je le remercie d'un signe de main, auquel il ne répond pas. Le parking est bourré de voitures qui rôtissent au soleil (deux C3, trois ou quatre Punto, une poignée de Clio, Panda, petites Peugeot et Honda), mais par chance une des Punto s'en va et je prends sa place. Il fait très chaud. Un canal coupe le littoral de son eau verte putride, ridée par le vent, qui peine à se déverser dans la mer sous son unique petit pont en bois. Le pont est orné d'un graffiti récent, « Canaille je t'aime tu es la vie », accompagné d'un cœur écarlate. Malgré leur modeste valeur, toutes les voitures garées ici sont protégées par d'imposantes cannes antivol volant-pédale, qui dépassent des pare-soleil réfléchissants. Sur la vitre arrière d'une Panda de 2000, un doigt a écrit « WISH MY WIFE WAS SO DIRTY ». Avant de claquer ma portière, je décide d'enlever mon attelle, que je jette sur le siège.

Je remonte à pied la rue où habite la fille. C'est ici. Avec son jardin entouré d'un haut mur en ciment et son grand portail en bois blanc surmonté d'une marquise écaillée, la maison affiche des prétentions de villa. Trois pancartes sont accrochées au portail.

L'une bleu et noir annonce « VILLA À LOUER », une autre, orange, dit seulement « À VENDRE » et la troisième, fabriquée maison à l'ordinateur, avertit « CHIEN MÉCHANT... ET MAÎTRE AUSSI ». Mur d'enceinte et portail étant aveugles, il m'est impossible de voir la maison. D'ici je ne distingue que le toit qui semble en métal, imitation tuiles. Une seule sonnette, sans nom. Je ne sonne pas, je ne suis pas prêt.

Je continue sur le trottoir et allume une cigarette. Libéré du carcan de l'attelle, mon poignet me communique une sensation incongrue de fraîcheur, alors qu'il fait au moins trente degrés. Mais il me fait mal aussi. Je traverse la rue pour inspecter la Q3. La carrosserie est amochée : une grosse bugne sur la portière arrière droite, les deux garde-boue arrière ébréchés, plusieurs rayures. L'intérieur est en foutoir, mais le revêtement en cuir semble intact. Il y a un siège enfant sur la banquette arrière. Un enfant. Je ne suis pas prêt.

En face se trouve un établissement balnéaire appelé Naut in Club, avec pelouse à l'anglaise et tente de jardin style colonial, trop prétentieux à mon goût, sans compter que la zone bar, protégée par des haies et des rideaux blancs, ne permet pas de voir la maison. Mais l'établissement voisin appelé Les Sirènes possède un bar-restaurant avec des poteaux en bois, des abris en cannisse, des tables année soixante et des chaises en plastique agrémentées de la réclame Motta : parfait. Je m'assieds à une table d'où je peux surveiller aussi bien le portail de la villa que la voiture garée devant et je commande un café. Des jeunes en terrasse mangent des frites dont l'odeur stagne dans l'air comme si on était à l'intérieur. En effet, c'est l'heure du déjeuner, mais je n'ai pas faim, je suis trop fébrile : ce démon s'est fiché dans ma tête et j'ai beau m'efforcer de le chasser, il s'incruste. Je ne peux pas me présenter chez cette fille sans savoir ce que je veux. Je veux la voiture ? Ne suis-je que l'artisan impassible de la vengeance voulue par son amant trompé, le gros ponte qui, instruit de son flirt avec le danseur, a sabordé la société créée dans le seul but de lui payer la voiture – ainsi sans doute que la maison et une carte de crédit dans la même banque où a été souscrit le leasing pour l'Audi – et peut-être aussi de cofinancer ses projets de séries télé qui, dans leurs arrangements, auraient dû lui ouvrir une carrière de star ? Ne suis-je que cela ? La réponse est *oui, bien sûr*, en voilà une question. Bien sûr que je veux la voiture. C'est la seule raison pour laquelle je me suis déplacé. Je suis venu travailler, je travaille, et mon boulot consiste à récupérer les voitures que les gens ne paient plus (enfin, dans le cas particulier qui nous occupe, sinon c'est de les vendre). Il n'y a pas à chercher plus loin. À la table voisine, un homme en casquette et débardeur de camouflage, cheveux bruns tombant sur les épaules, mange une cassolette de palourdes. Il arbore des tatouages spectaculaires sur les biceps, mais je ne peux pas les observer à ma guise, parce qu'il s'en apercevrait. Et si je mangeais des palourdes moi aussi, je m'aperçois que j'ai un petit creux. Elles ont l'air bonnes, fraîches. Je pourrais prendre une belle assiette de palourdes. Alors que je viens de boire un café ? Ben oui. Ça va tout au *même endroit*, disait le gardien de Roccamare, celui qui est mort – comment s'appelait-il déjà ? –, il avait une jument qu'il traitait mieux que sa femme. Comment s'appelait-il ? Celui qui disait toujours « Y a pas à tortiller ». Pas de doute, je perds la mémoire. Je me souviens du nom de sa jument – Roma –, de celui de sa femme – Liliana – et je ne me souviens pas de son nom à lui, avec toutes les soirées qu'on a passées à rigoler près de sa barrière, lui et moi, en compagnie de mon frère. Tiens, Carlo : il s'en souvient sûrement. Si je lui demandais, allez, chiche, j'ai un numéro de portable abracadabrant en Uruguay – confidentiel, cela va sans dire, puisque mine de rien Carlo est toujours en cavale, d'ailleurs je ne l'ai jamais utilisé, on ne communique que par Skype et peu, parce qu'on se demande bien quoi raconter à un frangin qui s'est volatilisé de cette façon. Que tout va bien ? Bref, je vais le lui demander par texto, mon numéro n'est pas sur écoute – pourquoi le serait-il ? Parce que je suis son frère ? Après trois ans et demi ? Tsss. Le voici, je l'ai copié dans mon répertoire à Peter Pan. « Comment s'appelait le gardien de Roccamare qui avait une jument et qui est mort dans cet accident ? » Comme ça, de but en blanc, sans même lui dire bonjour, comme si de rien n'était ? Envoyer. Il va me traiter de fou ? Se mettre en rogne ? Il dort peut-être, quelle heure est-il en Uruguay ? Le serveur me demande si je désire autre chose. Des palourdes ? Non, je suis en mission, mieux vaut rester à jeun. Une télévision fixée dans le mur est allumée. Une série. Elle : « Ne viens pas encore me dire que je suis une mère dénaturée, s'il te plaît. » Lui : « Tout ce que je veux, c'est récupérer ce fichu héritage, et ce type me barre la route. » Ben voyons. Ils en sont peut-être au cinq centième épisode, mais même moi maintenant, je sais de quoi il retourne. Et que se passerait-il si c'était *elle* qui me demandait un délai ? Si elle prenait l'initiative en sous-entendant qu'en échange d'un délai, elle serait disposée à, disons, me laisser croquer un peu moi aussi, quelle serait ma réaction ? Elle ne le fera pas, je suis crétin, ça ne se passe jamais de cette façon, c'est juste un fantasme de film porno. Pourtant, puisque ce genre de fantasme m'a visité, que se passerait-il si un autre du même acabit me traversait en sa présence, que *je m'imagine* qu'elle suggère un marché, alors qu'en réalité elle ne suggère rien du tout ? Je ferais quoi ? Je lui sauterais dessus ? Et comment réagirait-elle ? Elle lancerait peut-être son chien contre moi, celui de la pancarte ? Et l'enfant ? Et – mais oui ! – si elle n'était pas seule ? Si soudain elle sortait de sa manche un autre homme, le danseur, un autre amant, un maître nageur ? *Monsieur, je vous présente mes excuses à vous aussi, je ne sais vraiment pas ce qui m'a pris ?* Il faut que je me calme, nom de nom, rien de tout cela n'aura lieu. Je ne le laisserai pas avoir lieu. Je vais récupérer la voiture, la rapatrierai sur notre parking et reviendrai chercher la Yaris dans l'après-midi avec Virginio. Et on n'en parlera plus. Tout ira bien. Lello sort toujours des conneries grosses comme lui, mieux vaut ne pas l'oublier. Surtout en matière de femmes, il pousse le bouchon très loin, il raconte n'importe quoi, pas moyen de savoir la vérité. Tandis que moi je suis un type solide, fiable, sincère. Vous me voyez risquant un plan foireux pour une call-girl, puisque en définitive c'est bien de cela qu'il s'agit, même si dans ce domaine la frontière est devenue impalpable ? Moi, je peux faire l'amour autant que je veux, avec une belle jeune femme tatouée qui m'ouvre sa maison. Les palourdes, je les mangerai avec elle ce soir. Et avec ma fille. Je les emmènerai toutes les deux à Fiumicino dans un restaurant de poissons, voilà. Les deux femmes de ma vie, voilà. On passera un super moment et à partir de ce soir, elles deviendront amies. Brrr-brrr. Le vibreur de mon téléphone.

Un message.

De Peter Pan.

« Ernesto ».

5

L'expérience nous apprend que lorsqu'on entend sonner à la porte, c'est qu'il n'y a jamais personne.

Eugène IONESCO

Chien méchant... *et maître aussi.*

« Qui est-ce ?

— Bonjour, je suis M. Paladini, je cherche Mlle Bonavolontà.

— C'est à quel sujet ?

— Je suis venu reprendre la voiture. L'Audi, vous savez, la Q3, stationnée devant chez vous, à cause de– »

L'ouverture du portail se déclenche. Je pousse avec précaution le battant qui grince et révèle un jardin à l'abandon avec sa pelouse sèche, où une jungle de mauvaises herbes tient lieu de haies et de fleurs. Une vieille Ritmo sans plaque minéralogique est garée sous un auvent défoncé. Une remorque pour canot pneumatique, toute rouillée. Un fauteuil à bascule renversé. Une piscine – sérieux – tellement vide et écaillée qu'il semble impossible qu'elle ait jamais été pleine. Pas de chien, pour le moment, or je suis déjà presque à la porte de la maison. Seul objet vivant, si on peut dire : un tricycle en plastique bleu à roues rouges – *l'enfant* –, qui semble tombé d'une autre planète, parce qu'il est flambant neuf. Mon portable sonne dans ma poche, je regarde l'écran, c'est Marta, ma belle-sœur. Ce n'est pas le moment, je ne réponds pas. Je le bascule en mode silencieux et le remets dans ma poche pendant qu'il continue à vibrer.

La porte d'entrée est fermée. Je re-sonne, l'ouverture se re-déclenche et je me re-prépare à l'assaut du chien avant d'entrer. J'entrouvre le battant et jette un œil à l'intérieur : la voie est libre. Je franchis le seuil, referme la porte. Tous les stores sont baissés, il fait presque noir. Il flotte une drôle d'odeur. On entend parler, mais difficile de savoir d'où vient la voix.

« Il y a quelqu'un ? dis-je haut et fort.

— Montez ! », répond une voix de femme.

En effet, il y a un escalier, qui est la seule source de lumière du rez-de-chaussée. Je monte les marches une à une, trop lentement, comme si j'étais un vieillard ou un assassin. Mon téléphone portable recommence à vibrer dans ma poche. Une odeur de vinaigre – voilà ce que c'est, *du vinaigre* – qui a priori n'a rien à faire là, mais s'accentue. La voix de femme parle toujours et à présent je comprends ses propos.

« Écoute, je n'y crois pas, dit-elle. Elle ne l'a jamais rencontré. Elle ne le connaît même pas, tu saisis ? »

Fin de la volée de marches. Un palier, trois portes fermées et une porte ouverte d'où viennent la lumière et la voix.

« ... Pas une seconde : il ne manquerait plus que ça... »

J'entre. C'est un grand salon, tout en fenêtres et canapés. La fille est debout au milieu de la pièce, de dos, à contrejour, le portable à l'oreille. Pas de chien. Pas d'enfant.

« Écoute, pour moi il peut aller se faire foutre, ce n'est pas le problème. Le problème, c'est cette pouffiasse... »

Je m'arrête et recule d'un pas, mais elle se retourne, me voit et me fait signe d'entrer.

Elle est plus petite que je m'y attendais, mince. Elle porte un débardeur et un short en jean ultra-court. Un tatouage sophistiqué affleure entre l'ourlet du débardeur et le short, sur sa chute de reins. Un autre s'enroule autour de son mollet droit, un dragon. Elle a les cheveux mouillés, très noirs. Elle me sourit.

« Écoute ma chérie, dit-elle au téléphone, il faut que je te laisse. Pour cette histoire de massages, je te rappelle dès que j'ai vérifié, d'accord ? Oui, entendu. Bye, ma chérie. Oui, ciao ciao ciao. »

Du vernis violet sur les ongles des mains. De même qu'aux pieds, chaussés de tongs.

« Rossella Bonavolontà ?

— Rossana. »

Bon...

« Rossana, excusez-moi. »

Elle me serre la main. Elle porte une Rolex au poignet droit et, côté gauche, une flopée de bracelets qui tintent comme des clochettes à exorcisme.

« Enchanté, Pietro Paladini.

— De toute façon, si je m'étais présentée comme la femme de ménage, tu ne m'aurais pas cru. »

Sa poignée de main est énergique, au point de réveiller la douleur de mon poignet blessé. Sa peau est mate, bronzée, constellée de taches de rousseur. L'odeur de vinaigre vient d'elle, de ses cheveux noirs comme du pétrole, ce qui la rend tout de suite plus agréable.

« Je crains que non. Je t'aurais reconnue. »

Ses seins écrasés par le débardeur semblent disproportionnés par rapport à son corps menu. Pas de soutien-gorge. Les bracelets émettent des sons argentins au moindre geste : on dirait qu'ils sont *accordés*.

« Et si je m'excuse pour le désordre, tu me crois ? »

En effet, c'est le bazar. De nombreuses traces de la présence d'un jeune enfant. Un appareil photo sur un pied. La moitié d'une table de ping-pong dressée contre le mur. Une pile de magazines par terre. Une maison de poupée renversée. Des pièces de puzzle en veux-tu en voilà éparpillées sur le sol. Soyons clairs, un souk pas possible.

« Non, dis-je. Enfin, oui.

— Oui ou non ? »

Le soleil de midi pénètre dans la pièce avec violence, frappant en plein ses épaules luisantes. Et ses cheveux mouillés, *liquides*, boivent toute cette lumière, l'absorbent en un noir indicible.

« Oui.

— Alors, excuse-moi pour le désordre. »

Un regard sauvage, méfiant, de mustang.

« Et si j'avais répondu non ?

— Je t'aurais offert un verre. »

Une beauté froide, sidérale, qui, d'une façon mystérieuse, reste accessible. Ce message clignote autour d'elle, dans ses yeux, sur toute sa personne. *Croque, tu t'en repentiras après*, c'est pas de la blague.

« Allez, je t'offre un verre quand même, dit-elle. Pour l'alcool, c'est ici, tu n'as qu'à te servir. Sinon, j'ai du Coca-Cola et du thé froid au frigo.

— Non, merci. Ça va bien comme ça. »

En réalité, j'ai soif.

« Tu es pressé ?

— Moi ? Non. »

En réalité, si.

« Bon, moi je prends un Coca-Cola. Assieds-toi. »

Elle traverse la pièce en diagonale, sans bruit, comme si elle évoluait sur des roulettes et disparaît derrière un mur. Bruit du frigo qui s'ouvre.

« Tu es sûr que tu ne veux rien ?

— Oui. »

Maintenant qu'elle est sortie de mon champ visuel et que je dois me limiter à me *souvenir* d'elle, la différence avec D., ma compagne, dont la beauté sanguine, moelleuse, toujours brûlante, représente pour moi un véritable idéal, ressort de façon criante. Bref si je devais définir en quelques mots la beauté irrésistible, celle qui en théorie me ferait sauter sur une femme et me justifier ensuite en arguant d'une perte de contrôle, ce serait la sienne. Et pourtant me voici qui tergiverse tant et plus à l'idée de faire mon devoir et de récupérer cette fichue voiture sans peloter cette fille si différente et inconnue, sans la flairer, l'étreindre, la mordre, la renverser sur le canapé...

La voici qui revient, une petite bouteille de Coca à la main. Elle s'approche de moi. Elle ne s'assied pas. Elle boit une gorgée. Elle me dévisage.

« Tu ne peux vraiment pas t'empêcher de reluquer mes seins ?

— Pardon ?

— Tu reluques mes seins comme si tu voulais les dévorer, dit-elle, et elle avale une autre gorgée. C'est embarrassant, vois-tu », ajoute-t-elle avec un grand sourire.

Voici un parfait exemple de ce que la psychologue de ma fille appelle « double contrainte » : la forme et le contenu du message émis ne coïncident pas, au contraire ils contrastent avec violence, et le destinataire ne comprend pas quel niveau il doit considérer comme valable. En effet, ses paroles contiennent une menace évidente, de la contrariété et peut-être aussi de la pitié, mais la façon dont elle les a prononcées et le sourire qu'elle a déployé tout de suite après se présentaient comme un encouragement. Je murmure :

« Excuse-moi, je ne m'en rendais pas compte. »

Elle se pose sur le fauteuil en face du canapé, mais en restant assise tout au bord, raide, comme prête à se relever d'un bond. De nouveau, deux messages : je me détends, je ne me détends pas.

« Non, toi, excuse-moi, dit-elle en souriant à nouveau. Je suis trop directe, n'est-ce pas ? »

Le problème, c'est que la psy de ma fille évoque cette double contrainte comme si j'en étais encore et toujours la seule source et elle insiste pour que je veille à ne pas l'alimenter. Le cas de figure où j'en suis la cible n'a jamais été envisagé.

« Que dis-tu ? »

Mon portable vibre de plus belle dans ma poche. Qui est-ce ? Je ne peux pas répondre pour l'instant.

« Je suis trop directe, répond-elle. C'est mon problème, on me le dit toujours. Somme toute, je pourrais éviter... Bon, tu m'as comprise. »

Sans compter que depuis que je suis assis, mon téléphone dans la poche de mon pantalon appuie pile sur mon..., comment pourrais-je dire... ben oui, mon zob, et comme l'appareil continue à vibrer, il est inévitable qu'à ce contact, au bout d'un certain temps, non que je cherche des excuses, notez bien, mais bon, vu la situation, la conséquence est automatique, avec toutes ces stimulations...

« Non, tu as raison, dit ma voix. Le fait est que...

— Le fait est que ? »

Elle plante à nouveau sur moi un regard droit, *fort*. Sa position raide dans le fauteuil devient un signal, en l'occurrence facile à interpréter : dos cambré, muscles tendus, poitrine bombée...

« Le fait est que je n'arrive pas à ne pas te regarder et... »

Son odeur de vinaigre. Sa façon de porter à sa bouche le goulot de la bouteille et de boire.

« Et ? »

Je n'aurais pas le culot de dire ce que j'ai envie de dire, j'espère.

« Et si je te regarde en face, j'ai peur de me changer en cerf. »

Je l'ai dit. Je suis un misérable.

« Quoi ?

— Ça s'appelle le syndrome d'Actéon. » Mon téléphone cesse de vibrer. « À propos, le chien est dans les parages ? Je ne l'ai pas vu.

— Quel chien ?

— Celui de la pancarte.

— Le chien n'existe pas. Pourquoi à propos ? »

Mais je peux encore m'arrêter, je peux encore ne pas le lui dire. Un gosse dort peut-être dans la pièce voisine.

« Ah je comprends, c'est de la dissuasion. Et le maître non plus n'existe pas ?

— Le maître, c'est moi. Pourquoi à propos ?

— Tu es le maître d'un chien qui n'existe pas ? »

Cette fois, c'est son portable qui sonne, avec la même sonnerie que celui de ma fille, soit dit entre parenthèses. Parfait : si elle répond, je pourrai en profiter pour me lever et arrêter ce petit jeu.

« Je suis le maître méchant dont il faut se méfier, dit-elle. Pourquoi à propos ? »

C'est raté, son téléphone sonne toujours, par acquit de conscience à ce stade, parce qu'elle ne le regarde même pas. Elle a les yeux rivés sur moi.

« À propos *de quoi* ? » Au cas où elle aurait perdu le fil.

« Tu as dit que tu souffres d'une maladie, et puis tu as enchaîné “à propos” et tu m'as posé une question sur le chien. *Et de quatre* : Pourquoi à propos ? »

La voilà son insolence, l'insolence poignante de sa photo sur Twitter. Sa beauté est soudain plus trouble, plus sombre et fatalement – si l'on considère qu'en réalité cette créature a bien peu de raisons d'être insolente vu la raison qui m'amène ici et l'avenir problématique qui s'annonce pour elle – reçoit le sceau de l'innocence, qui pour être trompeur, et je le sais, n'en est pas moins redoutable.

« À propos du syndrome d'Actéon.

— Ça va, j'ai compris, mais de quelle maladie s'agit-il ? Quel rapport avec le chien ?

— Ce n'est pas une maladie... »

Ses lèvres roses. Ses yeux qui ne laissent pas de répit. Sa respiration qui soulève et abaisse ses seins compressés par le débardeur.

« C'était juste un compliment... »

Elle est déjà prête. Son petit corps doux m'attend déjà...

« Et en quoi consisterait ce compliment ? »

Et moi je suis un misérable. Je vais vous expliquer pourquoi. Quand, voici quatre ans, après une longue période d'insensibilité à l'égard des femmes, le moment fut venu pour moi d'éprouver à nouveau une attirance pour l'une d'elles et qu'il me fallut racler le fond de mon tonneau personnel de mots pour trouver ceux qui communiqueraient avec succès la nouvelle à l'intéressée – c'est-à-dire quand je me suis trouvé avec D. dans une situation très similaire à celle-ci, assis au bord d'un canapé, ensorcelé par sa beauté et cloué par un regard tout aussi troublant qui m'incitait à donner le meilleur de moi pour produire le miracle de lui plaire – à cet instant, une inspiration providentielle me suggéra un compliment qui fut très apprécié. Le fait est qu'à l'époque le nom sous lequel je connaissais D. était Diana (j'apprendrais par la suite que son nom est différent, et cette différence bien que minime n'est pas négligeable). Or le hasard avait voulu que je sois allé peu de temps avant avec ma fille à une exposition du Titien aux Scuderie du Quirinal où, entre autres, j'avais admiré le tableau représentant Diane et Actéon. Ma lecture du mythe était toute fraîche et je l'exploitai. Vous pouvez vérifier : le syndrome d'Actéon n'existe pas. C'est moi qui l'ai inventé ce jour-là pour adresser à D. le compliment – selon elle – le plus excitant et le plus original qu'on lui avait jamais adressé. Le même que je m'apprête à servir à cette fille que je ne connais même pas, qui ne s'appelle pas Diana, et avec qui il n'y aurait aucun besoin de...

Et c'est marre ! Croque, vas-y. Croque, tu t'en repentiras après.

« Actéon était un chasseur. Un jour, sur la berge d'une rivière, il surprit Diane qui se baignait nue. C'était la déesse de la chasse, *sa* déesse, et comme il était mortel, sa beauté lui était interdite. Mais Actéon regarda Diane au bain, provoquant la colère de la déesse qui le– »

Un cri. Aigu, très fort. C'est un gosse – *je le savais* –, un gosse qui braille à tue-tête. Elle se lève d'un bond, si vite qu'on a l'impression qu'elle s'y attendait.

« Viola ! », s'exclame-t-elle.

Deux autres bonds et elle disparaît derrière une porte.

6

Si vous n'avez jamais pleuré et que ça vous tente, faites un enfant.

David Foster WALLACE

Donc, état stationnaire...

La gamine doit avoir dans les deux ans et se trouve sur le seuil de sa chambre, une couronne de princesse sur la tête et une main glissée (écrasée ? brisée ? déchiquetée ?) dans la porte. Elle hurle non-stop, comme si elle n'avait à aucun moment besoin de reprendre sa respiration, et de son index libre montre sa menotte coincée. Sa mère penchée à côté d'elle semble vouloir crier elle aussi, mais sa voix s'étrangle au fond de sa gorge, comme dans les cauchemars. Elle la tient dans ses bras en répétant d'une voix hystérique « Viola ! Viola ! » et me supplie du regard. Je m'approche, me penche moi aussi. J'essaie de faire abstraction de la sirène qui me hurle dans les oreilles et j'examine la situation. La petite a introduit quatre doigts dans la fente entre le battant et le chambranle, côté gonds. Comme on sait, la largeur de cette fente varie en fonction de l'ouverture de la porte. Les doigts sont écrasés à la hauteur de la première phalange et les dégâts semblent moins graves que je ne le craignais : pas de sang, la main est entière et l'écrasement des doigts, encore léger, ne paraît pas irrémédiable. La porte est à moitié ouverte, ce qui signifie – j'essaie de réfléchir – qu'il suffit d'élargir la fente de quelques millimètres pour relâcher la pression et libérer la main – c'est-à-dire qu'il suffit de pousser la porte vers... Mais impossible d'arriver à la conclusion, parce que la fin du raisonnement est noyée sous les cris déchirants de la petite. Je me retrouve donc à pousser la porte avec une infinie délicatesse vers l'intérieur, de façon à l'ouvrir toute grande, mais sans la certitude théorique – appelons-la ainsi – que j'effectue la bonne manœuvre. D'ailleurs, à la première pression pourtant infinitésimale, les cris augmentent d'intensité – c'est du moins mon impression –, alors je stoppe tout, assailli par le doute horrible qu'en réalité, l'ouverture de la porte entraîne la diminution de la fente et va lui trancher les doigts. Ce doute n'est fondé sur rien, mais il s'installe en moi et me paralyse. Mon portable recommence à vibrer dans ma poche. La mère halète toujours. Elle ne répète plus le nom de sa fille à présent, mais une question : « Qu'est-ce que je dois faire ? Qu'est-ce que je dois faire ? — Ne fais rien », dis-je pour lui donner l'impression que je maîtrise la situation, alors qu'en réalité j'ai perdu les pédales moi aussi. Je ne suis plus certain en effet du sens dans lequel doit pivoter la porte pour dégager la menotte, mais une chose est sûre : si je pousse du mauvais côté, les doigts se briseront comme des gressins. Je suis encore au stade où je n'ai pas commis cette erreur, me dis-je, et par conséquent j'atermoie en répétant « ne pousse pas la porte, ne fais rien », comme si c'était un premier pas dans l'opération de sauvetage. La petite hurle. Mon téléphone vibre. J'essaie de formuler la conclusion restée en suspens tout à l'heure, mais peine perdue. La situation est grotesque : une fillette s'est coincé la main dans une porte et je la laisse dans cette fâcheuse posture, *parce que je dois réfléchir*. Je devrais l'ouvrir, cette satanée porte, et vite. Le verbe lui-même le dit, « ouvrir » signifie « libérer », une légère poussée vers l'intérieur devrait suffire, n'est-ce pas ? Alors pourquoi suis-je paralysé par le doute qu'au contraire si la porte s'ouvre, la fente diminuera ? Il est évident que ce genre de doute vous tétanise : pourquoi m'obsède-t-il ? Parce que j'ai eu l'impression en ouvrant la porte que la petite criait plus fort ? Mais je n'avais même pas poussé pour de bon, ce n'était qu'une pression imperceptible. Et puis comment situer des cris d'enfant sur une échelle d'intensité ? Elle hurle à pleins poumons, un point c'est tout, de toutes ses forces, depuis la première seconde, sans arrêt, et il était ridicule de croire que ses cris s'amplifiaient. Sa mère est incapable de m'aider : hébétée, inefficace, elle me regarde toujours avec des yeux suppliants, comme si elle n'était pas la mère, mais une baby-sitter recrutée sur Internet, et son impuissance semble aggraver la situation. « Une seconde, j'y suis presque », j'ai cette phrase consternante, à croire que j'achève une opération longue et complexe. Et tandis que les cris de sa fille semblent être devenus partie intégrante de la maison – une sorte de meuble sonore –, la mère ne me dit pas, dégage pauvre mec, incapable, elle ne réagit pas avec l'instinct fulgurant propre aux mères dans ce genre de situation, elle qui devrait pousser la porte de quelques millimètres et sortir sa fille de cet étau de douleur, elle reste tout entière suspendue à ma promesse : *une seconde encore.* Je n'ai donc qu'une seconde pour agir. Oui, mais j'ai perdu la mesure du temps : c'est combien, une seconde ? Je ne le sais plus. Depuis quand la petite hurle-t-elle ? Une minute ? Une minute et demie ? Deux ? J'ai l'impression d'être là depuis deux heures, le cerveau lacéré par ces cris d'enfant et taraudé par le doute que le monde tourne à l'envers. Il faut que je me décide, que *j'agisse* – en une seconde. Une seconde qui a dû s'écouler bon poids. Il faut que je me décide : ouvrir ou fermer la porte, libérer la main de la petite ou la lui broyer. En réalité, je sais qu'il faut ouvrir la porte, bon sang, mais je n'arrive pas à m'y résoudre sans que revienne le doute absurde que, pour une raison mystérieuse, *cette* porte n'est pas aussi simple, que son mode d'emploi est bien plus complexe et insidieux, et qu'on n'y accède qu'après l'avoir étudié de près. Or j'ai besoin de certitudes et surtout pas de doutes. Des certitudes. Les pommes tombent vers le bas, les oiseaux volent. Ce genre de trucs. Le pétrole sera épuisé un jour. Les morts ne reviennent pas...

La porte s'ouvre, la fente s'élargit et la main de la fillette est libérée de l'étau. Donc j'avais vu juste, et le doute qui me taraudait était en réalité de la panique. La porte s'ouvre, mais – voici une chose pour le moins étrange – *ce n'est pas moi qui l'ai ouverte.* Je m'étais résolu à le faire, j'allais le faire, mais je n'avais pas encore exercé de pression sur la porte, pourtant la porte s'est ouverte. Toute seule. Du moins il m'a semblé. Je ne crois pas avoir poussé – mais si ce n'était pas moi, qui était-ce alors ? La mère ? Non, ses bras entouraient sa fille dans cette étreinte stupide, la moins protectrice de toute l'histoire des étreintes. La petite elle-même ? Impossible aussi, son autre main était encore en l'air, l'index pointant la méchante vilaine mâchoire en bois qui dévorait ses quatre doigts. Alors, que s'est-il passé ? Qui a ouvert cette porte ? Bien sûr le temps manque pour approfondir l'affaire. Autant la situation était figée, autant depuis une seconde elle est agitée. La mère a pris son enfant dans ses bras, on s'est relevés tous les deux et élancés dans le séjour, elle a attrapé son sac et ses clés de voiture, je lui ai ouvert l'une après l'autre la porte du salon, la porte d'entrée, le portail, les portières, nous voici dans la rue, nous voici à bord de la Q3, elles montent à l'arrière, on n'a pas le temps d'attacher la petite dans son siège auto, je tourne la clé de contact qui déclenche Gianna Nannini à pleins tubes, *Da principio era la neeveee, non è stata colpa miiiaaa*, je colle la rockeuse sur pause, démarre, roule jusqu'à la petite place pour faire demi-tour, manœuvre, et me voici déjà lancé comme une flèche en direction de l'hôpital pour enfants devant lequel je suis passé tout à l'heure – le tout avec une efficacité et une dextérité qui sont aux antipodes de notre maladresse précédente, sans avoir besoin de parler ni de réfléchir, comme si nous avions été entraînés pour affronter ensemble cette éventualité. La petite pleure toujours, mais elle ne crie plus. « Chante-lui une chanson, dis-je à sa mère, calme-la. » Et sa mère se met à chanter d'une voix presque trop juste *La caravane passe, les Indiens sur ses traces, quelle menace...* J'y crois pas, c'est la berceuse de Claudia, celle qu'il fallait à tout prix lui chanter pour qu'elle s'endorme. On en a mis du temps à le comprendre, Lara et moi, et passé Dieu sait combien de nuits blanches pour la simple raison qu'on ne choisissait pas la bonne chanson... *Plumes sur la tête, la hache prête, les flèches aussi et l'arc brandi sans un bruit, en catimini... Boum-boum, boum-boum, boum boum boum...* Sans l'attelle, mon poignet soumis aux vibrations du volant est douloureux. Je roule vite, mais je fais attention, la route a l'air dangereuse avec tous ces trous et surtout cette bordure d'arbres ponctuée de bouquets de fleurs attachés aux troncs. D'un autre côté, il n'y a plus d'urgence, désormais, et les secondes qui passent ne sont plus une violence comme tout à l'heure : nous serons bientôt à l'hôpital, il est absurde de prendre des risques. *Le galion pirate vogue dans le soir, et flotte au vent l'ombre noire, le terrible drapeau...* Je me retourne, je croise le regard de la jeune femme qui est pâle, pour ne pas dire livide. Sa beauté semble avoir été démontée et rangée, comme un manège quand la fête est finie. *Et sur le pont l'équipage, après le dernier abordage...* Tandis qu'elle continue à chanter toujours aussi juste, elle me montre la main écrasée de sa fille, dont les doigts sont enflés et surtout d'un bleu inquiétant. *Il compte tout l'or du coffre au trésor...* Je lui souris – un sourire qui voudrait signifier « ne t'inquiète pas, tu verras que ce n'est rien », même si mon absence de conviction doit être évidente. *Boum-boum, boum-boum, boum boum boum...* Voici le feu rouge du carrefour pour l'hôpital, il est rouge, mais il n'y a personne, je passe quand même, je tourne à gauche et hop. La petite pleure encore, mais quand on a entendu les hurlements précédents, on est en droit de penser que ce ne sont plus des larmes de douleur. Je m'aperçois que je n'ai pas encore vu son visage, et je me retourne à nouveau pour la regarder. Belle, me semble-t-il, très belle, d'une beauté qui, contrairement à celle de sa mère, est restée dans la douleur, ne s'est pas évanouie. *Un chevalier sort de la forêt, la lance au côté, il porte une armure, son épée à la ceinture...* La couronne de princesse n'a pas quitté sa tête, ce qui, allez savoir pourquoi, rend encore plus atroce l'idée qu'elle ait quatre doigts fracturés. *Heaume et bouclier sont en argent, il galope aussi vite que le vent...* Mais nous voici arrivés. Ce grand bâtiment incongru sur l'horizon vaporeux des champs, ce doit être l'hôpital. Oui, c'est bien là : Bambino Gesù – Urgences pédiatriques. Je franchis la grille et ne m'arrête que devant l'entrée sur l'emplacement jaune réservé aux ambulances. Je bondis hors de la voiture, ouvre la portière arrière, fais descendre la mère et l'enfant et les suis dans l'hôpital, laissant la voiture où je ne devrais pas. Au diable, ils n'ont qu'à appeler la fourrière. Les urgences sont pleines, beaucoup de mamans africaines avec des enfants des deux sexes dans les bras ou en poussette – bandés, souffrant, geignant, un pansement sur l'œil –, mais aucun ne présente un cas aussi grave que le nôtre, raison pour laquelle nous sommes aussitôt reçus par l'infirmière de l'accueil. La petite pleure fort de nouveau, les quatre doigts écrasés sont plus enflés et noirs que dans la voiture : en les découvrant, l'infirmière elle-même a une grimace apitoyée et se hâte de piloter mère et fille vers une porte portant la mention « ACCÈS INTERDIT ». Je m'apprête à leur emboîter le pas, mais l'infirmière me demande à brûle-pourpoint si je suis le père. Doute légitime, puisque d'un point de vue générationnel, je pourrais être le grand-père, mais qui me prend de court parce que je ne m'attendais pas à cette vérification dans une situation pareille. C'est pourquoi je réponds que non, bêtement, avec pour conséquence que je ne peux pas entrer, déclare l'infirmière, et que je dois rester dans la salle d'attente avec les mamans et les petits Africains. Elle est péremptoire, toute la rigueur dont manque le système de santé italien m'est soudain appliquée. « Je regrette », dit-elle en enfonçant la poignée anti-panique pour faire entrer la mère et l'enfant. Le coup d'œil que la jeune femme me lance avant de disparaître est chargé d'angoisse : lèvres serrées et tremblantes, visage fripé comme une serpillière, corps menu dominé par la stature imposante de l'infirmière, elle semble inapte à rien faire de ce qui pourrait s'avérer nécessaire.

« Je suis là, lui dis-je. D'accord ? Je suis là et je t'attends. Ne t'inquiète pas. Tout ira bien. »

7

Entia non sunt multiplicanda praeter necessitatem.

Guillaume D'OCKHAM

D. a deux enfants, Kevin, onze ans, et Eden, sept ans. Comme leur père est un individu peu fiable, quand nous nous sommes mis ensemble, D. et moi, nous n'avons pas joué à cache-cache : je suis tout de suite entré dans leur vie et les enfants se sont très vite attachés à moi, même si, comme je l'ai déjà dit, je vis de mon côté avec ma fille. Un jour, quand Kevin avait huit ans et que j'étais avec sa mère depuis un an, sa classe a fait une sortie scolaire au château de Caserte. Ce matin-là, D. avait une grosse fièvre et c'est moi qui ai accompagné son fils devant l'école primaire où était le rendez-vous pour le départ. D. lui avait préparé un sac à dos avec son pique-nique et un petit appareil photo digital. C'était un vilain matin d'hiver gris et humide, comme on n'en voit pas souvent à Rome, et la journée ne s'annonçait pas idéale pour une sortie. Quand l'une des institutrices qui les accompagnaient m'a demandé le numéro de téléphone à appeler en cas de besoin, je lui ai donné le mien parce que je ne me souvenais pas, et ne me souviens toujours pas, de celui de D. C'est le numéro que j'appelle le plus souvent, mais toujours de mon portable, conclusion je ne l'ai jamais appris par cœur.

J'avais une journée chargée, sans rien de très excitant – formalités administratives pour nos véhicules, dentiste, rencontre avec les professeurs de ma fille –, mais D. étant au lit avec la grippe, je m'étais proposé aussi pour accompagner Eden à la piscine et, à dix-neuf heures trente, récupérer Kevin au retour de son voyage. Comme Claudia n'a jamais montré beaucoup d'enthousiasme à l'égard de D., ces obligations supplémentaires avaient impliqué de la caser chez sa copine Fabiola pour le dîner, ce qui avait entraîné une négociation épuisante parce qu'elle voulait y rester dormir, alors que je préférais qu'elle rentre. Je n'ai jamais vu d'un bon œil que Claudia passe la nuit chez ses copines, surtout chez celles que leurs parents laissent souvent toutes seules, comme Fabiola. Mais ce jour-là, j'ai cédé, parce que, de fil en aiguille, ma journée s'était bigrement compliquée. Sans compter que cela me permettait de dormir chez D. qui était malade et de m'occuper d'elle.

Alors que je raccompagnais Eden après la piscine, j'ai reçu un appel d'un numéro anonyme. Une voix masculine m'a demandé si j'étais le père de Negretti Kevin et d'instinct j'ai répondu que oui. L'association entre le numéro anonyme et le nom de l'enfant présenté de cette façon, nom de famille devant, avait éveillé à la fois ce qu'on a coutume d'appeler un mauvais pressentiment et la prise de conscience immédiate que, entre la mère souffrante et alitée et le véritable père dans l'état où je le savais (quelques jours plus tôt, il avait tenté de défoncer avec sa voiture la porte de la perception d'Ostie), c'était moi qui devais entendre ce qui allait être dit. À savoir que l'autocar où se trouvait Kevin avait eu un accident et que j'étais prié de me rendre au plus vite à l'hôpital de Valmontone, à quelques centaines de mètres après la sortie du même nom sur l'autoroute A1. J'ai essayé d'en savoir plus, mais comme j'avais Eden avec moi, une fillette à qui rien n'échappe, j'ai évité de prononcer aucun des mots qui auraient pu lui faire comprendre de quoi il s'agissait. Par conséquent je n'ai posé que des questions neutres, n'obtenant aucune réponse qui puisse m'aider à évaluer la gravité de la situation. Le plus simple était de foncer à l'hôpital où j'apprendrais tout ce qu'il me fallait savoir. J'ai déposé Eden en m'efforçant de ne pas trahir l'angoisse qui me tenaillait. Avec ses trente-neuf de fièvre, D. n'était pas en état de venir avec moi, et il n'y avait aucune raison que je lui dise quoi que ce soit pour le moment. Mme Rita, la dame qui faisait le ménage et s'occupait des enfants quand nous sortions, était restée et j'ai insisté auprès d'elle pour qu'elle ne laisse pas D. se lever, puis je suis sorti en annonçant que j'allais chercher Kevin – ce qui était vrai en un certain sens – et suis parti en trombe en direction de l'hôpital de Valmontone. J'ai allumé la radio et, tandis que je slalomais dans la circulation très dense à cette heure-là sur le périphérique de Rome, le journal régional a donné la nouvelle :

un autocar transportant des enfants avait quitté la chaussée à l'entrée de Rome et s'était renversé. On comptait au moins *une dizaine* de morts et *une trentaine* de blessés – formulation qui m'a paru indécente –, mais on ne disposait pas de chiffres plus précis. Les blessés les plus graves avaient été transportés en hélicoptère dans différents hôpitaux de la capitale ; l'autoroute A1 était fermée à la hauteur du péage de Colleferro dans le sens nord-sud et de celui de Valmontone dans le sens sud-nord. Rien de plus. Tandis que j'essayais de glaner d'autres informations sur des radios locales et sur la fréquence de la société d'autoroute, mon cerveau s'est mis à turbiner à la recherche d'un épilogue acceptable pour toute cette affaire – c'est-à-dire d'un espoir, d'un simple petit espoir. Puisqu'on m'avait convoqué à Valmontone, me suis-je dit, Kevin ne pouvait pas se trouver parmi les blessés graves, qu'on avait transportés à Rome. J'ai essayé de me souvenir du nombre d'enfants qui étaient montés dans le car ce matin-là en saluant leurs parents d'un geste de la main : plus ils étaient nombreux, plus il y avait d'espoir. Mais un car sans étage ne peut pas transporter plus de soixante personnes, ai-je pensé, or celui-ci hélas n'en avait pas. Une *dizaine* plus une *trentaine*, ça faisait une *quarantaine* et donc, s'il y avait soixante enfants dans le car, les survivants indemnes devaient être une *vingtaine*... Et ainsi de suite, en un tourbillon de supputations et spéculations qui ne s'interrompait que lorsque je captais un bulletin d'infos sur l'autoradio, le prenant toujours trop tard, pour les nouvelles secondaires, et ne récoltant au mieux qu'une allusion finale au

« drame de Valmontone », sur lequel les présentateurs promettaient de fournir des informations supplémentaires dès qu'on en aurait. Ainsi, tandis que je repartais en quête d'un autre journal sur une autre radio, la ronde des considérations visant à entretenir mon optimisme reprenait de plus belle. Comme Kevin n'était pas parmi les blessés graves, j'ai pensé qu'après tout, dans un contexte qualifié de drame, des blessures légères pouvaient être acceptables. Il devait bien y avoir des blessés légers. Mais il fallait s'entendre sur ce que signifiait « graves » et « légers » : un bras cassé, est-ce grave ? Non. Et *deux* bras cassés, admettons ? Puis, alors que la circulation devenait de plus en plus dense et impénétrable et que toutes mes élucubrations produisaient le contraire exact du résultat escompté, c'est-à-dire me lestaient d'un sentiment d'irréparable, une pensée d'une obscénité désarmante a surgi dans mon esprit et – là, oui – m'a rasséréné : *Kevin n'était pas mon fils.* J'ai mesuré que malgré tout l'amour que je lui portais, et que je portais à sa mère et à sa sœur, je n'éprouvais pas de la douleur en pensant à ce qui avait pu lui arriver, mais de la peine. Une peine infinie, bien sûr, avec une infinité de ramifications qui s'étendaient dans l'avenir et, dans le pire des cas, en déformaient le tracé, certes en m'impliquant moi aussi, mais sans me priver de ma capacité de concevoir cet avenir, comme ç'aurait été le cas si D. s'était trouvée à ma place, ou Claudia à celle de Kevin. J'ai aussitôt appelé Claudia et le simple fait d'entendre sa voix distraite répondre par monosyllabes, parce qu'elle devait traîner sur Facebook avec sa copine, a produit en moi un soulagement décisif. L'effet bénéfique de cette constatation m'a choqué, car elle apparaissait d'un égoïsme inacceptable. Mais cet effet était indéniable, car soudain, alors que j'étais angoissé au dernier degré, je m'étais senti beaucoup mieux.

Ainsi, inquiet, peiné, mais plus bouleversé, je me suis présenté aux urgences de cet hôpital où se pressait une petite foule de pères et de mères, qui, eux, étaient bouleversés. La maman de Sebastiano, un copain de Kevin, avec qui le matin nous avions trouvé que c'était une drôle d'idée d'organiser une sortie en hiver plutôt qu'au printemps, s'est élancée vers moi, se plaignant qu'on nous ait fait venir jusqu'ici pour ne rien nous dire. C'était une petite femme, jeune et grassouillette, que D. connaissait assez bien et que j'avais vue moi aussi en d'autres occasions. Je savais que son mari et elle étaient séparés depuis pas mal d'années, et qu'elle était avocate – pour cette raison, je suppose, elle était toujours maquillée, en tailleurs ajustés et chaussures à talon. J'ai rejoint le groupe des autres parents et elle trottinait à côté de moi en répétant qu'il était inutile de poser des questions, qu'on nous cachait la vérité, que c'était un scandale. Ma sensation d'être un homme chanceux a augmenté quand, sans tenir compte de ses paroles, j'ai réussi à m'approcher d'une infirmière qui faisait face aux parents : elle était munie d'une feuille, les parents l'interpellaient sur son contenu ou lui lançaient le nom de leur enfant, sans susciter chez elle aucune réaction ni dans un cas ni dans l'autre. Un peu en retrait, deux carabiniers très jeunes et très embarrassés attendaient en silence. J'ai saisi la première occasion de contact visuel avec l'infirmière, pendant que la mère de Sebastiano me faisait signe que c'était inutile parce qu'on ne me dirait rien. En réalité, dès que j'ai prononcé le nom de l'enfant – Negretti Kevin, avec le patronyme en premier tel qu'à mon avis il devait être inscrit sur la feuille, quoi que puisse signifier cette mention – l'infirmière m'a dévisagé et demandé de la suivre. Elle a laissé les autres protester et m'a emmené avec elle. La mère de Sebastiano était estomaquée, et la dernière image que je garde d'elle la montre main devant la bouche, stupéfaite mais aussi atterrée, comme si elle venait de comprendre la signification du silence qu'on lui réservait. L'infirmière m'a accompagné dans la pièce réservée à la police, où avant tout j'ai découvert Kevin assis, un pansement sur la pommette, mais pour le reste sain et sauf semblait-il. Puis j'ai vu trois autres enfants que je ne connaissais pas, deux garçons et une fille, indemnes eux aussi. Et puis encore un policier, une policière, un médecin, stéthoscope au cou et un autre en blouse blanche déboutonnée. Dès qu'il m'a aperçu, Kevin s'est jeté dans mes bras et s'est mis à pleurer, tandis que le médecin au stéthoscope m'annonçait que l'enfant allait bien, à part bien sûr le choc et une coupure à la pommette qui n'avait pas requis de points de suture. Il savait qu'il rendait l'envie de vivre à un homme – tout comme l'infirmière de l'accueil, il me prenait pour le père de Kevin –, pourtant son expression n'avait rien d'heureux, ce qui m'a donné la mesure exacte du drame qui avait eu lieu. J'ai compris que ces quatre enfants étaient les seuls qui rentreraient chez eux ce soir-là.

« Vous êtes un homme chanceux », a-t-il murmuré, et j'ai réussi à le regarder dans les yeux sans la honte mêlée de félicité que j'aurais sans doute éprouvée si, en effet, j'avais été le père de Kevin – honte qui m'avait déjà visité dans la voiture, quand je m'étais senti soulagé à l'idée que Kevin n'était pas mon fils. J'ai signé des papiers pour la décharge et le médecin à la blouse déboutonnée, qui s'est révélé être le psychologue de garde, m'a pris à part pour me recommander d'emmener Kevin chez le pédiatre dès le lendemain, afin de mettre en place l'aide psychologique qui permettrait à l'enfant de dépasser le grave traumatisme qu'il venait de subir. Il s'est assuré plusieurs fois que j'avais bien compris qu'il s'agissait d'une prescription impérative et m'a montré qu'elle était libellée noir sur blanc sur une des deux feuilles que je venais de signer. Il a insisté aussi pour que je ne questionne pas Kevin sur l'accident et, à ce sujet, justement pour lui éviter d'être assailli par les parents de ses camarades moins chanceux – lui aussi a employé ce mot – qui attendaient des nouvelles aux urgences, la policière nous a guidés vers une sortie secondaire, par laquelle nous nous sommes éclipsés sans rencontrer personne.

Il était vingt et une heures trente : Sebastiano était décédé depuis trois heures, et avec lui huit autres enfants étaient morts ou en train de mourir, tandis que les vingt-huit autres – au total ils étaient quarante et un – avaient déjà été transportés dans les grands hôpitaux de Rome. Le chauffeur aussi était mort, ainsi que les deux maîtresses accompagnatrices, dont l'une avait pris mon numéro ce matin-là. Obéissant à la recommandation que j'avais reçue, sur le trajet du retour à la maison, je n'ai posé aucune question à Kevin, qui pleurait toujours. Considérant toutefois qu'il était peu opportun de garder le silence, j'ai essayé de le distraire en lui racontant l'épisode le plus beau et le plus heureux de ma vie, qu'à ce moment-là je situais – j'ignore pourquoi, j'étais perturbé moi aussi – en cette lointaine soirée d'été passée avec ma fille à la fête foraine de Castiglione della Pescaia, où, de façon inattendue, nous avions gagné des tours gratuits de soucoupes volantes les uns après les autres : deux, trois, cinq, dix fois de suite, nous étions toujours les derniers en haut, seuls elle et moi dans le vent chaud, tandis que toutes les autres soucoupes tombaient une à une sous la nôtre, si bien que nous avions fini par nous lasser et quitter le manège sans avoir jamais perdu. Je ne crois pas que mon récit ait passionné Kevin, mais au moins il a cessé de pleurer, quitte à recommencer beaucoup plus fort à notre arrivée à la maison. Il s'est avéré que la cause de son désespoir était la perte de son sac à dos et de l'appareil photo digital, qui, la veille, avait provoqué une longue discussion avec sa mère – il comptait l'emporter, tandis qu'elle s'y opposait, convaincue qu'il allait le perdre –, et que le matin, profitant du fait que D. au lit avec de la fièvre n'en saurait rien, il avait glissé en douce dans son sac à dos. Il a fallu des mois de thérapie pour que Kevin arrête de parler de cet appareil photo et parvienne à mentionner l'accident, sans toutefois qu'on ait jamais réussi à savoir quel souvenir il en gardait ni ce qu'il en refoulait.

Mais le problème n'est pas là. Le problème reste pour moi le soulagement éprouvé au mauvais moment, c'est-à-dire non pas quand le médecin m'a remis Kevin sain et sauf, mais une heure plus tôt, quand j'étais encore en voiture, que tout laissait présager qu'un drame pouvait l'avoir emporté et que je me suis senti si chanceux à la pensée qu'il n'était pas mon fils. Un horrible petit secret qui m'accompagne et me rappelle que l'amour des parents pour leurs enfants peut tomber dans l'exagération et la violence, sans pour autant prodiguer plus de bonheur quand tout va bien, tandis qu'il dispense une dose démesurée de douleur quand ça se gâte. Un secret en lien avec ce besoin de chercher une juste limite à tout, sur lequel, à cinquante ans, avec une famille réduite à sa plus simple expression, je m'efforce de méditer.

8

Regardez mes œuvres, ô puissants,
et désespérez !

Percy Bysshe SHELLEY

Mais pas là...

Là, j'ai autre chose à faire. Ou plutôt : il faut que je trouve le moyen de faire quelque chose. J'attends depuis presque une heure, passif, tandis que la jeune femme et la petite sont dans cet hôpital. Je me suis adressé à l'infirmière de l'accueil, pour m'entendre répéter que je dois attendre. Le moment serait tout indiqué pour m'occuper de tous les appels téléphoniques auxquels je n'ai pas répondu : deux de Marta, ma belle-sœur, plutôt surprenants ; deux de D., prévisibles puisque je suis censé l'informer de mes intentions pour ce soir, si je reste dîner chez elle ou pas ; deux de Cinzia, qui a dû trouver mon appel de ce matin ; deux de numéros que je n'ai pas dans mon répertoire, ainsi que deux textos, Marta et D., où l'on me prie de les rappeler dès que possible. Or là ce serait possible, sauf qu'il n'y a pas de réseau.

Enfin, pas sur mon portable, parce que, en revanche, beaucoup des mamans africaines qui attendent avec leurs gamins téléphonent à tout-va. Avec leurs appareils ultra-bon marché et leurs tarifs super-réduits, elles passent et reçoivent des appels à gogo, tandis que j'ai beau arpenter la salle dans tous les sens avec ma connerie de smartphone, rien à faire. J'ai essayé de sortir, mais je ne capte pas mieux dehors. Cela étant, la Q3 est toujours à sa place, dans le parking jaune réservé aux ambulances, sans que personne proteste. Il faudrait que j'aille Dieu sait où, que je m'éloigne à pied au milieu de nulle part, sur la route qui traverse la campagne, mais alors je ne pourrais plus surveiller les urgences, et il n'en est pas question, parce que si la jeune femme sort ou si elle a besoin de quoi que ce soit, je veux être là. C'est moi qui ai les clés de la voiture, elle n'a pas mon numéro de téléphone et on risque de joliment compliquer la situation si on se perd. C'est pour cette raison que je reste assis, essayant de prendre pour modèle la patience surhumaine des mères africaines, mais en vain. J'avais déjà les nerfs en pelote quand je suis arrivé, ce contretemps avec mon téléphone m'a mis d'une humeur exécrable et je n'arrive pas du tout à me tenir tranquille comme elles. Et voilà que je me relève, refais la queue pour parler à l'infirmière, avec l'intention cette fois de ne pas me contenter de l'absence de réponse qu'elle m'a réservée jusqu'ici et, le cas échéant, de crier au scandale devant tout le monde (un coup de gueule genre « je porterai plainte, je vous signalerai à l'émission de Gabibbo » et autres menaces de tapage télévisuel), parce que même si je ne suis pas le père de la petite, j'ai bien le droit de savoir ce qu'il se passe ou au moins si je dois attendre encore longtemps – ne serait-ce que pour m'organiser et, le cas échéant, sortir au milieu des capots brûlants des voitures garées le long de la route pour chercher un endroit où ce fichu téléphone–

Les voilà. C'est elles. Elles ressortent par la même porte par laquelle elles étaient entrées. La mère tient la petite dans ses bras et des feuilles à la main. Un jeune freluquet en blouse blanche la retient sur le seuil, abreuvant la petite de risettes et de compliments qui semblent dire une seule et même chose, à savoir « quelle jolie maman tu as ». Parce qu'il saute aux yeux que la beauté qui avait disparu sous le coup de l'urgence est revenue à sa place, entière et intacte, et que le corps menu de Rosy Malaparte est de nouveau capable de dominer l'espace qui l'entoure. Souriante, l'air encore sauvage mais aussi resplendissant, désormais, et empreint de gratitude, elle écoute ce que le jeune médecin est chargé de lui dire, pendant que son regard erre dans la salle, à la recherche – je veux l'espérer – de moi. Et la fillette ? Elle a toujours sa couronne de princesse sur la tête et elle sourit aussi. Je cherche sur son bras la blancheur d'un plâtre ou d'un bandage, sans la trouver. Je me montre, mais je laisse le petit toubib finir ses salamalecs avant de m'approcher.

« Elle n'a rien, dit-elle. On a eu de la chance. »

Comment ça, rien ? Je regarde la main de la petite et j'hallucine : ses doigts ne sont plus ni noirs ni enflés.

« C'est incroyable », dis-je.

Comme si rien ne s'était passé.

« Ils sont en caoutchouc à cet âge », répond la mère.

Et c'est sur cette jolie explication que nous quittons l'hôpital pour retrouver la campagne écrasée sous la canicule. Nous montons dans la voiture transformée en four, que personne ne nous reproche d'avoir laissée tout ce temps, là où elle n'aurait pas dû stationner, pas même les deux ambulanciers en combinaison fluo qui fument leur cigarette, réfugiés dans la bande d'ombre près de l'entrée. Je mets le contact, Gianna Nannini redémarre à pleins tubes, *siamo andati in culo al mondooo, e ci sei finito dentrooo*, j'appuie à nouveau sur pause et mets la clim à fond, mais derrière, ma passagère préfère ouvrir les vitres, annulant l'effet de l'air conditionné. Elle n'attache toujours pas la petite sur son siège, mais la garde dans ses bras.

« Ils ont commencé à désenfler pendant qu'on l'auscultait, dit-elle en embrassant les doigts de sa fille, dont j'étais convaincu qu'ils étaient cassés. Comme ça, à vue d'œil. »

Je sors de l'emplacement jaune.

« Puis ils lui ont fait une radio, ce gros pistolet qui te faisait tellement peur, hein ma petite rate ? » Elle s'adresse moitié à moi moitié à sa fille. « Mais tu as été courageuse, tu n'as pas pleuré, même pas un petit peu, hein ? Et maman va t'acheter une glace parce que tu l'as bien méritée. Bref, pas de fracture, rien. »

Je regarde la mère et la fille dans le rétroviseur, souriantes, magnifiques, leurs visages presque collés l'un contre l'autre, mêlant leurs chevelures en une masse noire vaporeuse, où joue le vent.

« Maintenant, elle n'a plus rien. Regarde. »

Elle serre les doigts de la petite qui, il y a une heure, semblaient fracturés, et celle-ci ne bronche pas.

« Ils sont en caoutchouc », répète-t-elle, et elle lui colle un bisou sonore dans le cou.

Franchement, je ne sais que dire, parce que ce que je vois n'a pas de sens, alors je me tais et je conduis. Sous la chaleur, les champs sont en ébullition, des vols de mouettes traversent le ciel blanc selon une trajectoire qui va de la mer vers les terres. La décharge de Malagrotta est dans cette direction. Devant nous un énorme tracteur occupe les trois quarts de la chaussée. Il est dangereux de déboîter pour vérifier si la voie d'en face est libre.

« Je ne me souviens pas de ton nom, dit Rosy Malaparte.

— Pietro. »

Elle se penche en avant et me colle à moi aussi un baiser sur la pommette.

« Eh bien, merci, Pietro », déclare-t-elle.

Un baiser que je n'ai pas le loisir de savourer, parce qu'il me prend par surprise au moment où, dans une manœuvre téméraire, je dépasse le tracteur.

« De quoi ?

— Si tu n'avais pas été là, je ne sais pas ce qui se serait passé. J'avais complètement perdu les pédales, je ne comprenais plus rien à rien. Je ne voyais même pas qu'il fallait ouvrir la porte pour dégager sa main. »

Donc c'est moi qui l'ai ouverte. Ce n'est pas ce qui m'avait semblé, mais somme toute, elle était présente, et si elle dit que c'est moi qui l'ai ouverte, cela signifie que j'étais trop chamboulé pour m'en rendre compte.

« N'y pense plus. C'est fini. »

J'ai sans doute réfléchi trop longtemps, mais j'ai fini par ouvrir cette fichue porte et débloquer la situation.

« Oui, mais – elle baisse soudain la voix – que se serait-il passé si j'avais été seule ? »

Je me retourne d'un quart de tour, et je comprends pourquoi elle a parlé tout bas : la petite s'est endormie, sa couronne de guingois sur le front. Je baisse la voix moi aussi.

« Si tu avais été seule, tu n'aurais pas perdu les pédales. Ça marche comme ça.

— Tu crois ?

— Garanti.

— Admettons. En attendant tu étais là, et tu as sauvé la main de ma fille. »

Elle me colle un deuxième baiser, sous l'oreille cette fois, et là ça me gêne, parce que même si j'ai ouvert cette porte, les quatre doigts de la gamine étaient devenus noirs et gros comme des saucisses, je l'ai vu de mes yeux. Le fait qu'elle me considère comme un mec fiable, qu'elle m'attribue tout le mérite que la petite soit indemne, alors qu'il s'agit d'une sorte de – je ne sais pas quel autre mot employer – *miracle*, me donne l'impression d'être un imposteur. Alors je profite de son silence pour me concentrer sur la conduite de cette voiture dont je vais la priver d'ici pas longtemps et qui dès demain trônera sur le parking de la Super Car. L'aménagement est pour le moins somptueux : sièges en cuir pleine fleur à réglage électrique avec support lombaire, confortables et frais malgré la canicule ; volant sport multifonction à trois branches habillé de cuir perforé ; le fameux Side Assist qui par un système de leds sur le rétroviseur extérieur – les voici – vous avertit de l'arrivée d'un véhicule sur votre gauche ; système d'information de bord avec écran en couleur ; GPS intégré avec dispositif MMI, CD/DVD et prise directe pour iPod ; haut-parleurs Bose surround sound boostés... Ce véhicule est un livre ouvert, qui dit beaucoup. S'il s'agit d'une voiture avant tout féminine – il est très rare qu'un homme la conduise –, le choix en particulier du volant sport et de la sonorisation renforcée révèle sans erreur possible qu'elle a été commandée par un homme. La débauche d'options qui sont de purs gadgets révèle que cet homme ne payait pas de sa poche. Et l'état déplorable de la carrosserie, ajouté au bazar éparpillé dans l'habitacle – boîtes à chaussures, magazines, CD, enveloppes, factures, bouteilles d'eau minérale – révèle que la femme à qui il l'a donnée n'a elle non plus jamais pensé débourser un –

« Tu as des enfants ? me demande-t-elle soudain.

— Une fille. Qui est grande. »

Et que je ne dois pas oublier de rappeler, soit dit en passant, pour la convaincre de venir au restaurant ce soir avec D. et moi. Cet entêtement à ne pas la voir est absurde.

« Grande, quel âge ?

— Dix-huit.

— Ah. Et tu vis avec sa mère ou vous êtes séparés ?
— Je suis veuf.
— Oh... »

J'aurais pu lui épargner cette précision, mais après tout, quand on pose certaines questions, il est normal de s'attirer certaines réponses. C'est vrai, elle est trop directe. La voilà gênée : elle voulait juste converser et du coup elle ne sait plus quoi dire. Ma foi, tant mieux, on est arrivés. Mais la place devant la maison est prise, alors je continue jusqu'au petit parking, pour constater qu'il est plein lui aussi.

« On ne peut pas la garer dans le jardin ?
— Mais non, ce n'est pas la peine. Mets-la devant le portail. Si tu serres, ça rentre. »

En effet, elle a raison, vu que dans quelques minutes, je vais y remonter pour l'emporter. Alors je serre autant que possible contre le portail, puis je descends et j'ouvre sa portière parce qu'elle tient la petite endormie dans les bras. Je ressemble davantage à un chevalier servant qu'à un type venu saisir sa voiture. Avant de descendre, elle essaie de pousser avec les fesses les papiers de l'hôpital – un mouvement idiot, limite obscène, qui, bien entendu, envoie choir les papiers par terre, mais réveille d'un coup le démon assoupi dans mes reins. D'autant plus que, une fois descendue, toujours avec la petite endormie qui lui pèse sur les bras, elle se baisse pour ramasser les feuilles et que, de ce fait, la mince bande de peau nue entre l'ourlet de son débardeur et la ceinture de son short s'élargit soudain, révélant la presque intégralité du tatouage qui pare sa chute de reins – encore un dragon, comme sur son mollet, mais les ailes déployées – ainsi que la cordelette noire de son string qui plonge dans le sillon de ses fesses. Ce n'est qu'une seconde, la revoilà debout, les feuilles à la main, short et débardeur couvrent à nouveau ce qu'ils viennent de dévoiler, mais cela suffit pour me rappeler que l'affaire du délai n'était pas du tout close avant que la gamine ait ce différend avec la porte. Elle me montre du menton le sac accroché à son bras.

« Tu veux bien sortir les clés, s'il te plaît ? Le porte-clés avec le bouddha. »

Et allez ! Comme chacun sait, pour un homme l'accès à l'intimité d'un sac féminin est un privilège très sensuel. Celui-ci est un joli foutoir : une petite bouteille d'eau, un iPod, des cachets épars, des mouchoirs parfumés, un briquet, des bonbons, un CD de Nina Zilli, une paire de lunettes de soleil, son téléphone portable, une brosse à cheveux, un paquet de dix Marlboro Light, des élastiques à cheveux. Sans être intimes ou suggestifs – nul besoin d'y trouver une boîte de préservatifs ou des menottes de bondage –, ces objets déclenchent toujours un désir langoureux de pénétrer le monde de chair et de pensées auquel ils appartiennent. On regarde toujours en cachette dans un sac de femme, voilà ce que je veux dire, si vous me suivez. Et si vous ne me suivez pas, tant pis, pourvu qu'il soit clair qu'au fur et à mesure que je fouille parmi toutes ces babioles innocentes, mes sens s'excitent comme si je touchais et caressais les cheveux, les oreilles, les lèvres, les cils et les yeux auxquels ils sont destinés. D'autant plus que le porte-clés bouddha restant introuvable, mes recherches tournent à l'inventaire – écouteurs, stylos, crayon pour les yeux, assortiment de cosmétiques, papier à cigarettes, portefeuille en cuir, étui léopard – et surtout, vu que le sac est accroché à son bras, elles se déroulent dans une proximité physique inhabituelle, en violation forcée des distances requises par les conventions. Cela signifie que l'odeur de vinaigre de ses cheveux est plus entêtante, de même que le tintement de ses bracelets, etc.

« Regarde dans la poche à fermeture Éclair », dit-elle.

J'ouvre ladite poche et en effet, entre un tampon et un sachet de – eh oui – marijuana, voici le porte-clés bouddha. (Un beau bouddha, d'ailleurs, en ivoire, finement tourné, il semble ancien, précieux.) Par conséquent, quand je reprends le fil de mes fonctions de chevalier servant – essayer une clé qui n'entre pas, trouver la bonne, ouvrir le portail, la laisser passer, refermer le portail, la dépasser avant qu'elle n'arrive à la porte d'entrée, essayer une clé qui n'entre pas, trouver la bonne, ouvrir la porte, et ainsi de suite –, la situation a radicalement changé en l'espace d'une minute. Et quand nous entrons dans la pièce du premier étage – stores à moitié baissés, rais de lumière qui zèbrent la pénombre, poussière qui plane dans l'air –, je repars tambour battant dans les élucubrations érotiques que j'y avais laissées.

« Attends-moi », murmure-t-elle en disparaissant dans la zone nuit, la petite dans les bras.

Attends-moi. Bien sûr que je t'attends. Pourquoi me mettre les points sur les *i* ? Dans quel but, si ce n'est celui de renforcer l'idée que l'attente sera récompensée ? Et nous y revoilà, plus que jamais. Malgré la présence de la petite, malgré l'expérience pas aphrodisiaque pour deux sous que nous venons de vivre, malgré la banalité, l'absurdité, l'indigence d'un fantasme de ce genre, il occupe toutes mes pensées. *L'attente sera récompensée* : quelque chose ne tourne pas rond chez moi, sérieux. Je ne peux pas me laisser dominer ainsi par les fantasmes des autres. Parce que c'est le fantasme de Lello, pas le mien. Il faut que je me calme, que je réfléchisse. Que je respire. Me détende. Peut-être que je prenne un verre de whisky, pourquoi pas ? Elle m'avait invité à me servir tout à l'heure, alors je me sers maintenant. Deux doigts de whisky, ça ne peut pas me faire de mal. Ballantine's, presque vide. Allez savoir qui en boit. Elle ? Le danseur ? Voilà qui est fait, même si c'est plutôt *trois* doigts. Hop, à jeun c'est raide, mais–

La voici qui apparaît à l'entrée du couloir.

Et maintenant ?

Elle s'est arrêtée sur le pas de la porte.

« Excuse-moi, dit-elle. Peux-tu attendre encore cinq minutes ? J'ai un coup de fil important à donner.

— Bien sûr. »

Elle me voit le verre à la main, sourit.

« Parfait, bois quelque chose. Cinq minutes, et je suis toute à toi... »

Son sourire est malicieux sans l'être : on repart aussi dans la double contrainte. Elle s'éclipse. À propos, il serait peut-être opportun que je passe moi aussi un coup de fil, puisque j'ai du réseau ici. Je trouve deux autres appels manqués, encore D. et ma belle-sœur qui insistent pour me joindre. Mais je ne peux pas les rappeler maintenant, dans ces circonstances. Il vaut mieux que j'envoie un texto à l'une comme à l'autre pendant que je finis mon whisky : « Désolé, je ne peux pas te répondre, je te rappelle dès que possible. » Copier, coller, envoyer. C'est toujours un peu pitoyable comme manœuvre, mais dans le cas présent, c'est la moins pire. Il y a bien plus pitoyable dans le cas présent, car, poussé par le démon revenu me mordre les reins, j'assemble les morceaux du puzzle à ma façon, j'interprète, j'insinue, je décrypte pour en conclure que, si si, la situation est très claire. D'abord dans la voiture elle m'a donné deux baisers : de gratitude, d'accord, mais bon, j'exclus qu'une fille comme elle ignore l'effet qu'elle produit sur un homme en l'embrassant sur la pommette ou sous l'oreille. Et puis elle doit éprouver de la gratitude, n'est-ce pas, de la reconnaissance : sa fille avait la main coincée dans la porte, elle a perdu les pédales et j'ai résolu le problème, ce n'est pas rien. Ce petit coup de cul dans la voiture pour envoyer valser les papiers de l'hôpital, vous n'allez pas me dire. Et cette façon de se baisser avec la petite dans les bras pour les ramasser. Et sa façon de me parler *: attends-moi, mets-toi à ton aise, je suis toute à toi*... En plus, nous venons d'avoir la preuve qu'elle n'est pas en mesure de renoncer à cette voiture du jour au lendemain : avec une enfant en bas âge qui peut fourrer ses doigts partout et se blesser, il n'est pas question qu'elle se retrouve à pied, sachant que ce n'est pas gagné de dégotter un taxi à Passoscuro. Le fait est que pour elle – je vais dire une chose horrible – la voiture répond *à un besoin*. C'est comme ça. Mais oui, fonce : croque, tant pis si tu t'en repens après. Avec la petite dans la chambre à côté ? Bien sûr, elle l'endort, où est le problème ? Oui, trois fois oui : elle pensait à ça tout à l'heure et elle pense à ça maintenant. Pour elle, c'est juste une évidence. Elle a couché avec Lello, et c'est une évidence qu'elle couchera avec moi. Pourquoi devrais-je refuser ? Je suis un homme – *elle m'a demandé si j'ai des enfants pour exclure l'éventualité que je sois homo* –, et elle est convaincue que devant certaines choses, les hommes sont tous les mêmes – ce que dit toujours D. d'ailleurs, et que je conteste, parce que ce n'est pas vrai, on n'est pas tous pareils, même si en ce moment, on dirait que si, mais en définitive ce qui compte, c'est que cette fille en soit convaincue et que par conséquent elle tende à rééditer avec moi le marché conclu avec Lello, en utilisant la même monnaie d'échange : sa chair, sa chair de luxe, c'est-à-dire précisément d'après elle, et d'après D., ce devant quoi les hommes sont tous les mêmes. Minute : qu'est-ce que je raconte ? *Marché conclu*, *chair de luxe*, *monnaie d'échange*, comment cela peut-il seulement m'effleurer ? Je n'ai jamais été comme ça, jamais. Comment est-il possible que je le sois tout à coup ? Et en effet, je ne le suis pas, ces élucubrations ne valent rien, elle ne les connaît pas, personne ne les connaît, ouste, à dégager, elles ne comptent pas. Seuls les actes comptent, les faits. Alors vous savez quoi ? Je vais lui montrer qui est Pietro Paladini, voilà. Elle a besoin de tout sauf d'un autre homme qui profite de son pouvoir sur une femme pour la sauter. Alors moi, je vais lui accorder ce fameux délai sans rien exiger en échange. Eh oui. *Ce sera un cadeau.* Je vais l'époustoufler, l'émouvoir, l'*aider* : combien d'hommes dans sa vie l'ont déjà aidée, de façon désintéressée, j'entends ? Elle ne m'oubliera jamais. Variante de l'injonction croque, tu t'en repentiras après : je sauve la main de sa fille, je l'accompagne à l'hôpital, je l'attends, je la raccompagne chez elle et pour finir, après son coup de fil important, quand elle est *toute à moi*, je lui dis, écoute, bébé, je vois que tu es dans une mauvaise passe, alors j'ai décidé de te laisser le temps de te retourner avant de récupérer la voiture... Oui, c'est ce que je vais faire, parce que les hommes ne sont pas tous les mêmes et que je peux le prouver. Hep, minute, on arrête tout : qui est cette Vierge à l'enfant qui se faufile dans le jardin ? Elle ? Je la remarque par hasard, du coin de l'œil, par la fenêtre, alors que j'ingurgite la dernière gorgée de whisky en caressant l'idée de jouer les gentlemen. Merde alors, c'est elle, qui marche vite et porte sa fille, laquelle ne dort plus, mais se tient droite entre ses bras, parfaitement réveillée. Par où est-elle sortie ? Et où peut-elle bien aller, Bon Dieu ?

J'ouvre grande la fenêtre.

« Hé ! »

À mon cri, elle lève à peine les yeux et me lance un regard foudroyant, animal, genre mangouste, puis elle les baisse et ouvre le portail. Cette fille est en train de se faire la malle, tiens ! Et la Q3 qu'on a garée juste devant le portail ! Ah non, pas de ça Lisette ! Cours, Pietro, hop l'escalier, descends les marches quatre à quatre, hop hop, tu es dehors, dans le jardin, fonce, hop hop hop, rattrape-la, elle porte la petite, ça la ralentit, ne te fais pas bananer comme ça ! Minute, c'est moi qui ai les clés, il me semble. Les voici. Alors où croit-elle s'envoler ? Pourtant – *bip-bip* – n'est-ce pas la télécommande à radiofréquence pour fermeture centralisée dotée d'antivol satellitaire volumétrique à ultrasons et protection anti-soulèvement avec blocage électronique de la Q3 ? Et – *chclonc* – n'est-ce pas la portière renforcée de barres en acier ultra-résistant à très fort coefficient de rigidité de la Q3 ? *La seconde clé*, putain, elle utilise la seconde clé. Alors fonce, Pietro, encore deux bonds et toi aussi tu es au portail, tu peux encore l'arrêter, hop hop, cours, oui, voilà, c'est bon – merde, où est le bouton du portail ?

Vroum – le moteur quatre cylindres TFSI à injection directe d'essence suralimenté par turbocompresseur à gaz d'échappement de la Q3...

9

J'ai fait les mauvaises erreurs.

Thelonious Monk

Une sauterelle marche dans l'herbe sur le bord de la route. Elle se laisse prendre dans la main sans crainte. Elle est chaude. Elle me regarde d'un œil, puis de l'autre. Elle voit un débile, un pauvre débile, et d'un bond s'enfuit...

On dit que ce qui vous arrive est toujours déjà arrivé à d'autres, mais je ne crois pas. Pas cette fois. Je crois que ça, tel que ça vient de m'arriver, tel que c'est en train de m'arriver, n'est jamais arrivé à personne. C'est une première absolue.

Les champs moissonnés, les chaumes brunis, les traces de roues des tracteurs, les gerbes cylindriques. Les voitures qui passent et le déplacement d'air qui me décoiffe. Comme j'apprécierais que le conducteur d'une de ces voitures comprenne que je suis dans la panade, qu'il se range sur le côté, descende, me pose la main sur l'épaule, me rassure. Comme j'apprécierais qu'il me prenne à bord de sa voiture pour m'emmener à Rome, qu'en chemin il s'arrête dans un bar et m'offre un café. Il serait moustachu, plus âgé que moi, habillé de lin, aurait de l'embonpoint, les tempes dégarnies, une voix rauque, un sourire réconfortant, les cheveux gris et fins soulevés par le vent, fumeur impénitent de cigarettes fines, pêcheur à la mouche précis et patient, dépourvu de montre et ignorant l'heure, comme c'était le cas de mon père – une sorte d'*envoyé* de mon père –, et il me convaincrait de lui raconter ce qui m'est arrivé. Ce qui m'est réellement arrivé. Et comme j'apprécierais qu'il me confie à son tour une mésaventure humiliante, puis formule la banalité la plus rassurante de toutes, à savoir que ça arrive à tout le monde d'être débile cinq minutes, que personne n'est à l'abri d'un faux pas, mais que l'important est de se relever et de ne plus y penser... Eh oui, mais ça ne marche pas comme ça. Il y a zéro chance pour que cet homme se présente, il vaut donc mieux que je bannisse ce scénario de mon esprit.

Les jets d'arrosage au loin sur des parcelles d'un vert vif contre l'horizon tremblant. Les arbres courbés par le vent, pas de façon élastique par le vent actuel, mais de façon *plastique*, par des décennies de vent qui, soufflant dans une seule et même direction, jour après jour, plie, tord et modèle le monde avec sa force inépuisable.

Non, il n'y a personne ici pour moi, il faut que je me débrouille tout seul. Et après aussi je serai seul, je serai toujours seul, parce que même quand j'aurai réussi, je ne sais trop comment, à rentrer chez moi et que je devrai raconter à Claudia ce que j'ai trafiqué, ou à D., je mentirai. Je n'aurai pas le choix. Je ne peux pas dire la vérité. J'expliquerai qu'on m'a retiré mon permis parce qu'on m'a chopé en pleine course-poursuite derrière une créature diabolique qui avait pris la fuite dans la voiture que je devais récupérer et que j'ai perdu mon portable en sautant dans mon propre véhicule pour la rattraper. Basta. J'en resterai là. Pas moyen d'en dire plus aux personnes qui croient en moi. Qu'il s'agit en réalité d'un triple retrait de permis – pour excès de vitesse (138 km/h, c'est-à-dire 68 de plus que la limite autorisée sur cette route), pour dépassement dangereux (franchissement de ligne continue à l'entrée d'un virage) et pour taux d'alcoolémie excessif (0,71g/l, dixit le ballon, à cause de ce maudit whisky) – ça, je ne pourrai pas le dire. Et l'amende astronomique dont j'ai écopé, cinq mille trois cent sept euros, c'est-à-dire le maximum prévu pour chacune des trois infractions dont je me suis rendu coupable ? Je mentirai là aussi, bien sûr, je la réduirai à deux mille, mille cinq cents, mille. De toute façon, j'aurai beau la réduire, ça restera une amende monstrueuse, humiliante. Mais la vérité, que je raconterais à ce bon Samaritain imaginaire qui ne se présentera jamais parce qu'il n'existe pas, je ne la révélerai à personne. Je ferai diversion. Je m'attarderai sur l'ironie du sort qui a voulu que les flics m'interceptent pendant que je poursuivais un véhicule qui commettait les mêmes infractions que moi, mais, contrairement à moi, en toute impunité, pour la simple raison qu'il ne s'est pas arrêté. J'expliquerai que le PV dressé à la Q3 imputera ces infractions à une société qui s'est déclarée en faillite (frauduleuse) l'an dernier et dont l'ancien gérant s'avérera être un retraité insolvable, et que si – on peut rêver – la police poussait l'enquête pour remonter à son véritable propriétaire comme nous l'avons fait, elle tomberait sur un ancien sous-secrétaire qui fera sauter son amende d'un coup de fil. Dans tous les cas, le conducteur ne sera pas inquiété. Je dirai que c'est un homme, et pas une femme, et si on me demande de le décrire (mais je ne vois pas pourquoi ma fille ou D. réclameraient une description : elles me croiront, *elles ont confiance en moi*), je prendrai pour modèle la mauviette de la Costa Smeralda, pendant le prélèvement avec Lello, qui était passé comme une lettre à la poste.

Mais il sera plus difficile d'en conter à Lello. Il connaît la personne qui m'a filé entre les doigts. Il faudra que je lui dise que sa beauté m'a privé de mes moyens, que je n'avais plus ma tête. Je lui raconterai aussi l'épisode de la petite et de la main coincée dans la porte, pour couper court, vu la présence de l'enfant, à toute élucubration sur le thème croquer et se repentir. Je lui dirai plutôt que cette fille est le *diable*, oui, pas moins, le diable fait femme, pour foncer à cent quarante à l'heure avec sa fillette à bord de la Q3 sur une route étroite et dangereuse. J'irai peut-être jusqu'à lui révéler que j'ai laissé mon téléphone portable sur le meuble-bar de sa villa, qui d'ailleurs n'est pas la sienne, comme tout ce dont elle dispose – mais jamais, au grand jamais, je ne lui toucherai mot de la crise de luxure qu'a déclenchée dans ma petite tête la graine qu'il y a semée. Ça, je ne pourrai jamais le dire à personne...

Une autre sauterelle. Ou est-ce la même ? Non, ce n'est pas la même. Celle-ci est beaucoup plus grosse. Un spécimen énorme.

Il faudrait que je me calme, que je réfléchisse. Une paille ! L'adrénaline, la colère, la honte, la découverte soudaine de mon abyssale misère : comment étouffer ce grondement en moi ? Et même si j'y parvenais, à quoi bon ? Tout est perdu. Impossible de rouler ne serait-ce qu'en scooter. Comment me débrouiller ? Comment payer cette amende ? Comment travailler et circuler toute la journée entre l'Aurelia, l'Olimpica, la Cristoforo Colombo et le périphérique ? Comment m'y prendre ? Ne serait-ce que pour avertir Claudia et D. ? Sans portable et sans me souvenir d'aucun numéro ?

Quelque chose dans ce coin du monde doit susciter l'intérêt des sauterelles. En voici une autre. Elle circule entre les plants de chicorée, explore, examine, goûte, juge. Je l'effleure du bout du doigt, elle s'enfuit aussitôt en optant pour la voie des airs et disparaît dans le champ de chaume calciné. Incroyable comme il est facile de se tirer d'affaire quand on est une sauterelle, tandis que pour moi tout est perdu...

Non, pas si vite, n'exagérons rien. J'ai fait une connerie, c'est tout. Une connerie monumentale, certes. La *connerie du siècle*, d'accord, mais tout n'est pas perdu. Je peux encore la réparer, je peux prendre mon courage à deux mains et essayer de la réparer. En m'appliquant et sans regarder à ma peine, en payant de ma personne, en y mettant le temps, je peux me racheter, comme on peut honorer une dette colossale. Un pas après l'autre, sans se précipiter. Comme on dit, c'est déjà un premier pas que décider des suivants. Je suis en rade sur une petite route de campagne, sans permis de conduire ni téléphone portable. Avant tout, il faut que je retourne au bureau. Puis je récupérerai mes principaux numéros de téléphone dans l'ordinateur – je me souviens que je les ai copiés – et je réclamerai par mail ceux qui n'y sont pas, comme ces infortunés qui envoient un message à tout leur carnet d'adresses – désolé, j'ai perdu mon portable – pour reconstituer peu à peu mon répertoire. Voici qui est au fond assez simple. Puis il faudra que je me procure une bicyclette électrique, puisque j'ai encore le droit de rouler à vélo, que je l'équipe de deux bonnes sacoches pour transporter mes affaires, et en route...

Chacun de mes actes à partir de maintenant, et pendant Dieu sait combien de temps, me rappellera la honte dont je me suis couvert aujourd'hui. Mais je n'aurai pas le choix, il faudra que j'accomplisse cet acte, et le suivant, et le suivant encore. Il faudra que j'agisse et que j'assume une à une les conséquences de ma débilité sans nom. Jusqu'au jour où ces conséquences toucheront à leur fin, et la honte aussi, même si pour l'heure cela semble impossible, et où je n'y penserai plus...

Pour l'heure je vais éviter de me faire faucher par les voitures qui rasent le bas-côté. À ce sujet : ils roulent à tombeau ouvert ici, et je suis le seul à qui on retire son permis ? La fille est passée au travers, eux idem : cette Giulietta, elle roule à combien ? Cent à l'heure au moins. Et ce fourgon, regardez-moi ça, avec sa bâche délacée qui claque au vent, ne venez pas me dire qu'il respecte la limitation de vitesse. Sauf que les flics ont levé le camp. Comblés par mes infractions, ils ont démonté leur joli petit radar

– appareil à jour des vérifications réglementaires, ont-ils tenu à me préciser, au cas où la tentation de contester mes PV m'aurait effleuré – et sont rentrés au bercail, satisfaits. Comment ç'a été, collègue ? Impeccable : on a allumé bien comme il faut un malade qui roulait à cent cinquante sur la route de Passoscuro. Ben Bon Dieu...

Un car des lignes régionales. Alors il doit y avoir un arrêt dans le coin. Il suffit de marcher un ou deux kilomètres, sous le soleil, par cette chaleur, et tôt ou tard je trouverai un arrêt. Le car me déposera quelque part et, à la première cabine téléphonique, j'appellerai un taxi. Voici le premier pas à franchir : quitter le lieu de ma défaite, regagner ma base...

Un faucon, ou peut-être une buse, volette sans conviction au-dessus de moi. Je repense à Tardioli et à son épopée australienne, quand – selon sa formule – « il est devenu un homme ». Excellent modèle de ce qui m'attend. Tardioli, un héros de notre temps. À moi de suivre son exemple.

10

Bienheureux celui qui a atteint le point de non-retour et qui le sait, car il savourera la vie.

W. C. Bennett

Florence. Cette histoire commence à Florence. Marco Tardioli avait vingt-quatre ans et venait d'achever ses études de philo quand sa fiancée, une élève architecte qu'il désirait épouser, le quitta. Elle le lui annonça le lendemain même de sa soutenance de diplôme, un bel après-midi de juin, dans le bar à côté de sa fac où elle lui avait donné rendez-vous. Je ne suis plus sûre de t'aimer, j'ai besoin de rester un peu seule, air connu. Et le concert des Coldplay ? Et leurs vacances en Grèce ? Écoute, il vaut mieux pas...

Le coup produisit chez Tardioli des dégâts immédiats et assez sérieux. On le vit passer des journées entières assis sur une chaise longue au fond de la piscine familiale vide (sa mère était riche, elle habitait une villa cossue à Pian dei Giullari avec parc et piscine, mais dans le cas qui nous occupe, la piscine n'est pas en eau, on ignore pourquoi), les cheveux retenus par une pince à linge, les yeux perdus au ciel. Il passa l'été de cette façon, sous le regard consterné de sa mère qui renonça à ses vacances pour ne pas le laisser seul. (Il convient peut-être de préciser que Tardioli était fils unique, que son père était mort quand il avait seize ans et que sa mère ne s'était pas remariée.) En septembre, Tardioli se secoua un peu et passa plusieurs entretiens d'embauche, sans succès, ce qui l'abattit encore plus. Ses copains essayaient de le divertir, mais il souffrait comme au premier jour. La quantité de douleur qui traversa Tardioli à cette époque de sa vie échappe à toute mesure. Le jour de l'an arriva, et ses copains l'emmenèrent aux sports d'hiver à Courmayeur, mais Tardioli continuait à se traîner, déprimé, perdu, absent. Pâques vint et rien n'avait changé. Mais soudain, en mai, presque un an après ce coup de massue sur la tête, Tardioli lança un signal de vitalité retrouvée : il demanda à sa mère de lui financer un voyage en Australie. Soulagée, elle s'empressa de contenter son fils, mais en posant une condition : qu'il ne parte pas seul. Comme aucun des copains de Tardioli ne pouvait se permettre une telle expédition, elle s'adressa à une amie propriétaire d'une agence de voyages dans le centre de Florence, laquelle proposa une formule de quatorze jours avec un petit groupe, sélectionné par ses soins, de gens intéressants et dotés de l'esprit d'aventure. Tardioli n'avait aucune intention de participer à un voyage organisé, mais il accepta de rencontrer l'amie de sa mère qui voulait lui vanter en personne tous les avantages de cette formule et, comme cela arrive aux âmes pures et aux esprits confus, il changea d'avis au cours de la conversation et accepta de se joindre au groupe. C'est ainsi que, par un clair matin de juin, presque à la date anniversaire du jour où sa fiancée l'avait congédié et après avoir produit une excellente impression dans son entretien d'embauche avec moi (le voyage étant au départ de Milan, une de ses amies dont le père était le cousin de ma secrétaire lui avait obtenu ce rendez-vous), il partit pour l'Australie avec son groupe. Pendant les longues heures du vol qui, en plusieurs escales, le conduisit à Perth, il fit la connaissance de tous ses compagnons, sans trouver hélas personne à son goût : ni une fille de qui tomber amoureux, ni un garçon avec qui se lier d'amitié. La plupart étaient des couples entre trente-cinq et quarante ans, habitués des voyages d'aventure, qui avaient tendance à lui narrer par le menu leurs expéditions précédentes alors qu'il ne leur avait rien demandé. Passé les premiers moments d'effervescence, son humeur redevint vite sombre et, à leur arrivée à Adelaide, Tardioli se dispensa du circuit prévu au cœur du désert pour s'offrir deux jours de solitude. Il se rendit en train à Melbourne, où il resta encore deux jours, attendant ses compagnons de retour du désert, riches des incontournables récits des courses d'exploration et bivouacs au clair de lune. Exaspéré, Tardioli se tint encore plus à l'écart et, à leur arrivée à Sydney, se prit de bec dans le hall de l'hôtel avec deux couples qui voulaient l'embarquer à tout prix dans leur tournée de visites. « Fichez-moi la paix, bon sang », finit-il par s'écrier, et il partit de son côté.

Le temps était splendide, le ciel limpide, et la ville étincelait. C'était l'hiver là-bas, un hiver parfait. Tardioli monta dans un taxi, direction l'opéra, le seul endroit de Sydney qui lui était venu à l'esprit sans consulter son guide. Le port, la baie, le jardin botanique, le superbe bâtiment hérissé de coquillages dont la blancheur ressortait contre le ciel bleu : la beauté de cet endroit l'éblouit, tout en s'avérant elle aussi douloureuse parce qu'il n'y avait pas à ses côtés la personne qui que, etc., etc. Tardioli entra dans l'opéra. Il y avait la queue au guichet et, en queue de queue, une splendide créature qui téléphonait sur son portable. Elle était seule et Tardioli prit son tour derrière elle. Peu féru d'anglais, il ne comprit pas la conversation, mais n'en pensa pas moins que son existence aurait été fantastique, et non plus sombre et désolée, s'il avait été son heureux interlocuteur. Il la regarda mieux : cheveux blonds coiffés en queue-de-cheval, cou délicat, yeux gais pleins de vie, épaules de sportive. Mais quand elle eut fini de téléphoner et qu'elle croisa son regard, Tardioli baissa les yeux et les garda rivés au sol tandis que la file avançait et que de nouveaux venus se pressaient derrière lui, jusqu'au moment où, de but en blanc, elle lui adressa la parole. Oui, vous avez bien lu : la jeune fille, qui s'appelait Marlene et faisait des études d'histoire de l'art, avait deviné à ses chaussures que Tardioli était italien et elle l'avait abordé. Elle parlait italien – mal à vrai dire, mais elle ne le mesurait pas – parce qu'elle nourrissait une passion pour l'Italie à travers l'art, la Renaissance, l'opéra, la cuisine, la mode, Valentino Rossi et tout et tout. Tardioli eut alors la présence d'esprit de glisser le détail pour elle irrésistible : qu'il était de Florence. Oh my God ! Florence ! Marlene n'y était jamais allée, elle n'avait visité que Rome et Venise, petite, au cours d'un voyage inoubliable avec ses parents, mais elle projetait à la fin de ce semestre universitaire de s'installer un certain temps à Florence, pour sa spécialisation. Quelle coïncidence extraordinaire, etc.

La queue était pour la *Messe de Requiem* de Giuseppe Verdi, interprétée par les chœurs de l'Opéra de Rome, qui se donnait deux jours plus tard et Marlene ne douta pas un instant que Tardioli, italien et donc à coup sûr passionné d'opéra, avait planifié sa visite à Sydney en fonction de cet événement. En réalité, Tardioli, fan modéré des Coldplay, était ignare en matière d'opéra, il apprit qu'il s'agissait de Verdi quand il arriva devant le guichet et qu'il déboursa quatre-vingts dollars australiens pour leurs deux billets, car à ce stade, ayant constaté que par miracle Marlene était seule (et pas seulement dans son projet d'assister au concert, mais dans la vie, c'est-à-dire qu'elle n'avait pas de fiancé), il avait vaincu ses réticences et l'avait invitée. Ils prirent un café ensemble, firent plus ample connaissance, trouvèrent un tas de coïncidences et tutti quanti. C'est ainsi que, deux petites heures après son coup de gueule dans le hall de l'hôtel, Tardioli se trouva lié à cette fille de toute beauté par une foule de projets enthousiasmants qui occuperaient l'intégralité de son séjour. Pour le reste de cette journée, Marlene était prise, mais le lendemain elle l'accompagnerait visiter le plus ancien musée de Sydney, l'Australian, pour lui montrer les merveilles de l'histoire naturelle et de la culture aborigène, et les jours suivants, celui d'art contemporain, puis le Nicholson et bien sûr les attractions touristiques plus traditionnelles aussi, les mêmes, soit dit en passant, où voulaient le traîner ses compagnons de voyage qu'il avait envoyés sur les roses à l'hôtel : les Blue Mountains, la croisière dans la baie au coucher du soleil, le panorama à couper le souffle du haut de la Sydney Tower, l'Harbour Bridge, les plages, le jardin zoologique, l'aquarium...

Tardioli n'arrivait pas y croire. Jamais il n'avait plu aussi vite à quelqu'un et ce quelqu'un était une beauté australienne passionnée d'Italie, qui projetait sur lui toute la magnificence qu'elle associait à son pays. Son double baiser imprimé sur ses joues et son numéro de téléphone portable dans la poche – « appelle-moi quand tu veux, si tu as besoin » –, Tardioli la vit s'éloigner dans le flot de la circulation sur une petite Vespa rouge vif, rassuré par l'idée qu'il la reverrait chaque jour tout le temps qu'il resterait à Sydney, temps qui soudain lui semblait trop court. Mais ce n'était pas un problème, pensa-t-il. Il pouvait reculer son départ, sa mère serait heureuse de dépenser cet argent s'il lui expliquait qu'il se sentait bien, et puis, son semestre achevé, Marlene s'envolerait avec lui pour Florence, ils vivraient ensemble, se fianceraient, se marieraient, ne se quitteraient plus jamais...

Mais il y avait un hic. Le moment est venu en effet où cette histoire doit s'occuper peu ou prou d'une dimension que d'ordinaire les histoires passent sous silence. Le lexique médical sera le plus adapté pour traiter la question. Je dirai donc que, abandonnant l'indifférence douloureuse qu'il avait manifestée jusque-là pour son corps, Tardioli s'aperçut qu'il vivait une crise aiguë de constipation, puisque sa dernière évacuation remontait à avant son départ pour l'Australie, pas moins. Tardioli était sujet à ce dérèglement. Depuis toujours pour lui, les voyages étaient critiques ainsi que les séjours chez des amis ou même les vacances avec son ex-fiancée, et il avait appris à s'en accommoder. Mais cette fois, l'ampleur du problème – *neuf jours* – se muait en urgence et Tardioli jugea qu'il ne pouvait pas entrer dans la période radieuse qui l'attendait sans s'être d'abord libéré, disons-le ainsi, du poids qui l'oppressait. Par conséquent il poussa la porte du premier drugstore qu'il trouva sur sa route et, après avoir consulté son dictionnaire de poche, demanda au vendeur du rayon pharmacie un « product against constipation » (le terme « laxatif » manquait hélas au dictionnaire), en spécifiant que « the effect » devait être « quick » et « strong ». Le vendeur lui donna une boîte coûtant 13,95 dollars australiens en lui indiquant la posologie.

Tardioli rentra à l'hôtel. Il disposait de plus de vingt-quatre heures pour régler l'affaire. Le produit consistait en mini-doses de 12,5 mg de lavement à base de glycérol, en solution rectale, et la prescription du vendeur de la pharmacie – qui, pour ce que Tardioli avait réussi à en comprendre, coïncidait avec la notice contenue dans la boîte – était d'en prendre un ou deux en l'espace de vingt-quatre heures. Tardioli s'en administra un, sans aucun résultat. Un quart d'heure plus tard, il expulsait la glycérine qu'il venait d'introduire, mais rien de plus. Il relut mieux la notice et découvrit que, pour plus d'efficacité, il convenait de prendre le médicament le corps recroquevillé et de conserver cette position jusqu'au moment de l'expulsion. Il apprit en outre un détail que le vendeur ne lui avait pas communiqué, à savoir qu'on conseillait d'appliquer le traitement la nuit.

Tardioli s'allongea donc sur son lit pour attendre, en rêvant de Marlene, et finit par s'endormir. Il se réveilla longtemps après la tombée de la nuit et revint à son problème. Il s'administra une deuxième dose de glycérine, garda la position conseillée jusqu'à l'arrivée du stimulus d'expulsion, mais de nouveau n'évacua que le liquide qu'il venait d'introduire. Perplexe, il attendit longtemps un éventuel effet à retardement. En vain. Il fut alors tenté d'appeler sa mère en Italie où, grâce à la différence de fuseaux horaires, on était encore au début de l'après-midi, pour lui demander conseil. Il n'aurait pas eu honte d'aborder avec elle ce problème qu'elle connaissait depuis son enfance, et ses recommandations auraient peut-être été décisives. Sans compter que ce serait un excellent prétexte pour lui annoncer qu'après tant d'heures sombres, il vivait un des plus beaux et heureux jours de sa vie, lui parler de Marlene et tâter le terrain pour voir si elle serait disposée à lui financer une prolongation de son séjour à Sydney. Puis, estimant que c'était prématuré, il ne lui téléphona pas et s'administra un nouveau suppositoire de glycérine. (S'il avait appelé, il aurait eu la preuve que c'était décidément son jour de chance, parce qu'il aurait appris que je venais de le choisir parmi plus de soixante candidats pour un stage rétribué de seize semaines à partir de septembre).

On était désormais au cœur de la nuit. Cette fois, il obtint un résultat, mais trop modeste, sans commune mesure avec ses nécessités. Il lui restait dix heures avant son rendez-vous avec Marlene, et il ne savait plus à quel saint se vouer. Il se sentait sans forces, tombait de sommeil et, tandis qu'il hésitait sur le parti à prendre, il se rendormit. Il dormit cinq heures d'affilée, si bien qu'à son réveil, le temps à sa disposition avait diminué de moitié, mais il calcula que cinq heures suffisaient pour donner le dernier coup de collier, et il s'administra un nouveau suppositoire, le quatrième. Derechef sans aucun résultat, en dépit d'une longue attente dans la position prescrite. Outre ses retombées sur les engagements mondains de Tardioli, la situation tournait à l'urgence absolue. Malgré l'inquiétude qui s'était emparée de lui, il essaya de rester lucide et décida qu'il était hors de question d'aller au rendez-vous, il lui fallait prendre la journée entière pour venir à bout de son indisposition. Le groupe avec lequel il avait coupé les ponts comptait un médecin. S'il s'excusait de son comportement du matin, celui-ci pourrait peut-être l'aider. Ou mieux, il pourrait s'adresser aux employés de l'hôtel qui ne manqueraient pas de lui indiquer un médecin du cru. Mais avant de téléphoner à la réception ou à Marlene pour annuler leur rendez-vous, dans un puéril élan d'optimisme, il s'administra un cinquième suppositoire de glycérol. En effet, en dépit de la lucidité à laquelle il s'astreignait, l'espoir naïf persistait en lui que ce qui n'avait pas marché jusque-là pourrait enfin s'avérer efficace, lui épargnant de renoncer à sa rencontre avec Marlene. Mais après la cinquième dose aussi, et après une nouvelle attente prolongée, le corps roulé en boule, il n'expulsa que le lavement lui-même. Tardioli alla donc chercher le papier portant le numéro de téléphone de Marlene, mais la poche de sa veste où il était sûr de l'avoir laissé était vide. Il ne le trouva pas non plus dans les poches de son pantalon, ni dans celle de sa chemise, ni dans son portefeuille. Perdu. Trois, quatre, cinq fois de suite, il refit le tour de toutes les poches possibles, mais le papier resta introuvable. Alors Tardioli fut pris de panique. Impossible de partir en quête d'un médecin afin de soigner ses embarras avec le secours de la faculté : n'ayant pas donné à Marlene le nom de son hôtel et ne retrouvant pas son numéro de téléphone, rater leur rendez-vous signifiait la perdre à jamais. Par conséquent, il s'attarda sur le trône jusqu'à la dernière minute, dans l'espoir d'un miracle qui n'eut pas lieu, avant de sortir en hâte prendre un taxi.

Contrairement à la veille, il faisait un temps de chien. Sous une pluie drue, la ville était grise et la circulation au ralenti. Tardioli ne se sentait pas bien du tout et, pendant le trajet, pour se rassurer, il se répéta qu'il ne devait que récupérer le numéro de téléphone et rentrer ensuite à l'hôtel se consacrer à la solution de ses tracas. Il expliquerait à Marlene qu'il avait de la fièvre et elle apprécierait qu'il eût héroïquement traversé la ville pour ne pas perdre contact avec elle. Le temps nécessaire à sa « guérison », ils se téléphoneraient, elle l'attendrait, et leur horizon radieux resterait intact. Tel était le plan.

Marlene l'attendait devant le musée, gaie et souriante sous un parapluie rose. Quand Tardioli lui déclara qu'il ne se sentait pas bien et qu'il n'était venu que parce qu'il avait perdu son numéro de téléphone, elle refusa de le laisser repartir avec le taxi qui l'attendait et prétendit s'occuper en personne de son indisposition. Elle le conduisit à la cafétéria du musée, au rez-de-chaussée de l'austère bâtiment, et l'interrogea sur ses symptômes et ses troubles. Ses parents étaient médecins, expliqua-t-elle, elle avait une certaine expérience en matière de maladies et de médicaments. Tardioli répondait n'importe quoi, en veillant à ne pas se trahir, soucieux avant tout de trouver une excuse pour se rapatrier au plus vite, jusqu'au moment où, tandis qu'elle lui conseillait pour commencer ce bon vieux paracétamol, Tardioli sentit quelque chose frémir dans son ventre. Quelque chose de gros. Quelque chose d'énorme. Il transpirait, le souffle court, comprenant sans équivoque qu'en tout état de cause ce qui l'attendait serait fulgurant et échapperait à son contrôle. C'est pourquoi il bondit de sa chaise et détala sans donner le début d'une explication. Il avait très mal au ventre, où il sentait gronder la fureur accumulée au cours des dernières vingt-quatre heures par l'administration de cinq suppositoires de glycérine. Il avait les jambes en coton et devait lutter pour ne pas s'évanouir, tandis qu'il demandait les toilettes à toutes les bonnes âmes qu'il croisait. Sauf que ses efforts pour résister à la tornade qui le dévastait accaparaient toute sa concentration, l'empêchant de comprendre ce qu'on lui répondait, et qu'il continuait à errer au petit bonheur la chance. Il pénétra dans une salle où se déroulait une conférence, puis dans un placard rempli de balais et de brosses, jusqu'au moment où, par un pur hasard, il se retrouva devant la porte marquée du logo bleu des toilettes. Mais à la simple vue de ce symbole, sa résistance céda d'un coup d'un seul et il perdit tout contrôle sur ce qu'il avait réussi à retenir dans ses viscères jusque-là, raison pour laquelle, quand il s'enferma dans les W-C immaculés du musée, les événements avaient déjà pris une sale tournure. Pourtant, dès que Tardioli relâcha aussi cette ultime résistance, toute insuffisante qu'elle se fût avérée, et qu'il se laissa aller, la situation empira au-delà de toute limite, atteignant des proportions terrifiantes.

Inutile de nous étendre sur ce qu'il advint dans ces toilettes. Il suffira de dire que ce fut le phénomène biologique le plus impétueux et le plus débridé que Tardioli dût jamais connaître dans toute son existence, et que sa façon de l'affronter consista à le subir dans la plus totale impuissance. Voyons-en plutôt les conséquences. Après un temps indéterminé à l'épicentre de ce séisme, quand Tardioli eut retrouvé sa conscience, autour de lui, tout était couvert de merde jusqu'à une hauteur d'un mètre, *et lui aussi*. La sarabande dans ses entrailles semblait terminée, mais il était fait comme un rat. Il n'avait aucun moyen de sortir avec dignité de la situation où il se trouvait, du moins, il n'en voyait pas. Une main miséricordieuse frappa à la porte, lui offrant une issue : « Are you OK, in there ? » proféra une voix masculine, et là, Tardioli aurait dû répondre que non, ça n'allait pas du tout, et demander à cet homme d'appeler une ambulance. Certes, la suite aurait été embarrassante, mais classée comme un accident, et son état pitoyable pris en charge par un personnel en tenue, habitué à tout. Civière roulante, couverture, ambulance, hospitalisation : Tardioli aurait pu se draper dans la noble innocence du patient. Mais cette opportunité lui échappa et il balbutia que oui, tout allait bien, il n'y avait pas lieu de s'inquiéter, merci. L'homme l'informa alors que son amie était inquiète et s'enquit de ce qu'il devait lui communiquer, puisqu'elle attendait devant les toilettes hommes et que c'était elle qui l'avait prié de prendre de ses nouvelles. À cette annonce, Tardioli sentit l'air lui manquer. « Tell her to go home », bredouilla-t-il. « Please, répéta-t-il, tell her to go home. » L'homme répondit une phrase que Tardioli ne comprit pas, puis il n'entendit plus rien. Il se sentait bien à présent, et même très bien sur le plan physique, libre et vide comme jamais. Mais son état épouvantable le mettait au désespoir et ce qui l'attendait – sortir, affronter les regards – lui semblait au-dessus de ses forces. Il resta barricadé dans ce W-C encore dix minutes, espérant en vain que lui soit accordée la grâce d'une illumination ou seulement que Marlene exauce sa prière et s'en aille. Il était en nage, hagard, crotté jusqu'au cou. Il sortit en trombe des toilettes et répondit aux premiers regards par des cris d'orang-outang dans l'espoir de susciter la terreur avant d'éveiller le dégoût. Ce fut le cas – ou du moins il en eut impression – et il gagna donc la porte des toilettes au pas de charge en vociférant sans se soucier des réactions de son prochain. Il estima qu'en conjuguant ainsi vitesse et vociférations, il parviendrait peut-être à gagner la sortie du musée sans que personne remarque son état. Une fois à l'air libre, le plus dur serait fait. Mais à condition que derrière la porte il ne trouve pas Marlene persistant à l'attendre. Si Marlene avait persisté à l'attendre, c'était cuit.

Elle avait persisté. Elle se dressa devant lui avec l'intention manifeste de l'aider. Tardioli ne réussit ni à lancer son cri contre elle ni à la dépasser en trombe, mais il ne s'arrêta pas pour autant. Il poursuivit à grandes enjambées sans la regarder, en répétant : « Go home, please. Go home », en anglais, allez savoir pourquoi. Mais elle lui avait emboîté le pas, lui tenant des propos qu'il ne voulait ni ne pouvait entendre. Ils arrivèrent devant la porte du musée, Tardioli sortit toujours sans la regarder et elle le suivit. Il pleuvait à verse et Tardioli bénit chaque goutte de pluie qui tombait sur lui. Mais en dépit de cette pluie purificatrice, il se sentait toujours – et il l'était en effet – le plus immonde et ignoble de tous les individus qui foulaient le pavé de cette ville. Il s'arrêta, Marlene le rejoignit et, pour la première fois, Tardioli leva les yeux sur elle. Elle n'avait pas ouvert son parapluie rose et, offerte à la pluie, était aussi trempée que lui. Sauf que c'était la plus belle et la plus lumineuse des créatures et que, dans son état à lui, le simple fait de la regarder dans les yeux – ses merveilleux petits yeux noisette – était déjà un outrage. Tardioli eut envie de pleurer, mais il réussit avec ses larmes ce qui lui avait été impossible un peu plus tôt avec la matière infecte qui souillait ses vêtements : il les retint. « Please, supplia-t-il toujours en anglais, don't follow me. Go home, Marlene. Go away. *Please.* » Impressionnée, Marlene ne dit rien, elle baissa les yeux et les fixa sur l'extrémité de ses chaussures. Quand elle les releva, Tardioli avait disparu.

Un parc s'étendait devant le musée et Tardioli s'y était dirigé, telle une ténébreuse créature sylvestre traquée par ses prédateurs. Un parc sous la pluie, pensait-il, constituait le meilleur refuge pour un homme dans son état. Personne, pensait-il, ne va au parc quand il pleut. Mais sur place, il dut déchanter : l'endroit était fréquenté, l'on se promenait sous des parapluies ou l'on faisait du jogging k-way au vent, on le croisait, on le voyait, on le jugeait. Il reprit sa fuite. Son désespoir se mua en rage. Un chien partit à ses trousses en aboyant, attiré sans doute par l'odeur, et Tardioli tenta de s'en débarrasser d'une ruade sans prendre le temps de s'arrêter. Comme Marlene avant lui, le chien s'entêtait et Tardioli dut lui décocher un coup de pied dans le museau pour qu'il s'éloigne enfin et le laisse tranquille. Quelqu'un lui lança un « Hey ! » suivi d'une kyrielle d'imprécations, mais Tardioli n'en eut cure et continua à fond de train.

Il traversa tout le parc et se retrouva sur le trottoir d'une grande avenue. Il était trempé jusqu'aux os, ce qui lui redonna un peu de courage, car si la pluie n'avait pas lavé l'ordure dont il était couvert, elle l'avait sûrement diluée. Par rapport à quelques minutes plus tôt, quand il était sorti de ce W-C avec la fureur d'un boucanier à l'abordage, il se sentit moins inhumain, moins imprésentable. Alors quand un taxi passa à sa portée, Tardioli put concevoir *l'énormité* de l'arrêter et de sauter dedans. Il bafouilla le nom de son hôtel et le taxi redémarra. Il n'avait pas la moindre idée de l'endroit où il se trouvait, mais l'hôtel ne devait pas être à côté puisque la course avait duré vingt minutes. Sans compter qu'avec la pluie, la circulation était plus dense, le taxi n'allait pas vite et le temps jouait contre lui.

Au deuxième carrefour déjà, le chauffeur s'aperçut que quelque chose clochait. Il huma l'air avec insistance et, quand il se retourna à la faveur d'un feu rouge, il trouva la confirmation de ses soupçons. La matière qui imprégnait les habits de son client et poissait le revêtement du siège où il était assis était reconnaissable entre mille, et le regard qu'il lança à Tardioli débordait d'une fureur horrifiée. Tardioli essaya de le tranquilliser : « Please, don't worry, bredouilla-t-il. I will pay double, I will pay everything, don't worry... » Mais l'homme descendit, fit le tour de la voiture, ouvrit avec brutalité la portière arrière et somma Tardioli de sortir dare-dare de son taxi. Il n'osa pas le toucher, il n'alla pas jusque-là, mais il l'agressa en paroles avec tant de violence et de rage que même sans comprendre, le jeune Italien prit peur. Il bondit hors du taxi et déguerpit, poursuivi par les vitupérations du taximan et par le regard scrutateur des passants. Cavalant sous la pluie, il longea le bloc d'immeubles, puis s'arrêta au carrefour, tomba à genoux au milieu du trottoir et éclata en sanglots.

Voici donc Tardioli, un garçon sensible, intelligent et bon comme le bon pain, réduit à la condition de dernier des derniers, agenouillé dans une mare de caca sur un trottoir de Sydney. Le voici abandonné, humilié, loin de chez lui et floué par le destin, qui clame toute sa peine. Les gens le regardent, compatissent, l'évitent, tandis qu'il s'abandonne à ses larmes comme cela ne lui était jamais arrivé, même enfant. Rien, absolument rien ne peut l'apaiser – aucune pensée, aucun espoir, aucun respect de soi – et ses pleurs montent dans le ciel austral avec l'élan tragique d'une prière. Une bulle de salive perle à sa bouche. La pluie le trempe, sans parvenir à le laver. Pour lui, tout est perdu.

Mais non. Les larmes qui semblaient intarissables finirent par tarir. La bulle de salive éclata. L'avenir évanoui réapparut. La pudeur perdue revint. Et surtout ses forces qu'il croyait épuisées affleurèrent de profondeurs inconnues. Le tout advint en un seul instant magique. Ce qui avait été impensable s'imposa soudain comme la voie à suivre. Non, pensa Tardioli, je ne capitulerai pas. Il redressa la tête et se releva. Une *idée* – si on peut l'appeler ainsi – se présenta à son esprit : la solution de son problème, le stratagème qui le tirerait d'affaire. Il s'agissait de prendre *n* taxis comme il avait pris le premier et, avant qu'on l'en expulse, avancer avec chacun du plus grand nombre possible de feux rouges. À la fin, en ajoutant les *n* trajets, il se retrouverait devant son hôtel, c'était mathématique. Rien de ce qui pouvait lui arriver désormais ne serait pire que ce qu'il avait déjà enduré et, grâce à cette constatation, il se sentait fort, courageux et promis à la réussite.

Il lui fallut quatre autres taxis. Dans un cas – l'avant-dernier –, le chauffeur à l'évidence pas dégoûté le saisit au collet, le tira de son taxi manu militari et le bourra de coups de pied en pleine rue devant tout le monde, mais il se fatigua lui aussi et – que pouvait-il faire d'autre ? – le laissa partir. Le dernier le déposa pile devant son hôtel et Tardioli s'offrit le luxe de régler la course avant que le chauffeur ne découvre la réalité et se mette à tempêter. Il le laissa en plan, entra d'un pas triomphal dans le hall de l'hôtel et, puisqu'il avait sa clé magnétique sur lui, prit directement l'ascenseur. Un groupe de touristes japonais s'y trouvait, mais cette fois c'est lui qui, en les fixant un à un droit dans les yeux, les obligea à baisser le regard. Il trouva la porte de sa chambre ouverte, et la femme d'étage occupée à la refaire. « Dégagez ! », tonna-t-il, en envoyant valdinguer dans le couloir le chariot des serviettes de toilette. Alors, enfin, il se dévêtit, ouvrit l'eau chaude et s'abandonna à la douche la plus exquise et la plus méritée de son existence.

De ce jour, Tardioli ne fut plus le garçon vulnérable qu'il avait été jusque-là. Cette aventure l'avait endurci. N'étant pas allé le lendemain à l'opéra pour la *Messe de Requiem*, il n'a jamais revu Marlene. De retour en Italie, il est venu faire son stage avec moi, a été embauché en CDI quatre mois plus tard et s'est installé à Milan où il a rencontré Irma, une kinésithérapeute aux yeux verts, qu'il a épousée l'année suivante. Ce qui signifie que ce voyage a changé sa vie. Il a revisité son épopée australienne au cours de son analyse, qui lui a permis de ne jamais perdre de vue ce moment formidable où sa vie avait coïncidé avec la métaphore qui aurait pu la définir et où il s'était découvert cette irréductible capacité de purification qui fait de lui aujourd'hui une des personnes les plus propres du monde. Et si je devais citer quelqu'un que je regrette maintenant que j'ai quitté Milan, ce serait sans aucun doute Marco Tardioli, le garçon qui – comme il le dit lui-même quand il raconte ces péripéties – est devenu un homme en chiant son plein pantalon dans un musée.

11

La douleur rebondit où elle tombe, non qu'elle soit vide et creuse, mais à cause de son poids.

William SHAKESPEARE

Quand j'arrive au bureau, il est dix-huit heures. Le soleil est encore haut et chaud, le vent charrie des tourbillons de poussière sur le parking – un problème pour nous, parce qu'il faudra relaver toutes les voitures. Cinzia est encore là, je vois sa Panda, et je ne vous cacherai pas que la chose me réjouit, parce que j'en ai ma claque d'être tout seul. Après des heures d'humanité hostile ou indifférente, j'ai besoin d'une personne qui m'aime. Et qui m'aide, par exemple à retrouver mes numéros de téléphone dans l'ordinateur. Ou seulement qui m'écoute. De façon inattendue, j'ai envie de parler, de tester les mensonges que je servirai dorénavant pour raconter ce qui m'est arrivé aujourd'hui, et Cinzia est parfaite. Elle est la secrétaire de Lello depuis toujours, elle travaille avec lui depuis la création de sa société, bien avant mon arrivée, et son dévouement pour une entreprise qui la rétribue mille euros par mois fait d'elle une sorte d'ange. Tout à fait ce dont j'ai besoin là tout de suite.

Dès que je pénètre dans le bureau en préfabriqué, je perçois quelque chose d'anormal. L'odeur en particulier est différente. Le local est en bois, avec un toit en pente, dans un style chalet de montagne assez improbable, lui aussi fruit d'un prélèvement de Lello, cette fois chez un loueur de matériel de ski d'Ovindoli dont les affaires ont capoté voici pas mal d'années. Je ne saurais pas décrire avec précision l'odeur habituelle (une odeur de bois, je suppose), mais ce n'est pas celle que je respire à présent, c'est certain. Ça sent le renfermé, avec des relents bien reconnaissables de transpiration humaine, mêlés aux effluves d'eau de Cologne destinés à les couvrir, qui évoquent, tiens, les locaux exigus et bondés des antennes de quartier municipales. Un parfum de bureaucratie, si je puis m'exprimer ainsi, d'attente, de fichiers miteux et de relations humaines forcées et expéditives, même si, je m'en aperçois, il y a une minute encore je n'y associais aucune odeur.

Pourtant le bureau est désert, à part Cinzia donc, signalée en l'occurrence par son vaste postérieur tendu vers le ciel, car, pour une raison qui m'échappe, elle se présente de dos, derrière son poste de travail, le buste penché en avant dans une manipulation au ras du sol.

« Hé ! », s'écrie-t-elle en se relevant d'un bond au bruit de la porte qui claque – trop fort à cause du vieux ferme-porte Yale mal réglé. Elle me regarde avec des yeux emplis de frayeur d'abord, de soulagement ensuite.

« Bonjour, lui dis-je. Tu es encore là ?

— Oh Pietro, tu m'as fait peur. Et puis, il fait trop chaud, pire qu'un sauna.

— Pourquoi, la clim ne marche pas ?

— La police est venue.

— Hein ?

— La police est venue. Ils ont perquisitionné. »

Elle le dit en baissant les yeux, comme si elle se sentait responsable.

« Quand ?

— Ils sont repartis il y a une heure. Avec les ordinateurs, la comptabilité, les dossiers, tout. »

Je baisse les yeux et je vois des faisceaux de câbles qui dépassent, suppliants, des goulottes : alimentation, ADSL, imprimante...

« Merde alors ! » L'odeur, c'est ça ? « Et pourquoi ?

— Ils avaient une ordonnance du juge d'instruction.

— Je pense bien. Ils te l'ont montrée ?

— Oui.

— Et que disait-elle ? »

Cinzia s'assied à sa place, ses doigts jouent avec un stylo.

« Je ne sais pas. Ils avaient une ordonnance dûment signée et tamponnée, mais qui ne disait pas pourquoi, ou si elle le disait, ça m'a échappé.

— Ils ont demandé à nous voir, Lello et moi ?

— Lello seulement. Je leur ai dit qu'il n'était pas à Rome et ils n'ont pas insisté. »

Peu à peu, je mesure que nos bureaux sont vraiment nus. Une coquille vide.

« J'imagine que c'est pour un contrôle fiscal, dis-je.

— C'est bizarre qu'ils aient emporté les ordinateurs, non ? D'habitude pour un contrôle, ils copient le disque dur, mais ils laissent les ordinateurs. Comment on va pouvoir travailler ? En plus, ils ont mis le coffre-fort sous scellés. »

C'est vrai. Là, ces deux taches rouge sang, à cheval sur la fente de la porte. Je m'approche du coffre-fort, je les touche. C'est de la cire.

« Lello est au courant ?

— Non. Son téléphone est éteint.

— Ah oui. Il se faisait opérer aujourd'hui. Tu as contacté Oscar ? »

Oscar est notre expert-comptable. Maigre comme un coucou. Il court le marathon en moins de trois heures.

« Son téléphone aussi est éteint, et personne ne répond à son cabinet.

— Bon, on les joindra demain, Lello et lui, et tu verras que tout va s'arranger. Pour le moment, j'ai une urgence. J'ai perdu mon téléphone portable et je ne me souviens d'aucun numéro.

— Ah, je comprends mieux pourquoi tu ne répondais pas, toi non plus. J'ai passé ma journée à appeler des gens injoignables.

— Voilà, je l'ai perdu. Alors il faudrait que tu m'aides à récup – Nooon ! On n'a plus les ordis ! Où je vais repêcher mes numéros, maintenant ? »

Je me laisse tomber sur la chaise devant mon bureau. Je ne crois pas avoir l'énergie pour affronter de nouveaux déboires.

« Quels numéros te faut-il ? demande-t-elle.

— Ma fille, ma belle-sœur, tout le monde. Je ne m'en rappelle pas un seul. Comment je vais faire, Cinzia ? »

En réalité, elle s'appelle Cynthia, avec un *y* et *th*, ce qui signifie qu'on doit prononcer son nom à l'américaine, « Cintia », ce qu'elle souhaiterait, mais Lello et moi on s'y refuse.

Une idée me traverse. La *dernière* pour aujourd'hui, j'en suis sûr.

« Les déclarations de cession. L'année dernière, j'ai vendu une voiture à Diana et une à ma belle-sœur. Les formulaires portent forcément leur numéro de téléphone.

— Saisis aussi.

— OK, dis-je. Alors c'est la fin des haricots. »

Je n'ai même pas la force de me mettre en rogne. Oui, Tardioli, d'accord, mais le vaste monde compte aussi Enoch, ce vieil Enoch qui, avant d'abandonner boulot, salaire, appart, téléphone portable, Milan, l'Italie, tout, pour partir rejoindre son frère missionnaire en Afrique, m'avait dit – je m'en souviens comme si c'était hier – : « Dès que tu sens que tu n'y arrives plus, lâche prise. Ne résiste à rien, jamais. » Il a peut-être raison. Le moment est peut-être venu de lâcher prise. D'ailleurs, moi aussi j'ai un frère au loin et même s'il n'est pas missionnaire, s'il est juste en cavale, ma foi c'est quand même un–

« Pas de panique, fait Cinzia. J'ai peut-être un moyen. On a assuré ces voitures chez Marcello ?

— Oui. Toutes les deux.

— Quelle heure est-il ? Dix-huit heures dix. Si Jessica n'est pas encore partie... »

Elle se dirige vers le téléphone et compose un numéro de mémoire. C'est le genre de femme qui connaît des numéros par cœur.

« Allô, Jessica ? »

Elle acquiesce de la tête et son visage s'éclaire d'un large sourire auquel tout son corps semble participer.

« Heureusement que tu es encore là. Bien, merci. Écoute, j'aurais besoin d'un service... »

Un corps maternel et prospère qu'elle ne se soucie pas de cacher. En clair, foin de tuniques larges et de jupes longues, mais jeans en Lycra, débardeurs moulants et compagnie, comme dans le cas présent, en dépit des bourrelets de chair. Il y a une dizaine d'années et de kilos, elle devait être sexy, aujourd'hui c'est une grosse femme lumineuse, très physique, qui n'exprime jamais de regrets sur son passé et réagit à l'adversité comme elle traiterait un gamin qui refuse de prendre son bain. Elle habite seule un petit appartement à Settecamini, de l'autre côté de la ville – ce qui veut dire qu'elle se tape tous les jours une heure de périph à l'aller et une heure retour. On ne lui connaît pas d'homme. À en croire Lello, elle est lesbienne. Selon moi, de façon beaucoup plus banale, elle est amoureuse de lui.

Elle raccroche. Radieuse :

« Elle va chercher et nous les donner.

— C'est super. » Je me lève, lui envoie un baiser. « Je n'aurais jamais pensé à l'assurance. »

Elle se lève elle aussi.

« Pietro, j'ai quelque chose à te remettre en mains propres.

— Ah oui ? C'est quoi ?

— Un message. De la part de Lello.

— Mais tu ne m'as pas dit qu'il était injoignable ?

— Si. Je dois te donner un message qu'il a laissé avant.

— Quand ?
— Hum, il y a un mois environ. »

Elle porte la main à sa bouche et fixe le plafond. Certaines personnes réfléchissent en regardant vers le haut et d'autres en regardant vers le bas. Cinzia, c'est en haut.

« Oui, il y a un mois, confirme-t-elle. Un matin où tu n'étais pas là, Lello a glissé ce message dans la petite étagère, là derrière, et il m'a dit de te le donner au cas où il s'absenterait à l'improviste.

— Mais il ne s'est pas absenté à l'improviste. Il est allé se faire opérer du dos.

— Il m'a dit, hem, de te le donner au cas où la police viendrait en son absence.

— Alors donne-le-moi.

— C'est-à-dire que je n'arrive pas à le récupérer. C'est encastré, ça ne bouge pas.

— Qu'est-ce qui est encastré ? »

Elle se retourne, montre le sol derrière elle.

« Cette étagère derrière moi, c'est un assemblage. Les trucs, comment ça s'appelle déjà, s'encastrent les uns dans les autres. Les modules. Et à la jonction, il y a un petit espace vide, une sorte de trou entre deux modules, à l'intérieur, là où ils rentrent l'un dans l'autre... Bref, c'est là qu'il a glissé son papier, mais je n'arrive pas à dégager l'étagère. J'étais en train d'essayer quand tu es arrivé, mais rien ne bouge. Peut-être si tu m'aidais... »

Et la voici qui plonge à nouveau dans la position où je l'ai trouvée. Elle essaie de déplacer à l'horizontale un côté de l'étagère en plastique où d'ordinaire s'entassent des dossiers et qui à présent est vide. À l'évidence, mais je ne le sais que maintenant, elle est constituée de deux éléments emboîtés. Je me penche moi aussi sans très bien savoir comment intervenir et j'essaie de l'aider. Elle me dit de tirer fort vers moi, tandis qu'elle bloque l'autre élément contre le mur avec ses genoux. En vain.

« Il avait eu du mal à les séparer, lui aussi, dit-elle. On ressaie. »

La position est inconfortable pour tirer, parce que l'étagère est très basse, on est à quelques centimètres du sol. J'essaie de la décoincer du mur en tapant sur l'arrière avec la main et, en effet, je crée un peu de jeu, mais j'ai très mal au poignet et je ne peux pas être plus énergique.

« Écoute, dis-je, essaie, toi, plutôt. Avec ce poignet, c'est la croix et la bannière.

— C'est vrai, excuse-moi, j'avais oublié. Mais tu ne portais pas une attelle ?

— Je t'expliquerai après où elle est. Viens, changeons de place. À mon avis, si tu tapes avec la main, il va sortir. »

Nous inversons les rôles. Ainsi à proximité l'un de l'autre, je sens l'odeur de son corps, forte et fraîche – agréable en dépit de la chaleur ahurissante qu'il fait dans cette pièce et de la sueur qui dégouline dans son cou.

« Au fait pourquoi la clim ne marche pas ?

— Va savoir, répond-elle. Elle a lâché quand la police est entrée et pas moyen de la faire redémarrer. »

Je me demande si elle sent la mienne, d'odeur, si elle est bonne, neutre ou mauvaise – conséquence de tout ce que ma carcasse a subi de désagréable, humiliant et mesquin au cours des dernières heures. Je ne vais pas me prendre le chou avec ça, me dis-je, même si c'était le cas, Cinzia n'est pas du genre à se formaliser.

« Ça y est, ça vient », annonce-t-elle.

En effet, à force de coups de poing, l'élément se désolidarise de celui que je bloque tant bien que mal. Même comme ça, mon poignet m'en fait voir de toutes les couleurs. Puis, avec un à-coup qui me propulse sur l'avant, les deux modules se séparent, révélant que la cavité où jusque-là était logé ce qu'on désignera comme l'élément mâle de cet ensemble, contient un petit papier.

« Le voilà, dit Cinzia. Avec l'épaisseur, ça coinçait. »

Sauf que le papier est *dans* le trou et qu'avec mes gros doigts, je n'arrive pas à le retirer. Cinzia s'en aperçoit, y introduit son index ou plutôt l'ongle de son index aussi long qu'écarlate, et l'extirpe. Elle me le donne. Il est minuscule, plié et replié plusieurs fois. C'est une page de notre bloc-notes de bureau, portant le logo de la Super Car, mais coupée en deux. Je me relève pour le lire. Cinzia reste accroupie pour remettre en place les deux modules de l'étagère.

Le billet dit dans la graphie en capitales de Lello : « IDENTIFIANT : scansamose@gmail.com... MOT DE PASSE : lomamelda. ENTRE DANS CE COMPTE ET CONSULTE LES BROUILLONS... DÈS QUE POSSIBLE MAIS PAS SUR L'ORDINATEUR DU BUREAU... NI SUR TON PORTABLE NI CHEZ TOI. »

Et débrouille-toi avec ça.

Le téléphone sonne. Cinzia se relève pour aller répondre. Elle évite de croiser mon regard, sans doute pour me laisser le temps de décider si je lui communique le contenu du billet et d'adopter l'expression adéquate.

« Allô, Jessica ? Peux-tu répéter ? »

Elle ne me regarde toujours pas, et elle a raison, parce que j'ignore encore si je vais lui communiquer le contenu du billet. Je pense que non. Il s'agit d'un message mystérieux de mon associé, qui semble confidentiel. Et grave, je le crains, vu la situation...

« Non, je ne crois pas, dit Cinzia. Je pense que le portable suffit... »

Elle finit par me regarder, mais il s'agit d'un regard utilitaire, en quête d'une confirmation. Que je lui donne d'un hochement de tête.

« Oui, le portable suffit. Attends, je prends un stylo. »

Elle s'étire pour pêcher un stylo de l'autre côté du bureau – celui qu'elle manipulait tout à l'heure – et transcrit les numéros sur le bloc-notes – celui où Lello a arraché une feuille pour m'écrire son message.

« Parfait. Merci beaucoup Jessica. Tu es un amour. »

Elle raccroche.

« Tiens. »

Elle me tend le papier avec ces fameux numéros. Couchés sur le papier, ils ont un air familier, surtout celui de D. (j'évite toujours de l'appeler Diana, quand je peux, parce qu'elle ne s'appelle pas Diana et que cette histoire de nom n'est pas anodine), mais jamais je n'aurais réussi à m'en souvenir, pas même en me creusant la cervelle une journée entière.

« Merci, Cinzia. Tu me rends un fier service. »

Nanti de ces numéros, je peux prendre un nouveau départ. Le lâcher prise sera pour une autre fois.

« Tu sais, dit-elle, on a surtout eu un grand coup de bol. En général, Jessica n'est plus au bureau à cette heure-ci. Comment va ton poignet ?

— Mal.

— Mets de la glace. »

Elle se dirige aussitôt vers le frigo-bar, d'où elle sort un coussin réfrigérant – « Sixtus Polaris », c'est écrit, « Réutilisable » – dont j'ai toujours ignoré l'existence.

« Il m'a bien servi le mois dernier, dit-elle, pour mon traumatisme au genou. »

Elle prend un torchon propre dans un tiroir du coin-cuisine pour envelopper le coussin de gel. Elle s'approche de moi.

« Applique-le avec le torchon, sinon ça va te faire mal. Ça te dit un café ?

— Oui, merci. »

Et elle se dirige vers la machine. Quand je dis que cette femme est un ange.

« J'avais un prélèvement aujourd'hui.

— Exact, dit-elle sans se retourner, en insérant la dose. La société Wega-T, si je me souviens bien.

— Oui. Mais ça a mal tourné. »

Elle se retourne.

« C'est-à-dire ? »

Elle m'apporte mon café. Déjà sucré, parce qu'elle sait que j'y mets trois quarts de sachet.

« Ça a très mal tourné, Cinzia.

— Mais encore ? »

Je vois l'inquiétude prendre le relais de la curiosité sur son beau visage rond. Nous y voilà. C'est le moment de tester.

« Cette peste a filé à l'anglaise avec la voiture.

— Mais ça n'arrive jamais.

— C'est arrivé aujourd'hui. »

Le café est excellent. Quand c'est moi qui le fais, il est imbuvable.

« Bon, répond-elle, ce n'est pas la mort du petit cheval. Vous la retrouverez. Il s'agit d'une femme ? »

Vlan, je me suis déjà emmêlé les pinceaux. J'aurais dû parler d'un homme...

« Oui, c'est une femme. Elle m'a brûlé la politesse, alors je me suis lancé à sa poursuite et, en sautant dans ma voiture, j'ai perdu mon téléphone portable. Je fonçais sur la route de Passoscuro pour la rattraper, quand une patrouille qui n'était pas là une demi-heure plus tôt m'a chopé. Et ça s'est soldé par un prélèvement si on veut, mais celui de mon permis de conduire.

— Sans blague ? Ils t'ont sucré ton permis ?

— Ils allaient se gêner. Plus une amende du feu de Dieu.

— Combien ?

— Deux mille.

— C'est chaud ! Et l'autre conne ?

— Elle n'a même pas ralenti. Elle a bombé à cent quarante à l'heure sous le nez des flics le bras levé, et elle court toujours. »

Ce qui, elle le sait bien, lui vaudra un PV encore plus salé que le mien, lequel toutefois se perdra dans les méandres de l'Italie invisible.

Cinzia ramasse le gobelet vide et va le jeter à la poubelle.

« Et la voiture ?

— Je doute qu'on remette la main dessus.

— Non, celle que tu conduisais. Laquelle était-ce, puisque la tienne est ici ?

— La Yaris.

— Les flics l'ont embarquée ?

— Non, parce qu'elle est au nom de la société, dont je ne suis pas le représentant légal. Elle attend sur le bord de la route, avant le feu du carrefour pour le Bambino Gesù. Il faut que Virginio aille la récupérer en taxi demain. Voici les clés. »

Je les pose sur le bureau.

« Mon attelle est restée dedans. »

Je renverse la tête, ferme les yeux, change la position du coussin de glace. Sous cette forme, ma mésaventure est présentable.

« Je te dépose chez toi, alors, dit-elle.

— Non, merci, je vais rester encore un peu. Je ne sais même pas où je dois aller. Je vais passer mes coups de fil, évacuer un peu le stress, puis je prendrai un taxi. Rentre. Tu n'en as déjà que trop fait. »

Elle n'insiste pas. Elle récupère son téléphone portable et quelques bricoles qu'elle glisse dans son sac. Il est dix-huit heures trente passées. Elle arrivera chez elle à dix-neuf heures trente et là, sera engloutie par le mystère de sa vie privée. Dînera-t-elle seule ? Que mangera-t-elle ? Suit-elle un régime ?

Elle s'approche de moi. Pose la main sur mon épaule. Me sourit.

« Je suis désolée, Pietro. Une journée pareille me rappelle une expression de mon grand-père : si aujourd'hui était un poisson, je le rejetterais à la mer. »

12

Ainsi concourent, clopin-clopant, toutes choses au seul possible.

Samuel BECKETT

« Allô ?

— Bonsoir, c'est moi.

— Enfin. Que t'est-il arrivé ?

— La totale. J'ai perdu mon téléphone portable. J'ai foiré un prélèvement. On m'a sucré mon permis. Il y a eu une descente de police au bureau et ils ont tout saisi.

— Pétard, ça, c'est une journée.

— Je ne te le fais pas dire. Si c'était un poisson, je le rejetterais à la mer, en attendant il faut que je fasse avec. Et toi ? Que se passe-t-il ?

— Voilà, je voulais te joindre parce que Patrick a recommencé avec ses conneries.

— Encore ! Je croyais qu'il nous laisserait respirer un peu après l'autre soir.

— Penses-tu. Il s'est pointé aujourd'hui à l'heure du déjeuner, il a recommencé son cirque, alors j'ai décidé d'aller habiter un peu ailleurs.

— Carrément ! Qu'est-ce qu'il a fabriqué encore ?

— Comme d'hab. Il s'est planqué dans le jardin. Il a grimpé dans le palmier. Puis il est tombé. Il s'est mis à beugler. Il voulait que je lui ouvre. Il voulait les enfants...

— Et toi ?

— Moi, je craque, Pietro. Tu dis qu'il ne faut pas appeler la police, et tu as raison, je le sais, pour les enfants, etc., mais je ne supporte plus, alors j'ai attendu qu'il s'en aille, sans un mot sans un geste, comme tu me l'as conseillé, barricadée dans la maison sans broncher. Mais quand il a enfin débarrassé le plancher, au bout de deux heures, le con, j'ai collé les enfants dans la voiture et je suis partie moi aussi, parce que je n'en peux plus. Magalì m'héberge chez elle à Fregene, pour quelques jours et–

— Qui ?

— La rousse aux cheveux courts qui est prof de yoga. La maman d'Alexia et Vanessa. Magalì, tu vois bien...

— Ah oui, d'accord. Elle habite où ? À Fregene, où ?

— Chez ses parents, avec ses filles. Ses parents ont une villa à Fregene, le truc immense, avec auxiliaire de vie et tout le tremblement, Magalì va y passer le mois de juillet, vu qu'elle n'a pas de fric pour partir en vacances. Ça faisait un moment qu'elle me proposait de venir avec les enfants profiter de la mer. Je t'en avais parlé.

— Oui, c'est vrai. Donc, tu es là-bas.

— Oui.

— Tu as bien fait. Et comment vas-tu ?

— Bien. Sauf que ce soir, je ne peux pas venir dîner avec toi et Claudia. Je n'ai pas envie que Magalì se retrouve avec mes mômes sur les bras dès le premier soir.

— Bien sûr. Ne t'inquiète pas.

— Comment va Claudia ? Elle était partante, sérieux ?

— Je ne sais pas comment elle va. Je ne lui ai pas parlé depuis hier soir. À propos, tu veux bien me donner son numéro ? Il était dans mon téléphone, je ne m'en souviens pas par cœur.

— Je t'envoie un texto, parce que je n'arrive pas à consulter le répertoire pendant que je téléphone.

— Non, ma chérie, pas un texto. Je t'ai dit que j'ai perdu mon portable. Je t'appelle du téléphone du bureau.

— Oups, tu as raison.

— Je te rappelle dans cinq minutes, d'accord ? Et tu me donneras le numéro.

— D'accord. Ciao

— Ciao. »

*

« Allô ?

— Bonsoir Marta. C'est Pietro.

— Miracle ! Que t'arrive-t-il ?

— C'est long à raconter. D'abord je ne pouvais pas te répondre. Ensuite j'ai perdu mon portable. Et après j'ai eu des ennuis.

— Graves ?

— Non, des trucs casse-pied. Pourquoi voulais-tu me joindre ?

— C'est à propos de Claudia.

— Claudia ?

— Elle est ici, chez moi.

— Chez toi, à Milan ?

— Oui.

— Comment ça, oui ? Qu'est-ce qu'elle fiche à Milan ? Pourquoi elle ne me l'a pas dit ? Passe-la-moi s'il te plaît.

— Euh, non, Pietro...

— Non ? Tu ne veux pas me la passer ?

— Je te la passerais volontiers, mais elle ne veut pas te parler.

— Elle ne veut pas me parler ? Et pourquoi ?

— Si toi, tu ne le sais pas...

— Qu'est-ce que ça veut dire « Si toi, tu ne le sais pas » ? Non, je ne le sais pas. Et pourquoi devrais-je le savoir ?

— Vous ne vous êtes pas accrochés ?

— Mais non. Accrochés pourquoi ?

— Écoute, Pietro, ne fais pas comme à ton habitude : nier l'évidence et tomber des nues. Claudia est venue ici, elle ne veut pas te parler, il doit bien y avoir un problème, tu ne crois pas ?

— Je dis que le problème n'est pas avec moi. Elle doit être en bisbille avec son petit copain.

— Tu sais, il n'y a rien de mal à avoir des problèmes avec sa fille. Ça arrive sans arrêt à tout le monde. C'est normal...

— D'accord, mais moi je n'en ai pas. Hier nous avons discuté fort civilement, parce que je voulais l'emmener dîner ce soir avec Diana, mais elle était libre de ne pas venir, comme toujours. Allez, passe-la-moi.

— Pietro, elle ne veut pas te parler.

— Mais pourquoi ? Qu'est-ce que je lui ai fait ?

— Ce n'est pas à moi qu'il faut le demander.

— Que t'a-t-elle dit ?

— Rien. Elle ne m'a rien dit. Elle m'a juste demandé si elle pouvait rester un certain temps chez moi, parce que vous vous êtes accrochés.

— Et toi, ça te suffit ?

— J'ai essayé de te joindre toute la journée, Pietro. Non, ça ne me suffit pas, mais je n'en fais pas un drame non plus. Ce sont des choses qui arrivent dans une famille. Et puis dans la vôtre, avec ce qui s'est passé...

— Marta, elle voit une psychologue. Moi, je suis toujours disponible, je fais tout ce que je peux pour qu'elle soit bien, j'applique les conseils de cette thérapeute. Je me suis consacré exclusivement à elle pendant des années, et si maintenant j'ai une compagne, je crois être en droit de...

— Pourquoi parles-tu de Diana ? Elle n'en a pas soufflé mot.

— Parce qu'elle ne supporte pas Diana, voilà tout. Elle ne peut pas la voir en peinture. Sans aucune raison, bien sûr, puisque Diana l'aime beaucoup et ne demanderait pas mieux que d'avoir un minimum de rapports avec elle. Si Claudia fait allusion à un problème, *même si elle ne m'en a jamais parlé, à moi, que ce soit clair*, il ne peut s'agir que de ça.

— Écoute, Pietro, voilà ce que je te propose. Elle va rester ici avec ses cousins et moi, lesquels, soit dit en passant, sont tous les trois ravis de la voir. Je ne vais pas la brusquer et, à la première occasion, j'entamerai la conversation et me ferai expliquer ce qui ne va pas. Pendant ce temps, tu te calmes, tu te détends, tu souffles un peu. Tu verras, nous résoudrons le problème, quel qu'il soit. Mais si pour le moment elle ne veut pas te parler, il vaut mieux attendre. Tant qu'elle est chez moi, elle est en sécurité.

— Mais ça ne tient pas debout.

— Qu'est-ce qui ne tient pas debout, Pietro ? C'est raisonnable.

— Ça ne tient pas debout que *toi*, tu sois raisonnable.

— Ah ah, très drôle.

— Sans vouloir t'offenser, bien sûr.

— Eh bien oui, je suis devenue très raisonnable, mon cher. Très raisonnable.

— C'est vrai, le fameux tournant islandais...

— C'est ça, moque-toi. Mais crois-moi, ne nie pas les problèmes, ne te dis pas toujours que tout va bien. Tout ne va pas toujours bien.

— OK, merci du conseil.

— Ne te fais pas de souci, Pietro. Et arme-toi de patience. Je te rappellerai demain, j'aurai peut-être parlé avec elle et je saurai éclairer ta lanterne.

— D'accord, mais c'est moi qui t'appellerai. J'ai perdu mon portable, je te l'ai dit.

— Pietro, combien de temps faut-il pour racheter un téléphone ? Pour annuler l'ancienne carte SIM et s'en faire donner une nouvelle avec le même numéro ? Un quart d'heure ?

— Je sais que tu es experte en la matière, mais je ne suis pas sûr de disposer de ce quart d'heure demain, tu ne mesures pas la situation dans laquelle je suis, j'ai l'impression. Il vaut mieux que je t'appelle moi.

— D'accord, comme tu voudras. Mais je te trouve un peu stressé.

— C'est une mauvaise passe, c'est tout. Et toi, tu vas bien ?

— Oui, je vais bien.

— Et les enfants aussi ?

— Les enfants aussi. On va tous bien.

— À demain alors.

— À demain, Pietro. Et arrête de stresser. »

*

« Allô ?

— C'est encore moi.

— Oui. Je te donne le numéro. Tu as de quoi noter ?

— Oui.

— 349 1667178.

— Merci.

— Ça ne va pas ? Tu as une petite voix...

— Non, non, c'est... La clim est en panne ici au bureau et il fait une chaleur à crever.

— Tu les accumules aujourd'hui.

— Je te l'ai dit, c'est un mauvais jour.

— Tu es seul ?

— Oui.

— J'ai très envie de te voir, tu sais.

— Moi aussi.

— De t'embrasser.
— Moi aussi.
— De te faire une pipe.
— Moi aussi.
— Tu as envie de me faire une pipe ?
— Non, j'ai envie que tu m'en fasses une.
— Et tu as bien raison. Ça ressuscite son homme.
— Je n'en doute pas un instant.
— Écoute, tu sais ce qu'on va faire ? Ce soir, tu sors dîner avec ta Claudia, et tu verras que cette fichue journée finira bien, elle et toi dans un chouette restau. Demain, tu prends ta matinée et tu viens ici. On expédiera les enfants à la plage avec Magalì et on aura un moment seuls tous les deux. Ça te va ?
— Mais il y a aussi ses parents, tu m'as dit.
— Ils vont à la plage avec tout le monde. Ils ne te verront même pas.
— Mmm. Pour un peu, je réserverais un taxi dès maintenant.
— Un taxi ?
— Je te l'ai dit, on m'a retiré mon permis.
— C'est vrai. Comment ça s'est passé ?
— Ben, je fonçais comme un imbécile à la poursuite de la voiture que je devais récupérer et je me suis fait choper.
— Bon, n'y pense plus et viens en taxi demain matin. Je te garantis que tu ne regretteras pas le prix de la course.
— Je veux bien te croire.
— Alors téléphone-moi demain. Et bon dîner en amoureux.
— À demain.

— Hep ! Je suis encore ta poupée d'amour ?

— Oui, tu es ma poupée d'amour.

— Alors dis-le-moi.

— À demain, ma poupée d'amour.

— Là, ça va. Et haut les cœurs. Allez, bye.

— Bye. »

*

« Allô ?

— Claudia, c'est papa. S'il te plaît, ne – Claudia ? Allô ? *Claudia* ? »

13

Le plus important est de faire en sorte que le plus important le reste.

Stephen Richard COVEY

Un homme qui enjambe la glissière de sécurité d'une voie rapide est un homme en galère...

Je suis en train de traverser l'Aurelia *à pied*, ce qui jusqu'à aujourd'hui ne me serait jamais passé par la tête, mais là j'y suis obligé. Je n'ai plus de permis et c'est juste pas possible d'aller à pied chercher le pont à un kilomètre d'ici, pour revenir, toujours à pied, pile en face. Jusqu'à une date récente, nous avions sur le parking une bicyclette électrique, prélèvement atypique auprès d'une entreprise de livraisons à domicile qui ne payait plus les échéances de ses véhicules. Elle me serait bien utile, mais je viens de la vendre à un jeune avocat pour le même motif de retrait de permis. D'ailleurs j'aurais intérêt à l'appeler pour m'informer de la marche à suivre pour le récupérer, il paraît qu'il faut prendre des cours. Mais comment ça se passe ? Son numéro de portable est dans le téléphone que j'ai laissé chez cette peste et la déclaration de cession doit être rangée dans les dossiers raflés par les flics. C'est pas gagné...

De l'autre côté de la glissière, je dois traverser aussi la clôture – ridicule, il faut le dire – plantée hier pour contenir l'invasion des écrevisses. Regardez-moi ça : si j'étais une écrevisse de Louisiane, ce n'est pas ce bazar qui m'arrêterait. En admettant que le péril écrevisses de Louisiane existe. Mais il n'existe pas, les écrevisses étaient déjà mortes, elles sont tombées d'un fourgon roumain, même si je semble être le seul à le savoir. Oups, il faut que je fasse gaffe : il s'en est fallu de peu par exemple que ce Doblo me percute. C'est super-dangereux de traverser l'Aurelia à cet endroit, c'est-à-dire en plein virage, alors que les gens roulent vite et conduisent encore comme sur l'autoroute, en excluant a priori qu'un piéton puisse surgir. Il faut que je me concentre, que je me calme. J'ai fait assez de conneries pour aujourd'hui. Voilà, on dirait qu'il n'y a personne, là, je peux tenter. Mais fissa ! Go ! Courir aussi me fait mal au poignet.

Me voici sur le muret en béton qui sépare les deux doubles voies. Maintenant c'est plus simple, la visibilité dans l'autre sens est meilleure. Après ce taxi, après ce fourgon, après cette Panda qui transporte du sang : go ! Quatre bonds, et je suis de l'autre côté. Dernière glissière à franchir. De ce côté-ci, on nous a épargné la clôture antiécrevisses. Une vieille femme me regarde enjamber l'obstacle. Elle marche à pas lents, portant deux sacs de supermarché qui semblent très lourds. Elle continue à me regarder après être passée, en tournant la tête en arrière : j'ai surgi à l'improviste sous son nez, côté glissière, je constitue une menace. Pourtant, si elle savait comme je me sens : je n'ai jamais été aussi inoffensif.

À vrai dire, c'est déjà un beau résultat de me retrouver ici, avec une destination précise et un but, parce que ça n'était pas gagné. J'ai dû m'accrocher pour ne pas me liquéfier dans la chaleur de mon bureau razzié par les flics, pour me lever, sortir, agir. J'étais paralysé par l'accumulation d'urgences qui se télescopaient : pensées, soucis, questions, peurs. Claudia a fugué et ne veut plus me parler. Pourquoi ? La police a débarqué au bureau et tout saisi. Pourquoi ? Lello m'a laissé un message caché dans l'étagère en me communiquant une adresse électronique. Pourquoi ? Et puis la Q3 qui court toujours, mon retrait de permis, l'amende astronomique, la clim en panne, la fatigue. Il s'en est fallu de très peu que je ne m'endorme, le visage écrasé sur mon bureau, pour me réveiller au milieu de la nuit – je sais ce que ça donne dans ces cas-là – en nage, dégoûté de la vie et pétri d'angoisse. Alors je me suis levé d'un bond et j'ai décidé d'instinct, sans réfléchir plus loin, que dans la foultitude d'urgences qui me tombaient sur le râble, la plus urgente de toutes était le billet confidentiel de Lello. Voilà pourquoi le problème s'est posé de traverser l'Aurelia : parce que le cœur de cette banlieue appelée Tredicesimo se trouve de ce côté-ci, et avec lui le point Internet où je me rends. Point Internet qui – à propos de télescopages – n'avait aucune existence pour moi il y a encore deux nuits, quand je l'ai remarqué en compagnie de Patrick, l'ex-mari de D., dont je venais de repousser un nouvel assaut contre ce qu'il s'obstine à considérer comme son domicile – en dépit du fait que la maison appartienne à D. et qu'ils soient séparés depuis plus de cinq ans – et avec qui j'avais passé plusieurs heures en m'efforçant de l'amadouer, l'apaiser, le rassurer, puisqu'il semblerait que je sois la seule personne au monde capable d'y parvenir. C'est absurde, mais c'est ainsi : j'ai pris sa place dans sa famille, auprès de ses enfants et surtout aux côtés de la femme dont il se déclare encore férocement amoureux, et alors qu'en toute logique je devrais être sa bête noire, celui contre qui déchaîner toute sa rage, ce petit mec de banlieue instable, repris de justice, toxicomane et raté sans avenir ne jure que par moi. Allez savoir pourquoi, mais je suis le seul qui puisse le ramener à la raison. Donc, il y a deux jours, D. m'a appelé vers minuit, comme tant d'autres fois, en m'annonçant qu'il s'était de nouveau introduit dans le jardin, raide défoncé, et avait cassé une vitre d'un jet de pierre en braillant qu'il était venu souhaiter bonne nuit à ses mômes. Alors je me suis relevé et, laissant Claudia toute seule à la maison, je me suis précipité chez D., où je l'ai calmé, l'entraînant loin du lieu où il comptait enchaîner esclandres et délits sous le regard ensommeillé de ses enfants. J'ai discuté avec lui trois heures dans sa Golf qui pue, jusqu'au moment où, l'effet de la cocaïne retombant, c'est-à-dire vers quatre heures du mat', il m'a emmené manger des croissants chauds dans une boulangerie située au bout de la rue où je m'engage à présent – via Giuseppe Vanni –, appelée le Croissant de Nuit. Patrick est du coin, pas exactement de Tredicesimo, mais de la banlieue voisine, un kilomètre plus loin, à la hauteur du pont, appelée Ildebrando, en l'honneur de la via Ildebrando della Giovanna qui en est l'axe central. Ainsi, après avoir fait un foin de tous les diables, menacé D., traumatisé ses gosses une fois de plus, puis s'en être mordu les doigts et s'être excusé, après avoir erré dans la campagne de Castel di Guido, m'avoir avoué qu'il avait recommencé à dealer et s'être arrêté deux fois au bord de la route, une pour pleurer d'impuissance à chaudes larmes sur mon épaule et une autre pour « pisser un bock » comme il dit, il a eu la fringale. Il s'est souvenu de cette boulangerie, où il allait ado après avoir fumé ses joints, et il m'y a emmené – comme ça, comme si de rien n'était. Et c'est à la sortie du Croissant de Nuit que j'ai remarqué le point Internet, deux portes plus loin. Ce n'est pas parce que je pensais en avoir l'usage qu'il a retenu mon attention – j'étais un autre homme il y a deux jours, j'avais toutes les connexions que je voulais chez moi, au bureau, sur mon smartphone, car j'avais un bureau et un smartphone –, mais parce qu'il était *ouvert*, à quatre heures et demie du matin, ce qui m'a rappelé l'époque où D. et moi nous sommes mis ensemble, où soit dit en passant Patrick était en prison, où nous nous fréquentions plus ou moins en cachette, où une fois par mois elle laissait ses enfants chez sa mère tandis que je laissais Claudia chez une de ses copines et que nous réussissions à passer ensemble un week-end entier, en gros à baiser tout le temps, l'un et l'autre pour rattraper une longue abstinence, moi vaincu par sa beauté si pure et si canaille, elle par le fait que pour la première fois de sa vie elle était avec un homme courtois, pacifique et, attention les yeux, *diplômé* – mon titre universitaire lui faisait beaucoup d'effet –, et pas avec un drogué inculte qui la maltraitait et s'endormait pendant qu'elle lui faisait une pipe. Le seul sujet dont nous parlions pendant ces journées et qui semblait nous intéresser plus que tout au monde était la prolifération dans tous les quartiers de Rome d'étals de fleuriste tenus par des Pakistanais et ouverts la nuit. Parce que c'est ainsi : dans chaque quartier, y compris le plus excentré, dans la désolation de la nuit la plus profonde, n'importe quel jour de l'année et par n'importe quel temps, on tombe tôt ou tard sur un de ces étals tous identiques, vert pimpant et bien éclairés, tenus par un ou deux Pakistanais prêts à vous servir. Il est évident que c'est une couverture, parce qu'à Boccea ou la Garbatella, le chaland en quête d'un bouquet de fleurs à quatre heures du matin doit être une denrée assez rare. Mais ce qu'ils couvraient, ce qu'ils couvrent, est un mystère, et ce mystère constituait à peu près le seul élément du monde réel sur lequel nous nous attardions ces jours-là, D. et moi, dans les rares moments où nous ne faisions pas l'amour. Nous étions cabossés par la vie tous les deux. Comme des idiots, nous ne mettions pas à profit ces occasions de dialogue inusitées pour évoquer les mille et une difficultés qu'il avait fallu surmonter rien que pour passer une nuit ensemble et nous construisions notre drôle d'intimité en débattant du mystère des fleuristes pakistanais, comme si c'était un soûtra, le succédané de tous les espoirs pour l'avenir qu'à ce moment-là nous n'avions pas le courage de formuler. C'était du moins mon cas. Voilà pourquoi je ne me souviens pas des numéros de téléphone des personnes que j'aime le plus, mais que si vous me montrez un établissement ouvert aux heures où il devrait être fermé, je ne l'oublierai jamais. Voilà pourquoi j'ai remarqué ce point Internet qui dans le cas présent – ce que c'est que la vie quand même – me sauve la mise.

Il se trouve un peu plus bas dans la rue, après la place que je suis en train de traverser où se concentre la majeure partie des magasins de la localité. Pâtisserie. Boutique de vêtements. Épicerie. Traiteur. Magasin de photocopies. Agence immobilière. Boucherie de la Transylvanie (forte communauté roumaine). Tredicesimo est une agglomération assez anarchique, une zone indécise aux allures de purgatoire comme beaucoup d'autres secteurs de la banlieue romaine. De petits immeubles locatifs alternent avec des villas pour deux ou quatre familles qui, depuis l'Aurelia, s'étendent vers le faubourg de la Massimina, en un lacis de rues étroites rarement goudronnées qui montent et descendent et qui, sur quelques centaines de mètres, font l'effort de se montrer sûres et cossues (pins maritimes, haies fleuries, caméras, portails électriques) avant de se relâcher soudain en terre-pleins désolés se prêtant à des utilisations louches. Dans le meilleur des cas, ils servent d'aires de stockage pour des magasins de matériaux, véritable métonymie de ces banlieues en bordure de périphérique. Dans le pire des cas, c'est le néant, cet insondable néant heideggerien, souvenir de mes années d'université : subsumé comme origine et non comme effet de la négation, étant structuré et non « néantisation vide ». Et si on est doté d'un minimum d'imagination, on conçoit sans mal à quel usage gothique les habitants de la banlieue ouest de Rome peuvent destiner ledit néant heideggerien.

En deux mots comme en cent, Tredicesimo n'est pas très glamour, mais par des soirées comme celle-ci, à Rome tout devient splendide – hirondelles, odeur d'herbe, couchant – et au fur et à mesure que je descends la rue, je me requinque. Tout est très modeste ici, c'est vrai, mais les voitures stationnées témoignent que ce quartier aussi à une époque connut une illusion de richesse. En effet, devant ces pavillons, à côté des petites voitures sans pot catalytique du siècle dernier encore très fréquentes à Rome – Fiesta, Ka et Panda bugnées et rouillées à plaque d'immatriculation blanche et housses en tissu-éponge – dorment des véhicules plus ambitieux : monospaces Chrysler et Renault, breaks haut de gamme, Land Rover, Rexton et autres 4 × 4 assez coûteux, qui ont en commun d'être immatriculés B ou C, c'est-à-dire mis en circulation entre 2000 et 2004. Certes plusieurs ont été achetés d'occasion – j'ai dû en vendre certains moi-même –, mais d'autres sont arrivés flambant neufs, en même temps que leurs propriétaires qui s'installaient dans ces petites villas avec un gros emprunt sur les bras, fiers d'avoir su prendre le fameux ascenseur social et animés par l'espoir naïf de grimper encore quelques échelons. En réalité, ces voitures remontent à une époque désormais aussi lointaine qu'une autre galaxie et racontent mieux que n'importe quelles statistiques comment et quand l'ascenseur s'est bloqué. Avec la ventouse de leur TomTom près du rétroviseur, leurs autocollants « Bébé à bord » sur la lunette arrière et leur crochet de remorque (canot pneumatique, petit bateau, moto de course), ils avaient tout pour qu'on les contemple par la fenêtre en se disant « j'ai réussi ». Mais maintenant qu'ils ont été payés jusqu'au dernier sou, ils sont au-dessus des moyens de leurs propriétaires, avec leurs pneus lisses à faire peur, leur technologie de bord tristement dépassée, leurs disques de freins usés et les trois ou quatre vignettes de révision collées sur le pare-brise, qui les dévaluent de façon draconienne. Combien viennent me voir de ces nouveaux riches ratés pour essayer de me les refiler, me racontant toujours la même histoire d'une petite étoile qui s'était allumée, pour s'éteindre bien vite, à l'improviste, *pas par leur faute*, incriminant les taux variables, les banques qui ne prêtent pas, les pécules qui fondent et le boulot qui ne nourrit pas son homme, dans l'espoir de me convaincre d'échanger leur gros engin ruineux contre une voiture plus petite, plus économique et plus récente – et moi obligé de répéter que nous ne sommes pas un garage d'occasions, que nous ne faisons pas d'échanges, que nous récupérons uniquement des véhicules objets de contentieux judiciaires et que nous ne pouvons prendre les occasions qu'en dépôt-vente, s'il nous reste de la place sur le parking...

Me voici arrivé. Le Croissant de Nuit est encore fermé, mais le point Internet, deux entrées plus loin, est ouvert. Les horaires sur la porte vitrée recouverte d'autocollants donnent la fermeture pour minuit. Mais comme je l'ai déjà dit, c'est faux, parce que si c'était le cas, j'ignorerais jusqu'à son existence. J'entre. La caisse est tenue par un jeune Indien dont le sourire laiteux luit dans l'obscurité presque complète de la pièce. Je demande la formule la moins chère, une demi-heure à quatre euros, et je me dirige vers le poste que m'indique le jeune homme. J'ai pour voisine une jeune Africaine dont le casque disparaît sous ses extensions de tresses. Elle ne parle pas, elle écoute en silence les paroles d'un homme dont je ne distingue pas les traits dans l'image décomposée de la connexion Skype. Il n'y a personne d'autre.

Me voici à pied d'œuvre. L'écran affiche déjà la page d'accueil de Google. Je clique sur Gmail et la page d'identification s'ouvre. Contre toute attente, les champs de l'identifiant et du mot de passe sont déjà remplis : nadiastefanescu909 pour le nom, et une série de points noirs pour le mot de passe. La raison en est, comme je m'en aperçois, que le champ « rester connecté » a été coché. Cela signifie que si je cliquais sur « entrer », je pourrais accéder à la boîte de cette femme ou fille roumaine qui à l'évidence m'a précédé sur cet ordinateur – et le pire, c'est que j'en éprouve la tentation violente. Je ne plaisante pas, je dois prendre sur moi pour, oui, pour renoncer à m'immiscer dans son intimité et, étant donné ma situation actuelle de détresse et d'affliction, où je collectionne, passez-moi l'expression, un paquet de putains d'emmerdes de première, cette tentation est si aberrante qu'elle en a quelque chose de vital. J'efface tout et pendant que j'y suis, je décoche aussi l'option « rester connecté » pour éviter que le client suivant se trouve en proie à la même tentation à mon égard. Je sors le billet de Lello et recopie avec soin le mot qui sert d'identifiant : *scansamose*. Idem pour le mot de passe : *lomamelda*. J'envoie. Pendant quelques secondes, le compte relève le courrier puis apparaît le message « Bienvenue Olindo Stupazzoni » et j'entre. Olindo Stupazzoni.

C'est le nom que Lello utilise toujours pour indiquer monsieur Tout-le-Monde. Certains disent Durand, Dupond ou Tartempion, lui dit Olindo Stupazzoni. Et malgré la bizarrerie de cette habitude et la curiosité qu'elle suscite, je ne lui ai jamais demandé de m'expliquer d'où il sort ce nom. Comme le sens était clair, je ne cherchais pas plus loin. Il en va de même avec lui, d'ailleurs. Convaincu comme je le suis – comme je l'étais – de bien le connaître parce qu'on était copains quand on était jeunes, je n'ai jamais exigé de rien savoir de plus sur lui que ce que je savais il y a trente ans. Et maintenant, vu la situation, le moment est peut-être arrivé de m'en mordre les doigts...

La boîte de réception contient quatre messages lus et un non lu. Deux envoyés par « L'équipe Google+ » et trois par « L'équipe Google ». Les quatre messages lus sont tous du 31 mai, tandis que le message non lu est d'aujourd'hui. L'aperçu du message dit : « Bonjour Olindo ! Voici les trois posts les plus populaires sur Go... » Il faudrait que j'aille dans le dossier brouillons, je le sais, mais cette fois je n'ébauche même pas une tentative de résistance et j'ouvre le message. « Bonjour Olindo ! Voici les trois posts les plus populaires sur Google+ cette semaine. » Dessous, en rouge : « Voir les posts populaires », et un champ, rouge aussi, marqué « Posts les plus populaires sur Google+ cette semaine ». De nouveau, au lieu de cliquer à gauche sur « Brouillons (1) », j'entre dans les posts populaires. L'ordinateur charge une page intitulée « Populaire sur Google+ », et m'affiche la photo d'un minois de chaton pourvu d'un œil jaune et d'un vert. Je fais défiler vers le bas et découvre un ours qui prend une vieille femme dans ses bras, l'arrière de Notre-Dame dans le soleil couchant, une éclipse de lune sur une lagune... Je commence à sentir un malaise, comme toujours quand je navigue sur Internet. À l'idée de cette immense dispersion (de mon temps, de mon attention, de ma capacité même à contrôler mes gestes) qui, la minute d'avant, m'a poussé à entrer dans cette jungle, j'ai à présent du mal à respirer. Je reviens en arrière. « Bonjour Olindo ! Voici les trois posts les plus populaires sur Google+ cette semaine. » Les brouillons sont toujours là, à gauche, avec ce chiffre 1 entre parenthèses qui est la seule raison pour laquelle je me trouve dans ce compte, dans ce point Internet, à cet instant de cette journée désastreuse qu'aucune prophétie n'aurait pu annoncer. Mais j'ai déjà cliqué sur le premier de ces trois posts à ne pas rater, intrigué par le titre « Vaut-il mieux courir ou marcher sous la pluie ? » Et je regarde un dessin animé rudimentaire où une main dessine au feutre deux silhouettes stylisées prises sous une grosse averse de pluie bleue, dont l'une est immobile tandis que l'autre court. Une voix américaine au débit très rapide expose les différentes étapes de la démonstration, que je suis jusqu'au bout, même si pour finir, je ne suis pas sûr d'avoir compris les conclusions : si on ne bouge pas, on se mouille moins que si on bouge, mais si on doit aller d'un point A à un point B, alors on se mouille moins en courant le plus vite possible ? *Possible ?* Un souvenir jaillit soudain, avec violence : une comédie de Gilberto Govi, vue à la télévision de la cuisine, quand j'étais enfant et que nous habitions viale Bruno Buozzi. Ma mère était de Gênes et elle aimait les comédies de

Gilberto Govi. Je n'y comprenais pas grand-chose, mais j'aimais la voir rire. Je croyais n'avoir rien retenu de ces pièces, mais maintenant je m'aperçois qu'il doit en rester quelque chose, parce que cette histoire de courir sous la pluie a débusqué de ma mémoire la bouille ronde de Gilberto Govi – que je croyais avoir oubliée aussi –, en noir et blanc, avec son accent génois, et surtout le visage fin et si doux de ma mère, éclatant d'un rire qui coule comme un nectar. C'est un souvenir d'hiver. Noël est proche. Les vitres de la fenêtre sont embuées. J'ai peut-être écrit dessus avec mon doigt. C'est peut-être la fin de l'après-midi. Je fais peut-être mes devoirs. Pendant qu'elle regarde la comédie, ma mère étale peut-être la pâte feuilletée, parce qu'il y a de la farine sur son visage. J'ai la gorge serrée en pensant à ma mère. Elle est morte depuis – c'était en 1999 : combien d'années ? Quatorze, désormais, et elle me manque, elle me manque à en mourir, ici, maintenant. Je repense au clip *Nothing Compares to You* de Sinéad O'Connor, où elle pleure la mort de sa mère et puisque je suis en train de naviguer sur Internet, j'ouvre une nouvelle page Google et je vais droit sur YouTube. J'entre le titre de la chanson et hop, la voici. Enfin, c'est vite dit. Il y a d'abord un spot publicitaire. Pour une compagnie d'assurances. Mais on peut l'arrêter, là. Et voici le clip. Voici le parc de Saint-Cloud et les statues. Voici Sinéad O'Connor qui marche dans son manteau noir. Voici le gros plan tandis qu'elle entonne les premières mesures. Elle est encore jeune, très belle. Je baisse le volume pour ne pas déranger ma voisine noire, même si elle a un casque. C'est Prince qui avait écrit cette chanson pour la mort de son père, mais elle l'a reprise quand sa propre mère est morte et elle la chante avec hargne, la rage au ventre, puis à un moment, elle pleure. Pas maintenant, plus loin. Avant, elle chante deux strophes où elle enrage, parce que les autres la pressent de se distraire, de sortir, et qu'elle ne le supporte pas. Puis il y a tout le passage instrumental, le voici, avec elle de nouveau dans le parc de Saint-Cloud, au milieu des statues, des escaliers, des cascades et des arbres dépouillés. Et puis, voilà, quand elle revient en gros plan, sa hargne a disparu, elle est triste. C'est ce moment. Elle est très triste. Et bientôt, elle va pleurer. On dirait qu'elle se retient, je me souviens, mais ses yeux se remplissent quand même de larmes et tout de suite après les larmes roulent sur ses joues. À cet endroit – on y est presque – en général, je pleure moi aussi. Voilà, quand elle dit qu'elle voudrait une seconde chance. C'est ici. Elle pleure, ses larmes coulent. Et ça y est, je pleure moi aussi. Je pleure. J'essaie de me retenir, mais impossible, je n'y arrive pas. Ma voisine africaine ne remarque rien. Sinéad O'Connor ne pleure déjà plus, mais moi je continue jusqu'à la fin de la chanson. Et encore après. Bonté divine, je n'arrête plus, c'est super. Je pleure comme quand j'étais gosse – à chaudes larmes, selon l'expression consacrée – et maintenant ma voisine s'en est aperçue, elle s'est tournée et elle m'a vu, elle a vu que je pleurais et aussitôt elle a détourné son regard pour qu'il ne croise pas le mien, c'est-à-dire qu'elle a honte de m'avoir vu pleurer, et cette humiliation me donne un point d'appui pour arrêter, pour concevoir d'arrêter. Je respire. Inspire expire. Inspire expire.

Je m'essuie les yeux. Je renifle. Encore quelques sanglots. Je respire à nouveau. Voilà, c'est fini.

Pour moi, Internet, la Toile, c'est ça. Je m'y lance pour une raison précise, et puis je dérive dans mille autres directions qui n'ont aucun rapport, comme un âne, de façon compulsive. Internet qui place tout sur le même plan et à la même distance semble offrir une occasion de changer sa vie, au détriment de ses obligations. Je veux voir Fred Astaire, je vois Fred Astaire. Je veux lire l'article 33 de la Constitution, je lis l'article 33 de la Constitution. Je veux voir une femme qui se fait baiser par un chien, je vois une femme qui se fait baiser par un chien. C'est l'occasion qui engendre le désir, la fin du discernement, l'entropie. C'est ce que mes amis français, quand je travaillais à la télévision, appelaient le *n'importequoisme* – qu'ils combattaient comme une obscénité. Et c'est une obscénité, bien sûr. Mais il y a un mais. Cette façon de mettre sur le même niveau ses obligations et n'importe quoi en vrac est obscène, tout comme est obscène la parité entre ce qui est crucial et ce qui est insignifiant. Mais ce qui n'est pas obscène – au contraire, ce peut être une protection, une preuve d'intelligence –, c'est de *choisir* le côté insignifiant plutôt que le côté crucial.

En d'autres termes, si j'étais un homme avisé, je lâcherais l'affaire, je m'en irais. Et il y a eu une époque, pas si éloignée, où j'étais avisé et où je serais parti.

Mais je ne suis pas avisé.

Je ne le suis plus.

Brouillons (1)

Entrer...

14

Je ne vois aucune solution, mais j'admire le problème.

Ashleigh Ellwood BRILLIANT

CHER PIETRO... TU ES UN AMI... UN GARS TOP... DÉSOLÉ, MAIS LE MOMENT EST VENU QUE TU SACHES CERTAINES CHOSES... POUR CELA SUIS MES INSTRUCTIONS... APPELLE D'UN TÉLÉPHONE PUBLIC CE NUMÉRO... 0624788... SURTOUT PAS D'UN PORTABLE... DEMANDE MAURO... DIS-LUI QUE TU APPELLES D'UNE CABINE ET QUE TU ES INONDÉ... IL TE DEMANDERA SI L'EAU EST BLANCHE OU NOIRE... DIS-LUI QU'ELLE EST NOIRE... MAURO TE DONNERA RENDEZ-VOUS ET T'EXPLIQUERA TOUT... NE PRONONCE PAS MON NOM AU TÉLÉPHONE NI LE TIEN... POUR COMMUNIQUER AVEC MOI CE COMPTE EST SÛR... EFFACE CE MESSAGE ET ÉCRIS LE TIEN... ATTENTION NE L'ENVOIE PAS, MAIS LAISSE-LE DANS LES BROUILLONS ET QUITTE LE COMPTE... CONNECTE-TOI LE LENDEMAIN POUR LIRE MA RÉPONSE... TOUJOURS DANS LES BROUILLONS... ET AINSI DE SUITE... PERSONNE NE DOIT CONNAÎTRE

CE COMPTE EN DEHORS DE NOUS... RESPECTE CETTE PROCÉDURE ET TU APPRENDRAS CE QUE TU AS BESOIN D'APPRENDRE... PUIS TU DÉCIDERAS... DÉSOLÉ... À BIENTÔT...

C'est fait. J'ai le cœur qui bat, les mains qui tremblent. Qu'a trafiqué ce grand con ? Est-il possible ou même lointainement envisageable qu'il ne s'agisse pas d'un truc grave qui met en danger mon existence honnête et respectable, ma tranquillité (que j'ai déjà perdue, à vrai dire, après aujourd'hui), mon avenir ?

La réponse est non, bon sang.

Bon sang de bon sang de bon sang.

Mais il faut que je me calme, que je réfléchisse. Que je respire, de nouveau : inspire expire, inspire expire. Le message est de Lello, aucun doute. Preuve en est cette avalanche de points de suspension et les majuscules. Je n'ai jamais vu Lello utiliser de virgule ou de point, il ne connaît que les points de suspension. Quand il écrit, on dirait un moteur qui n'aurait qu'une vitesse : il est tout de suite en surrégime (les majuscules) et doit vite débrayer (points de suspension). Quand il recommence à écrire, il repart aussi sec en surrégime et doit derechef débrayer, et ainsi de suite. Et puis cet adjectif *top* : il l'emploie sans arrêt, n'importe quoi pour lui est top ou pas top. Sûr et certain, le message est de lui. C'est comme s'il portait ses empreintes digitales. Bon Dieu...

Il est désolé, écrit-il. Désolé de quoi ? Inspire expire. L'Africaine est partie, je suis seul avec l'employé. Du calme. Il faut que je garde mon calme, c'est essentiel. Pour le moment, je n'ai aucune carte en main, je ne sais même pas de quoi il retourne, je suis pieds et poings liés. Inspire expire. Je n'ai pas le choix, je dois obtempérer. Passer ce coup de fil. D'ici, pendant que j'y suis. Ils ont aussi des cabines. Mais je dois effacer son message, lui répondre et quitter le compte. Avant d'effacer, je vais recopier ce numéro de téléphone. Là, sur la carte de visite Super Car. Et apprendre par cœur la petite comédie à réciter. Demander Mauro. Annoncer que j'appelle d'un téléphone public. Pas de noms. Lui dire que je suis inondé. Que l'eau est noire. Je répète : Mauro. Téléphone public. Pas de noms. Inondé. Eau noire. OK. À présent je peux effacer le message de Lello. Il m'a dit de lui répondre dans les brouillons. À propos, ingénieux comme système : personne ne peut intercepter un message tant qu'il n'a pas été envoyé, me semble-t-il. Mais répondre quoi ? Quelle réponse donner au message à la fois terroriste, évasif, angoissant et ridicule qu'il m'a laissé ?

VINGT DIEUX. Voilà ce que je lui réponds. C'est tout ce qui me vient à l'esprit. Et je laisse ça dans les brouillons, en majuscules comme il aime. Pas de destinataire. Pas « envoyer ». Revenir sur « Boîte de réception », puis quitter. C'est fait. J'ai quitté. J'ai quitté Gmail aussi. En route...

Je demande au jeune Pakistanais si je peux téléphoner. Il veut savoir dans quel pays. Italie, dis-je, Rome. Il me regarde de travers. Obligé. Ici on téléphone au Bangladesh, aux Philippines, en Ukraine, en Roumanie. Ai-je une carte prépayée ? Non. Appel local, un euro, me réclame-t-il. D'accord, dis-je, et je lui restitue l'euro de monnaie qu'il m'avait rendu. Il m'indique la cabine numéro un. Un homme entre, indien ou pakistanais lui aussi, et le jeune homme retourne derrière son comptoir. J'entre dans la cabine numéro un.

Ça sent la friture, le genre d'odeur qui imprègne les vêtements quand on mange dans un endroit mal aéré et qui ne veut plus partir. Je décroche : le combiné est humide, berk. De sueur, à mon avis. Je l'essuie avec la manche de ma veste. Le numéro : c'est fait. Voyons un peu.

Ça sonne, une fois, deux fois, trois fois. Et si personne ne répondait ?

« Les Coquelicots, bonsoir. »

Une femme, un accent slave. Et si ce Mauro n'était pas là ?

« Bonsoir. Je voudrais parler à Mauro. »

Et si elle me demande qui je suis ? Aurais-je dû préciser d'entrée de jeu que j'appelle d'une cabine ?

« Une petite seconde, répond-elle.

— Poum !

— Pardon ? »

Zut, ça m'a échappé. C'est un jeu qu'on avait inventé Claudia et moi, quand elle était petite et qu'on venait de déménager à Rome : tirer sur les petites secondes, les exterminer. Un jour, sa prof de lettres m'avait convoqué – Claudia était en sixième, je me souviens – pour me dire que ma fille chahutait. En plein cours, elle faisait semblant de tirer au pistolet avec sa main. La prof était très mécontente, parce que Claudia continuait même quand on la réprimandait et qu'elle refusait de s'expliquer. Pendant son réquisitoire, la prof avait utilisé au moins deux ou trois fois l'expression « une petite seconde ». Alors je lui avais révélé la vérité : elle tire sur les « petites secondes ». Bien sûr, je l'avais priée de m'excuser, assumé toute la responsabilité et garanti que cela ne se reproduirait plus. En attendant, j'avais vendu la mèche. Zut tout de même, une prof ne peut pas parler comme ça, surtout une prof de lettres. Par la suite, Claudia me rapporta qu'elle ne disait plus « une petite seconde ». À cette époque, Claudia et moi étions encore comme les deux doigts de la main. La mort de sa mère datait de l'année précédente et nous ne nous quittions jamais. Carlo était encore là, nous consacrant tout le temps que lui laissaient ses voyages, m'aidant à la distraire, l'intéresser, l'égayer, la cajoler, la promener, l'accompagner à ses compétitions de gymnastique, pour qu'elle pense le moins possible à ce qui était arrivé, et on inventait sans cesse des bêtises de ce genre pour tenir la tristesse à distance et c'est vrai qu'on riait, on s'amusait bien, comme si en définitive aucun vide grave n'était creusé dans nos vies. À cette époque, je me sentais centré. Fort et centré. Ma journée était organisée autour d'elle et semblait compter quarante-huit heures. La mort de Lara m'avait bouleversé, bien sûr, mais ma façon de vivre ce bouleversement était de me sentir père. À la hauteur, autonome, solide, capable de faire face à la situation en empêchant la douleur de s'inviter dans nos vies. Nous étions unis par un tel amour à cette époque, une telle tendresse...

« Rien, dis-je. Le combiné m'a échappé des mains.

— Ah. Je vous le passe. »

Le film défile en accéléré, nous voici aujourd'hui : Claudia a fugué à Milan chez sa tante, elle ne veut plus habiter avec moi, elle refuse même de me parler. Que s'est-il passé entre-temps ?

« Allô ? »

Et surtout, *quand* est-ce arrivé ?

« Bonsoir. Puis-je parler à Mauro ?

— C'est moi. Que voulez-vous ? »

Quand ce lien spécial qui nous unissait a-t-il commencé à se distendre ?

« J'appelle d'une cabine. Je suis inondé.

— Mmm. De l'eau claire ou noire ? »

Quand je me suis mis avec D., c'est ça ?

« Noire.

— Pouvez-vous venir me voir maintenant ?

— Oui. Où ? »

Ou avant ? Quand elle est devenue ado, qu'elle s'est retranchée dans son jardin secret ? C'est ça ?

« Testa di Lepre, vous voyez ?

— Non, je regrette, je ne connais pas.

— Je vais vous donner l'adresse. Sachez que le numéro ne figure pas dans les GPS. »

Ou peut-être avant encore, quand Carlo a dû s'enfuir ?

« Je ne viendrai pas en voiture. Je prends un taxi.

— Ah. Où êtes-vous en ce moment ?

— À Tredicesimo.

— Tredicesimo sur l'Aurelia ? »

Ou quand nous avons quitté Milan pour nous installer à Rome ? Ça remonte à cette date ?

« Oui.

— Alors vous n'êtes pas loin. Vous serez là en un quart d'heure. Vous avez de quoi écrire ?

— Oui.

— Gîte rural Les Coquelicots, 157 bis via Emilio Pasquini, Testa di Lepre di sopra. Notez bien, bis. Tout de suite après l'ancienne coopérative laitière... »

On lisait *Pinocchio* le soir, *tous les soirs*, avant qu'elle s'endorme, on lisait *Harry Potter*. On allait dîner au restau tous les deux, à Est Est Est, sa pizzeria préférée. On voyageait... Quand est-ce que tout s'est cassé la gueule ?

« Entendu. J'arrive. »

Ou de façon très banale, malgré tous les efforts, la tendresse, la protection, la douceur et les distractions que j'ai essayé de lui prodiguer, ce fut au moment de la mort de Lara ? Tout s'est-il arrêté là ? Et ce lien spécial entre nous n'aurait jamais existé ? Tout ce que jour après jour j'ai cru arracher de bon pour moi, et surtout pour elle, à la douleur, au vide, au deuil, *je l'aurais inventé ?*

« Alors je vous attends pour le dîner. Répétez l'adresse, s'il vous plaît.

— 157 bis via Emilio Pasquini, Testa di Lepre di sopra. J'arrive.

— Si vous avez du mal à trouver, n'appelez pas de votre portable s'il vous plaît.

— Ça ne risque pas. Je n'en ai pas.

— Ah, parfait. »

Et cette sagesse que je possédais, qui ne m'aurait jamais laissé arriver au point où j'en suis en ce moment : quand s'est-elle envolée ?

15

Il y a une différence entre avoir oublié et ne pas se souvenir.

Alessandro MORANDOTTI

Un homme rend visite à un ami qu'il n'a pas vu depuis longtemps. En bavardant, ils s'aperçoivent qu'ils ont tous les deux mauvaise mémoire. Ils oublient tout. Sauf que l'ami a trouvé un médecin, raconte-t-il, qui a réglé son problème grâce à une méthode associative. « Et comment s'appelle ce médecin, que j'y aille moi aussi ? — Justement, je ne m'en souviens pas. Mais je vais te montrer comment fonctionne la méthode associative. Donne-moi un nom de fleur. » L'homme ne comprend pas. « J'ai associé ce médecin à un nom de fleur, explique l'autre. En trouvant la fleur, on trouve le médecin. Allez, dis-moi un nom de fleur. — Tu ne te souviens pas de la fleur non plus ? — Non, mais je me souviens que c'est facile. Allez, aide-moi, une fleur facile. — "Marguerite" ? hasarde l'homme. — Plus facile. — "Tulipe" ? — Mais non, plus facile ! La plus facile de toutes, allez. Facile et parfumée...

— “La rose” ? — Ouiiii ! » exulte l’ami. Puis il se tourne vers la porte de la cuisine et s’écrie : « Rose ! Comment s’appelle ce médecin de la mémoire ? »

Cette vieille blague s’applique à moi, elle dit bien comment je fonctionne. Ce panneau, par exemple. À l’instant où je le vois, quand le taxi quitte l’Aurelia pour bifurquer vers l’intérieur, ça y est *je m’en souviens* : Testa di Lepre. Un de ces panneaux à deux teintes de bleu bordés de blanc, en forme de flèche, datant des années soixante. Je le vois, je m’en souviens et, en un éclair me reviennent les réflexions qu’il a suscitées au fil du temps, chaque fois que je passais devant : quand j’étais petit et qu’on allait à Roccamare, parce que c’est sur la route, et après aussi, quand j’ai commencé à conduire et encore à une date récente avec Claudia, jusqu’à il y a cinq ans, avant de vendre la maison. Des réflexions qui essayaient de donner un sens à ce nom étrange (*testa di lepre*, tête de lièvre) ou s’en amusaient – occasion parfois d’échanges à voix haute avec Carlo, ma mère ou mon père – et qui duraient cinq cents mètres, jusqu’à ce qu’un nouveau panneau ou tout autre objet défilant devant la vitre les chasse. Tout cela allègrement oublié et enfoui, y compris alors qu’on m’indiquait ce nom comme destination de ma course en taxi. Seule la vue du panneau, de *ce* panneau, a tout ramené à la surface. Comment marche la mémoire ? La mienne du moins ne marche pas très bien.

Surtout dans les domaines pratiques, et c’est un sacré handicap. Mon code de carte bancaire, par exemple : je me suis aperçu voici une demi-heure que je ne m’en souviens pas. Comme je devais prendre un taxi, que j'avais peu de liquide sur moi, à part des billets de cinq cents euros pour ainsi dire inutilisables – que, je le signale au passage, j'ai pris la précaution de glisser dans mon slip, car cette journée semble être mon jour de déveine –, et que je ne pouvais pas accéder à l'argent du coffre-fort, non pas à cause de la combinaison, parce que cette fois j'aurais pu appeler Cinzia et la lui demander (ma Rose !), mais à cause des scellés, j'ai voulu retirer du liquide à l'agence Unicredit de Tredicesimo. Je croyais me souvenir de mon code, mais je t'en fiche. J'ai dû renoncer après deux essais infructueux, pour éviter que la machine n'avale ma carte. Pourtant, d'habitude, je m'en souviens. Mais d'habitude, j'ai mon téléphone portable, où je le sais à ma disposition, mémorisé dans le répertoire. Sans téléphone, plus personne. Ma mémoire est donc si émotive ? Je me rappelle ce que je peux oublier sans dommage, mais oublie ce que je devrais me rappeler à tout prix. Ça marche donc ainsi ? Pendant ce temps, le taxi grimpe dans les collines. Le soleil se couche derrière les crêtes et baigne d'une splendide lumière dorée une campagne où je ne suis jamais venu, étonnamment belle : oliveraies, vignes, pins, chevaux dans les prés, modestes villas, palmiers, cactus, saules pleureurs. Une fenêtre au fond de la vallée déjà plongée dans l'obscurité. Une série de panneaux annonçant un champ de tir. Une maison de cantonnier barbouillée d'un énorme graffiti à la chaux blanche FLICS C⊕NNARDS. Une meute de chiens errants. Une petite église.

Le taxi ralentit et s'arrête.

« C'est le 157, dit le chauffeur. Il n'y a pas de 157 bis. »

En effet, après le portail fermé d'une maisonnette sise au numéro 157, il n'y a plus rien. Enfin si, la campagne qui s'étend vaste et dorée avec ses multiples beautés, mais plus de constructions. Du moins pas sur la longue ligne droite où nous sommes, car la route descend ensuite sans rien laisser deviner d'autre qu'une grandiose couronne de pins.

« Continuez », dis-je. C'est logique : le 157 bis est forcément le numéro suivant, peu importe sa distance par rapport au 157. Mais je partage la perplexité que je lis dans les yeux du chauffeur, reflétés par le rétroviseur. Le fait est que la perspective devant nous, j'ignore pourquoi, semble exclure cette possibilité. Comme si le monde habité s'arrêtait ici, à cette crête. Le taxi repart, circonspect, et parcourt la ligne droite à vitesse réduite. Toujours rien en effet ni à droite ni à gauche, à part des champs, des bouquets d'arbres, des clôtures lointaines, des fumées blanches. Aucune construction. Nous arrivons au bout, là où la route amorce une descente et aussitôt le panorama se déploie, plus doré que jamais, tandis que le soleil embrase un horizon en dents de scie. Et il est aussi mystérieux que surprenant de voir réapparaître maisons et portails sur les deux côtés de la route. Les premières habitations sont situées sur la droite, aux numéros pairs : une petite villa en briques de plain-pied surmontée, si je ne me trompe pas, d'un cèdre du Liban ; une maison plus grande, une centaine de mètres plus loin, à deux étages, desservie par un chemin privé ; tout près, une autre maison à un étage, nichée dans une oliveraie touffue. Sur la gauche, en revanche, ce sont toujours les pins maritimes, grands et prospères, tous inclinés de la même façon vers la route, jusqu'au moment où nous passons devant une grande marquise flanquée d'une construction délabrée à l'air abandonné. L'auvent porte une inscription en blanc COOPÉRATIVE PRODUCTION LAITIÈRE DE FIUMICINO. Mais le portail est dépourvu de numéro.

« Je ne vois rien, répète le chauffeur en s'arrêtant. À moins que ce ne soit là. »

Non, ce n'est pas là, mais ce Mauro au téléphone a précisé que le 157 bis se trouve tout de suite avant l'ancienne coopérative laitière. Nous sommes donc allés trop loin, et je demande au chauffeur de faire demi-tour. Pure déduction logique, là aussi, parce que nous venons de parcourir cette portion de route sans rien repérer ni lui ni moi. Le chauffeur obéit, de plus en plus perplexe, il rebrousse chemin au pas, et voici qu'au bout de quelques mètres, j'aperçois sur le bord de la route quelque chose qui m'avait échappé à l'aller. Entourée de cactus, une pancarte en bois basse et vétuste annonce 157 BIS LES COQUELICOTS. Tout de suite après, une sorte de sentier – dire route serait exagéré –, envahi d'herbes folles, part à angle droit dans la campagne, comme tracé au cordeau, et au loin on aperçoit un grand bâtiment rouge, non deux, puisqu'il y a aussi une étrange tour trapue et aveugle. Sauf que la distance à laquelle se trouvent ces édifices laisse penser qu'ils ne sont pas desservis par ce sentier, mais par un autre plus loin, parallèle à celui-ci.

« Voilà, dis-je, c'est ici. »

Le chauffeur s'arrête.

« Il faut que je m'engage sur ce chemin ?

— Oui. C'est ce bâtiment, là-bas.

— Je vais y laisser mes suspensions. Vous ne pourriez pas descendre ici ? »

Et voici le dernier problème que j'avais décidé d'ignorer jusqu'ici. Le compteur du taxi marque 34,80 euros, ce qui excède la valeur des trois billets de dix dont je dispose. Rien n'est simple, aujourd'hui.

« Je pourrais, si vous êtes en mesure de me rendre la monnaie. »

Et je sors de mon slip un des billets de cinq cents de l'acompte de Jürgen. Le chauffeur le regarde, atterré.

« Vous plaisantez.

— Vous voyez, dis-je, c'est pour cela que vous devriez avoir l'obligeance de m'accompagner à destination, où je me procurerai de la monnaie pour vous payer la course.

— Mais je vais casser mon arbre de roue, proteste-t-il.

— N'exagérons pas. C'est étroit, l'herbe est haute, mais le sentier n'est pas défoncé à ce point.

— Et qu'en savez-vous ?

— Il y aurait une autre solution, dis-je. Vous me faites un rabais de quatre euros quatre-vingts, je vous donne les trente euros que j'ai dans mon portefeuille et on en reste là. »

Il réfléchit. Je suis bien tombé. Beaucoup de ses collègues se seraient énervés, parce que les chauffeurs de taxi font une véritable fixette sur les grosses coupures. Ils les refusent même quand ils pourraient les accepter, en vertu d'un principe dont je n'ai jamais compris le bien-fondé : « Si je vous fais la monnaie à vous, je ne pourrai pas la faire au client suivant. » Sauf que vous ou le client suivant, vous ne voyez pas ce que ça change. Mais en général, il s'agit de billets de cent euros. Dans le cas présent, il ne peut pas avoir en poche les quatre cent soixante euros et quelque à me rendre et ce serait une raison pour se mettre en rogne. Mais non, il se contente de réfléchir. Quel est le moins pire, risquer d'abîmer sa bagnole ou faire une croix sur les cinq euros ?

« Naturellement, si vous m'emmenez à bon port, je rajouterai quinze euros pour le dérangement. Cinquante tout ronds. »

Voilà qui balaie ses doutes.

« D'accord », répond-il et il s'engage au pas dans le sentier qui mène à la maison. Il n'y a pas de nids-de-poule en effet et on entend l'herbe frotter contre le plancher de la voiture. On roule carrément au milieu d'un pré, parmi les coquelicots qui expliquent le nom de la propriété. Entre la maison en arrière-plan et la rangée d'arbres sur la crête de la colline, on se croirait dans un tableau de Monet.

Nous arrivons sur ce qui pourrait être une aire, où se dresse un grand pin séculaire. La maison en borde un côté, la tour un autre, tandis que le troisième est délimité par d'étranges édifices bas, enfouis dans une épaisse végétation : ils semblent en bois et n'ont rien à voir avec ce qui les entoure. Sur ce côté, cinq ou six voitures sont garées, toutes à plaque étrangère. Je descends et me dirige vers l'entrée pendant que le taxi manœuvre. J'apprends par un écriteau en bois fixé au mur près de la porte que les Coquelicots est un gîte rural fondé en 2008, tandis qu'un tapis d'adhésifs sur la vitre m'informe de l'excellente réputation de son restaurant, signalé depuis 2009 par *l'Espresso*, *Gambero Rosso*, Touring Club, Michelin, *Repubblica*, *Sole 24 Ore*, Accademia Italiana della Cucina, La gola a tavola, Bibenda, Spagoguida, I Ristoranti Italiani, I Ristoranti di Roma, Roma nel Piatto, mais aussi Zagat, Gault&Millau, *Télérama*, TripAdvisor. L'entrée où je pénètre est exiguë, mais des odeurs alléchantes y flottent déjà. Derrière un comptoir désert, le mur est orné de photos de recettes présentées dans des plats en aluminium – rôtis, sautés, omelettes, pâtes –, qui, accrochées côte à côte sur une même ligne, toutes au même format dans le même cadre couleur noyer, ressemblent à une œuvre d'art conceptuel. Les clés des chambres sont suspendues à un clou dans un casier en bois. Une sonnette de table. J'appuie. Une femme sort aussitôt de la pièce arrière, si vite qu'on pourrait penser qu'elle me guettait, tapie dans un coin. Elle est jeune, blonde, souriante, dénuée de beauté avec son visage étroit de renarde posé sur un cou trop large.

« Bonsoir. Vous désirez ? »

Un accent slave. Ce doit être Petitesecondova.

« Bonsoir. Je cherche Mauro. C'est moi qui viens d'appeler.

— Une petite seconde. » Bingo. Et elle repart d'où elle était venue. Toujours trop vite selon moi. Une rapidité pareille, c'est à croire qu'elle a un superpouvoir.

Je retourne aux photos sur le mur. Rosbif, haricots secs à la tomate, soupe, œufs au plat, pâté de viande, pommes de terre en robe de chambre, autant de recettes de grand-mère, à des années-lumière de l'engouement pour la grande cuisine dont on nous bassine à la télé. Ça me plaît bien...

« Bonsoir », lance une belle voix sonore.

Je me retourne et découvre un géant au crâne dégarni, mais aux tempes couvertes d'une chevelure noire abondante qui plus bas s'éclaircit et se transforme en une incroyable barbe grise. Il est gros de façon spectaculaire, avec un embonpoint certes plus marqué à l'estomac et au ventre, mais tout chez lui excède la norme : une sorte d'homme et demi. Il porte une salopette en jean avec un tee-shirt dessous, sans doute les seuls vêtements dans lesquels il rentre.

« Bonsoir, dis-je. Je suis Paladini, je vous ai téléphoné tout à l'heure. Au sujet de, vous savez...

— Oui, vous êtes inondé », acquiesce le goliath.

Il me tend la main, je la lui serre. Elle est grande, dure, mais sa poignée de main est délicate.

« Mauro, enchanté, répond-il avec un sourire. Ça vous dirait de manger un morceau ?

— Volontiers. Mais avant, j'aurais un service à vous demander. Le taxi ne peut pas me rendre la monnaie, parce que je n'ai que ça, dis-je en lui montrant mon billet de cinq cents euros. Je me rends bien compte qu'ainsi de but en blanc, on ne...

— Montrez », m'interrompt-il en fronçant les sourcils. Je lui tends le billet. Il le prend entre ses doigts gros comme des saucisses, sort des lunettes de la poche de sa salopette – minuscules, à monture presque invisible – et l'examine. De près, de loin, à contrejour.

« Vous permettez ? fait-il.

— Je vous en prie. »

Il passe derrière le comptoir, ouvre une porte, disparaît. Où est-il allé ? Faire quoi ? Il ne manquerait plus que le billet soit faux. Ce serait le pompon : roulé dans la farine aussi par Jürgen. C'est vrai que je ne me suis même pas posé la question et il se pourrait tout à fait que ce–

Voici Goliath qui revient.

« Il est faux ?

— Non, non, répond-il en souriant. Il est bon.

— Ouf ! L'ennui, c'est que le chauffeur n'a pas la monnaie...

— *Claro*, dit Goliath. Venez. Je vais vous les avancer. Combien coûte la course ? »

Il me rend le billet et retourne derrière le comptoir.

« Cinquante, dis-je.

— Cinquante euros de Tredicesimo à ici ?

— Oui.

— Mais c'est du vol.

— À vrai dire, c'était trente-cinq, mais je lui ai proposé quinze de plus pour qu'il me dépose devant la maison. Il voulait me laisser à la route, il avait peur de tordre son arbre de roue.

— Excuse bidon, le sentier est carrossable. Ne vous laissez pas pigeonner... »

En disant cela, il sort des billets du tiroir, prend trente-cinq euros, pas un de plus, et me les donne.

« Trente-cinq, c'est déjà trop, croyez-moi », affirme-t-il. Il enlève ses lunettes et les range dans la poche de sa salopette.

Nom d'une pipe, rien n'est simple aujourd'hui.

« Merci », dis-je et, en ressortant sur l'aire, je prends dans mon portefeuille deux billets de dix et j'y range le billet de cinq. J'ai promis cinquante, je donnerai cinquante. Je n'ai pas d'énergie à gaspiller en marchandages avec un chauffeur de taxi. Je lui passe les billets par la vitre, lui dit au revoir, mais quand je me retourne pour revenir vers la maison, Goliath est sur le seuil et il me voit remettre mon portefeuille dans ma poche. Il s'est aperçu que j'ai ajouté les quinze euros, c'est sûr, mais d'un autre côté, qu'est-ce que ça change ? C'est mon argent, j'en fais ce que je – Et là une chose inattendue arrive : soudain, en un instant aussi bref qu'agréable – un battement de cils, pas plus, dirais-je, vu mon incapacité à opposer la moindre réaction –, alors que j'ai quand même le temps de revivre en un éclair toutes les autres fois où la même chose m'est arrivée – à l'époque du lycée, convalescent de ce que par la suite on découvrirait être une violente réaction allergique au Tiola, un médicament contre les verrues, tandis que j'essaie d'écraser un moustique au plafond avec ma pantoufle ; dans les toilettes de notre maison de Roccamare la nuit à deux reprises alors que je me suis levé pour pisser, la première fois quand j'y séjourne avec mon copain Umberto pour réviser le bac, la seconde longtemps après avec Lara qui dort dans la chambre voisine et que le bruit réveille en sursaut ; au bord d'une piscine à Villasimius en Sardaigne, pendant des vacances avec Lara et Claudia, à cause d'une insolation ; en sortant de l'aéroport JFK à New York, alors que l'écran du thermomètre digital affiche 23 degrés Fahrenheit, c'est-à-dire moins 5 degrés Celsius, et que je viens de tirer la première bouffée d'une Marlboro rouge après la longue abstinence transocéanique ; dans la salle municipale à Gorgonzola, quelques semaines après la mort de Lara, devant cent personnes en voyant une femme saigner du nez pendant la conférence donnée par une psychothérapeute au nom de famille composé sur la façon d'aborder la mort avec les enfants ; et Lara elle-même, même si ça ne m'est pas arrivé à moi et que je ne l'ai pas vue tomber, foudroyée par une rupture d'anévrisme au moment où elle porte à table un plat de melon et jambon ; et si ce n'est pas la preuve que ma mémoire ne perd rien, mais a juste du mal à retrouver, je ne sais pas ce que c'est–, je m'évanouis.

16

Le meilleur moyen de découvrir si l'on peut faire confiance à quelqu'un, c'est de lui faire confiance.

Ernest HEMINGWAY

Un sifflement. Non pas un sifflement, plutôt un chuintement. Léger, familier. Le chuintement de l'air dans les narines de mon père, sa respiration laborieuse quand il se concentre sur une tâche difficile.

J'ouvre les yeux.

Un rideau bleu.

La salopette de Goliath, avec Goliath à l'intérieur. Le chuintement, c'est sa respiration.

« Comment va ? », me demande-t-il en souriant.

Pénombre. Je suis allongé sur un lit dans une grande chambre. Du bois. Une paroi vitrée qui donne sur la campagne encore baignée par l'interminable lumière de l'été.

« Bien, dis-je parce que c'est vrai, je me sens bien.

— Je peux ? »

Goliath a remis ses petites lunettes. Sa masse me recouvre littéralement, mais il sourit. Il se propose de prendre ma tension.

« Je vous en prie. »

Goliath remonte la manche de ma chemise, serre la bande autour de mon bras et se met à pomper. Puis il arrête et se concentre sur l'instrument. Il pompe à nouveau, peut-être trop, l'étau sur mon bras devient insupportable, puis il arrête à nouveau, l'étau se desserre, le chuintement de sa respiration semble augmenter...

« 7-12, déclare-t-il. Le minimum est un peu bas, mais je m'attendais à pire. Voulez-vous de l'eau ?

— Non merci.

— Vous vous êtes évanoui, vous le savez ?

— Oui, je sais. Mais où suis-je ? »

Il écarte mes paupières, examine l'œil. J'enchaîne :

« Enfin je me souviens où je suis, je me souviens de tout, mais ici, on est où ?

— C'est une de nos chambres. » Il sourit. « Ne vous inquiétez pas, je ne vous la facturerai pas. »

Il sourit toujours en rangeant le tensiomètre dans son étui. Il semble impossible qu'un homme aussi corpulent manipule des objets aussi délicats sans les casser. Son crâne nu est trempé de sueur. Les cheveux noirs aux tempes, la barbe grise, la moustache jaunie par la fumée, comme mon père...

« Qui m'a transporté ici ?

— Le chauffeur du taxi et moi, répond-il. À propos, il m'a dit de vous remettre ceci. » Il me tend un billet de vingt euros.

« Pourquoi ? »

Il me le fourre dans la main.

« Il a changé d'avis sur le prix de la course. Qu'en pensez-vous ? Vous pouvez vous lever ? »

Je m'assieds, pousse un grand soupir. Tout va bien. Je mets les vingt euros dans ma poche : mon poignet est plus douloureux qu'avant.

« Tout doux, dit Goliath. La tête vous tourne ?

— Non. »

Je m'apprête à me lever, mais sa main m'en empêche.

« Attendez. Restez assis encore un petit moment. »

Sa force est colossale. D'une seule main, il me réduit à la condition de paralytique.

« Écoutez, dit-il. Il ne faut pas sous-estimer ce genre de malaise. Si vous voulez, je peux appeler un médecin, mais je ne vous garantis pas qu'il viendra tout de suite. Ou bien je peux vous accompagner aux urgences. Pour être franc, je préférerais éviter d'appeler une ambulance.

— Aucun besoin d'ambulance, je me sens tout à fait bien.

— Vous n'avez pas de nausée par exemple ?

— Non, au contraire. » Je m'aperçois soudain que je meurs de faim. « Nous en étions restés à une proposition de repas, si je ne m'abuse. Je crois que j'en ai besoin.

— Vraiment ? Vous avez faim ?

— Très faim, même.

— Parfait. La faim est toujours bon signe. Je vais demander un en-cas. Ça vous va de manger ici ?

— Oui, merci. »

Un rabbin. Voilà ce qu'on dirait. Un patriarche juif en tenue de garagiste. Il décroche le téléphone de la chambre, compose un numéro, attend.

« Chérie, c'est moi. Tu veux bien apporter un plateau ici, à la 107 ? » Il écoute un moment, puis se tourne vers moi. « Des envies particulières ou vous nous laissez faire ?

— Je vous laisse faire.

— C'est toi qui vois, dit-il dans le combiné. Oui, bien sûr. Et peut-être une tranche de roulé aussi. »

Il raccroche. Résumons : on dirait mon père, on dirait un rabbin. Qui est-ce donc ?

« Cinq minutes et ce sera servi, dit-il. On tente la station debout ?

— D'accord. »

Je me lève. Il reste à côté de moi, prêt à me rattraper, mais ce n'est pas nécessaire, parce que je tiens sur mes jambes, sans tanguer.

« Ça va ? »

Je fais deux pas. Tout fonctionne.

« Comme si de rien n'était.

— Parfait... »

Debout, je m'aperçois que le plafond est très bas. Murs en bois. Meubles rustiques, traditionnels, sans prétention de design. Un coin-cuisine. Une lampe halogène sur pied, réglée au minimum. La grande baie vitrée aux huisseries en bois. Beaucoup de place. C'est une belle chambre. Nous sommes sans doute dans un des édifices que j'ai aperçus en arrivant sur l'aire, en face de la maison rouge, à côté de la tour – ceux qui semblaient à part.

« Mais je vous prierais, dit Goliath, de bien vouloir éteindre votre portable et, si possible, d'enlever la batterie. »

Il sourit, et de nouveau sur sa physionomie s'impriment mon père, le rabbin et tous les autres

– parce que cet homme semble contenir une foule entière, ce qui explique sans doute sa corpulence et aussi cette sensation de familiarité –, et ils sourient avec lui.

« Je n'ai pas de portable.

— Ah oui, c'est vrai, vous me l'aviez dit. Et pourquoi donc, si je ne suis pas indiscret ?

— Je l'ai perdu ce matin.

— Ça tombe à pic. » Il me fait un clin d'œil. « Il n'y a pas pire ennemi que ces bidules. »

Il ouvre un buffet qui contient de la vaisselle et des verres, marque un temps d'hésitation, comme s'il avait un passage à vide. Il regarde par la baie vitrée.

« Ça vous dit de manger dans le jardin ?

— Tout à fait. »

Il prend dans le buffet des assiettes, des sets, des verres, un panier en osier et s'approche de la baie.

« Vous voulez bien ouvrir ? Il suffit de la faire coulisser. »

Je pousse la porte et aussitôt la chaleur nous submerge ainsi qu'une intense odeur de campagne. Comme il a les bras encombrés, il allume les lumières extérieures avec le coude et sort. Je le suis.

« Refermez, dit-il. Sinon les moustiques entrent. »

C'est le crépuscule. Un nuage d'insectes et de papillons palpite autour des lampes de jardin qui viennent de s'éclairer, pendant que nous pénétrons dans ce que je découvre être un endroit de rêve. Un grand parasol blanc au mât en bois protège une table et quatre chaises en teck. Plus loin, hors de l'ombre du parasol, deux lits de plage tendent leurs matelas blancs. L'herbe haute est constellée de coquelicots, il y a de vieux oliviers au tronc tors, des haies de jasmin sur les côtés et, devant nous, un panorama surprenant, car le jardin ouvert sur la campagne – pas de haies, de grillage ou de clôture – se confond avec l'horizon. Comme nous sommes en hauteur, la vue englobe des lignes de crête plus basses et s'étend jusqu'à des grappes de lumières au loin qui dessinent la côte, à mon grand étonnement parce que j'aurais juré qu'on était orienté dans la direction opposée. Alors que voit-on ? Fiumicino ? Fregene ? *Passoscuro ?* L'horizon ultime, tout au fond, la ligne de la mer, est séparé du ciel déjà sombre par une bande pourpre stupéfiante.

« Pourriez-vous m'aider, s'il vous plaît ? », demande Goliath, qui manque de liberté de mouvement avec son bazar serré contre sa vaste poitrine proéminente. Dans l'effort, sa respiration devient courte. Je le décharge des sets, des assiettes et des verres en lui laissant le reste et on met le couvert ensemble, en silence, avec méthode, comme si on se livrait à cette opération tous les jours.

« Donc, vous êtes l'ami de Raffaele Pica, dit Goliath. Son associé même. C'est ça ?

— Oui. Comment le savez-vous ?

— Il me l'a dit quand il a imaginé ce code d'eau blanche et d'eau noire. »

Un chant de grillon. Ça faisait longtemps que je n'en avais pas entendu.

« Que vous a-t-il dit au juste ? »

J'ai fini ma tâche, tandis qu'il continue à installer la table, sortant des objets d'un panier en osier qui pend à son bras : huilier, salière, moulin à poivre qu'il pose sur la table avec une certaine grâce.

« Que s'il se trouvait dans la nécessité de, disons, s'absenter quelque temps, il s'arrangerait pour vous envoyer me voir et que ce serait notre mot de passe. Au fait : comment vous a-t-il donné mon numéro ? Pas par texto ni mail, j'espère...

— Non. Il a utilisé le dossier brouillons d'un compte Gmail.

— Parfait, c'est le bon système. C'est celui qu'utilisait al-Qaida, figurez-vous. Impossible de rien intercepter. Pour y accéder, il faut torturer les gens. »

Il allume deux grosses bougies orange sorties elles aussi du panier et les dispose à quelques mètres de la table, dans l'herbe, tout en continuant à parler.

« Ce que les Américains naturellement ne se sont pas privés de faire à Guantánamo et, à partir de là, ils ont bénéficié d'un avantage énorme parce qu'ils suivaient en temps réel les intentions des terroristes. Puis ce gros malin de Petraeus a tout flanqué en l'air.

— Qui ?

— Le général Petraeus, le héros de guerre, directeur de la CIA. Vous ne vous souvenez pas ? Celui du scandale de l'an dernier ?

— Celui qui trompait sa femme ?

— Voilà.

— Et comment a-t-il tout flanqué en l'air ?

— Il a eu l'idée de génie d'utiliser le même système pour sa correspondance cochonne avec sa maîtresse, puisque maîtresse il y avait, laquelle a mis les pieds dans le plat, en menaçant par mail une autre femme qu'elle croyait sa rivale et qui a porté plainte pour harcèlement. À la suite de quoi le FBI a mis sous surveillance ses adresses IP, celles de la maîtresse je veux dire, qui un beau jour s'est trompée et a envoyé le message qui aurait dû rester dans les brouillons. Le FBI l'a intercepté et a découvert leur relation. Petraeus a dû démissionner, mais le pire c'est que l'Associated Press a appris le stratagème des brouillons et vendu la mèche au monde entier. C'en était fini de l'avantage sur al-Qaida. »

Il se donne une gifle sur l'avant-bras gauche, costaud et velu comme une patte d'ours.

« Mais moi, je dis que ça reste un bon système. Personne n'ira s'amuser à nous torturer. »

Un ding-dong de sonnette retentit dans la chambre, à peine audible. Goliath me laisse dans le jardin et rentre. Par la baie vitrée, je le vois ouvrir la porte dans la pénombre, prendre un plateau des mains de Petitesecondova, lui donner un baiser sur le front avant de la laisser repartir. Elle n'est peut-être pas belle, mais elle a facile trente ans de moins que lui. Le voici de retour dans le jardin avec le plateau. Il le pose sur la table. Il y a trois plats couverts et un sans couvercle avec des tomates. Une bouteille d'eau et une de vin. À la pensée que ce plateau est pour moi, l'eau me monte à la bouche comme quand j'étais petit. Goliath soulève les trois couvercles.

« Alors voyons un peu, dit-il. Roulé de pintade, caponata d'aubergines, omelette aux fleurs de courgette et des – Mais vous auriez peut-être voulu des pâtes ? Parce qu'on n'en a pas apporté.

— Non, non, ça ira très bien.

— Comme vous voudrez. Mais il faut commencer par ceci, dit-il en montrant les tomates. C'est une de nos spécialités. »

Je m'assieds et me sers en tomates. C'est une variété pour salade tout ce qu'il y a de plus normale. Elles sont coupées en deux et semblent assaisonnées, pour étrange que ce soit, avec de la sauce tomate.

« Tomates à la tomate, annonce Goliath. Goûtez. »

Je m'exécute et c'est un délice, le bonheur absolu. Un régal qui monte direct au cerveau, au premier contact avec la première bouchée, une véritable charge héroïque. Ce n'est que dans un second temps qu'on comprend le pourquoi du comment d'un plaisir si soudain : tomates et sauce sont tièdes, toutes les deux à la même température qui évoque un organisme vivant. La face tranchée a été creusée de quelques millimètres pour y loger la garniture dont on oublie ainsi qu'elle a été préparée à part puis ajoutée, et qu'on déguste plutôt comme la quintessence de la tomate, son cœur fondant. Et le dosage des saveurs : le doux et l'acide qui se conjuguent à merveille, une herbe aromatique mystérieuse, perceptible mais en même temps aussi évanescente qu'une idée, le mariage des deux consistances – la tomate ferme, mais pas trop, la sauce épaisse, onctueuse...

« Fabuleux... »

Debout, planté dans le sol tel un chêne, Goliath sourit.

« Fameux, n'est-ce pas ? dit-il ravi. Et vous savez le secret ? Les tomates doivent venir droit du jardin, elles doivent être encore chaudes de soleil. Si elles ont été ramassées depuis plus d'une demi-heure, ça ne marche plus. »

Je fais un sort à cette petite merveille et passe à l'omelette que – rebelote, à cause de la fringale, j'imagine – je trouve exquise, juste parfaite. Comme si je n'avais jamais mangé d'omelettes jusqu'à ce jour.

« Il y a du vin, dit Goliath. Un – il met ses lunettes et déchiffre la bouteille – Cesanese di Affile. Un excellent rouge de la Ciociaria, vous connaissez ?

— Non. Mais je n'ai pas envie de vin. Merci. »

C'est faux, j'en boirais plutôt deux fois qu'une, mais je ne veux pas m'embrouiller les idées davantage.

« Vous avez raison. Il vaut mieux pas. De l'eau plate, ça va ?

— Oui, merci. »

Il remplit mon verre d'eau, comme s'il était mon majordome, et je bois goulûment. J'avais très soif aussi, même si la faim, beaucoup plus impérieuse comme chacun sait, occupait toute la place. Puis pendant un certain temps, aucun de nous ne parle, je ne m'occupe que de manger : le roulé, la caponata, le pain tiède, tout est d'une qualité étonnante. Les feux de position d'un avion coupent la bande la plus basse du ciel devant nous, encore teintée de violet au loin. Il descend, atterrit. Donc c'est bien Fiumicino en face de nous, et derrière cet avion, il doit y en avoir d'autres, plus haut et plus au nord, cette ronde d'avions qui atterrissent en continu et que, gamin, je regardais fasciné parce qu'ils me prouvaient que Rome est une ville immense et très importante. En effet, les voilà, j'en vois deux autres, avec leurs lumières clignotantes...

« Ça va mieux ? me demande Goliath.

— Sans l'ombre d'un doute. Ce dîner était succulent. » J'avale la dernière bouchée. « La nuée d'autocollants sur votre porte est bien méritée.

— Merci, c'est très aimable à vous. Nous mettons de la passion dans notre travail. Vous êtes sûr de ne pas vouloir goûter le vin ? Il est bon, vous savez. »

Bref, c'est clair, si je n'entre pas dans le vif du sujet, il va continuer à jouer les amphitryons et me traiter comme un client venu dîner dans son auberge.

« Écoutez, dis-je, je ne sais comment vous remercier pour votre aide, mais j'imagine que vous êtes très occupé et je ne voudrais pas vous faire perdre davantage de temps. Puis-je vous demander ce que Lello a dit d'autre ? »

Il s'assied à côté de moi, et ce simple geste – enfin, simple jusqu'à un certain point pour une masse telle que la sienne – souligne encore plus le fait que, jusqu'à maintenant, pendant que sa cuisine me ressuscitait, il est resté debout.

« À propos de quoi ?

— À propos de moi. Lello dit que vous avez quelque chose à me communiquer.

— Moi ? À vous ? Mais encore ?

— Je ne comprends rien à ce qui se passe, voilà. Où est Lello ? Il s'est enfui ?

— Si vous êtes ici, je dirais que oui.

— Et où est-il ? »

Il sourit toujours, mais son sourire se modifie. Il s'y glisse quelque chose de figé, de faux.

« Ça, je ne peux pas vous le dire.

— Et pourquoi ?

— Parce que ça ne se dit pas.

— Comment, ça ne se dit pas ? Lello m'a envoyé ici, en affirmant que vous m'expliqueriez tout.

— Mais tout quoi ?

— Tout ce que je dois savoir. Qu'a-t-il fabriqué ? Pourquoi ne répond-il pas au téléphone ? *Pourquoi suis-je ici ?* »

Le sourire s'efface et sur son visage s'affiche un air dur et tendu que je ne lui avais encore pas vu.

« Excusez-moi, mais si on part comme ça, on ne va pas y arriver, dit-il. Vous ne savez pas pourquoi vous êtes ici ?

— Non. C'est Lello qui m'envoie, mais j'ignore pourquoi.

— Vous n'êtes pas impliqué dans les affaires qui ont obligé votre associé à la cavale ?

— Pas du tout. Quelles affaires ?

— Vous n'êtes pas venu parce que vous devez prendre le large, vous aussi ?

— Moi ? Vous plaisantez ? »

Là, le visage de Goliath se fige, glacial soudain, et affiche une sévérité presque menaçante.

« Je regrette, mais il doit y avoir un malentendu, dit-il.

— Comment ça un malentendu ? Quel malentendu ? »

Il se lève. Tout à coup, c'est une autre personne : péremptoire, soupçonneux, et même, si cela ne paraissait pas ridicule, *effrayé*.

« Écoutez, dit-il d'une voix sifflante, tout ceci ne me plaît pas. Mais pas du tout. Il faut que je vous prie de bien vouloir partir tout de suite.

— Pardon ? Et pourquoi ?

— Parce qu'il y a malentendu. Partez, n'insistez pas. »

Son front est creusé de rides, ses petits yeux noirs sont plantés dans les miens.

« Mais pourquoi ?

— Parce que vous êtes dangereux. S'il vous plaît.

— Dangereux, moi ? Mais qu'est-ce que vous allez imaginer ?

— Partez, je vous en prie. Je ne peux pas vous aider, je suis désolé. Je vous appelle un taxi. »

Et voici une autre preuve – après beaucoup d'autres aujourd'hui – que tout peut basculer d'une seconde à l'autre dans ce monde absurde. Voici encore un instant, cet homme était debout à côté de moi et me servait d'une façon si cordiale que j'avais fini par croire que je le méritais, comme s'il savait que je suis un type bien, un innocent compromis dans une sombre histoire qui ne regarde que mon associé, et que son rôle consistait à me redonner un minimum de paix en éclairant ma lanterne et en me rassurant sur le fait que, somme toute, malgré mes récents déboires, et peut-être quelques autres encore dans les jours à venir, n'ayant rien fait de mal, je n'ai rien à craindre. À présent, il est dans la même position, mais planté comme un roc, attendant que je me lève pour me jeter dehors. Si j'avais inventé le monde, pas de doute, les choses auraient été plus stables. Et tenez, puisque je ne suis plus disposé à me laisser ballotter dans tous les sens, je l'invente ici et maintenant en le dotant de la stabilité. Basta, j'en ai ma claque : je ne suis pas un wagonnet de montagnes russes. Si cet homme entend me mettre à la porte, la force ne lui en manque certes pas, mais il faudra qu'il lutte au moins, qu'il y mette du sien, parce que je ne me soumettrai pas. Les avions atterrissent toujours, les uns après les autres, je les regarde parce qu'ils sont beaux et qu'ils me rappellent mon enfance. Et c'est aussi pour cette raison que je n'ai aucune intention de bouger. Je ne décollerai pas de ma chaise, advienne que pourra. Amen.

« Un instant, dis-je. Rasseyez-vous, s'il vous plaît. J'ai eu une journée comme vous ne pouvez même pas l'imaginer, je suis éreinté, ayez l'amabilité de ne pas m'obliger à me lever... »

Goliath se rassied. Toujours raide, sévère, et tout ce qui s'ensuit – à des années-lumière de la cordialité fraternelle dont il m'a gratifié jusqu'ici –, mais il m'obéit, alors même que je refuse d'exécuter l'ordre qu'il m'a donné. C'est bon signe. S'il avait décidé de placer les choses sur le plan physique, ce serait une autre chanson et à l'heure qu'il est, j'effectuerais sans doute un vol plané à un mètre du sol en direction de la baie vitrée.

« Je vais vous dire ce que je ferai si vous me chassez d'ici, dis-je toujours en contemplant les avions. J'irai droit chez les carabiniers, voilà ce que je ferai, et je leur raconterai tout ce qui m'est arrivé ces dernières heures, y compris ma visite ici et de quelle façon Lello m'y a envoyé. J'ignore qui vous êtes et je n'ai pas la moindre idée de ce dont vous êtes capable, mais écoutez-moi bien : vous ne me faites pas peur, parce qu'il se trouve que vous me rappelez mon père et que j'ai appris jeune à ne pas craindre les hommes de votre gabarit. Et maintenant, veuillez suivre mon raisonnement. Pour m'empêcher de mettre mon plan à exécution, vous avez deux possibilités. La première : vous me faites confiance, vous me gardez ici et vous me racontez ce que vous savez de cette histoire, pourquoi Lello a fui, pourquoi je devrais fuir moi aussi, etc. et surtout vous m'aidez, pour l'amour du Ciel, vous *m'aidez* à redevenir maître de mon existence, dans la mesure de vos possibilités bien entendu, vu que je suis en difficulté et que pour l'heure personne d'autre ne le peut. La seconde : vous me tuez, ici, séance tenante. Dans ce cas toutefois, je vous invite à prendre en considération le fait que demain quelqu'un signalera ma disparition, qu'on effectuera des recherches, et que Cinzia, ma secrétaire, qui sans doute donnera l'alarme, sait que je n'ai plus mon permis de conduire, parce qu'on me l'a retiré aujourd'hui pour excès de vitesse et autres infractions diverses dont je vous épargne la liste, et ce détail, ajouté à ma voiture garée devant nos bureaux, orientera les recherches vers une probable course en taxi ; or il se trouve que circule dans Rome un chauffeur de taxi qui m'a déposé ici voici moins d'une heure et qui se souviendra très bien de moi puisque je me suis livré sous son nez à un évanouissement mémorable. Mais à vous de choisir, et prenez tout votre temps, moi je ne bouge pas d'ici. »

Silence. Ma tirade a comme nettoyé l'air, qui maintenant semble encore plus limpide, plus magique. Les grillons. Les avions qui descendent. Les lumières au loin. C'est une nuit claire et émouvante comme celles de mon enfance à la campagne, à Sacrofano, Carlo et moi qui chassions les lucioles – voilà ce qui manque – tandis que nos parents bavardaient dehors avec leurs amis, les Bonardi, et que l'air était si doux qu'il nous privait de forces. C'est pourquoi, même si je me suis trompé en me fiant à cet homme, même s'il me bute – Et puis au diable : c'est toujours mieux ici et maintenant, le ventre plein, pendant que je m'absorbe dans cette beauté si simple et archaïque, que dans tout autre lieu ou circonstance.

« Vous me trouvez si vieux ? », dit Goliath.

Je me retourne et le regarde. Il ne sourit pas, mais il n'est plus tendu. Je remarque ses sourcils très fournis, noirs comme du charbon, vaguement démoniaques.

« Pardon ?

— Vous avez dit que je ressemble à votre père...

— J'ai dit que vous *me rappelez* mon père.

— Et pourquoi ?

— Parce qu'il était grand et costaud comme vous, avec une barbe grise comme vous, avec le nez qui siffle... »

Il était moins gros, c'est vrai, il n'était même pas gros du tout, il était costaud et imposant, c'est tout.

« Il est mort ?

— Oui. Il y a cinq ans.

— Je suis désolé. Quelle était sa profession ?

— Avocat.

— Et vous avez encore votre mère ? »

Quelle idée de me poser ces questions ! Que cherche-t-il ? Et si maintenant je disais, oui, elle est vivante ? Qu'est-ce que ça changerait pour lui ? Et surtout, ma mère serait-elle un peu moins morte si je disais qu'elle est vivante ? Il me demanderait peut-être quel âge elle a, alors je répondrais quatre-vingt-un, il me demanderait où elle habite, et je dirais Rome, dans la vieille maison du viale Giotto, avec une garde à domicile, et je lui dirais que je lui rends visite presque tous les jours, que je dîne chez elle un soir par semaine et que le dimanche je l'emmène avec ma fille dans de chouettes petits restaus comme celui-ci, parce qu'elle est en forme pour son âge, qu'elle apprécie la bonne cuisine et les excursions dans les environs de Rome, comme celles qu'elle faisait avec mon père du temps de leur jeunesse, et qu'elle m'a été d'un grand secours à la mort de Laura quand il a fallu donner à Claudia chaleur et attention, la protéger, lui faire sentir qu'elle était aimée... Serait-elle un peu moins morte si je disais tout cela ? C'est d'ailleurs ce qui aurait dû se passer si les toubibs lui avaient diagnostiqué à temps le cancer qu'ils prenaient pour une diverticulite. Cela permettrait-il de la ramener ne serait-ce qu'un instant du gouffre sombre où elle a été engloutie, de la sentir à nouveau chaude et proche dans la beauté somme toute inutile qui m'entoure en ce moment et dont elle apprécierait tant l'éclat, le pouvoir anesthésique, la toute-puissance ?

« Non, dis-je. Je n'ai plus ma mère. Plus mon père. Plus ma femme, morte elle aussi, il y a huit ans, d'une rupture d'anévrisme. Plus mon chien, j'ai dû le faire abattre il y a six mois. Plus mon frère ou c'est tout comme, parce que, lui, pour le coup, il est en cavale. Plus ma fille, parce que je suis père d'une fille de dix-huit ans qui a fugué ce matin, elle est allée chez sa tante, on ignore pourquoi, et donc pour le moment c'est comme si je ne l'avais plus, elle non plus. En temps normal, j'ai une *compagne* comme on dit, mais elle a été obligée de partir elle aussi, parce que son ancien mari la persécute, donc je ne l'ai plus. Plus mon associé. Plus de permis de conduire. Plus de téléphone portable. Plus d'ordinateur au bureau. Je n'ai plus rien dans ma vie. »

Voilà, Goliath. À présent tu sais ce qu'il en est. Tu peux me buter pendant que je contemple les lumières de la côte, en tout cas je t'ai fait confiance.

Le silence.

Les grillons.

Les avions.

Goliath est assis les mains sur les cuisses, la tête inclinée, comme s'il réfléchissait.

« Excusez-moi, dit-il, je m'aperçois que je vous pose des questions très intimes. Est-ce que cela vous ennuie ?

— Pas du tout. Au contraire, vu l'alternative que je vous ai proposée, c'est plutôt rassurant. Les assassins ont tendance à ne pas s'intéresser à la vie privée de leurs victimes. »

Le sourire revient sur son visage.

« Je peux continuer ?

— Je vous en prie.

— Puis-je vous demander pourquoi votre frère est en cavale ?

— Banqueroute frauduleuse. Vous avez dû entendre parler de lui : mon frère est Carlo Paladini. Vous voyez ? Celui de la Barrie.

— Ah, vraiment ?

— Oui.

— Que s'est-il passé ?

— Il s'est passé qu'il roulait sur l'or : des boutiques dans le monde entier, un chiffre d'affaires démentiel, de la trésorerie, du crédit auprès des banques, des femmes... Puis d'un seul coup, tout s'est effondré. Je n'ai pas très bien compris, moi non plus, il paraît que c'est parce qu'il n'a jamais voulu entrer en Bourse, qu'il a acheté trop de magasins au moment de la grande bulle de l'immobilier, quand les prix étaient au plus haut. Quand la bulle a éclaté, avec la crise des subprime, Lehman Brothers, l'Islande en déconfiture, tout ce bazar de 2008, les banques lui ont réclamé le remboursement de ses dettes, toutes à la fois. Il a tenté de négocier un plan, mais elles n'ont rien lâché, parce que n'étant pas coté en Bourse, il n'avait pas d'actionnaires à "tondre", comme on dit. Alors – mais ne me demandez pas comment il a procédé, je n'en ai pas la moindre idée – il a réglé tous ses fournisseurs, payé tous ses employés jusqu'au dernier centime, mis la clé sous la porte et disparu dans la nature sans rendre un seul euro aux banques. Voilà tout ce que je sais, qui toutefois coïncide avec ce qui se raconte, puisque, c'est bien connu, Carlo est devenu une espèce d'idole des opposants à la haute finance, Occupy Wall Street, No Global et compagnie, pour la façon dont il a floué le système bancaire. Parce qu'il n'y a rien à faire, Carlo est prédestiné : même sa faillite est une réussite. Maintenant, il est au fin fond de l'Uruguay et les rares fois où l'on se parle, par Skype, il me dit qu'il va bien, que je ne dois pas m'inquiéter, et c'est tout. Dans ces conditions, ai-je encore un frère à votre avis ? »

C'est bizarre, je m'aperçois que je n'ai jamais raconté de façon aussi claire à personne ces détails sur Carlo – où il s'est réfugié, je veux dire, pas comment il a fait faillite. Pas même à Claudia. Pas même à D. ou à Marta. Et ça m'a fait du bien, pas de doute, je me sens ragaillardi. Sans compter que Goliath semble tranquillisé par l'idée que mon frère au moins soit en délicatesse avec la justice.

« Il y a une autre chose que je voudrais vous demander, dit-il. Où avez-vous pris ce billet de cinq cents euros que vous m'avez montré ?

— C'est un client qui me l'a donné ce matin. Pourquoi ?

— Vous en avez d'autres ?

— Ouille. Les assassins ont tendance à dépouiller leurs victimes.

— En effet, mais ils n'ont pas besoin de demander. Ils tuent d'abord, puis ils fouillent le cadavre sans se presser. C'est plus pratique. Savez-vous que cette coupure est marquée ?

— Marquée ? Qu'est-ce que cela signifie ?

— Cela signifie que la gendarmerie ou la police a fait une marque sur le billet, dans votre cas au stylo à encre fluo, de façon à pouvoir l'identifier.

— Un stylo à encre fluo ?

— Un feutre, pour être exact, comme celui-ci. »

Il sort un feutre de la poche de sa salopette où il range ses lunettes et me le tend. Un feutre en apparence comme les autres – violet, en plastique, avec un capuchon, un peu disproportionné peut-être en taille et en poids, mais somme toute un objet normal. Il me le reprend, enlève le capuchon, qu'il emboîte à l'autre bout du feutre. Puis il me montre la pointe, jaune, assez grosse, comme j'aime, pour écrire large.

« Le système est très simple, explique-t-il. On porte un signe sur les billets de banque dont on veut suivre la trace. Les marques sont invisibles à la lumière normale, mais ressortent aux ultraviolets. »

Il tourne le capuchon. Clic. La pointe du capuchon envoie une lumière intense, très concentrée, qui perce loin l'obscurité de la nuit, comme ces lasers dans les stades pour gêner le gardien de but. Sauf qu'ils sont verts, tandis que celui-ci est violet.

« Alors vous en avez d'autres ?

— Oui, neuf. Je sais que les espèces sont interdites pour des transactions supérieures à mille euros, mais –

— Vous les avez ici ? Sur vous ?

— Oui.

— Vous vous promenez avec cinq mille euros en poche ?

— Je les aurais mis au coffre ce matin, si je m'étais souvenu de la combinaison. Mais je perds la mémoire.

— Montrez-les-moi. »

Je sors les billets de mon slip et les lui donne. De toute façon, j'ai décidé que je lui faisais confiance. Goliath chausse ses petites lunettes et examine les billets un à un, des deux côtés, en pointant sur eux le faisceau ultraviolet. Sa respiration vire au chalumeau oxhydrique.

« Regardez ici », me fait-il.

Je me lève et m'approche, pour observer par-dessus son épaule. La lumière ultraviolette danse sur la partie blanche à gauche du billet et révèle l'inscription fluorescente E0026.

« Vous voyez ?

— Oui. »

Je prends le billet et l'examine avec soin à la lumière normale : rien. À contrejour : rien. Sous le rayon ultraviolet : E0026. Je soupire :

« Parfait. Il ne manquait plus que des coupures marquées. »

Goliath répète l'opération pour les autres billets et, plus ou moins au même endroit, détecte E0015, puis E0009, puis E0020, puis E0025 et ainsi de suite...

« Ils sont tous marqués », annonce-t-il. Il éteint le faisceau ultraviolet – clic –, recoiffe la pointe du feutre avec le capuchon, range le stylo dans la poche de sa salopette et me rend les billets.

« Qu'est-ce que cela signifie ?

— Que le client qui vous les a donnés n'est pas net. Qui est-ce ? »

Je retourne m'asseoir sur ma chaise.

« Vous n'allez pas le croire, mais c'est un officier des gardes suisses.

— Pourquoi je ne le croirais pas ? » Il ôte ses lunettes. « Le Vatican est un nid de serpents. Pourquoi à votre avis le pape François habite-t-il toujours, et surtout mange-t-il, à la Casa di Santa Marta ?

— Pour mener une vie humble et frugale ?

— Oh bien sûr... Mais avant tout pour la conserver, cette vie. Difficile de continuer à cultiver la frugalité, quand on vous sert des *fettuccine* à la strychnine, rétorque-t-il avec un rire narquois

— D'accord, dis-je, mais que peut bien avoir fait ce garde suisse ? Pourquoi ces coupures sont-elles marquées ?

— Ça, je l'ignore. D'habitude les coupures marquées indiquent que la gendarmerie, la police ou les douanes ont décelé un trafic. D'armes, par exemple. De drogue. D'organes. Ou de singes.

— De singes ?

— Vous seriez surpris du nombre de singes qui débarquent toutes les semaines en pleine illégalité à Fiumicino.

— Et à quoi peuvent servir des singes illégaux ?

— Oh, les usages ne manquent pas. Vivisection, cosmétiques, expériences scientifiques...

— J'exclurais les singes, dis-je. Ainsi que la drogue et les organes. Les armes peut-être...

— Ou bien de l'extorsion. Imaginez que votre garde suisse ait fait chanter, au hasard, un cardinal, et que ce cardinal se soit adressé à la police. La police marque les billets, le cardinal paie, la police arrête le garde suisse, elle tombe sur les coupures marquées et le tour est joué.

— Sauf qu'à présent cet argent se trouve entre mes mains.

— Ces cinq mille. Mais la somme est peut-être beaucoup plus conséquente, qu'en savons-nous ?

— Il en avait encore au moins autant sur lui.

— Vous voyez ? Il suffit qu'on le chope avec une seule coupure, et il est cuit. En admettant que ce soit lui l'auteur de l'extorsion.

— De toute façon, il faut que je me débarrasse de cet argent, sinon c'est moi qu'on va choper avec.

— "Se débarrasser" me semble excessif. Ça reste de l'argent : il suffit d'en obtenir la monnaie.

— Ben voyons, et comment ? Je me vois mal aller dans une banque changer dix billets marqués.

— Dans une banque non, mais dans un casino, par exemple, ce serait assez simple.

— Ça grouille de casinos dans le coin. »

Goliath entame les manœuvres compliquées pour se lever, en respirant fort.

« Puisque j'ai décidé de vous aider, dit-il une fois debout, voici ce que je vous propose : si c'est compliqué pour vous d'aller à San Remo, je vous les change.

— Ce n'est pas tout à fait sur ma route. »

Il sourit. J'ai regagné sa bienveillance pour de bon.

« Il y aura un petit quelque chose à payer, normal.

— Combien ?

— D'ordinaire, je prends vingt pour cent, mais puisque j'ai décidé de vous aider, ce sera dix pour cent.

— Cinq cents euros pour en changer cinq mille ?

— Tout juste. »

Bon Dieu de Dieu. D'un autre côté, si telle est la situation, je n'ai pas le choix. D'accord il me soulage de cinq cents balles, mais aussi d'une sacrée emmerde.

« Et quand pourriez-vous me les changer ?

— Maintenant.

— Maintenant tout de suite ?

— Le temps d'aller au coffre prendre des espèces.

— Alors marché conclu. »

Je me lève moi aussi et un instant – mon mouvement a peut-être été trop brusque – j'ai la tête qui tourne et j'ai peur de m'évanouir à nouveau. Mais ça passe tout de suite, Goliath ne remarque rien.

« Je vais les chercher, dit-il. En coupures de cent et de cinquante, ça ira ?

— C'est parfait.

— Je reviens tout de suite. »

Et il s'éloigne de son pas large d'obèse, qui n'en est pas moins majestueux et puissant, surtout de dos, laissant les reliefs du dîner sur la table – à juste titre, il n'est pas serveur et, tout bien considéré, pas restaurateur non plus. Qui est-il ? Entre quelles mains me suis-je mis ? Avais-je un choix plus prudent, plus sage ? Je l'ignore, je n'ai pas la force de réfléchir, je suis vidé. Je fais quelques pas, au moins mes jambes ne flageolent plus. Je me dirige vers le lit de plage, où je m'allonge. Le spectacle de la nuit continue, et c'est fou cette impression que tout est bien, tout est parfait. Je dois me faire violence pour me souvenir que non, c'est pas ça l'histoire, je suis dans la mouise jusqu'au cou. Je n'en sais pas plus qu'à mon arrivée et j'attends que Goliath blanchisse pour moi de l'argent sale. Si j'étais parti quand il m'en a sommé, serais-je en meilleure posture ? Et si j'avais prétendu que ma mère est en vie ? Stop, on arrête tout. Les dimanches soir à Sacrofano étaient féeriques, je vous prie de me croire. Combien d'années ont passé ? Quarante ? Quarante-deux ? L'odeur était la même, l'obscurité aussi, les bruits, la tiédeur. Mais en plus, il y avait des lucioles. Pour les attraper, Carlo avait inventé une de ses brillantes solutions : au lieu de les poursuivre en essayant de refermer les mains sur elles en plein vol, il les étourdissait d'une gifle pour les ramasser par terre tout à son aise, procédé que je trouvais déloyal, mais que je finissais par adopter, parce que, entre lui et moi, il en est toujours allé ainsi, c'était couru d'avance : j'ai toujours condamné ses comportements à la con et fini chaque fois par les imiter...

17

Le Maître dit : « Avec qui ne sait dire "Comment faire, comment faire ?", je ne sais vraiment comment faire. »

CONFUCIUS

« Tout va bien ? » À brûle-pourpoint.

Re-Goliath. Re-gros comme une montagne. Debout à côté du lit de plage.

« Oui, dis-je. Excusez-moi, je m'étais... »

Combien de temps a passé ?

« Non, c'est vous qui devez m'excuser d'avoir tardé. J'ai été retenu au restaurant. »

Re-les mains encombrées. Dans l'une, il tient une bouteille et deux verres à cognac. Dans l'autre un... ? Eh bien oui, un ordinateur portable. C'est insoutenable de regarder quelqu'un d'aussi gros en position allongée. Je me redresse, m'assieds. Comment est-il entré ?

« J'ai utilisé un passe, dit-il, comme s'il avait lu dans mes pensées. J'ai sonné, mais vous n'ouvriez pas. J'ai eu peur que vous vous soyez encore évanoui. »

Il pose l'ordinateur sur le deuxième lit.

« Non, non. Je vais bien. J'ai les yeux qui se sont fermés, c'est tout... »

Je bâille pour confirmer.

« Alors, tant mieux. J'ai pensé que ceci... »

Il me montre la bouteille. De celles qu'on sait excellentes rien qu'à la forme et l'étiquette.

« Armagnac, annonce-t-il. Janneau. Double distillation. Dix-huit ans d'âge. Qu'en dites-vous ? »

La bouteille et les verres rejoignent l'ordinateur sur le lit.

« Mais les affaires d'abord, dit-il d'un ton docte en sortant de sa poche une grosse liasse. Voilà, quatre mille cinq cents euros. Je viens de les compter, mais je vous en prie, vérifiez. »

Il me les met dans la main. Je m'attelle à la tâche, mais il y en a trop et je suis trop distrait, trop surpris. Je m'emmêle les pinceaux presque tout de suite. Je persévère quand même et fais semblant de feuilleter jusqu'au bout ce tas de billets. Je remarque néanmoins qu'ils sont très différents : les cent euros sont flambant neufs, tandis que les cinquante ont beaucoup servi.

« Parfait, dis-je. Merci.

— Vous ne voulez pas contrôler avec mon feutre ? Vous avez confiance ?

— J'ai confiance. »

Je reste immobile, l'argent à la main, attendant sa réaction. Survient alors un étrange moment de paralysie. Il me sourit toujours, mais il ne bouge pas. Soudain, je percute.

« Suis-je bête, si je ne vous donne pas les miens... »

Je les sors de la poche de mon pantalon, parce que je ne les avais pas remis dans mon slip. Je les compte devant lui. J'en trouve neuf. Je les recompte. Toujours neuf. J'ai un coup au cœur. Je renfile la main dans ma poche. Vide. Dans mon slip. Pas mieux.

« Merde alors », dis-je.

Puis je comprends. Il manque celui que je lui avais montré avant de m'évanouir. Je le retrouve dans mon autre poche et le lui donne.

« Bien, dit-il. Alors, on se le boit, ce petit verre ?

— Faites comme si j'avais accepté.

— Je comprends. Ça vous ennuie si en revanche je... ?

— Il ne manquerait plus que ça. »

Une brise s'est levée, chaude et caressante. Goliath se verse trois doigts d'alcool, le tourne avec délicatesse dans le verre. Le regarde. Le respire. Puis boit une gorgée et pousse un profond soupir.

« Donc, vous ne savez pas pourquoi votre associé a pris la fuite, dit-il en souriant. Vous ne savez pas qui je suis ni pourquoi on vous a envoyé ici ? C'est ça ?

— Oui. *Je ne sais rien*.

— Donc je prends un sacré risque en étant ici avec vous. En êtes-vous conscient ? »

Il boit encore une gorgée.

« Pas vraiment.

— D'habitude, les gens viennent me voir pour prendre la fuite, ils savent ce qu'ils ont fait et ce qu'ils veulent. Mais vous, vous ne voulez pas fuir et vous ignorez pourquoi vous êtes là. Si on vous interrogeait, vous ne pourriez rien avouer d'intéressant, si ce n'est que vous êtes venu ici. D'ailleurs vous m'en avez menacé.

— Que voulez-vous que je vous dise : je ferai en sorte que personne ne m'interroge.

— Voilà qui me rassure. Tout comme me rassure le fait que nous venons de commettre un délit ensemble. Blanchiment. De quatre à douze ans de réclusion, puisque nous savions tous les deux qu'il s'agissait d'argent marqué.

— Ça me semble un peu beaucoup. »

Nouvelle gorgée. Plus sensuelle, cette fois, plus langoureuse.

« Je dis ça en théorie. Au procès, le cas échéant en appel, après quelques mois de détention préventive et une condamnation en première instance, on pourrait s'en tirer avec deux ans, deux ans et demi. Une remise de peine, et on est dehors.

— Ouf. Donc me voici un peu moins dangereux pour vous, exact ?

— Exact.

— Alors vous pouvez me révéler aussi pourquoi Lello a dû décamper et qu'est-ce qui me pend au nez. Ça me suffirait, voyez-vous. Je disparaîtrais pour toujours de votre vie et ne constituerais plus une menace, je vous le jure. »

Il finit son armagnac sur une dernière longue gorgée et un claquement de langue contre le palais, puis il s'attarde plusieurs secondes à savourer sa boisson, avec un soupir sonore. Il doit être alcoolique : sa prunelle enamourée après l'absorption d'alcool en témoigne sans équivoque.

Il me regarde.

« Écoutez, pourquoi ne demandez-vous pas plutôt à votre associé ? » À noter qu'il ne l'appelle jamais

Lello. « Vous avez un moyen pour communiquer, non ? Vous êtes en contact ?

— Mais je lui ai demandé. » Faux. Je ne sais pas pourquoi je le prétends, mais c'est dit.

« Quand ?

— Dans ma réponse à son premier message.

— Alors vous devriez vérifier s'il a réagi. »

Il prend l'ordinateur portable, que j'avais eu le temps d'oublier, l'ouvre et me le tend. Il est déjà allumé.

« Ici ?

— Tout à fait. Il y a le wifi dans la chambre. Ça doit capter. » Il vérifie sur l'écran, en l'éloignant le plus possible de ses yeux, mais il n'y arrive pas, il doit chausser ses lunettes.

« Oui, c'est bon, reprend-il. Le mot de passe est coquelicots07. »

De nouveau, il me tend l'ordinateur et, cette fois, je le prends. La page d'accueil de Google est déjà ouverte.

« Mais ce n'est pas dangereux ?

— Quoi ?

— De se connecter d'ici.

— Dangereux ? Et pourquoi ?

— En espionnant les connexions de ce poste, ne pourrait-on pas remonter à...

— À quoi ?

— Mince alors, d'abord vous multipliez les précautions, pas de téléphone portable, des mots de passe et tout le bazar, et après vous vous connectez à Internet comme si de rien n'était ?

— Oh, ne tombons pas dans la paranoïa. Ceci est un gîte rural, cette connexion est à la disposition de n'importe quel client. Même si la police des communications surveillait cette adresse – or je suis sûr, je répète, *sûr*, que ce n'est pas le cas –, elle apprendrait que quelqu'un ici, en ce moment, s'est connecté à Google comme huit cents millions de personnes dans le monde. Belle découverte !

— Ils ne peuvent pas pousser plus loin ?

— Mais non !

— Alors à quoi bon utiliser la méthode al-Qaida. Si vous dites qu'ils ne peu–

— Ils peuvent intercepter le courrier qu'on envoie, comme tout échange d'informations, appel téléphonique, SMS, conversation, message même codé. Mais si on n'envoie rien, si le texte ne sort pas du serveur, que voulez-vous qu'ils interceptent ? Allez vérifier ce compte. Vous ne risquez rien.

— Bon, peut-être plus tard.

— Allez-y maintenant. Si ça se trouve, il vous a répondu. »

Pas un truc qui va comme je veux aujourd'hui. *Pas un*. J'avoue :

« En fait, je vous ai menti. Je ne lui ai pas posé la question. »

Goliath est surpris. Il ne s'y attendait pas.

« Vous ne lui avez pas demandé ce qui se passait ?

— Pas encore.

— Excusez-moi, mais vous avez bien répondu à son message ?

— Oui, mais Lello disait que vous m'expliqueriez tout et j'étais furieux.

— Et alors ?

— Et alors comme réponse je lui ai...

— Vous lui avez ?

— Eh bien, comme réponse je lui ai envoyé un juron.

— Un juron ?

— Histoire de lui exprimer toute ma, disons, déconvenue, voilà. Ce n'est pas dans mes habitudes, mais c'est venu tout seul et–

— Résumons : il vous envoie chez moi et vous, au lieu de lui demander pourquoi, vous l'envoyez se faire voir ? »

Cette idée semble l'amuser.

« Je vous le répète, son message affirmait que vous m'expliqueriez tout. Je ne pouvais pas deviner qu'au bout du compte vous ne m'expliqueriez rien ! »

Mais mes paroles ne semblent pas l'atteindre. Il regarde dans le vague, rêveur, séduit, amusé. Bon, maintenant c'est peut-être moi qui délire, et on ne saurait l'exclure, mais son regard semble appréciateur. Admiratif.

« Vous êtes un peu bizarre, monsieur Paladini. Le savez-vous ?

— Moi, bizarre ?

— Oui, vous. » Il secoue la tête avec un petit rire en se resservant un armagnac. Ben voyons, l'excuse toute trouvée pour boire un coup : un toast à mon juron. Je renchéris :

« C'est pour cela que je vous affirme qu'il ne peut pas m'avoir répondu. »

Il boit et de nouveau se pâme avec les mêmes petits bruits de dégustation. Puis il se reprend, retrouve son air débonnaire de rabbin-garagiste, que mon père, soyons sincère, n'a jamais eu.

« Suivez quand même mon conseil, dit-il. Contrôlez le compte.

— Mais puisque je viens de vous...

— Contrôlez. »

J'ai compris. *Il sait* que Lello m'a écrit un message pour m'expliquer ce qui s'est passé. Bon sang, mais c'est bien sûr. Dans ses yeux passe un éclair luciférien qui n'est pas dû à l'alcool. Il n'a pas été retenu au restaurant, tout à l'heure. Il a un autre compte comme le mien pour communiquer avec Lello et, le temps où il s'est absenté, il s'en est servi pour lui enjoindre de m'informer. Il l'a peut-être enguirlandé – sûr même – pour m'avoir envoyé chez lui alors que je ne savais rien, pour l'avoir exposé au *danger* – je ris – que je constitue. Évident. À moins que ce ne soit le même compte et qu'il ait vu que Lello a déjà... Mais non, dans ce cas, le juron ne l'aurait pas épaté, il aurait déjà su, il l'aurait vu. Assez de parano, c'est lui qui l'a dit. De toute façon, c'est clair : cet homme sait, mais il refuse d'être celui qui m'ouvrira les yeux.

Maintenant moi aussi, je vais savoir.

« D'accord », dis-je.

Coquelicots07. Je suis connecté. Je vais sur Gmail. Je fouille dans ma poche à la recherche du billet de Lello, le trouve, copie les identifiants. *Scansa*–

« Tsst tsst, il ne faut pas garder ça dans votre poche », me reproche Goliath.

Je suspends mon geste. Et le regarde : la tête inclinée, trois rides sur le front, les yeux en fente. Un brin de découragement, je dirais.

« Sinon, pour le coup, tout ceci serait inutile, vous ne croyez pas ? ajoute-t-il.

— Et où devrais-je le garder ? »

Il pose son doigt sur son crâne chauve.

« Ici. »

Il a raison, c'est indéniable. Comment lui expliquer que je ne me rappelle jamais rien, et en particulier pas ce genre de données : mots de passe, combinaisons, numéros de téléphone ?

« Bien sûr, dis-je. Je n'ai pas eu le temps de le mémoriser, parce que tout s'est enchaîné très vite, mais je n'y manquerai pas.

— Et vous ferez bien, insiste-t-il, parce qu'on vous fouillera si on vous arrête, qu'est-ce que vous croyez ? »

Et hop, une nouvelle gorgée.

« Si on m'arrête » : mais pourquoi devrait-on m'arrêter ? Ça va pas être de la tarte de me souvenir de ces identifiants : *scansamose*, *lomamelda*. Mais où ce crétin a-t-il pêché des mots pareils ? Comment peut-on les mémoriser ? Par association d'idées, comme dans la blague ? Mais les associer à quoi ? Oui, *scansamose* au verbe *scansiamoci*, c'est sa variante en dialecte romain, pour dire qu'il faut dégager. Mais *lomamelda* ?

Bienvenue, Olindo Stupazzoni...

Dans l'aperçu des brouillons, plus trace de mon juron : CHER PIETRO... DEPUIS DEUX ANS...

Je lève les yeux, le géant me regarde, son verre à la main.

J'ouvre les brouillons.

CHER PIETRO... DEPUIS DEUX ANS... NOUS VENDONS DES VOITURES VOLÉES... PAS QUE MAIS SURTOUT VOLÉES... J'AI MIS LE DOIGT DANS UN ENGRENAGE...

DES ROUMAINS... DES TYPES DANGEREUX... JE N'AI JAMAIS RÉUSSI À TE LE DIRE ET DU COUP TU ES MOUILLÉ TOI AUSSI... C'EST PAS TOP JE SAIS DÉSOLÉ... MAINTENANT PENSE À TE PROTÉGER... COMPTE SUR MAURO QUI EST UN AMI... IL PEUT ORGANISER TA FUITE TE CACHER T'AIDER DE BEAUCOUP DE MANIÈRES... JE NE PEUX RIEN DE PLUS POUR LE MOMENT... MAIS RESTONS EN CONTACT... JE SUIS TOUJOURS CONNECTÉ... DÉSOLÉ...

Voilà, c'est fait...

Des voitures volées. Des *voitures volées*. Et les papiers du tribunal ? Et les reçus bancaires, les cartes grises, toute la paperasse saisie au bureau aujourd'hui ? Des faux ? Et Oscar, l'expert-comptable qui n'a pas décroché son téléphone de la journée ? En cavale lui aussi ? Arrêté ? Et que signifie « un engrenage » ? « Des Roumains, des types dangereux » : mais encore ?

« Bon Dieu de Dieu », dis-je.

Goliath a de nouveau un petit rire.

« Vous n'allez pas recommencer à jurer »,

Il semble beaucoup s'amuser. Et il boit. Il y aurait de quoi se foutre en pétard contre lui aussi, mais pour le moment, je dois répondre à Lello, c'est plus important. Effacer. Clic. « Lello, que signifie que je suis mouillé moi aussi ? Je ne suis mouillé ni de près ni de loin, et tu le sais : pourquoi devrais-je fuir ? Dans quoi tu t'es embarqué, hein ? Et dans quoi tu m'as embarqué ? Que veut dire "engrenage", "types dangereux" ? Il faut que je disparaisse de la circulation parce qu'on veut m'arrêter ou parce qu'on veut me flinguer ? Réponds-moi, et vite, sinon je cours tout raconter aux flics. »

J'émaillerais volontiers le tout de quelques « pauvre con », mais je me retiens, en pensant que Goliath rigolerait bien s'il l'apprenait. Plutôt, j'ai failli cliquer sur « envoyer », j'allais tout foutre en l'air comme la maîtresse du général machin. Du calme, voilà ce qu'il faut. Du calme et de la lucidité. Je ferme les brouillons, je quitte le compte. Je pose l'ordinateur portable sur le lit de plage. Je m'absorbe à nouveau dans la beauté intacte de la nuit : les lumières de la côte, le bleu de méthylène étalé sur l'horizon, les avions qui atterrissent, la flaque sombre de la campagne...

« Vous voilà satisfait ? », demande Goliath.

Je ne daigne pas me retourner.

« Satisfait ? Est-ce le mot ? Baisé, plutôt. »

Respiration chuintante.

« Je suis désolé. »

Ben tiens, il est désolé...

Silence.

Les grillons.

Des voitures volées.

Des Roumains.

Un engrenage.

Combien de temps a passé ? Ce gangster m'a-t-il déjà répondu ?

Je reprends l'ordinateur et fonce direct sur le compte. Scansamose, lomamelda, de mémoire. Bienvenue Olindo Stupazzoni. Brouillons (1). Aperçu : Lello, que sign. » Normal, il a dû s'écouler une minute. Je ressors du compte et repose l'ordinateur.

Des types dangereux...

Goliath sirote son nectar d'un air digne à présent, concentré. C'est un alcoolique, nom d'une pipe, de ceux qu'on ne soupçonne pas, qui font semblant d'être de gros mangeurs, mais qui en réalité, sous prétexte de manger, vous ingurgitent un litre d'alcool par jour. Pourtant sa présence me réconforte. J'imagine l'angoisse si j'étais seul, tandis qu'au moins il est là et, surtout quand il ne ricane pas de mes déboires, il est rassurant. Est-ce que je décide de lui expliquer dans quelle panade m'a flanqué mon associé ? De toute façon, je lui ai fait confiance, c'est peut-être vrai qu'il peut m'aider, vu que je ne mesure pas encore l'ampleur du désastre. Des Roumains. Quels Roumains ? Tredicesimo grouille de Roumains : *quels Roumains ?* D'ailleurs il sait déjà. Bien sûr qu'il sait. Il fait mine du contraire, mais il sait déjà tout. Il joue le gars discret, le professionnel, et surtout il ne veut pas être celui qui m'annonce la couleur – à juste titre, puisque cette affaire ne le concerne pas. N'empêche qu'il sait. Et pendant qu'on y est : il sait aussi que je sais qu'il sait, par conséquent je n'ai rien besoin de lui dire, je peux le solliciter de but en blanc. D'ailleurs s'il reste ici, c'est qu'il s'y attend... Je lâche :

« Auriez-vous un conseil à me donner ? »

Je lui ai parlé sans le regarder, les yeux rivés sur l'horizon. Mais il est si gros que j'ai l'impression de le voir quand même.

« Ma foi, répond-il, ça risque d'être difficile si je ne sais pas de quoi il retourne. »

Allons bon...

Pourtant il est clair qu'il sait, qu'il joue la comédie. Il fait l'âne pour avoir du son, c'est évident, mais il sait. Il veut que ça vienne de moi, mais il sait.

« Voitures volées », dis-je, toujours le regard sur l'horizon.

Un avion qui traverse le ciel dans la direction opposée par rapport aux autres, beaucoup plus haut, un avion qui n'atterrit pas. Où va-t-il ? Combien de personnes emmène-t-il ? Quelles sont les probabilités qu'il explose à cet instant précis ? Je reprends :

« Et dans la foulée, faux et usage de faux, avec à tous les coups fraude fiscale, escroquerie, recel, association de malfaiteurs... »

Ce sont des mots familiers, je les ai entendus des centaines de fois, mais s'appliquant à moi, ils me paraissent invraisemblables. Je continue :

« Et donc, des Roumains aussi. L'engrenage. Des types dangereux... »

Je me retourne, il me regarde. Il m'a peut-être regardé tout ce temps. Il ne sourit plus, ne rigole plus. Il a compris que la situation est très grave.

« Allez, je vais boire une petite goutte moi aussi », dis-je en attrapant la bouteille et le verre. Il sourit.

« Faites donc, dit-il. Deux doigts d'armagnac n'ont jamais tué personne.

— Je me suis dit la même chose à propos du whisky cet après-midi, dis-je en me versant le digestif. Et ça m'a coûté mon permis de conduire... »

Nous buvons de concert, avec même de son côté une tentative timide de lever son verre, comme pour un toast, à laquelle je ne réponds pas. L'armagnac coule comme du feu dans la gorge. Il est bon, mais il déménage.

« Que dois-je faire ? »

Cette fois, Goliath sort un cigare, toujours de la poche de sa salopette. On y trouve tout ce qu'on veut là-dedans...

« En voulez-vous un ? »

Mon père aussi fumait le cigare. Avant la maladie de ma mère. Puis il a arrêté.

« Non, merci.

— Est-ce que cela vous dérange si je...

— Pas du tout, je vous en prie. D'ailleurs, je vais fumer une cigarette. »

Tandis que je cherche une cigarette, c'est au tour du briquet de jaillir de la poche de la salopette. Goliath me donne d'abord du feu, puis se consacre à son cigare – un *toscanello* –, plus laborieux. Quand il est enfin allumé, il tire une longue bouffée, la retient dans la bouche si longtemps qu'on dirait qu'il l'avale et finit par la rejeter. L'odeur de cigare recouvre soudain toutes les autres.

« Vous ne saviez vraiment rien ? me demande-t-il. Vous ne vous doutiez de rien ? Vous n'aviez aucun soupçon ?

— Ça ne me serait jamais venu à l'esprit. »

Je bois une deuxième gorgée d'armagnac, qui vide mon verre.

« Mais ces voitures, c'est moi qui les ai vendues. Ma signature figure en bas de tous les papiers que la police a embarqués aujourd'hui. Parce que je ne vous l'ai pas dit, mais cet après-midi la police a perquisitionné nos bureaux, pendant que j'étais là-bas – je montre les lumières de la côte, vers la droite, là où j'imagine que se trouve Passoscuro – en train de perdre mon permis de conduire. »

Goliath tire une bouffée de cigare. Il semble réfléchir.

« Cet après-midi ?

— Oui.

— Bizarre », décrète-t-il. Et il boit. « En général ce genre de descente a lieu le matin.

— Que voulez-vous que je vous dise. Ils sont venus l'après-midi. »

Bouffée de cigare.

« Et ils ont saisi quelque chose ?

— Ordinateurs, comptabilité, déclarations de cession, copies des actes. Sans oublier la mise sous scellés du coffre-fort. La totale. »

Armagnac.

« Le coffre aussi. Donc, vous avez eu de la chance.

— Et pourquoi ?

— Vous m'avez dit que vous aviez emporté les cinq mille euros parce que vous ne retrouviez pas la combinaison du coffre, exact ?

— Exact.

— Eh bien, si elle vous était revenue, les enquêteurs seraient tombés sur ces coupures douteuses en ouvrant le coffre. Ce qui n'aurait pas arrangé votre cas.

— Bon Dieu, c'est vrai.

— Allez savoir ce qu'a fabriqué ce garde suisse...

— D'accord, je l'admets, j'ai eu de la chance. Une petite fleur sur une montagne de merde. »

Sourire en coin. Il tire une bouffée de son *toscanello*.

« Et les flics n'ont rien laissé pour Pica et vous ? Par exemple un mandat de comparution...

— Non. Ma secrétaire ne m'a rien donné.

— Et votre secrétaire non plus n'est au courant de rien ?

— Non.

— Vous en êtes sûr ?

— Oui.

— Vraiment sûr ?

— Non. »

Nouvelle gorgée d'armagnac, la dernière. Posément, mais sans la moindre hésitation, Goliath attrape la bouteille et se ressert. Il fait mine de m'en reverser aussi, mais je décline d'un geste. Il repose la bouteille sur le lit de plage. Il tire une bouffée de son cigare. Je reprends :

« Et puis Lello parle d'"engrenage". Il me conseille de me protéger, de m'en remettre à vous, après avoir évoqué ces Roumains, des types dangereux, comme si le vrai risque était là. Qu'est-ce qu'il a bien pu trafiquer, ce grand con ?

— Vous le lui avez demandé cette fois ?

— Cette fois, oui. Puis j'ai vérifié tout de suite s'il m'avait répondu, mais c'était trop tôt.

— Revérifiez... »

Je prends l'ordinateur. En trois secondes, je suis dans le compte. Ses yeux me scrutent par-dessus le verre.

Mon message est toujours dans les brouillons.

« Non, il n'a pas répondu. »

Je suis tenté de boire encore, d'allumer une autre cigarette, mais je me connais et je sais où ça me mène, alors je prends sur moi. Il faut que je me fasse violence, mais je résiste.

« Je ne vois pas du tout quoi faire », dis-je d'une voix plaintive.

Statu quo. C'est lui maintenant qui a le regard perdu sur l'horizon, mains sur sa bedaine, le souffle léger, la lèvre inférieure qui frémit comme Nero Wolfe quand il réfléchit. Mais oui, Nero Wolfe. Voilà une autre ressemblance qui me le rend familier : Nero Wolfe avec sa barbe noire de la série télé Paramount, un rôle écrit pour Orson Welles qui, au dernier moment comme d'habitude, n'avait rien voulu savoir, si bien qu'ils avaient engagé une sorte de sosie, Bill Conrad, devenu célèbre avec le détective Cannon. Ce qui par transitivité signifie que Goliath ressemble aussi – eh oui, ça ne fait aucun doute – à Orson Welles.

Il continue à se taire et réfléchir. Pour ma part, je suis bien obligé de constater que toutes ces séries et productions télé à la con qui remontent à ma vie précédente, celle que j'ai répudiée, quand je vivais à Milan et que j'étais directeur d'une chaîne payante, sont gravées dans ma mémoire, et pas le numéro de téléphone de ma fille...

« Si je comprends bien, dit le géant, vous avez deux problèmes distincts. Le premier est le délit où vous êtes mouillé, ou plutôt les délits, et l'enquête judiciaire qu'ils déclenchent. Ici mon conseil sera banal : consultez un avocat, un si possible qui ait ses entrées à la police judiciaire, et demandez-lui de s'informer de votre situation. Si vous êtes mis en examen ou pas, quels sont les chefs d'accusation, si vous risquez l'arrestation ou si au contraire les enquêteurs vous considèrent comme étranger aux faits, puisque vous l'êtes. On peut obtenir toutes ces informations par la bande si on s'adresse au bon avocat. Comment est le vôtre ?

— Je n'ai pas d'avocat. »

Je m'aperçois qu'à mon âge cette réponse est affligeante. C'est la réalité pourtant. Quand je jouais dans la cour des grands, j'avais tout un cabinet d'avocats à ma disposition. Mais avec la vie que je mène, ou plutôt que je menais, je n'avais pas besoin d'un avocat et je trouvais que c'était tout bénéfice. Il y aurait bien Giuliano – c'est comment son nom de famille déjà ? Ah oui, Satti – le 30/4 avec qui je joue au tennis le samedi. Il semble compétent. Mais je le connais à peine. De là à lui confier une tâche aussi délicate... Et si en réalité c'était un tocard ? Comment savoir ? De toute façon, son numéro est avec les autres dans ce fichu portable, donc...

« J'en connaissais un, continue-t-il, mais je l'ai conseillé à Pica et je crois qu'il a pris son affaire en main. » Il ne l'appelle toujours pas Lello, donc ils ne sont pas amis. « Or, à ce que je crois comprendre, vous n'avez pas intérêt à rester lié à votre associé. De toute façon, vous trouverez bien un avocat qui puisse prendre la mesure de votre situation. Votre deuxième problème m'inquiète davantage.

— Vous voulez dire les Roumains... »

Le *toscanello* s'était éteint. Il doit le rallumer.

« Je ne sais pas ce qu'il vous a écrit, marmonne-t-il en tirant sur son cigare, mais s'il vous a parlé de types dangereux, il se peut que, hum, il ait commis une bêtise, et là il vaut mieux se montrer prudent. Connaissez-vous des voleurs, par hasard ? Des délinquants ? »

Connaissez-vous des délinquants : on entend de drôles de questions ce soir...

« À part Lello, non.

— Soyons clairs, il est très possible qu'ils ignorent tout de vous, c'est même l'hypothèse la plus vraisemblable. Ces gens ne cherchent pas midi à quatorze heures, ils s'en prennent directement à la personne qui les roule dans la farine. Sauf que...

— Sauf que ? »

Trop tard, c'est un cercle vicieux désormais : l'alcool appelle le cigare, le cigare appelle l'alcool. Encore trois doigts d'armagnac dans le verre. Espérons qu'il ne se bourre pas la gueule.

« Bref, si votre associé vous a mis en garde, c'est qu'il y a un danger potentiel. Tout dépend de ce qu'il a trafiqué. Voulez-vous revérifier, au cas où il vous aurait répondu? »

Je le regarde au fond des yeux, avec insistance. S'il a joué la comédie jusque-là, c'est le moment d'arrêter. Je lui demande à brûle-pourpoint :

« Vraiment vous ne le savez pas ? »

Je t'en fiche, il ne cille pas. Il est chez lui, son cigare dans une main, son armagnac dans l'autre, il est avantagé parce que je ne le connais pas et équipé pour résister à l'interrogatoire le plus serré.

« Non, je-ne-le-sais-pas, dit-il en martelant les syllabes. Je ne veux jamais rien savoir des affaires de mes clients. Je fais une exception pour vous en ce moment, pour essayer de vous aider.

— Alors, dis-je têtu, pourquoi Lello m'a-t-il assuré que vous m'expliqueriez ? »

Sa main a un petit geste péremptoire que je n'ai jamais vu chez personne et qui signifie sans doute : je n'en ai pas la moindre idée, peu importe ou posez-lui la question. Mais qui pourrait signifier aussi : même si c'était le cas, je n'admettrais jamais que je le sais.

« Vérifiez, je vous prie », insiste-t-il.

Un, deux, trois. Olindo Stupazzoni. Brouillons. Pas de message de Lello. Je murmure :

« Pas de réponse. Que dois-je faire ? Aidez-moi, s'il vous plaît. »

Il boit. Il fume le cigare. Il soupire.

« Pour ma part, dit-il, je peux vous fournir des papiers crédibles, des billets de train ou d'avion, des appuis, des cartes de téléphone, changer de l'argent, le transférer en Suisse, au Luxembourg et aussi en Uruguay. Voilà ce que je peux faire...

— Écoutez, il n'est pas question que je parte en Uruguay. J'ai une fille, j'ignore encore ce qui lui a pris, pourquoi elle a quitté la maison. Quant aux liquidités en Suisse, je suis déjà paré, parce que mon père est mort là-bas, où il a vécu les dix dernières années de sa vie, et l'argent qu'il m'a laissé est déposé dans une banque de Lucerne. »

À mes dernières paroles, le visage du géant s'éclaire de surprise.

« Vous avez un compte en Suisse ?

— Oui.

— Avec une grosse somme ?

— Je ne sais pas au juste. Je ne m'en suis jamais inquiété, parce que je n'en avais pas besoin, mais c'est ma part d'héritage.

— Illégal ou déclaré ?

— Illégal. Mon père était un Italien du XXe siècle. »

De nouveau cette estime dans ses yeux. Cette admiration.

« Vous êtes le candidat parfait pour partir en cavale. Croyez-moi, j'ai vu défiler beaucoup de monde, mais un profil comme le vôtre c'est la première fois. Vous êtes prêt pour la fuite. Vous me demandez ce que vous devez faire ? Je vous réponds *fuyez*. Voilà ce que vous devez faire : fuir, disparaître, vous évanouir dans la nature. Tant qu'on ne vous retrouve pas, personne ne peut rien contre vous. D'ailleurs, d'après ce que vous m'avez raconté, tous vos proches ont pris le large. C'est un signe qui ne trompe pas : écoutez-le... »

Voici l'argument décisif, qui renverse la situation et règle le dilemme. Ce sauve-qui-peut autour de moi, cette façon de disparaître. Pas de doute, voyons. C'est le message que tout le monde m'envoie : fuir à mon tour. Alors, soit. De toute façon, ça ne m'empêchera pas de régler ce que je dois régler, au contraire. Il a raison, tant qu'on ne vous met pas la main dessus, on ne peut pas vous faire de mal. Puis, sans stresser, en usant des précautions nécessaires, je réussirai à savoir de quoi il retourne, ce que je risque et pourquoi. Alors je pourrai envisager la suite. En attendant je serai en sécurité, et c'est moi qui déciderai.

« Vous m'avez convaincu, dis-je. Milan, ça va ?

— N'importe où fera l'affaire, pourvu que vous sachiez où aller, que vous ne soyez pas à la dérive, un lieu où vous n'avez ni logement ni famille proche ni intérêts. Pourvu que vous n'y alliez ni en avion avec un billet à votre nom, ni en voiture avec un badge d'autoroute associé à une plaque d'immatriculation à votre nom, ni en train avec un billet électronique. Pourvu que vous n'utilisiez ni téléphone portable ni carte de crédit ou de paiement, que vous ne dormiez pas à l'hôtel sous votre véritable identité et que, c'est très important, vous évitiez toujours, dans la limite du possible, d'aller deux fois au même endroit. »

Merde : alors Milan, ça ne colle pas...

Bon, d'accord, mais c'est de la théorie. Ça va pour des gens comme Carlo. Je ne crois pas une seconde que les Roumains m'attendent devant chez Marta à Milan. Pas plus que les flics. Là-bas, il y a Claudia, elle s'y est réfugiée. Il me dit d'écouter les signes, celui-ci est gros comme une montagne. Je vais fuir, d'accord, mais à Milan, là où ma fille a fugué. Sans compter que j'y ai encore beaucoup d'amis : des gens influents, intelligents, dont j'ai été le bienfaiteur. Enrico Valiani. Tardioli. Des avocats en veux-tu en voilà...

Mais j'en reviens toujours au même point : comment prendre contact ? Comment les joindre ?

Idée.

Je regarde ma montre. Vingt-deux heures cinquante. Il est encore tôt. Ce serait envisageable... Je m'enquiers :

« Avez-vous le permis ? »

Goliath me regarde d'un air interrogatif.

« Quelle question, bien sûr.

— Parce que j'aurais besoin d'un dernier coup de main.

— Je vous écoute. »

C'est vrai, je me suis évanoui, j'ai les paupières lourdes, je suis mort de fatigue, mais si j'éprouve une telle nécessité, si *je le veux* aussi fort, il doit y avoir une raison.

« Un autre délit à commettre ensemble. »

Large visage ébahi, ballet de rides sous sa calvitie moite de sueur.

« Quel délit ? »

À vrai dire, je pourrais m'y livrer tout seul, mais je veux cet homme avec moi.

« Tout près d'ici. Mais maintenant tout de suite. Il y aura cinq cents euros pour vous.

— Quel délit ? », répète-t-il.

Je sors de ma poche les billets qu'il vient de me donner. Je compte cinq cents euros. Je les lui tends. Je dispose de tout l'argent que je veux. Mon père m'en a laissé beaucoup, et c'est faux que j'en ignore le montant. Carlo n'en a pas voulu, il n'est pas venu à l'enterrement, il ne lui avait plus adressé la parole, il ne lui a pas pardonné, même après sa mort. Moi, je suis resté à mi-chemin, comme d'habitude. Je lui ai rendu visite quand son état a empiré, j'ai eu le temps de le revoir avant qu'il meure, j'ai assisté à son enterrement, j'ai vu le cimetière de Lucerne où il est enterré, j'ai accepté que Chantal me parle de l'argent qu'il avait sorti d'Italie pour nous alors qu'elle aurait pu se taire et tout garder pour elle, qu'elle me donne l'adresse de la banque, les noms des personnes, les codes des comptes – qui eux aussi, soit dit en passant, sont mémorisés sur mon téléphone portable, tout est dans *ce truc* –, mais pour finir je n'y ai pas touché, parce que pardonner gratuitement, c'est une chose, le faire avec de l'argent à la clé, c'en est une autre. En attendant, cet argent existe, et il existe d'autant plus si je suis dans le besoin ou que je gaspille cinq cents euros après en avoir déjà déboursé cinq cents et écopé d'une amende de cinq mille, le tout dans la même journée. Voilà une différence entre Carlo et moi. Pour lui, cet argent n'existera jamais.

« Violation de domicile », dis-je.

Goliath me dévisage, avec ses petits yeux qui ressemblent à des boutons, désormais ramollis par l'alcool. Il me dévisage en silence. Allez, garagiste, rabbin, Nero Wolfe, Orson Welles, *papa* : n'hésite pas, arrête de réfléchir. Prends cet argent. Prends-le et c'est marre. Regarde-moi dans les yeux, je te l'ordonne : prends.

18

Si on regarde bien dans une direction,
on voit aussi toutes les autres.

YAMAMOTO Jinuemon, père de Tsunetomo

Toyota Tundra bleu métallisé de 2008 double cabine version CrewMax six places, six mètres de long pour plus de deux mètres de large, moteur huit cylindres en V i-FORCE de 5 700 cm^3 et 380 chevaux, traction intégrale à double alimentation essence/GPL et boîte automatique séquentielle à six rapports – à savoir le seul véhicule de série au monde qui ait remorqué sur route une navette spatiale, en l'occurrence l'*Endeavour* en octobre dernier pour emprunter le Manchester Boulevard Bridge sur l'autoroute San Diego Freeway, soit la partie la plus délicate de son dernier voyage entre l'aéroport international de Los Angeles et le California Science Center, où elle reposera pour toujours. Peu d'hommes au monde peuvent s'approcher de ce mastodonte sans être réduits à un format d'insecte, et Goliath est l'un d'eux. Quand il est monté sur le marchepied, le véhicule s'est même enfoncé sur ses amortisseurs, tel un bison qui s'incline en signe de soumission et le conducteur s'est emboîté à la perfection dans l'habitacle, pour moi vaste comme une église. Question d'échelle : un homme et demi dans un 4 × 4 et demi.

Le trajet a été court, nous voici presque arrivés, parce que Testa di Lepre et Passoscuro sont à un jet de pierre, ce que je n'aurais jamais dit jusqu'à aujourd'hui et que surtout je n'aurais jamais su et qui me donne à penser que le chaos de cette journée répond à des règles occultes. Et même si je ne les découvre jamais, cette simple perspective me conforte dans l'idée que je fais bien d'y retourner. Et puis, il est à mes côtés : Goliath et moi, en guerre contre tous désormais. Certes, je l'ai travaillé au corps pour le convaincre, parce que d'après lui les téléphones portables sont des instruments diaboliques. De son côté il tentait de me dissuader, parce qu'il estime que tout ce qui est mémorisé dans un carnet d'adresses de portable peut en sortir et être récupéré, sans compter que s'il s'agit d'une information importante, on peut l'apprendre par cœur, et que dans le cas contraire, il n'y a pas lieu de se balader avec. Je le sais, bon sang, mais j'ai un besoin *immédiat* des informations stockées sur ce portable, or je ne dispose pas du temps requis pour les récupérer une à une, ou du moins pas de la patience, du sang-froid et surtout de la tranquillité nécessaires. Bref, j'ai fini par emporter le morceau. Je lui ai fourré dans la main les cinq gros billets et il m'a accompagné. Mais j'ai dû promettre que je retirerais illico la carte SIM, que je copierais sous ses yeux les numéros, les codes et les adresses dont j'ai besoin – je tiens aux adresses aussi – et que je m'en irais en l'abandonnant sur place, parce que ces bidules sont des révélateurs de position, qui même éteints indiquent vos déplacements et bla bla bla....

Il a bien fallu que je lui explique dans quelles circonstances j'ai laissé mon téléphone là-bas et la raison pour laquelle je suis sûr que la maison est vide. J'ai utilisé la version servie cet après-midi à Cinzia, avec la variante obligée – et véridique – du téléphone laissé à l'intérieur de la maison et non pas tombé de ma poche pendant que je poursuivais la fuyarde. D'après moi, c'est la meilleure : elle contient assez de vérité pour sembler plausible, mais aussi assez de déshonneur pour que je doive en avoir honte, et suscite en fin de compte chez mon interlocuteur un sentiment de solidarité bienvenu, parce qu'elle apparaît comme un faux pas dont personne n'est à l'abri. La vérité m'est déjà sortie de l'esprit. Voici une autre conséquence de cette journée incroyable : alors que ce n'est pas dans mon caractère, je me sens beaucoup mieux si je mens que si je suis sincère. Mentir me devient naturel. Et pas seulement en ce qui concerne ma mésaventure d'aujourd'hui, mais pour tout. Par exemple, je ne mettrais pas ma main au feu que je tiendrai ma promesse de me débarrasser de mon portable, pour la simple raison qu'à l'heure où nous sommes, je manque de la lucidité nécessaire pour anticiper au débotté sur ce qui me sera nécessaire dans les prochains jours et que je risquerais par conséquent d'omettre de recopier des numéros importants. Mais plutôt que de palabrer, j'ai préféré laisser entendre à Goliath que j'obtempérerais, même si je n'en ai pas la moindre intention. Attitude, soit dit en passant, typique de mon frère : mentir, acquiescer, et puis n'en faire qu'à sa tête, raison pour laquelle par exemple il s'est toujours mieux entendu que moi avec notre père. C'est son comportement que je reproduis avec cette réplique grand format de notre géniteur...

Laquelle se tait et conduit son tank, les bras écartés comme un camionneur, avec un taux d'alcoolémie dans le sang sans conteste supérieur à celui qui, cet après-midi, sur cette même route, m'a coûté mon permis. Il ne roule pas vite. Dans l'habitacle flottent des odeurs qui, prises séparément, sont déplaisantes – cigare, poussière, plastique, transpiration – mais dont le mélange contre toute attente est agréable. Au-dessus de la masse verte des pins, vers le nord, se profilent les retombées de feux d'artifice lointains et donc silencieux. L'autoradio antédiluvien – *à cassettes* – diffuse de la country, mais j'ai encore dans les oreilles le chant des grillons que j'écoutais tout à l'heure et qui me parlait de mon enfance. Je suis en proie à un immense chagrin. Encore cette beauté. Encore la sensation que cette nuit sait tout de moi. Nos retours au bercail après ces fameuses soirées à Sacrofano, Carlo endormi sur mon épaule, ma mère qui regarde par la vitre et mon père qui conduit, plongé dans ses pensées. Les peupliers le long de la rivière, le murmure de l'eau, le bruissement des feuillages remués par le vent. Les pommes de terre sautées de cette paysanne – elle s'appelait Lola –, à la fois onctueuses et croustillantes dans le plat en aluminium. Quel adjectif définirait ma vie d'alors ? Heureuse ? Insouciante ? Et celle d'aujourd'hui ? Liquéfiée ? Ou au contraire asséchée ? Je voudrais renverser la tête en arrière et sombrer dans le sommeil comme en ce temps-là, mais c'est impossible. Voici le carrefour pour l'hôpital pédiatrique. Voici ma Yaris abandonnée au bord de la route. Les feux d'artifice sont terminés. Bientôt je serai à nouveau devant cette maison, j'enjamberai le portail, traverserai le jardin, forcerai un volet roulant, casserai une vitre et monterai récupérer ce putain de téléphone où est archivée toute mon existence, indépendamment de l'adjectif qui la qualifie. Dans ce salon spectral du premier étage. Sur le meuble-bar. C'est là que je l'ai posé quand je me suis versé mon premier whisky. Je m'en souviens encore de façon précise, en attendant que cette partie de l'histoire soit occultée à jamais.

Dans l'agglomération, le géant suit mes indications en silence, jusqu'au moment où nous roulons dans cette espèce de couloir que mon salaud d'associé a eu le culot d'appeler bord de mer. Nous y voilà : des petits vieux en marcel, des gens qui mangent une glace, des scooters qui obligent notre tank à rouler au pas, en frôlant des coudes et les rétroviseurs des véhicules en stationnement. À vrai dire, je n'imaginais pas qu'il y aurait autant de monde à cette heure à Passoscuro : un peu trop en effet au goût d'un type qui doit se livrer à une effraction. J'indique à Goliath de continuer jusqu'à la petite place où avec un peu de chance il pourrait se garer, mais comme ce ne sera pas le cas, je l'avertis qu'il devra faire demi-tour et m'attendre moteur en marche, quelque part dans le secteur. Il me regarde, inspire et me répond une phrase que je n'entends pas parce que, en l'espace d'une seconde, je vois deux choses qui changent la donne du tout au tout. Primo : la Q3 garée devant le portail de la villa. Deuxio : les fenêtres éclairées du salon au premier étage. Et là, par un de ces phénomènes qu'on peut appeler *illumination*, la surprise loin de me désorienter produit l'effet inverse, à savoir : je sais avec précision ce que je dois faire, parce que je vois tout de suite et dans une clarté totale chacune des étapes à franchir et dans quel ordre. Inutile de perdre du temps à s'en étonner : c'est un phénomène courant chez les génies, et rarissime chez les gens comme moi. Il faut croire que c'est en train de m'arriver.

« Contrordre, déclaré-je. On ne viole plus le domicile. »

Goliath me regarde, intrigué.

« Non ?

— Non.

— Et que fait-on ?

— On sonne à la porte. »

Il me dévisage sans comprendre.

« Et pourquoi ça ?

— Parce que cette fille a été assez frappée pour revenir ici. Vous voyez cette maison ? » Je lui montre les fenêtres éclairées et la Q3 devant le portail. « La voiture est là. Donc on va sonner, lui demander de me rendre mon portable et, pendant qu'on y est, on récupérera aussi la voiture qui m'a filé sous le nez cet après-midi. Pas vilain, non ? »

Goliath est désarçonné. Il a peut-être sommeil ou besoin d'un petit verre.

« Minute, dit-il, comment embarquerez-vous la voiture, sans permis ?

— Pour nous conduire jusqu'ici, vous avez utilisé vos pieds et vos mains, que je sache. Je n'ai pas l'impression que votre permis vous ait été d'une quelconque utilité. »

Il sourit. Chaque fois qu'on formule devant lui l'hypothèse d'un délit, il s'illumine.

« C'est ce que vous répondrez si on vous chope ?

— On ne me chopera pas. Hep, une place qui se libère. »

Une vieille mini Minor des années soixante-dix, avec « Roma » écrit en orange sur la plaque d'immatriculation, est en train de partir. Il n'est pas dit que le Tundra rentre, mais Goliath entame aussitôt une marche arrière pour prendre sa place.

Il rentre pile poil. Sauf qu'après comment va-t-il faire pour–

« Dois-je descendre moi aussi ? s'enquiert-il, parce qu'en effet ce n'est pas gagné.

— Il vaudrait mieux.

— Dans ce cas, voudriez-vous passer par ma portière ? Il faut que je serre au maximum de votre côté, sinon je ne pourrai pas sortir.

— Je vous en prie. »

Il achève sa manœuvre avec maestria, en collant de mon côté à deux tout petits centimètres de la voiture voisine, une Panda. Il lui reste assez de place de son côté pour descendre, non sans mal certes, en écrasant son ventre démesuré contre la portière et sans doute en retenant sa respiration, mais ça passe. Pour ma part, je traverse l'habitacle comme à la nage et descends sans problème.

« Bon, on y va.

— Que devrai-je faire ?

— Rien. Ne pas sourire, c'est tout. »

Nous voici en route. Soudain on dirait qu'une fête vient de se terminer : deux autres voitures, puis trois, quatre, quittent le parking et la rue s'est vidée.

« Je vous vois soucieux, dis-je.

— Non. Disons que ces changements de programme...

— Ne vous inquiétez pas, je ne vous mettrai pas dans une posture délicate. »

Je sors les papiers officiels pour la récupération, qui étaient restés dans la poche de ma veste.

« Je lui ferai signer ces formulaires, et le tour sera joué. »

Nous voici au portail. Les trois fenêtres du premier étage sont encore allumées. On ne voit pas de silhouette à contrejour. Le capot de la Q3 est encore chaud et l'antivol n'est pas mis. Première étape : je sors de ma poche les clés de la Q3 et je l'ouvre avec la télécommande.

« Que faires-vous ? s'enquiert Goliath.

— J'assure mes arrières. »

Je referme la voiture avec la télécommande, mais l'antivol ne s'enclenche pas. Alors je laisse le bouton de fermeture enfoncé plusieurs secondes, et cette fois le voyant rouge de l'antivol s'allume.

« Une bonne chose de faite », dis-je.

Je remets les clés dans ma poche et souris. Une excellente chose de faite.

« Comme cette fille est bien déjantée, dis-je, il se peut qu'elle essaie encore de nous fausser compagnie. Il y a une sortie secondaire et elle possède le double des clés de la voiture, c'est comme ça qu'elle m'a feinté aujourd'hui. Mais je viens d'activer l'immobilisateur électronique à son insu, et si elle tentait de me refaire le coup, la voiture ne démarrerait pas. »

Goliath ouvre la bouche, mais à l'évidence n'y trouvant aucun mot, il ne dit rien. Je continue :

« Après, la possibilité existe qu'elle ne nous ouvre pas. Votre présence à mes côtés me permet de lui faire croire que je dispose d'un témoin. Bien sûr je ne vous impliquerai jamais, soyez tranquille, mais elle l'ignore, de même qu'elle ignore sans doute que si elle refuse de me donner les clés, elle se rend coupable du délit d'abus de confiance, ce dont je l'informerai. Comptez sur moi, tout ira bien. »

L'air est chaud et humide, sans un souffle de vent désormais. Le ciel est pétri de lumières, on voit à peine les étoiles. Pas de lune. Je prends une profonde inspiration et je sonne.

Une, deux, trois, quatre, cinq secondes...

Une silhouette se profile derrière la fenêtre pour scruter la rue, mais on ne peut distinguer dans l'obscurité que deux hommes et demi devant le portail. Elle ne peut pas me reconnaître. Et puis on ne dirait pas la fille, on dirait plutôt une silhouette masculine.

Je re-sonne.

Un, deux, trois...

« Qui est-ce ? » C'est bien sa voix. Donc elle n'est pas seule et un homme se tient près de la fenêtre.

« Bonsoir, dis-je, je suis Paladini. Votre visiteur de cet après-midi. Comment va Viola ? »

La version désormais officielle que j'ai donnée au géant ne comporte pas la scène de panique avec la gamine qui s'écrase la main dans la porte, la surprise le fige. Je le tranquillise d'un geste qui signifie « je vous expliquerai ».

« Partez ou j'appelle la police », croasse la voix dans l'interphone.

La silhouette à la fenêtre bouge, comme si elle se retournait vers la fille.

« La police, bien volontiers, dis-je en scandant mes mots. Vous me rendrez service en l'appelant, parce que je n'ai pas mon portable. »

Goliath est catastrophé, ses mains disent non, pas la police, c'est hors de question, etc. Je lui réponds d'un signe de ne pas s'emballer, de me laisser faire, et mon geste a dû être péremptoire et adéquat, parce qu'en effet il se calme. Je demande dans l'interphone :

« Vous m'entendez ?

— Oui.

— Je vous explique, dis-je en articulant toujours avec soin. La voiture garée devant cette porte appartient à une banque. Si vous signez le formulaire que j'ai dans ma poche et que vous me remettez la clé, j'oublie ce qui s'est passé aujourd'hui, ni vu ni connu. Si vous ne le signez pas, je récupère la voiture quand même, puisque j'ai le double des clés sur moi, mais vous serez passible des délits d'abus de confiance et rébellion à officier public, moi en l'occurrence, puisque le mandat du tribunal que je détiens m'y assimile. »

Je fais signe à Goliath que j'en rajoute, histoire de charger sa barque au maximum. Je continue de plus belle :

« J'ai amené un témoin, il est ici, à côté de moi. Je suis sûr que la personne derrière la fenêtre peut le voir. »

L'ombre à la fenêtre disparaît et je jubile, parce que j'ai le contrôle plein et entier de la situation et que je m'amuse beaucoup. Mon jeu ne compte enfin que des bonnes cartes, j'en avais bien besoin. Et je conclus :

« Vous avez tout intérêt à m'ouvrir, croyez-moi, parce que vous n'êtes pas impliquée dans ce contentieux. Le responsable est votre ami, l'homme qui vous a offert la voiture, puis a cessé de payer le leasing. Voulez-vous entacher votre casier judiciaire pour lui ? »

Ça suffit comme ça. Si elle n'a pas compris, elle ne comprendra jamais. Et puis cet interphone pue le gaz, c'est à vomir. Je recule d'un pas.

Silence.

L'ouverture automatique se déclenche. Je m'apprête à entrer, mais Goliath me retient par le bras en me montrant du menton la pancarte CHIEN MÉCHANT... ET MAÎTRE AUSSI.

« Ne craignez rien, dis-je. Il n'y a pas de chien. »

Goliath se détend et me suit. C'est étrange de le voir effrayé et de devoir le rassurer. Étrange et chouette, ça ne m'est jamais arrivé avec mon père, pour dire, parce que je n'ai jamais eu la main sur rien en sa présence.

Nous traversons le jardin qui, dans la nuit, semble encore plus désolé. La porte est fermée, mais il suffit de pousser et elle s'ouvre sans histoires. Si la fille décidait de nous brûler la politesse par l'autre sortie, il faudrait qu'elle le fasse à cet instant, pendant que nous entrons. Nous montons quatre à quatre l'escalier à peine éclairé par la lumière qui tombe du premier étage. Goliath peine, sa respiration devient sifflante. Mais nous sommes arrivés, nous voici dans le salon. Rosy Malaparte ne s'est pas carapatée, elle nous attend au milieu de la pièce.

« Bonsoir, dis-je.

— 'Soir », répond-elle. Son regard est d'une intensité impressionnante. Elle doit être nulle de chez nulle pour avoir foiré une carrière d'actrice avec un regard pareil, même si je me rends compte que tout le mérite de cette intensité me revient : je l'ai acculée dans les cordes. Si elle devait simuler la fureur et la frustration dont ses yeux débordent, elle n'y arriverait pas.

« Mon collègue, M. Stupazzoni », dis-je en désignant Goliath, mais *ça ne va pas*, parce que c'est du cabotinage, et c'est un luxe que je ne peux pas m'offrir : je suis dans la merde jusqu'au cou, il n'y a pas de quoi faire le cabot.

Goliath incline la tête sans un mot. La fille l'ignore. Le fait est qu'elle m'a déjà remis dans tous mes états, d'entrée de jeu, dès que je l'ai vue, parce qu'elle resplendit d'une beauté encore plus étourdissante que cet après-midi. Elle a gardé son short en jean, mais en haut elle porte à présent un tee-shirt noir tailladé et déchiré qui découvre une bonne partie de son buste insolent, comme si elle venait d'échapper à une agression. Cheveux encore plus liquides et plus noirs. Odeur de vinaigre. Et cette défaite peinte dans son regard.

Il y a aussi un homme dans la pièce. Jeune, grand, sans doute prêt à en découdre, mais j'ai beau essayer de le surveiller, mon regard revient toujours à Rosy Malaparte, et il m'arrive avec lui ce qui m'est toujours arrivé avec Ginger Rogers, c'est-à-dire qu'à force de ne pouvoir détacher mon regard de Fred Astaire et de la sublime moulinette de ses pieds, je suis incapable de dire quelle tête a Ginger Rogers. Le même destin est réservé à cet homme : quel est son visage ? De quelle couleur sont ses yeux ? Je n'en sais rien, mais je sais que Rosy Malaparte a de petites oreilles d'une symétrie parfaite au lobe ferme et charnu, où pendent des boucles d'oreilles en acier bruni constellées de petits brillants roses qui scintillent quand la lumière les frappe. Mais j'ai beau être à nouveau baba devant cette diablesse, maintenant je me sens en sécurité, parce que Goliath est à mes côtés. Je sors les papiers de ma poche et je les lui tends, en même temps qu'un stylo.

« Deux signatures aux emplacements marqués par des croix, s'il vous plaît. Le second exemplaire est pour vous. »

Elle prend les feuilles et le stylo, fait deux pas pour s'appuyer sur la table encombrée de boîtes. Il y a des valises à roulettes et des sacs à dos par terre – signe que le couple mettait les voiles –, mais je les devine plus que je ne les vois, tout comme je perçois la présence de Ginger Rogers au bout de la pièce, la masse de sphinx de Goliath derrière moi et que j'entends sa respiration sifflante ainsi que le grincement du stylo sur le papier. La vue, faut dire, est tout entière pour le dragon aux ailes déployées, tatoué sur sa chute de reins, qui pointe son nez dès qu'elle se penche sur la table pour signer et que l'ourlet de son tee-shirt se soulève de quelques centimètres...

Voilà, c'est fait. Plus de dragon.

Le claquement de ses talons sur le carrelage. Le tintement de ses bracelets multiples. Voici les papiers signés, voici le double des clés.

« Merci. » Je prends clé et papiers. « La petite va bien ?

— Oui. »

Ses seins. Cet après-midi, ils étaient comprimés par le débardeur, à présent ils sont libres de danser sous le tee-shirt.

« Avez-vous quelque chose à prendre dans la voiture ?

— Non.

— Vous êtes sûre ?

— Oui.

— Il y a la couronne de votre fille sur le siège.

— Elle en a une autre.

— Comme vous voudrez. »

C'est ainsi que j'aurais dû me comporter aujourd'hui. Je ne dis pas que c'était facile avec cette injonction « Croque, tu t'en repentiras après » qui ne voulait pas me sortir de la tête, mais si j'y arrive cette seconde fois, j'aurais pu y arriver la première. Je n'aurais pas ramassé un PV de malade. J'aurais encore mon permis. J'aurais été au bureau quand les flics sont venus...

« Une dernière chose, dis-je. Cet après-midi, j'ai laissé ici mon téléphone portable. » Je désigne le meuble-bar. « Là, près des bouteilles. Vous ne l'auriez pas retrouvé ?

— Non. »

Et son regard redevient effronté comme cet après-midi. Double contrainte, le retour.

« Vous êtes sûre ?

— Oui. »

Voilà autre chose. Je n'avais pas prévu qu'elle s'amuserait à me le piquer. Je lance un coup d'œil à Goliath, qui baisse les yeux pour l'éviter comme s'il était embarrassé ou qu'il avait envie de rire.

« Puis-je vérifier, s'il vous plaît ?

— Faites », répond-elle, et elle sourit pour la première fois.

Je m'approche du meuble-bar, où je suis sûr et certain de l'avoir laissé, mais où il est évident que je ne le retrouverai pas. En effet, il n'y est pas, ni dessus, ni parmi les bouteilles, ni dessous. Je regarde la fille : une souris attrapée par la queue qui essaie de mordre une dernière fois pour se venger. Où a-t-elle bien pu le fourrer ? À mon avis, elle n'a rien prémédité, ce n'est que le coup de pied de l'âne, lancé à tout hasard, improvisé. À mon avis, elle ne l'a pas éteint et il est quelque part ici.

Je m'approche de Ginger Rogers, qui m'observe d'un air obtus.

« Excusez-moi, pourriez-vous me prêter le vôtre ? »

Surpris, il échange un regard avec la fille, puis il sort un iPhone de sa poche et me le tend. Le fond d'écran est une photo de lui où il pose (exemple de détail sans aucune importance que je relève quand même).

« Merci. »

Je compose mon numéro – celui-là au moins, je le connais par cœur – et j'écoute. Je l'avais mis en mode silencieux, je m'en souviens bien, je dois donc tendre l'oreille pour entendre la vibration. Si elle l'a éteint ou emporté dans une autre pièce, j'en serai pour mes frais. Mais – j'insiste – à mon avis il est allumé et se trouve ici, dans cette pièce.

Il est allumé, ça sonne à l'autre bout. Sauf que j'entends le tut-tut dans le haut-parleur du portable d'où j'appelle, ce qui m'empêche de me concentrer sur la vibration. Je pose l'iPhone sur le meuble-bar et m'éloigne de quelques pas vers le milieu de la pièce. J'ordonne :

« Chut ! »

Le silence s'installe d'un seul coup. Quelque part dans cette pièce, mon portable vibre, mais je ne l'entends pas. Où a-t-elle bien pu le flanquer ? Du calme, j'ai tout mon temps : je déteste les répondeurs, je les désactive toujours. Je lève un bras pour maintenir ce silence dramatique à la Sergio Leone. J'entends encore le tut-tut de l'iPhone derrière moi, en sourdine. J'entends le sifflement nasal de la respiration de Goliath. Et, oui, il me semble entendre aussi un faible gémissement étouffé, régulier, électrique, pas humain, un peu aquatique. Mais nom de nom, je n'arrive pas à repérer d'où ça vient. Il n'est pas posé sur une surface dure, parce que, dans ce cas, la vibration serait plus bruyante. On dirait qu'il vibre au contact d'une matière à la fois dense et fluide, type dentifrice, yaourt ou gélatine...

Où l'a-t-elle donc planqué ?

Je regarde à la ronde, j'essaie d'y consacrer toute l'attention dont je dispose.

Son sac à main jeté sur le canapé, ouvert.

Les sacs à dos et les valises à roulettes soigneusement fermés, éparpillés sur le sol.

Le sac à dos enfant Peppa Pig sur la table.

Les coussins jetés en désordre sur le fau–

« Répondez. » La voix de Goliath déchire le silence tel un coup de canon.

« Pardon ? » dit la fille, parce que c'est à elle qu'il s'est adressé.

Goliath lève le bras et, de la main, désigne son bassin, son short effrangé, ses cuisses fuselées à un mètre de lui.

« Répondez, répète-t-il. Votre téléphone sonne. »

Un jour, j'ai fait un rêve. J'étais dans le train, il n'y avait plus de places assises et je devais voyager debout. Dans le compartiment de seconde devant moi était assis Berlusconi : un Berlusconi déchu, ruiné, fini, que la richesse et le pouvoir avaient déserté et dont on n'entendait plus parler depuis assez longtemps. Sans que je puisse dire comment, j'avais la certitude au moment où je l'apercevais qu'il voyageait en fraude. Il racontait des histoires drôles, les gens dans le compartiment l'écoutaient en riant. Puis de la tête de la voiture arriva la voix du contrôleur demandant leurs billets aux passagers. Alors Berlusconi s'interrompit et me regarda, puis il me sourit en me disant : « Je vous en prie, madame, prenez ma place » et se leva. *Madame*. Alors qu'il s'adressait à moi. Il s'approcha, prit mes deux mains dans les siennes et me déclara avec douceur, dans des effluves de cosmétiques : « Veuillez m'excuser, madame, je ne vous avais pas vue. Prenez ma place, asseyez-vous », et tout en parlant, il surveillait du coin de l'œil le contrôleur en tête de voiture. Les autres occupants du compartiment replièrent leurs jambes et m'invitèrent à entrer. Une jeune femme me soutint par un bras, comme si j'étais une vieille impotente. J'avais percé la manœuvre, je savais que c'était une astuce pour qu'on ne le chope pas sans billet, mais je n'arrivais pas à l'exprimer et je me comportais comme si j'étais vraiment une petite mamie : je me laissais aider et m'asseyais. Avant de s'éclipser Berlusconi me regarda d'un air triomphant, plein d'orgueil et de vigueur, l'air d'un homme qui sait qu'il ne mourra jamais, parce qu'il continuera à vivre en chacun de nous. Voilà, en voyant la mine impudente de Rosy Malaparte s'éclairer d'un sourire solaire, velouté, *innocent*, tandis que sa main tire mon téléphone de la poche avant de son short, c'est cette expression qui me revient en mémoire : pas les centaines d'expressions analogues que Berlusconi a réellement affichées pendant ces vingt années, mais celle de mon rêve, *mon* expression, celle du Berlusconi qui est en moi.

« Je plaisantais ! », dit-elle en me tendant l'appareil.

Devant cette expression, je comprends que ma chance ce soir s'arrête là et que je dois partir sans perdre une seconde, parce que si je donnais suite, je me retrouverais dans les rangs des vaincus, simple argile entre les mains de cette créature. Mais je comprends aussi que si Goliath n'était pas là avec moi, si j'étais seul, tout en ayant compris qu'il est grand temps de tirer ma révérence, je ne bougerais pas, je répondrais à la fille, je lui donnerais la réplique, et ainsi je me retrouverais pris à son petit jeu où je perdrais derechef tout ce que j'ai réussi à récupérer jusqu'ici – la voiture, mon portable, ma dignité –, et je le comprends pour la simple raison que je suis déjà en train de penser que la matière indéfinissable contre laquelle mon téléphone vibrait était ni plus ni moins que – mais oui, vu la coupe oblique des poches avant de son short – son aine ; et de me souvenir que cet après-midi, pendant que j'étais ici, jouet de ses manipulations, ce même téléphone a vibré de longues secondes dans la poche de mon jean, oblique elle aussi, contre *mon* aine, fournissant le stimulus extérieur qui, ajouté à l'injonction Croque, tu t'en repentiras après, au conseil de Lello de lui accorder un délai et à la rouerie avec laquelle elle exhibait sous mon nez sa beauté vénéneuse a déclenché chez moi une bandaison inévitable ; et je déduirais de ces faits que, par vibration de téléphone interposée, les préliminaires d'une relation sexuelle ont eu lieu, et je serais exposé à la tentation de concocter avec elle un plan pour envoyer Ginger Rogers voir ailleurs si on y est et, restés seuls, consommer un rapport qui, à ce stade, se nimberait aisément d'une inéluctabilité fatale, karmique, et j'en passe, quitte à prendre sur la nuque au plus fort de nos effusions un grand coup vengeur assené par le même Ginger Rogers qui ne serait rien allé voir nulle part, et, privé de connaissance, être dépouillé non seulement des biens que je viens de récupérer, mais aussi des quatre mille euros en espèces que j'ai sur moi et peut-être aussi, par pure méchanceté – pourquoi pas ? – de mon pantalon, si bien que pour finir je me retrouverais au sens propre comme au sens figuré en slip...

En réalité – je tiens à le dire – toute cette élucubration ne dure pas plus de deux secondes et n'est possible que parce que j'ai cinquante ans et que désormais je connais bien mes faiblesses, ce qui, comme chacun sait, ne signifie pas que je sois en mesure d'y résister, mais que je peux les anticiper. Heureusement à mes côtés, il y a Goliath, comme je l'ai dit, et sa présence fait de moi celui qui raflera la mise ce soir.

« Merci », dis-je en prenant le portable qui continue à vibrer. Je l'éteins, le mets dans ma poche.

« Alors, excusez le dérangement et bonne soirée. »

Goliath fait un signe de la tête, un geste plus bovin qu'humain. Ni la fille ni Ginger Rogers ne répondent à notre salut et nous descendons l'escalier, sortons dans le jardin, puis dans la rue, sans un mot. Restent les deux dernières étapes.

« Allez à votre voiture, dis-je. Je déplace celle-ci et je vous rejoins. »

J'ouvre la Q3 avec la télécommande, désactive l'immobilisateur et démarre. Gianna Nannini aussi redémarre à pleins tubes, toujours la même chanson que cet après-midi : *Non c'è nessuna grazia / è un ago dritto al cuore...* Je la colle sur pause et pars en marche arrière jusqu'à la petite place, qui s'est vidée.

Je m'arrête à côté du Tundra, coupe le moteur et d'un geste invite Goliath à monter à côté de moi. Il va sans dire que la Q3 aussi s'agenouille sous son poids. Goliath sourit, il paraît ravi.

«Vous vous débrouillez bien, Paladini.

— Merci. Mais sans vous, je me serais fait baiser mon portable. Je n'aurais jamais compris où il était.

— Rien de plus facile. Il se trouvait à l'endroit où je concentrais mon attention. »

Un instant, l'image de Goliath assouvissant ses désirs sur le corps de Rosy Malaparte essaie de gagner mon esprit, mais c'est une telle énormité qu'elle ne peut tout simplement pas y entrer. Tant mieux, parce qu'on arrive à la dernière étape.

« Écoutez, dis-je, je l'emporte, ce téléphone. Je vous assure que je copierai ce qui m'est utile et qu'ensuite je le jetterai, mais pour cela j'ai besoin d'un peu de tranquillité. Demain. Aujourd'hui je n'ai pas la tête à–

— Faites comme vous voulez, m'interrompt-il. Après vous avoir vu à l'œuvre, je suis beaucoup plus tranquille.

— Vous seriez d'un autre avis si vous m'aviez vu cet après-midi.

— Peut-être, mais comment dit-on déjà ? L'important est de ne pas s'en nourrir.

— De quoi ?

— De brouet d'andouille. C'est un vieux proverbe paysan. » Il hoche affirmativement la tête. « Une grande vérité. »

Il a un profond soupir et me regarde.

« Plutôt, dit-il, êtes-vous sûr que cette voiture n'est pas volée ?

— Celle-ci ? Non, elle est clean. J'en suis certain parce que j'ai suivi le dossier depuis le début. Je sais où elle a été achetée, par qui, quand, à quel prix. Le mandat de récupération est authentique et, soit dit en passant, fait de moi la seule personne autorisée à la conduire. Bref, c'est comme si elle m'appartenait sans m'appartenir et rien ne peut la relier à moi. L'idéal, si on y pense, pour m'accompagner dans ma cavale. »

Son regard se teinte de perplexité.

« Sans permis...

— Ce n'est pas écrit sur le pare-brise qu'on m'a retiré mon permis. »

Sa perplexité se double d'une profonde compassion.

« Vous savez qu'en cas de contrôle, ça ne rigole pas. » Mais je lui rétorque :

« Pensez-vous. Ils m'ont chopé parce que je fonçais à cent quarante sur une départementale. Ça fait vingt ans qu'on ne m'a pas arrêté pour un contrôle. »

Il fait la moue, sceptique. J'insiste :

« Et puis, même si on m'arrêtait ? La première fois, on ne passe pas au tribunal. Une nouvelle amende astronomique et la messe est dite... »

Il secoue la tête. Là il ne veut vraiment pas lâcher le morceau. Je conclus :

« Bon, on va dire que je ne me ferai pas arrêter. »

Il me regarde, ou plutôt me dévisage.

« Vous savez que vous êtes fou ? lâche-t-il.

— Peut-être, mais vous avez vu dans quel pétrin je suis. Quoi que je décide, il me faut prendre des risques, alors je préfère opter pour un événement improbable d'un point de vue statistique, mais rester libre de mes mouvements. »

Goliath tourne la tête et, par la vitre, lance un regard vers son énorme Tundra, comme s'il fallait voir là son opinion écrite à ce sujet.

« Vous avez peut-être raison. » Et il le répète : « Vous avez peut-être raison. »

Puis il ramène le regard vers moi et frappe dans ses mains.

« Et maintenant ? Que prévoit votre plan ?

— Pour vous, rien. Votre tâche est terminée. Vous êtes libre.

— Vous ne dormez pas chez moi cette nuit ? Vous y êtes en sécurité.

— Je vous remercie, mais je ne reviens jamais deux fois au même endroit. »

Il acquiesce en souriant, son large visage resplendit dans toute sa gloire digne de l'Ancien Testament.

« Mais écoutez mon conseil, ne prenez pas le volant à cette heure-ci. Votre corps a donné des signes de fatigue. Vous avez besoin de dormir.

— Ne vous inquiétez pas, je dormirai. J'ai un lieu sûr où passer la nuit. Ce n'est ni chez moi, ni un hôtel, et en plus, ce n'est pas loin. Et demain, frais comme une rose... »

Je mime avec les deux mains le geste de partir, un très vieux geste qui n'a plus cours et que je n'ai probablement jamais fait de ma vie. Mon grand-père l'utilisait, c'est dire, et il l'accompagnait de l'expression « prendre la poudre d'escampette ».

« Bon, alors, merci pour tout », dis-je et je lui tends la main. Il me la serre, en y allant mollo, mais le poignet m'élance quand même.

« C'était normal.

— Au moins vous concernant, Lello a dit vrai, vous m'avez bien aidé.

— Et vous m'avez bien payé. » Il continue à me serrer la main.

« Au revoir, Mauro.

— Au revoir, Paladini. » Il finit par la lâcher. « Et que l'eau noire redevienne blanche. »

Il me faut plusieurs secondes pour comprendre l'allusion à notre mot de passe :

« L'idéal serait qu'il n'y ait pas d'eau du tout.

— *Claro.* »

Il descend de la Q3, qui, libérée de son poids, semble reprendre vie, et il réintègre le Tundra avec des mouvements amples et robustes, dignes de ce mastodonte. Il met le contact – un ronflement de chalutier –, allume ses phares et démarre. Je le laisse partir, le regardant s'éloigner sur ce faux bord de mer sans jamais rapetisser – un verbe que ni sa voiture ni lui ne pourront jamais conjuguer, jusqu'au moment où il disparaît dans le virage à droite qui le ramènera sur la départementale.

J'allume une cigarette, baisse ma vitre et fume en tirant de profondes bouffées. Je suis euphorique, et au-delà. Je coiffe la couronne de princesse, me regarde dans le rétroviseur, souris. Quand ma cigarette est finie, je la jette d'une chiquenaude et mets le contact en coupant tout de suite la chanson de Gianna Nannini qui depuis cet après-midi tente de se faire écouter. Soit dit en passant, D. est fan de Nannini, elle m'a emmené l'écouter en concert. Mais il se trouve, comme je le disais, que je suis euphorique et que je n'ai aucune envie d'écouter de la musique, aucun besoin d'absorber l'énergie d'une autre personne. Au contraire, c'est moi qui devrais chanter, crier, me lâcher, parce que je déborde d'une énergie monstrueuse, aussi inattendue que monstrueuse, et donc encore plus monstrueuse. Soudain j'aime être ce que je suis, j'aime avoir fait ce que j'ai fait et surtout, j'aime ce que je vais faire dorénavant. Je suis fier d'avoir mené ma barque avec cette maestria entre les mêmes écueils sur lesquels, quelques heures plus tôt, je m'étais échoué. Et surtout qu'on m'ait vu à l'œuvre. Devant trois témoins, j'ai soudain été comme, dans mon for intérieur, je sais que je ne suis pas : décidé, désinvolte, déterminé, patient. Et même s'il s'agit d'une imposture ou peut-être précisément pour cela, la chose me comble. Comme dans le rêve dont je me suis souvenu tout à l'heure – à ce stade, je dois considérer que ce n'est pas un hasard –, je suis devenu ce que je ne suis pas, ce qui, certes, me rend complice, mais aussi invisible, et donc invulnérable. Je pars en cavale et personne ne le sait. L'opacité du monde, et celle de mon pays en particulier, tant de fois déplorée au cours d'une existence qui s'est toujours placée du côté de la raison, devient, depuis que je suis passé du côté obscur, une main amie et protectrice. Qui pourra me retrouver à partir du moment où je décide de ne plus être là ? Qui pourra me condamner pour ce que je suis si personne ne sait ce que je suis ? Et puis, la raison qui scelle cette fraternité inopinée avec mon peuple, qui justifie mon entrée dans la tribu des menteurs, des délinquants en cavale, des blanchisseurs d'argent sale, des conducteurs sans permis, des voleurs, des receleurs, des maîtres chanteurs, des types pistonnés, des fraudeurs fiscaux, des individus corrompus, des corrupteurs, des enfants de salaud, des mecs qui profitent de la misère d'autrui, des coquins sympathiques et de tous les gens propres sur eux mais pourris à l'intérieur qui, avec un culot désarmant, continuent à exiger qu'on les considère comme des gens bien, la raison donc pour laquelle je rejoins ce beau monde n'est-elle pas en définitive que je n'ai rien commis de mal, qu'on m'a seulement mouillé dans une sale combine, que je suis *innocent* ?

Je me sens bien, c'est un fait. Et si, par une absurdité statistique, je suis l'objet d'un contrôle, je ferai comme Patrick quand il a défoncé la vitrine de la perception à Ostie : « Votre permis, monsieur. » Et lui : « Encore ! C'est vous qui l'avez mon permis ! Il est chez vous, vous me l'avez déjà pris ! Vous êtes des maniaques, des obsédés de mon permis ! Faut vous faire soigner ! » Voilà ce que je répondrai, ce que je crierai. Au moins je me défoulerai, je marquerai le coup, je me ferai plaisir...

Je me sens bien et je ne suis même plus fatigué, j'ai juste très mal au poignet. J'ai supporté cette douleur toute la journée et toute la journée j'ai langui après mon attelle qui aurait pu la soulager, mais elle était restée dans la Yaris. Parfait, je vais la soulager. Regardez-moi bien, parce que je me gare sur le bord de la route, juste derrière la Yaris abandonnée sous les pins. Regardez-moi. Je fouille dans le vide-poche de cette voiture d'un luxe éhonté. En quête de quoi ? En quête d'un truc pour – ah voilà qui est parfait : le marteau de sécurité Michelin, gadget très en vogue parmi les concessionnaires, que nous aussi de Super Car offrons à nos clients. À la fois torche clignotante, manomètre numérique, coupe-ceinture et, j'y arrive, brise-vitre, il pourra vous sauver la vie dans certaines situations périlleuses – accident, portières, vitres ou ceintures bloquées, fuite de carburant au réservoir, danger d'incendie ou d'explosion –, mais il pourra se révéler utile de bien d'autres façons, comme je vais en faire la démonstration. Regardez-moi, je descends de la Q3, cet ustensile à la main. Il fait nuit, la route est déserte, il ne passe personne, et même s'il passait quelqu'un, il ne me verrait pas, mais essayez de me voir, vous. Je n'ai pas les clés de la Yaris, elles sont sur la table de mon bureau – vous vous souvenez ? –, où elles attendent que demain, Virginio, le retraité qui travaille au noir pour nous, les récupère et vienne chercher la voiture. Mais je suis équipé du marteau de secours Michelin, ce qui d'un point de vue technique, dans ma situation, remplira leur office. Me voici près de l'aile droite de la Yaris, celle qui donne sur la campagne ; me voici qui lève le bras au ciel pour me causer un tort à moi-même et cambrioler mon propre véhicule avec la certitude que je n'en paierai pas les conséquences, puisque celui-ci est assuré contre le vol, les effractions et les actes de vandalisme. Tout est paisible autour de moi, tout repose. Des phares apparaissent au loin, s'approchent très vite et me dépassent à une vitesse proche de celle pour laquelle je me suis fait épingler cet après-midi. Ce Fangio y coupera-t-il ? Affirmatif : personne ne l'a vu, il ne s'est rien passé. Et croyez-vous qu'il m'ait vu, qu'il m'ait remarqué ? Négatif, il ne m'a pas vu. Et même si, j'étais caché derrière moi-même et il ne se serait pas soucié de cet individu immobile au bord de la route. Là, l'obscurité est revenue, et avec elle le calme aveugle de la campagne. Là, regardez et admirez la formidable valeur symbolique d'un homme qui lève une arme contre lui-même pour adoucir sa propre douleur ; regardez ce geste, et écoutez cet aveu pendant que vous y êtes : *j'ai toujours eu envie de péter une vitre.*

Crac !

C'est fait. Le monde est un verger. Pour satisfaire son appétit, il suffit de tendre la main et de cueillir le fruit. Voici l'attelle. Je l'enfile, j'ajuste le scratch : mon poignet est bloqué, le soulagement immédiat. Les éclats de verre composent un texte sur le siège de la Yaris, un message cordial qui miroite à mon intention : *bienvenue dans l'Italie invisible.*

SECONDE PARTIE

Terres rares

1

Post coitum omne animal triste est,
sive gallus et mulier.

Auteur inconnu

Dianette. C'est son vrai nom : Dianette. C'est le nom de la pilule qui n'a pas marché quand sa mère est tombée enceinte. Pendant les deux tiers de sa vie, Dianette l'a porté avec fierté, avant d'en avoir honte soudain et de le changer en Diana. À l'état civil, sur ses papiers, partout : Diana Sallustri. Bien sûr, certaines personnes l'appellent encore Dianette (ses parents, Patrick, deux ou trois vieilles copines), parce que c'est beaucoup plus compliqué de se faire refaire un prénom que de se faire refaire le nez, et le résultat est que D. tend à voir ces personnes-là le moins possible ou à ne plus les voir du tout. Moi qui suis entré dans sa vie il y a quatre ans, je devrais l'appeler Diana sans réserve, mais depuis que j'ai appris l'histoire de son prénom, je n'y arrive plus sans un certain embarras, alors j'esquive la difficulté en abrégeant son nom à la romaine, *Di'*, quand je m'adresse directement à elle.

Exemple :

« Ça va, Di' ? »

Parce qu'elle est ici, à côté de moi...

« Oui », me répond-elle, sans lâcher la route du regard.

... au volant de la Q3 lancée à cent quarante à l'heure sur l'autoroute Rome-Civitavecchia, puis elle se tait, absorbée par l'écoute du CD de Gianna Nannini, à plein volume pour rivaliser avec le vent qui siffle par la vitre entrouverte et décoiffe ses boucles blondes. À la voir ainsi – mais il faudrait qu'elle ait les épaules couvertes –, on jurerait une de ces superbes grandes bourgeoises dans la fleur de l'âge, sexy et bronzées, habituées aux voitures de luxe et aux longs étés coûteux, à l'abri d'un patrimoine sûr qu'aucune crise ne pourra jamais entamer. Mais ses épaules sont nues...

« Et toi, chéri ? », ajoute-t-elle.

... alors non, c'est clair, D. n'est pas une grande bourgeoise, mais alors pas du tout du tout. Elle rentrerait plutôt dans la catégorie de la marginale pur sang, à seize quartiers, c'est-à-dire fille, petite-fille et arrière-petite-fille de marginaux de la banlieue romaine du siècle dernier, ayant tous plus ou moins mal tourné. Ses parents, nés l'un et l'autre à la Massimina, ont décidé de la garder en dépit du conflit prévisible entre cette procréation et leur intérêt prononcé pour les substances illicites et les infractions au code de la route, et, dans un rugissement d'orgueil, ils l'ont appelée comme la pilule qui, à les en croire, avait fait chou blanc, même s'il est beaucoup plus probable que sa mère ait raté une prise. « C'était une époque sensas à Rome, a déclaré son père à ce sujet la seule fois où je lui ai parlé. On avait des joueurs comme Bruno Conti, Falcão, Er Califfo : c'était bien le moment de pondre un chiard. » Pour cette raison, donc, D. voit le jour le 29 juillet 1981, en gros quand sa presque homonyme, la vicomtesse Spencer, et le prince Charles d'Angleterre convolent à Londres en la cathédrale St Paul. Un an et demi plus tard naît son frère Bruno Miguel, conçu en revanche de façon délibérée pendant la célébration très arrosée de la victoire de l'Italie au Mondial de 1982, et ainsi prénommé en hommage, côté paternel, au déjà cité Bruno Conti et, côté maternel, à Miguel Bosé pour sa chanson où tous les marginaux nés dans les années cinquante se reconnaissaient. À l'époque, j'avais sous-estimé ce tube qui me tapait sur le système parce qu'on n'entendait plus que ça à la radio, à la télé, dans les juke-box, et c'est depuis que je suis avec D. que je reconnais sa valeur d'hymne tragique au martyre urbain qui allait livrer presque tous les marginaux de cette époque à la mort, au sida ou à la prison. Aujourd'hui j'en connais les paroles par cœur : *On est des chic types, nous les copains nés en 56, poètes lâchés dans un monde en défaite, où la vie n'est qu'une pirouette. On marche sur un fil en plein ciel, cent mètres au-dessus du pavé, on est un point là-haut, un drapeau au vent de la ville. Rester debout tient de la magie dans les magouilles et l'hypocrisie. On avance sans regarder en bas, impossible de revenir sur ses pas.* Pas mal non ? On est loin de la petite rengaine anodine. Et après : *On marche, livrés à nous-mêmes dans un monde qui sombre, en suspens dans le temps, en quête depuis toujours. Je vis comme je peux, mon amie, j'ignore qui je suis, et ce qu'il en sera de moi, mon avenir est deux mètres devant, je suis ma route, c'est tout. On marche sur un fil en plein ciel, on risque de tomber à tout instant, en suspens dans le temps, ballottés dans le vent de la ville.* Et ça finit en apothéose de la marginalité, sur une déclaration qui résonne comme une prophétie solennelle : *On est ailleurs, loin, Dieu sait où, on vient d'un long hiver, en direct de l'enfer. On est tous des chic types, plutôt mal barrés, sur ces routes encombrées, sans point d'arrivée. Un peu ivres et un peu tristes, on est tous des paumés, dans ces années sans cœur, dans cette vie toujours pareille, nous les chic types, les copains mal barrés.* Et pan dans les dents. Il fallait la citer en entier, parce qu'on y respire l'air du temps dont D. s'est nourrie, qu'elle exprime ses valeurs. C'est l'histoire qui l'a poussée vers une adolescence précoce, où elle a subi tous les traumatismes possibles et que je ne raconterai pas en détail parce que je n'en connais pas tout, mais elle inclut la came, l'alcool, divers délits, un père en prison, un beau-père qui prend sa place, encore de la came, encore des délits, encore des arrestations, des accidents de la route, des incendies, des déracinements, des violences probables de la part du beau-père en question (selon moi, car elle n'en a jamais soufflé mot), un conflit permanent avec sa mère, des assistantes sociales, de l'agressivité, de la colère, de la rébellion, la fugue à seize ans avec Kocis, une tête brûlée de la banlieue Ildebrando qui l'entraîne dans une histoire échevelée d'amour et de transgression. Ce sont les années où elle est encore

Dianette, dont je sais seulement qu'elle les a vécues avec une inconscience crâne, chevauchant sa beauté comme une bécane, et qu'elles ne lui ont pas été fatales, uniquement parce que la nature l'a dotée d'un providentiel anticorps contre les drogues. En effet, d'après ce qu'elle m'a raconté – et je la crois –, chaque fois qu'elle prenait le moindre truc, même un simple joint, cela déclenchait une paranoïa si violente et douloureuse qu'elle a été obligée de s'abstenir de toute substance stupéfiante. Ce qui lui a évité de sombrer dans la dépendance en même temps que Kocis, mais pas de le suivre dans son autre obsession de l'époque, les Indiens d'Amérique, avec qui il théorisait une identification plutôt tirée par les cheveux. (Du reste le nom de bataille qu'il avait choisi conjuguait à la perfection ses deux passions, puisqu'il faisait référence à la fois au grand chef apache et au surnom, que j'ignorais, par lequel dans son milieu on désignait alors la cocaïne, à savoir *Koci*.)

« Très bien », lui dis-je, ce qui est faux.

Comme on le comprendra, D. ne parle pas volontiers de cette période, mais il n'est pas difficile de l'imaginer avec ce petit con, belle comme un cœur en jeune squaw de la zone qui suit son guerrier dans ses prouesses, lui prépare le calumet sans pouvoir y toucher et, la nuit, dans l'intimité du tipi, le récompense de son courage devant les bisons et les visages pâles. Moi non plus je n'aime pas y penser et, si cela m'arrive, c'est seulement parce que le contraire est impossible, puisqu'elle en porte les signes sur tout le corps. En particulier en cet instant, comme je le disais, sur ses épaules que son débardeur noir marqué du slogan JE VEUX TOUT sur la poitrine laisse découvertes : des épaules lisses et lumineuses envahies par les extrémités du majestueux tatouage attrape-rêves qui orne son dos. C'est un tatouage superbe, exécuté selon la vieille et très douloureuse technique ojibwa par je ne sais quel maître tatoueur de Torpignattara. Il consiste en cinq grands cercles formant une grappe, deux sur les omoplates et trois le long de la colonne vertébrale, remplis de motifs floraux et de filets aux mailles très fines et agrémentés de grandes plumes bleues pendant au bout de cordelettes. Sa fonction dans la tradition des tribus indiennes d'Amérique du Nord est de protéger les rêves en capturant les cauchemars dans ses volutes jusqu'au matin, quand la lumière du jour les fera fondre comme neige au soleil. Il est magnifique, mais je m'aperçois qu'il est vain de le décrire avec des mots et qu'un dessin ou même une photo ne lui rendrait pas davantage justice. C'est sur la peau nue de D. qu'il faut le voir, c'est l'ensemble qu'il forme avec sa chair qui le rend inoubliable. Quand D. me l'a montré, la première fois qu'elle s'est déshabillée devant moi, la combinaison de son dos florentin et de ces incroyables fioritures multicolores m'a littéralement coupé le souffle. Et, à dire vrai, c'est toujours le cas, voici une heure encore, quand nous avons fait l'amour chez sa copine, parce que je n'ai jamais rien vu de plus beau dans ma vie. Il n'empêche que ce tatouage (de même que les six autres, très beaux, mais beaucoup plus petits, disséminés sur tout son corps) constitue aussi une marque indélébile qui rattache D. à ces années de dérive, avec lesquelles elle n'arrivera jamais à prendre entièrement ses distances, ainsi qu'elle le voudrait. Parce que, comme certains l'auront deviné, Kocis n'est autre que – hop là – *Patrick Negretti*, c'est-à-dire l'épave humaine père de ses enfants qui continue à la harceler. Et le moment où il a abandonné son glorieux nom de bataille pour reprendre celui qui figure à l'état civil coïncide avec la manœuvre inverse de Dianette devenant Diana. Le tout coïncide avec un grave accident de la route dont elle a été responsable et qui lui a permis de découvrir qu'elle était daltonienne. Un feu rouge pris pour un vert, un grand choc contre un fourgon et la belle marginale qui marchait sur un fil comme Miguel Bosé, comme Kocis, comme ses parents, s'est réveillée en sursaut, accédant à la conscience. À la peur et à la conscience. À rebours de ce qu'il se passe habituellement, une longue cicatrice hypertrophiée s'est superposée au dessin du tatoueur sur son épaule droite – la voici, je la caresse –, mais le choc qui a mis un terme aux aventures de Dianette était dû à ce surprenant diagnostic de daltonisme. À la façon dont elle en a toujours parlé, je crois que D. a considéré la découverte de son handicap comme une sorte d'appel à la vie consciente que jusque-là elle avait méprisée avec tant d'agressivité, et si je dévoile que sa vénération pour *Rusty James* a pesé dans cette conversion, j'aimerais que personne ne rie. Elle avait dix-neuf ans et pour elle une maladie génétique qui lui donnait un point commun avec Motorcycle Boy constituait un signal plus que suffisant pour comprendre qu'il était temps d'infléchir son destin.

Là où D. commit une bêtise, c'est quand non contente de changer le sien, elle s'entêta à changer aussi celui de Patrick. Elle prétend qu'à cette époque elle agissait poussée par l'impératif de racheter leurs deux existences, parce qu'elle était encore imprégnée de ces fadaises indiennes de leurs années de zone, selon lesquelles le véritable guerrier n'est pas celui qui ôte la vie à son ennemi, mais celui qui se sacrifie pour sauver celle de son compagnon. Abandonner Kocis aurait été un geste infâme, dans l'optique de D. à l'époque, tandis que le choix juste était de le transformer en Patrick Negretti et de faire de lui un homme qu'on puisse aimer pour de bon.

Forte de ces nobles présupposés et déterminée à conquérir pour tous les deux une vie normale, elle déploya à vingt ans des efforts spartiates, assurément deux ou trois fois supérieurs à ceux qu'elle avait fournis jusque-là pour la fuir. Mais sans y parvenir. Tandis qu'elle atteignait les uns après les autres tous les objectifs qu'elle s'était établis (changement de nom, inscription aux cours du soir, obtention du diplôme de comptable, travail temporaire dans une entreprise de matériel de jardinage à Casal Palocco, location d'un deux-pièces à l'Infernetto, mission dans une coopérative de pépiniéristes d'Acilia, naissance de son fils, inscription à la faculté des sciences naturelles de l'université de Rome 3, CDI dans une grande pépinière à Castel di Guido, mariage, stratégie de persuasion couronnée de succès à destination de son beau-père pour qu'il déménage à Velletri avec sa mère en laissant à Patrick et elle le pavillon de la Residenza Aurelia où elle habite toujours, onze examens universitaires passés avec une moyenne honorable et naissance de sa fille), Patrick ne bougeait pas. Il ne restait pas à la traîne, comme elle le croyait, ralenti par sa lutte contre la toxicomanie, non, il était immobile, figé, scotché sur la ligne de départ, incapable de faire un seul pas. D. s'en aperçut à l'improviste, quand une légère dépression postnatale la poussa à un geste auquel elle n'avait jamais cédé en neuf ans. Il lui suffit d'aller mettre une seule fois le nez là où pendant plus de trois mille jours elle n'avait jamais regardé – les poches de Patrick, le vide-poche de sa voiture, son téléphone portable – pour découvrir l'implacable vérité. Ce minable n'avait jamais rien fait de ce qu'il lui avait promis qu'il ferait, puis juré qu'il avait fait. Il s'était simplement laissé couler, se réfugiant dès le premier jour dans les bras consolateurs de la Grande Amie de tous les drogués : l'Affabulation. Même les tentatives ratées, les échecs qu'il avait avoués et qu'elle avait stoïquement acceptés et pardonnés étaient des mensonges. Rien n'était vrai de la vie qu'elle croyait avoir vécue, à part qu'elle avait fondé une famille avec un petit camé, dealer, délinquant, parasite, hypocrite, menteur, enfant de salaud. On pourrait se demander : mais enfin, elle ne le savait pas ? En neuf ans, elle n'avait rien vu ? Elle ne s'était pas aperçue que dans sa lutte quotidienne pour la normalité, il n'était pas à ses côtés, qu'elle le traînait de force comme une casserole attachée au cul de la voiture ? La réponse est non, elle ne s'en était pas aperçue, et pas par bêtise, mais parce qu'elle était restée intègre et pas lui, qu'il était corrompu et lui mentait tous les jours sans cesse sur tout. Elle n'avait tout simplement pas pris en compte cette banale éventualité et, par conséquent, était incapable de la concevoir.

Elle le mit au pied du mur de ses manquements, et Patrick reconnut tout. Elle lui intima de choisir entre la cocaïne et elle, et Patrick la choisit. Elle lui ordonna de suivre une cure de désintoxication, et Patrick accepta. Elle l'avertit que c'était la dernière chance qu'elle lui laissait, et Patrick jura qu'il ne la gâcherait pas. Tout cela ne rendit pas à D. le plus petit de tous les espoirs qui venaient de s'effondrer, mais au moins la guérit de sa dépression postnatale. Et Patrick partit se faire soigner dans une communauté catho.

Ce que D. découvrit à son retour, quatre mois plus tard, en recommençant aussitôt à fouiner dans son téléphone portable, la bouleversa. Maintenant Patrick la trompait, et pas avec la première nénette venue. Il la trompait avec Lucy, la *meuf* de l'Ildebrando qu'il avait quittée quinze ans plus tôt pour se mettre avec elle. D. le prit très mal. Elle ne jugea pas nul, glauque et surtout assez prévisible que Patrick, dans la situation d'échec où elle l'avait placé, aille se réfugier entre les bras de la petite nana à qui il avait brisé le cœur quand il était Kocis. Elle jugea la chose intolérable, point. Elle le flanqua à la porte manu militari, sa fille accrochée à son cou et un couteau à la main. Couteau qu'elle lui lança, en le ratant, quand il protesta en arguant que l'ultimatum portait sur la came et que depuis quatre mois il ne se camait plus. Tire-toi, pauvre bouffon, dégage, gros naze, fous le camp d'ici, de l'air – blam !

Un mois plus tard à peine, ses affaires encore entassées dans le débarras, Patrick fut arrêté. Un an plus tard, alors qu'il purgeait sa peine pour trafic de drogue, D. et moi on s'est mis ensemble. Il a été libéré l'année suivante à la faveur d'une remise de peine et le cirque actuel a commencé. Patrick assiège son ancien domicile, tempête, alterne accusations et demandes de pardon. Il suffirait sans doute de porter plainte pour y couper court, mais c'est une solution que j'exclus. Parce que je vois les choses ainsi : j'ai débarqué dans la vie de D. et de ses enfants avec ma normalité ravageuse et je réussis à calmer Patrick, à l'amadouer, le faire réfléchir. Alors je considère de ma responsabilité de protéger son nid contre ses propres assauts. Je n'ai jamais cru qu'il puisse se comporter à l'avenir beaucoup mieux qu'il ne s'est comporté jusqu'à présent, mais au fond c'est un pauvre type, il n'est pas violent et surtout c'est toujours le père des enfants, or un père est un destin et le laisser sombrer au fond du gouffre ou l'y pousser une bonne fois ne me semble pas opportun. On a tout avantage à essayer de le garder debout, à le supporter, à lui donner le temps de prendre la mesure même vague du besoin que ses enfants ont de lui et, si le déclic ne vient pas – parce qu'il ne viendra pas, compte tenu des épisodes récents, et encore plus des dernières péripéties en date, à savoir ce qu'il a trafiqué la nuit dernière et que je n'ai pas encore révélé à D. –, les laisser le cas échéant lui filer le coup de pied au cul qu'il mérite quand ils seront grands. Mais si c'était D. qui le lui donnait, ce serait comme si c'était moi. Et si moi je lui bottais les fesses, on ne serait pas loin de l'homicide. Or ce sont les enfants qui doivent tuer le père, à mon avis, pas les amis de la mère.

« Tu m'allumes une cigarette, s'il te plaît ? », me demande D.

Je l'allume et la lui passe. Elle me remercie, tire une longue bouffée et remonte sa vitre pour éviter que le vent transforme la cigarette en un tison incontrôlable. Elle me lance un regard rayonnant, revient à la conduite. Pour toile de fond, la mer Tyrrhénienne d'un bleu intense, ridée par le vent : encore une de ces journées où tout devient plus beau. On est à Civitavecchia et on se croirait à Sorrente. Vitres fermées, la musique est trop forte, mais il ne faut pas compter que D. la baisse : elle écoute *Sei nell'anima*, sa chanson préférée.

Pourtant si, elle baisse le volume, et me regarde à nouveau.

« Qu'as-tu ? me demande-t-elle.

— Rien. » Mais c'est faux.

« Tu es inquiet ?

— Non. » Mais c'est faux.

Elle tient sa cigarette entre ses lèvres, malgré la fumée qui lui rentre dans les yeux.

« Si, tu as quelque chose. Alors, c'est quoi ?

— J'ai mal au poignet. » Mais c'est faux.

« Pauvre chou. Tu as forcé dessus. »

OK, elle y croit. Elle sent que quelque chose cloche, elle l'exprime, s'en informe, mais prend pour argent comptant la première réponse qu'on lui donne, bidon, mais rassurante. Elle retombe dans la même erreur...

J'essaie de me mettre à sa place, de sentir en moi son énergie, son optimisme désarmé. Je suis une belle jeune femme et j'emmène à Milan mon homme qui ne peut pas conduire parce qu'on lui a retiré son permis ; je l'ai décidé d'instinct, après un orgasme dans ma chambre chez mon amie à Fregene. J'ai agi vite, avec pragmatisme : j'ai téléphoné à Magalì, qui était déjà à la plage avec tous les enfants et je lui ai raconté la vérité – que Pietro s'était fait sucrer son permis et qu'il fallait que je l'emmène à Milan. Je lui ai rappelé de protéger Eden avec de la crème solaire coefficient 50, de donner à Kevin son mélange de vitamines avant le dîner, je l'ai remerciée avec effusion et me suis mise à la totale disposition de mon homme. J'ai éprouvé un naïf sentiment de libération devant la perspective de passer un ou deux jours seule avec lui, prendre l'autoroute, manger au restaurant, faire l'amour à l'hôtel sans devoir me préoccuper des enfants, voir Milan pour la première fois, mais le plus excitant, c'est cette occasion de jouer auprès de lui le rôle qu'il remplit en général auprès de moi, à savoir normaliser les choses. Il a insisté pour me dire que ce n'était pas nécessaire, qu'on ne l'arrêterait pas, il revenait sans cesse sur les enfants qui le prendraient mal, mais je n'ai rien voulu entendre. Je connais l'engrenage, je l'ai déjà vu fonctionner : au départ on sous-estime le risque, on commence par enfreindre une loi, puis une autre, et une autre, et on se retrouve les mains sales, coupable, *de l'autre côté*. C'est la personne la plus propre que j'aie rencontrée dans ma vie et il semblerait que son associé l'ait fourré dans un sacré pétrin, donc il risque déjà gros. Il est inenvisageable que je le laisse seul, exposé à commettre des délits. Pas lui. Côté hommes en délicatesse avec la loi, j'ai déjà donné, merci. C'est moi qui vais l'emmener à Milan c'est décidé, ça ne se discute pas...

Puis quand j'ai découvert la voiture de rêve que j'allais conduire, un truc de malade que je sais apprécier, parce que j'ai gardé de ma jeunesse folle la passion des chevaux d'acier, mais dont l'envie ne m'a jamais effleurée, j'ai ressenti un frisson de bonheur ainsi que la certitude limpide que ce temps que je lui consacre est en réalité un cadeau que m'offre le destin, un verre de très bon vin après tous les calices amers que j'ai dû boire.

Voici ce qu'elle éprouve – ce que j'imagine qu'elle éprouve – et qui la rend aussi rayonnante et désinvolte, aussi scandaleusement belle. Par ailleurs, il y a ce que j'éprouve moi, qui n'a rien à voir. Avant tout, l'histoire n'est pas comme elle le croit. Je lui en ai raconté à peine le quart : je n'ai pas soufflé mot de Rosy Malaparte, de la gamine et de sa main coincée dans la porte, du verre de whisky et des élucubrations auxquelles je me suis livré en le sirotant. Mais ce n'est pas un problème, puisque désormais, tout cela *n'a pas eu lieu*. Pas soufflé mot des Roumains, des types dangereux, mais pas de Jürgen non plus, ni des billets marqués avec lesquels il m'a réglé son acompte. Je ne lui ai pas dit que Goliath me les a changés, que je les ai déjà utilisés de façon indue puisque mardi prochain Jürgen ne pourra pas récupérer le Cherokee. Je ne lui ai pas dit que j'avais retrouvé mon portable, ni que Claudia a fugué, ni que moi-même je suis en cavale. Et je n'ai pas menti pour la protéger : je lui ai menti parce qu'elle appartient à ce monde en flammes que je fuis, je lui ai menti parce qu'elle est la fleur qui pousse dans la terre qui se dérobe sous mes pas. Et vu la tournure que prennent les événements, j'ai bien peur que cela marque la fin pour nous deux.

Parce que la réalité est là. Tant que c'était moi qui m'occupais d'elle, de ses déboires familiaux ou de ses palmiers malades, tout allait bien. Tout allait bien tant que j'étais la personne solide et D. celle qui vacillait. Mais maintenant que c'est moi qui suis dans la mouise, le contraire ne fonctionne pas. Sauf qu'elle l'ignore. Et surtout elle ne soupçonne pas que sous cette pression, à l'improviste, j'ai recouru au mensonge comme son ex. Bien sûr, il est regrettable que je lui aie menti, mais il l'est tout autant, me semble-t-il, qu'elle me croie les yeux fermés et qu'elle fournisse en cet instant précis l'effort que jusqu'ici elle n'avait jamais fourni pour rééquilibrer notre couple, lui conférer une certaine stabilité, avec pour tout résultat de prouver que ce couple ne pourra jamais être stable ni équilibré, qu'il ne pourra même jamais être un couple véritable, tel qu'elle-même l'imagine, puisqu'au moment où l'un des deux se met à mentir, l'autre n'y voit que du feu. Le fait qu'elle croie mes mensonges est grave, parce que cela me rend méprisable, et elle pathétique. Si on y regarde bien, c'est un schéma récurrent qui a gâché quinze ans de sa vie derrière Patrick Negretti et où, découvrira-t-elle bientôt, elle en a gaspillé quatre autres avec moi : le schéma où elle est toujours une victime et son mec toujours un sale con. C'est sans issue.

Elle ne devrait pas être ici, voilà tout. La bonne façon de me faire confiance, dans le cas présent, serait de me laisser affronter la situation, d'y rester extérieure, inquiète et sans nouvelles pendant des jours, d'attendre que ce qui doit arriver arrive. Pas d'essayer de se rendre utile. Et si à la fin j'étais revenu vers elle – soit après avoir résolu tout ce pataquès soit au contraire avoir goûté de la prison, m'être fait casser la gueule, m'être retrouvé sur le pavé, ou les trois à la fois, pour ensuite m'en sortir d'une façon ou d'une autre –, alors un couple tel qu'elle l'imagine aurait été possible et nous aurions pu rester ensemble. Mais pas avant. Ensemble maintenant, non.

Voilà ce que j'ai. Mais comment le lui dire ?

Et pourtant...

Et pourtant, il faut que je parle, que je me bouge, parce qu'il est hors de question qu'elle vienne avec moi. Il faut que je l'arrête et il ne me reste que deux solutions. L'une pourrait encore en théorie nous sauver la mise, nous permettre de balayer la poussière sous le tapis en suivant des trajectoires séparées, chacun à sa place le temps nécessaire, et voir si la suite des événements nous apportera du bon. Je vais la tenter, bien sûr, mais je sais qu'elle ne marchera pas, parce que je connais D. et que je mettrais ma main à couper que c'est râpé d'avance.

« Oui, dis-je, il y a quelque chose.

— Et c'est quoi ?

— Les enfants. Plus j'y réfléchis, plus je trouve que ça ne va pas de les laisser comme ça, sans les avoir avertis. Il vaut mieux que tu rentres t'occuper d'eux, je t'assure. »

Elle se tourne, me regarde, la bouche déjà tirée en un sourire de défense crispé, mais encore plein de bonne volonté.

« Tu recommences ! s'exclame-t-elle. Les enfants vont très bien, Pie'. Magalì est géniale, elle les traite comme ses propres gosses. »

Raté, c'était couru. Pourtant j'énonce une vérité élémentaire, dont elle est consciente. Il suffirait de faire preuve d'un minimum de docilité, de capacité à changer d'idée. À quoi sert de changer de nom si on est infoutu de changer d'avis...

« Non, ils ne vont pas très bien, dis-je. Ils ne vont jamais très bien et ils iront d'autant moins bien quand, à leur retour de la plage, ils découvriront que leur maman est partie à l'improviste, sans leur dire au revoir. C'est une période difficile pour eux, il faut leur accorder une extrême–

— Écoute, tu ne vas pas me gonfler. » Bing, elle me coupe. Quand elle parle comme ça, c'est qu'elle est déjà furax. « Tu m'as déjà vue partir en voyage, peut-être ? Je ne sors jamais, même pas pour un ciné. Je passe tout mon temps avec eux. » J'insiste :

« Ils vont en souffrir, Di'. Il faut que tu retournes auprès d'eux, tout de suite.

— Ça, t'oublies. Là tout de suite ils n'ont pas besoin de moi. Mais toi, oui. Tu as tout faux si tu crois que je vais te laisser conduire sans permis, pigé ? »

La tentative a déjà capoté. Mais comme le fait qu'elle s'énerve me met en rogne à mon tour – puisque sur ce coup c'est quand même moi qui ai raison alors qu'elle tourne les choses de façon que son attitude passe pour de la simple sagesse quand il s'agit avant tout d'une incapacité à comprendre qu'elle doit me laisser seul, bon sang de bon sang –, il faut que je lui sorte de la tête cette idée qu'elle serait *nécessaire*. Je reprends :

« Écoute, voilà ce qu'on va faire. Tu vas sortir de l'autoroute à Civitavecchia nord et me déposer à la gare. J'irai à Milan en train, pour moi ça ne change rien. » Ce qui est faux, ça change la donne et bigrement. « Tu gardes la voiture et tu rentres à Fregene à temps pour le déjeuner. Qu'en penses-tu ? »

Maintenant j'ai raison à deux cents pour cent. Ce serait la bonne décision de son point de vue aussi, bien plus que d'abandonner ses gosses avec des gens qu'ils connaissent à peine. Ce qu'il s'est passé la nuit dernière et dont je n'ai pas encore réussi à lui toucher mot se passerait cette nuit, j'affronterais mon destin tandis qu'elle resterait activement à sa place et la paix des ménages serait sauve.

Mais c'est sans espoir. Il ne faut pas se bercer d'illusions sous prétexte qu'elle n'a pas répliqué du tac au tac, qu'elle semble réfléchir à mes paroles. Elle n'y réfléchit pas. Elle se demande qu'est-ce que c'est que ce binz, pourquoi j'insiste autant. Elle considère peut-être l'éventualité que j'aie une autre femme dans ma vie, le frisson d'une révélation insinue peut-être en elle le doute que, oui, les hommes sont tous les mêmes – menteurs, salauds, infidèles – comme d'ailleurs elle le dit toujours, mais en riant, avec l'air de ne pas y croire, plutôt pour conjurer le danger. Ou simplement elle flaire que je ne lui ai pas tout dit. Non, elle n'aura pas la bonne réaction. Elle est arrivée trop près de dynamiter à nouveau toute sa vie, elle passera à l'acte. Pour l'y aider, rien de tel que la seconde solution.

2

Où est l'aigle ? Il a disparu.

SEATLH, chef de la tribu Duwamish

En fait, hier soir, quand je suis arrivé chez elle où j'avais décidé de dormir parce que c'est une adresse qu'à l'exception de Claudia, personne ne peut associer à moi, j'ai trouvé la maison dévalisée et je suis certain que le coupable est Patrick, parce que, d'accord, tout était sens dessus-dessous, que la télé grand écran, le poste télé neuf de la cuisine et le lecteur DVD que j'ai offert à D. pour Noël avaient disparu et que dans la chambre des restes de banquet traînaient parmi ses bijoux comme si le cambriolage avait été commis par un voleur occasionnel, mais que, par exemple, il manque aussi le tableau de l'entrée qu'elle appelait « Les Intérêts » (parce qu'il y a quelques années, D. a prêté plusieurs milliers d'euros à un copain de Patrick qui avait promis de les lui rendre avec un intérêt de quatre pour cent, sauf que le moment venu, au lieu de s'acquitter des intérêts, le type lui a donné cette croûte infâme, à l'évidence sans aucune valeur, qu'il prétendait être un Tanzio da Varallo à restaurer, et Patrick s'était montré convaincu), tandis que l'ordinateur portable qu'il a offert à Kevin l'an dernier, allez savoir avec quel argent, n'a pas bougé, et que, surtout, il manque toutes les photos des enfants dans les cadres en argent, tandis que celles de D. ont été jetées par terre, les sous-verre brisés, les clichés arrachés, bref c'est signé, c'est lui, il est passé en mode agressif avec ce beau résultat, sauf que moi hier, je ne risquais pas de signaler l'effraction à la police. Ç'aurait été un comble : décider de partir en cavale, mais comme premier geste en clandestinité appeler le 17 pour signaler un cambriolage, même si pour être franc, je ne l'aurais pas fait de toute façon parce que j'étais épuisé, sans forces, et que j'ai agi comme une bête traquée, cette bête que j'avais décidé de devenir par pure nécessité juste avant. Or, comme la bête avait sommeil, elle a dormi, eh oui, dans ce champ de bataille, je me suis endormi sur le lit ravagé au milieu de tout ce bazar, et j'ai dormi sept heures d'affilée, et ce matin quand je me suis réveillé, j'ai eu l'idée d'appeler D. pour l'informer avant de partir à Milan, ce que j'ai fait, je veux dire, je l'ai appelée en effet, mais elle était si excitée à l'idée de me voir, et moi aussi pour être franc, que j'ai décidé de passer par Fregene le lui raconter de vive voix, et à partir de là, la pente s'est inclinée de façon périlleuse, et quand je suis arrivé à Fregene, la maison était déjà vide, et elle m'a sauté dessus sans autre forme de procès comme elle me l'avait promis et m'a entraîné dans la chambre, alors je me suis dit bon, je le lui annoncerai après, mais après avoir fait l'amour, je me suis senti dans mes petits souliers et je n'ai rien dit, parce que je la connais, je sais qu'elle aurait piqué une crise et à ce moment-là, j'étais persuadé qu'on se voyait pour la dernière fois avant Dieu sait combien de temps, des mois peut-être, et que je ne voulais pas que ça finisse en engueulade, et aussi – mais oui – parce que ce énième sale coup de Patrick constitue la preuve une bonne fois pour toutes que j'avais tort quand je préconisais de le laisser faire, de ne pas porter plainte contre lui, quand je garantissais qu'il ne commettrait plus de gestes inconsidérés, et bref, pour me sortir d'affaire, j'ai conçu une *énormité*, je l'admets, qui sur le moment toutefois m'a semblé une option tout à fait raisonnable, preuve que j'avais déjà franchi la ligne et que j'étais passé de l'autre côté, j'ai pensé que Rita, la dame qui fait le ménage chez D., ne vient pas aujourd'hui, puisqu'on est jeudi et qu'elle ne vient jamais le jeudi, et qu'il suffisait de laisser passer une nuit de plus, que demain elle viendrait, qu'elle trouverait l'appartement dévalisé et téléphonerait à D. pour l'avertir, que tout serait décalé d'un jour et qu'en fin de compte ça ne changerait pas grand-chose, sauf que moi, je serais déjà à Milan, en cavale, injoignable, et au moins je m'épargnerais ce sac de nœuds, et je me rends compte que c'est un raisonnement d'individu irresponsable, pire, de camé, une façon de réagir à la Patrick Negretti, mais j'avais raté le coche pour annoncer la nouvelle et je n'arrivais plus à aborder le sujet, ça arrive, bordel, ça peut arriver, surtout quand on subit une telle pression, mais soudain il s'est passé ce qu'il s'est passé, à savoir que D. a décidé sans crier gare, allongée sur ce lit chaud, encore nue, moite et haletante, qu'elle n'avait pas l'intention de me laisser conduire sans permis et que donc elle m'emmènerait : où devais-je aller ? à Milan ? elle viendrait à Milan avec moi et se chargerait de conduire, balayant d'un revers de main toutes les raisons qui d'ordinaire rendent si compliqué pour nous ne serait-ce que de dîner dehors, parce que c'est vrai, elle passe tout son temps avec ses mômes et elle s'occupe d'eux beaucoup plus que les autres mamans, et c'est pourquoi je n'avais pas envisagé une seconde l'hypothèse qu'elle puisse les planter là pour me conduire à Milan, et donc une nouvelle urgence se rajoutait à la précédente, parce que désormais j'avais deux certitudes, que j'étais en cavale et que je devais être seul, et je me suis concentré pour la faire changer d'avis, sans penser que, là, bordel, *là*, c'était le dernier moment pour lui parler du cambriolage, puisque jusque-là mon omission au fond était encore explicable et vénielle, justifiée par ma volonté de le lui annoncer en personne et par la violence du désir avec lequel nous nous étions collés l'un à l'autre sans même nous dire bonjour-comment-ça-va, mais cause toujours, j'ai contesté sa décision, en vain, et nous sommes partis ensemble, et elle était si belle, si sereine et tellement à côté de la plaque que je n'ai toujours pas réussi à lui donner l'information pendant qu'on avalait les kilomètres sur l'autoroute, tandis que je ressentais la nécessité de plus en plus impérieuse de l'arrêter et de lui faire rebrousser chemin, jusqu'au moment où il a bien fallu que je crache le morceau, ici, sur le parking de l'aire de service de Tolfa Est, voilà c'est fait, je viens d'annoncer la couleur, et comme prévu elle grimpe aux rideaux aussi sec, et ça chauffe, parce qu'elle est comme ça, elle se braque, vous n'êtes qu'un pauvre naze avec un pois chiche dans la tête et autres gracieusetés, le vieux schéma reprend du service, elle est une victime, son homme un salaud, et vous pouvez toujours courir pour la raisonner, écoute, n'exagère pas, ce n'est pas moi qui t'ai cambriolée quand même, tout ce que vous obtenez, c'est de la faire monter d'un ton, insultes et jurons pleuvent, bonjour le retour en force de son âme et de son vocabulaire de marginale, *n'exagère pas mon cul*, et *je me tape toujours des bouffons*, et *non mais je rêve*, et bis repetita sur l'air connu de l'*amor vacui*, du *cupio dissolvi* et autres aspirations au néant, à partir de là elle fera tout le boulot, elle allumera l'incendie, et il ne sera pas nécessaire de l'attiser, elle jouera la scène dans son intégralité, donnant le pire spectacle d'elle-même, c'est-à-dire le meilleur pour une séparation, parce qu'il s'agit d'un adieu, y a pas à tortiller, et parmi toutes les scènes d'adieu possibles, celle-ci est la plus lamentable, c'est-à-dire la meilleure, je répète, pour ne pas susciter de regrets, écoutez-la me reprocher la totale, ma façon de ménager Patrick que bien à tort elle qualifie de *pétoche*, les réticences de Claudia à entretenir des relations avec elle, dont je serais responsable, le fait que je *joue les pédés avec le cul des autres*, voyez comme elle m'agresse, et elle ne sait rien encore, elle ignore les salades que je lui ai racontées, mais c'est égal, parce que le schéma fonctionne à plein régime désormais et qu'un seul mensonge en vaut mille, donc elle a tort et raison à la fois, et je n'arrive pas à me taire, à la laisser se défouler comme je me le proposais, parce que ça me gonfle qu'elle ait raison sans même le savoir, alors voilà que je me fous en pétard à mon tour, que je crie, et je lui fais remarquer que tout à coup les trois bricoles qu'on lui a fauchées passent avant mes emmerdes et ses mômes abandonnés à cette Magalì qu'un jour – je le lui rappelle avec toute la malignité dont je dispose – elle a qualifiée de *triple connasse*, et voilà qu'elle lui confie deux enfants traumatisés, faut entendre comme j'articule *traumatisés*, et là elle perd les pédales, elle me retourne en plein visage avec le dos de la main une beigne carabinée, et elle me fait mal, et il faut que je lui bloque les bras, sinon elle m'en filera d'autres, et on lutte, et elle hurle comme une possédée, lâche-moi, *t'avise pas de me toucher*, le monde à l'envers, et elle me regarde en haletant, un lance-flamme dans les yeux, mais soudain elle s'immobilise, enfin elle est encore furieuse, le souffle court et tout le tremblement, mais elle cesse de se débattre et d'essayer de me frapper, le regard rivé sur moi, et je m'aperçois que ma lèvre saigne, parce qu'avec sa saloperie de bague à brillants elle me l'a fendue, et c'est pour cette raison qu'elle s'est arrêtée, *je saigne*, alors je la lâche, et elle comprend sans doute qu'elle a poussé le bouchon un peu loin, elle regrette peut-être, et elle ne bouge plus, mais c'est une erreur parce que son beau visage furibard m'est offert, et j'ai un instant entier, fulgurant, pour faire une chose que je n'ai jamais faite, ni conçue, ni même soupçonné le moins du monde être capable de faire un jour, et que j'ai toujours considérée comme gravissime, lâche, barbare, impardonnable et tout et tout, c'est-à-dire que je lui balance une gifle magistrale – une *tarte*, comme elle dirait – de toute la force de mon bras, et sur sa trajectoire, ma main qui siffle dans l'air semble se charger de tous les élans de violence contenus de ma vie, des impulsions barbares que moi, le veuf doux et pacifique, le père de famille, j'ai éprouvées dans le passé, que j'ai réprimées, refoulées, d'ailleurs il y a une seconde encore, je n'aurais même pas reconnu leur existence, pourtant je les ai bel et bien ressenties, ces impulsions violentes et barbares, à l'égard d'êtres sans défense, par exemple Claudia, quand dans les six premiers mois de sa vie, la nuit, elle ne dormait jamais, qu'elle pleurait et que je la promenais dans son landau à travers tout l'appartement et qu'elle continuait à pleurer et que ça n'en finissait pas et que je la prenais dans mes bras et que je la berçais en chantonnant et que pendant quelques minutes elle semblait se calmer pour soudain se remettre à pleurer et crier de plus belle sans raison, et qu'à cet instant j'avais envie de la fracasser contre le mur, ou bien Dylan, mon vieux chien aveugle et incontinent à cause d'un cancer de l'intestin, qui, si on sortait en promenade et que j'emportais *n* sacs à crottes, réussissait toujours à chier *n+1* fois sur le trottoir, et je devais me retenir pour ne pas lui filer un coup de pied au derrière, sans compter qu'il me fallait supporter le sermon du casse-couilles de service qui voyait mon chien déféquer et moi ne pas ramasser son caca, qui me regardait d'un air dégoûté, qui parfois même m'apostrophait, pourquoi pas en me tutoyant, super si tout le monde faisait comme toi, ce genre de choses, et à ce stade il fallait que je réprime aussi l'impulsion de lui fourrer dans la bouche les deux, trois, quatre sacs remplis de merde qui pendaient au bout de mon bras, et maintenant ce geste et toutes les autres violences que je n'ai pas commises dans ma vie non violente prennent corps dans la gifle ultra-violente qui s'abat sur le visage de D. avec un bruit sourd de boucherie (quand le boucher prend la pièce de viande dans la vitrine réfrigérée pour y débiter des tranches et qu'au lieu de la poser sur la planche à découper, il la laisse tomber : voilà, c'est ce bruit de viande contre le bois), main ouverte qui percute à la fois la lèvre, le nez et la joue, si fort que malgré l'attelle, j'ai très mal moi aussi, au poignet, et D. la reçoit de plein fouet, parce qu'elle ne s'y attendait pas, et que jusqu'à la fraction de seconde précédente, elle n'imaginait pas que je puisse lever la main sur elle, encore moins d'une façon si déloyale, et pourtant je l'ai fait, je suis un homme qui bat les femmes, je suis passé de l'autre côté en ce domaine aussi, et sa tête part en arrière, et elle porte la main à sa bouche, et la garde là, à cause de la douleur bien sûr, mais surtout de la stupeur, et elle me regarde, abasourdie, la main sur la bouche, les yeux hagards qui vont pleurer, l'expression effarée d'une personne placée devant l'irréparable, parce que, en dépit de ses insultes, elle n'avait aucune intention de me quitter, ni, en dépit de sa beigne, de me faire mal, elle avait pété un câble, c'est tout, comme cela lui arrive quand elle a la rage, et elle me reprochait des choses graves, d'accord, mais pas au point de nous séparer, tandis que maintenant que je l'ai frappée elle se rend compte que c'est fini entre nous, c'est évident, c'est inévitable, et elle est bouleversée, et je suis bouleversé moi aussi, dévoré d'un remords aussi immédiat que lancinant, parce que je ne voulais pas me comporter ainsi, je ne sais pas ce qui m'a pris, et je donnerais tout le peu qui m'est resté pour ne pas l'avoir fait, mais désormais, je l'ai fait, je l'ai *frappée*, à midi, sur l'aire de service de Tolfa Est, et c'est le pire des adieux vraiment, bien pire que ce que je croyais tout à l'heure quand je disais qu'en réalité c'était le meilleur, parce que je l'ai frappée et que je lui ai fait mal, et alors bonjour les regrets, les remords, le sentiment de culpabilité, le dégoût de moi à jamais, et voici qu'elle baisse la main, et sa bouche est déjà enflée, merde, elle est toute rouge, violette même, qu'est-ce que j'ai fait, putain qu'est-ce que j'ai fait, et là je voudrais la prendre dans mes bras, la serrer contre moi, la caresser, la *protéger* – non, sans blague –, et je suis cloué sur place, les bras ballants, désarmé, et je voudrais tant être frappé à nouveau, frappé, frappé, mais rien ne vient, parce que c'est trop tard, tout est fini, et elle me lance un dernier regard au vitriol, et elle s'écarte, et elle ouvre la portière de la Q3, et elle sort son sac, et elle s'en va, et je ne la reverrai plus – adieu –, je ne la vois déjà plus, elle n'est qu'un dos parfait qui s'éloigne en courant, et adieu Diana, ma Diana, adieu bouche fondante que je viens d'outrager, adieu voix rauque où tout devient drôle, adieu cheveux couleur des blés, yeux noirs sans fond, corps impérieux qui domine l'espace, seins qui m'affolent, le gauche plus gros que le droit, adieu au merveilleux tatouage attrape-rêves étalé sur ton dos, et aux autres aussi, mon préféré est la petite tête d'aigle en dessous de ton oreille, adieu base du cou tendre comme un gâteau où mes dents ne plongeront plus jamais, adieu passé qui ne passe pas, dureté, fierté, ardeur, jalousie, adieu excès de vin blanc, et rires, et découragement, et abandons entre mes bras, adieu pauvres enfants qui m'aimiez, Kevin le placide, Eden l'intrépide, adieu Patrick, sale con, le seul que je ne regretterai pas, tout finit de la pire des façons possibles, dans la culpabilité et les remords, et qu'est-ce qu'elle fabrique, cette folle furieuse ? Elle enjambe la glissière de sécurité ? Où va-t-elle ? *Elle traverse l'autoroute ?* Diana ! Qu'est-ce que tu fais, bordel ! Arrête-toi ! Mais je t'en fous, trois bonds au milieu des voitures qui passent en trombe et elle est de l'autre côté, parce qu'elle est toujours la squaw de Kocis, elle est toujours la créature sauvage qu'elle ne voudrait plus être, et ces petites prouesses lui sont naturelles, elle les a dans le sang, la voilà qui a déjà mis entre nous quatre voies d'autoroute, et elle enjambe l'autre glissière, et après il y a un creux de terrain, et elle disparaît – adieu –, mais quelques secondes plus tard elle réapparaît, loin, la voici qui court sur l'aire de la station-service Tamoil, alors que celle où je suis est une Erg, et pointe droit sur une Volvo noire qui prend de l'essence, ou plutôt vers l'homme qui paie, debout, près de la portière ouverte, et elle ne semble même pas lui parler ou lui demander l'autorisation, elle contourne le capot et monte à bord, et tout de suite après il monte aussi, et c'est incroyable comme il lui faut peu de temps pour démarrer – adieu –, pas même le temps d'une question, Bon Dieu, il démarre et zou, elle à ses côtés, il l'emmène comme s'ils étaient de connivence, comme s'il était son homme, et pas moi – adieu –, comme si la personne en cavale c'était elle, et pas moi – adieu, adieu, adieu.

3

Oh come to me again as once in May.

Malcolm LOWRY

Maman...

Quand tu as connu papa, tu étais une belle jeune fille aux cheveux flamboyants, fraîche licenciée en langue et littérature anglaises qui enseignait dans un lycée de Gênes, ta ville, et comptait se consacrer à la recherche et à la carrière universitaire. Puis tu t'es mariée, tu as déménagé à Rome et tes priorités ont changé. Si on saute l'histoire à pieds joints pour arriver à la fin, tu as été mariée trente-neuf ans avec papa, tu l'as aimé, aidé, compris, soutenu et, à partir de la naissance de ton premier enfant, à savoir moi, comme beaucoup de femmes de ta génération tu as arrêté de travailler pour te consacrer à ta famille, vivant dans l'ombre de ton homme sans jamais donner l'impression que tu te sacrifiais. Il est vrai aussi que papa te l'a bien rendu. Il t'a aimée tendrement, t'a été fidèle, t'a amusée, écoutée, complimentée, et même si c'était lui *qui rapportait l'argent à la maison*, il ne t'a jamais négligée, se coulant sans réserve dans le rôle de mari et de père tel que le modèle familial du boom économique italien l'exigeait, à savoir qu'au bout du compte – selon la version officielle que tu as toujours défendue –, c'est lui qui a sacrifié pour nous une partie de sa carrière, mais comme nous parlons des décennies soixante, soixante-dix, quatre-vingt et quatre-vingt-dix, cela signifie que, malgré tout, il a gagné beaucoup plus d'argent que n'importe quel avocat qui aujourd'hui s'échine seize heures par jour en sacrifiant tout le reste. Bref, comme le prouve ce que je raconte de toi en ce moment, tu as été une de ces femmes dont on ne peut pas décrire la vie sans évoquer aussi celle de son mari. En attendant, ton choix a produit les résultats que tu désirais et, à ta mort prématurée en 1999, à l'âge de soixante-sept ans, notre famille était telle que tu l'avais voulue. Si, au lieu d'une famille, nous avions été un titre en Bourse, on pourrait dire que nous avions atteint en 1999 le pic historique de notre valeur, et c'est pour cette raison que ton destin est étrange : tu es vraiment partie au meilleur moment, car si tu as regretté – et nous aussi – toutes ces satisfactions futures que la mort te dérobait, en réalité tu t'es épargné l'effondrement qui, toi disparue, nous a aussitôt frappés. Effondrement que symbolise désormais ta tombe, devant laquelle je suis agenouillé et qui à l'origine avait été conçue au contraire pour symboliser la réussite, l'union, le bonheur.

Bien avant que tu ne tombes malade, en effet, papa et toi aviez décidé de vous faire enterrer côte à côte dans ce petit cimetière de campagne de la

Maremme, à quelques kilomètres de la résidence secondaire à la mer que vous aviez achetée à la fin des années soixante. Je me souviens parfaitement du moment où cette décision nous fut communiquée à nous, les enfants. Papa et toi aviez plus ou moins l'âge que j'ai aujourd'hui, et moi celui de Claudia. Au fil des étés, la maison de Roccamare était devenue le symbole de la réussite de votre union et, pour cette raison, vous aviez décidé d'établir ici votre dernière demeure d'époux comblés, dans le petit cimetière de Castiglione della Pescaia. Un coin du monde neuf, étranger à la tradition des deux branches de la famille et en outre – mais c'était un hasard – à peu près équidistant des deux cimetières où elle s'était enracinée jusque-là, à savoir Staglieno à Gênes et le Verano à Rome. Ce jour-là – c'était l'été 1983 –, vous nous avez amenés ici, où nous n'avions jamais mis les pieds, pour nous communiquer votre décision d'être ensevelis ensemble dans ce cimetière et nous montrer l'emplacement que vous aviez choisi dans la partie haute et panoramique, un endroit d'où l'on découvre toute la mer Tyrrhénienne, avec les îles de l'archipel toscan qui se profilent à l'horizon, telles que je les contemple en ce moment : Elbe, Montecristo, le Giglio, le promontoire de l'Argentario à qui son isthme invisible donne une apparence d'île, et parfois, mais pas aujourd'hui, la Corse là-bas au fond et les sommets bleuâtres de ses montagnes sauvages. De l'autre côté, tout aussi belle, s'étend la campagne assainie du Padule avec ses étangs, ses vergers, ses champs de tournesol, ses vignes et ses élevages de chevaux. Un *petit coin de paradis*, comme tu l'avais défini. Vous aviez déjà payé une concession trentenaire et comme vous jouissiez tous les deux d'une excellente santé et que vous comptiez bien mourir à un âge avancé, vous étiez sûrs qu'elle arriverait à échéance avant votre décès. Mais vous nous avez priés de respecter votre volonté et de renouveler la concession au cas où vous en auriez été empêchés. Après avoir obtenu cette promesse et imaginé comme dans le poème de Foscolo le plaisir que vos enfants et petits-enfants éprouveraient à venir sur votre tombe dans un endroit aussi beau, vous êtes rentrés à la maison et vous n'en avez plus jamais reparlé, si ce n'est une fois, deux ans plus tard environ, quand Italo Calvino décéda à l'hôpital de Sienne des suites d'un AVC qui l'avait frappé dans sa maison, à deux cents mètres de chez nous, et qu'on l'enterra ici, dans cette tombe toute simple à la stèle en marbre blanc noyée sous un buisson de romarin odorant. Dans ces circonstances on ne put éviter de revenir sur le sujet, mais ensuite, l'ombre de la mort s'éloigna à nouveau de nos vies, et ce coin du monde – où me voici à présent – fut laissé où il était sans qu'on y revienne jamais, comme un magot mis de côté pour des temps de disette qui, malgré la ronde des années, semblaient ne pas vouloir approcher.

Tu es morte en 1999, comme je l'ai dit, longtemps avant que la concession n'arrive à échéance. Tu étais malade depuis un certain temps déjà, mais les médecins n'avaient pas compris qu'il s'agissait d'une tumeur. Une série d'hypothèses alambiquées s'étaient succédé pour expliquer tes légères montées de fièvre, tes douleurs abdominales et ton amaigrissement régulier, jusqu'au verdict qui fut considéré de façon unanime comme le diagnostic correct : diverticulite. Pendant de longs mois, on te soigna pour cette maladie (antibiotiques, régime à base de fibres non solubles), mais ton état continua d'empirer, jusqu'au jour où les deux médecins qui te suivaient, la généraliste de la Sécurité sociale et l'interne, se résolurent à recourir à l'imagerie médicale, c'est-à-dire scanner et IRM. Les résultats révélèrent que le fond de ton utérus, là où Carlo et moi bref, abritait une boule grosse comme un melon, aux allures de sarcome. Biopsie. Sarcome. Sauf qu'on ne pouvait pas enlever une tumeur aussi volumineuse en même temps que l'utérus où elle se nichait. Elle était inopérable, donc incurable. Or si elle était aussi grosse, elle devait se trouver là depuis au moins deux ans, peut-être trois – alors comment se fait-il, veuillez me pardonner, professeur, que personne n'ait rien vu, quand ma mère effectuait un frottis annuel dans les règles, dont les résultats excluaient toujours la moindre anomalie ? Il faut savoir que le frottis décèle les infections du *col* de l'utérus, tandis que votre mère hélas a été atteinte au *corps* de l'utérus. Vous comprendrez mieux avec un croquis : ceci est l'utérus ; voici le col, et là, le corps. Le frottis cervical ne concerne que cette zone supérieure, il ne touche pas au corps. Vous comprenez ? Je comprends, mais alors pourquoi prescrit-on des frottis ? Comme prévention, on repassera ! Voyez-vous, le fait est que la prévention correcte des cancers de l'utérus prévoit de coupler le frottis avec une échographie endovaginale, qui aurait révélé le sarcome de votre mère beaucoup plus tôt, quand on pouvait intervenir par ablation de l'utérus lui-même. Vous comprendrez mieux avec un croquis : on enfile une sonde dans le vagin et on effectue l'examen par émission d'ondes sonores. S'agit-il d'un examen complexe, professeur, douloureux, coûteux ? Requiert-il un matériel sophistiqué ? Non, c'est une banale échographie que toutes les femmes enceintes aujourd'hui passent au cours des deux premiers mois de grossesse. Alors pourquoi ma mère n'a-t-elle jamais bénéficié d'une échographie endovaginale, et n'en a même jamais entendu parler ? Ça, je l'ignore, il faut demander à votre généraliste. Docteur, le frottis que faisait ma mère ne suffisait pas : pourquoi ne passait-elle pas d'échographie endovaginale ? Ah, je l'ignore, il faut demander à son gynécologue. Monsieur le gynécologue, pourquoi n'avez-vous jamais proposé d'échographie endovaginale à ma mère, en même temps que le frottis ? Parce qu'elle n'avait pas d'ordonnance. Pardon, la surveillance gynécologique de ma mère n'était-elle pas de votre ressort ? Certes, mais la prescription des examens revient au médecin traitant. Il lui prescrivait un frottis, je lui faisais un frottis. S'il lui avait prescrit une EEV, je lui aurais fait aussi une EEV...

Laissons. Le fait est qu'entre le dépistage de ton sarcome et ta mort, il ne s'est passé que quatre mois, pendant lesquels nous avons lutté, bien sûr, t'avons bombardée de chimio, nous sommes payé une flopée de croquis permettant de « mieux comprendre ». En réalité, il n'y avait pas grand-chose à comprendre, tu étais condamnée. Pour dire la vérité, tu as été docile et stoïque, tu as accepté sans te rebiffer la danse macabre que Carlo et moi t'avons infligée à Rome, puis à Milan, puis de nouveau à Rome, tout comme tu as accepté notre décision sans discuter quand nous nous sommes résignés aux soins palliatifs. Le maillon faible au cours de ces mois a été papa, qui avait purement et simplement nié la situation depuis le début, déménageant dans une autre chambre et tournant en rond dans la maison comme un loup en cage, furieux, inconsolable, plein de rancœur, de frustration et surtout de peur, au point que Chantal, l'infirmière suisse engagée pour t'assister, passait beaucoup plus de temps avec lui, qu'il fallait essayer de consoler, qu'avec toi qui, bourrée d'antalgiques, dormais presque tout le temps. C'est à ce moment-là, dans les derniers instants de lucidité qui te restaient, quand la douleur te laissait un répit et que le protocole à base de morphine sulfate pouvait être allégé, qu'on a reparlé de cette tombe. Tranquillisée par le fait que le petit coin de paradis t'attendait sur la colline, tu griffonnais sur un vieux cahier les mots à graver sur ta pierre tombale, jusqu'au moment où, adaptant un extrait de *Sous le volcan*, un de tes livres préférés (et – pour dire combien tu étais loyale – l'avouant, même si aucun d'entre nous ne s'en serait aperçu), tu as opté pour la phrase que j'ai maintenant sous les yeux : « Reviens auprès de moi comme en ce jour d'avril. » Tu as souhaité en discuter avec Carlo et moi, tu voulais recevoir l'assurance que papa ne le prendrait pas comme une phrase de mauvais augure, et tu es restée d'une confiance inébranlable jusqu'au bout. Tout se passerait comme vous l'aviez établi, tandis que mon frère et moi sentions qu'un grain de sable s'était immiscé dans l'engrenage.

Le jour de ton enterrement, la pierre tombale n'était pas prête et papa n'a pas pu la voir. Il ne l'a donc jamais vue, puisqu'il n'a pas remis les pieds ici. Par un de ces prodiges de mauvais goût dont, soumis à rude épreuve, le psychisme humain se montre capable, il se mit avec Chantal. En l'espace de deux mois, il ferma son étude, vendit l'appartement de Rome et s'installa à Lucerne avec elle. Mon frère coupa complètement les ponts avec lui, tandis que je continuais à courir les hôpitaux et les centres de diagnostic, parce que, entre-temps, la maladie avait frappé aussi les parents de Lara et que j'avais été à nouveau aspiré dans le tourbillon des examens, traitements et petits croquis qui, dans les six mois, les conduirait à décéder eux aussi de cancer, à vingt jours d'écart l'un de l'autre. Ainsi quand tout fut fini et que s'acheva aussi cette année maudite, et avec elle le siècle et le millénaire, la famille Paladini n'existait plus : mon frère indigné courait le monde en gagnant des milliards ; Lara et moi étions à Milan choqués par ce triple deuil ; papa vivait en Suisse bien soigné par Chantal, tandis qu'une forme douce d'Alzheimer lui mettait peu à peu le cerveau en capilotade ; toi, tu gisais ici, dans ton petit coin de paradis, sous cette pathétique invitation amoureuse gravée dans la pierre.

Pendant des années, nous avons continué à passer nos vacances dans la maison de Roccamare, ma famille et moi, ainsi que Carlo accompagné d'une fiancée toujours différente, mais nous venions te voir ici en cachette, seuls, sans nous le dire, tant ton appel sans réponse nous chagrinait. Par crainte de nous disputer, nous n'avons jamais évoqué la situation, nous n'avons jamais, je dis bien jamais, discuté de l'opportunité, par exemple, d'enlever l'inscription, de transférer ta dépouille à Gênes ou de prendre toute autre mesure qui aurait pu constituer un début de solution. Cet endroit du monde était devenu une honte et nous l'avons gardé tel quel. Nous n'en avons parlé qu'à notre dernière entrevue, ici justement, il y a trois ans et demi, la veille du jour où Carlo a quitté l'Italie, quand d'un point de vue technique il était déjà en cavale, mais pas encore recherché, et que nous nous étions donné rendez-vous dans ce cimetière à deux heures et demie de Rome, parce que nous pourrions y parler sans grand risque qu'on nous voie ou nous entende. La maison de Roccamare était vendue depuis longtemps et nous avions continué à venir sur cette tombe chacun de notre côté, sans nous le dire, comme toujours, sans jamais faire le voyage de Rome ensemble, repérant le passage de l'autre aux fleurs renouvelées dans le vase en plastique. Je trouvais ses tubéreuses blanches séchées et les remplaçais par un bouquet de fleurs des champs, et quand je revenais un an ou un mois après, je trouvais à nouveau ses tubéreuses blanches, qu'à nouveau je remplaçais par des fleurs des champs. Sans jamais rien nous dire.

Ce jour-là, en revanche, nous l'avons explicité. C'était la première fois que nous nous retrouvions dans ce lieu depuis l'enterrement, et ce serait l'unique. Après que Carlo m'eut communiqué le peu qu'il pouvait me dire au sujet de sa fuite du lendemain (son plan n'était pas encore arrêté et, de toute façon, il valait mieux que j'en sache le moins possible), nous avons enfin abordé ce sujet et eu sur ta tombe une discussion qu'appelait depuis des années la différence entre nos fleurs. Nous en connaissions bien sûr la signification, mais comme ce jour-là nous n'allions plus nous voir pendant Dieu sait combien de temps, nous avons rompu le silence et formulé les choses, à savoir : j'apportais des fleurs des champs, parce que le jour d'avril dont parle l'inscription est celui de votre premier rendez-vous, à papa et toi, à Gênes en 1959, auquel il était arrivé avec un bouquet de fleurs des champs. Vous ne nous avez jamais donné de détails et nous ne vous en avons jamais demandé (pourquoi papa était à Gênes, depuis combien de temps vous vous connaissiez, par quel biais, etc.), mais chaque année le 28 avril papa t'apportait un bouquet de fleurs des champs et c'était votre vraie date d'anniversaire, pas la date de votre mariage, dont en effet je ne me souviens pas. Le sens de mes fleurs des champs était donc clair. Autant du vivant de papa – quand il habitait en Suisse avec son infirmière et qu'à l'évidence il ne reviendrait plus jamais ici – qu'après sa mort – quand il fut en toute absurdité enterré au cimetière de Lucerne –, je ne te concevais pas en dehors de l'histoire qui t'avait liée à lui et que symbolisaient les fleurs des champs. Carlo en revanche t'apportait des tubéreuses blanches parce que c'était ta fleur préférée et leur signification aussi était claire : exit papa, exit l'histoire qui t'avait liée à lui, exit le symbole. Pour Carlo tu étais simplement une femme à courtiser, séduire, aimer et protéger *mieux* que ne l'avait fait notre père.

Comme je le disais, Carlo et moi en étions conscients, tout comme nous étions conscients du fait que la différence entre les fleurs que nous apportions à notre mère focalisait toute cette vieille différence entre nous, irréductible et presque dangereuse, qui, dans notre jeunesse, nous avait valu des empoignades mémorables et qui, pour en éviter de nouvelles, justifiait que nous ayons occulté ce problème de tombe. Mais ce jour-là, nous l'avons exprimé. Ainsi que, dans le même mouvement, l'issue que nous lui envisagions, notre vrai désir. Je lui ai avoué que je n'avais jamais abandonné l'idée d'aller un jour chercher la dépouille de papa dans son fichu cimetière suisse, pour l'amener ici, à l'endroit qui pour moi continuait à être sa place, c'est-à-dire de vous remettre ensemble de force, bon sang, ici, comme vous l'aviez décidé quand vous étiez jeunes, lucides et vivants, et que tous les 28 avril vous commémoriez votre premier rendez-vous par un bouquet de fleurs des champs. Carlo m'a demandé de jurer que je ne profiterais pas de son absence pour mettre mon projet à exécution, puisqu'il avait trouvé une autre solution : il se ferait enterrer ici près de toi, prenant la place que papa avait décidé de déserter de façon aussi ignoble. Les tubéreuses n'étaient donc que l'annonce de son arrivée. Il était sous-entendu que tous deux nous avions toujours été éperdument amoureux de toi et qu'en fin de compte, la situation était l'inverse de ce que nous avions toujours cru, c'est-à-dire que ce n'était pas toi qui vivais d'une lumière reflétée, mais papa. Et ce n'est pas tout. Il était sous-entendu aussi que papa, d'abord par sa présence encombrante et ensuite par son absence, c'est-à-dire par tout le bien et tout le mal qu'il avait causés, avait polarisé sur lui nos sentiments les plus extrêmes, mais que surtout il nous avait distraits du plus extrême de tous : notre amour pour sa femme et la tentation conjointe de nous égorger l'un l'autre dans le but de la lui ravir. Ça, on ne se l'est pas dit, uniquement parce qu'une chose pareille est indicible, mais je suis sûr que pendant cette dernière rencontre, nous l'avons pensée tous les deux au même instant, avec la même netteté. Je me suis contenté de lui faire remarquer que cette décision de se faire ensevelir à la place de papa n'empêcherait pas l'inscription sur la pierre tombale d'être une blessure ouverte, puisque, né en juin, il n'avait rien à voir avec avril. Il s'est contenté de me répondre qu'il n'en avait rien à cirer. Il a quitté l'Italie le lendemain, deux mois plus tard m'a informé qu'il était en sécurité dans une petite ville d'Uruguay et depuis, nous avons très peu communiqué, par Skype, car nous avions peur que la police me surveille pour découvrir où il se cachait. Mais le plus curieux, qui en dit plus long sur moi que n'importe quel aveu, c'est que depuis sa cavale qui l'empêche de venir ici remplacer mes fleurs des champs par ses tubéreuses blanches, c'est moi qui effectue cette opération, c'est-à-dire que j'ai pris l'habitude d'apporter une fois des fleurs des champs et la fois suivante des tubéreuses blanches. Aujourd'hui, par exemple, c'était le tour des tubéreuses, que je viens de disposer dans le vase à la place du bouquet de fleurs des champs datant de ma dernière visite, désormais sèches. Pourquoi ce geste, *pour qui*, quel sens a-t-il, signifie-t-il que je suis malade, fou, débile, sont des questions que je ne me pose pas. Je remplis un devoir, c'est tout, et que ce devoir ne soit pas le mien n'est pas pertinent à mes yeux.

Mais aujourd'hui, c'est différent. Aujourd'hui il n'était pas prévu que je sois ici, et je ne suis pas venu accomplir mon devoir, même si je viens de l'exécuter. Aujourd'hui est le jour où tu aurais eu honte de moi, maman, parce que j'ai battu une femme qui m'aimait et tentait de me secourir dans l'océan d'emmerdements où je suis plongé, sans même savoir à quel point il est grand puisque je ne le lui ai pas dit. Aujourd'hui, je suis venu te demander pardon, et en effet je suis à genoux. Je suis venu pour décider ce que je dois faire, et j'ai besoin de ta sagesse, de ta douceur, de ton indulgence. Que ferais-tu à ma place ? Non, c'est impossible, tu ne te serais jamais retrouvée dans cette situation. Mieux vaut demander : quel conseil me donnerais-tu ? Si tu étais vivante comme tu aurais dû l'être et que j'étais venu te voir pour te raconter tout ce qu'il se passe, tout ce que j'ai fait et pas fait pour en arriver là – sans mentir, nom de nom, sans rien omettre ni cacher –, que m'*ordonnerais*-tu de faire ? Courir m'excuser auprès de D., lui montrer concrètement que je regrette, tout lui raconter sans rien omettre et lui demander l'aide que j'ai repoussée il y a deux heures en la suppliant de repartir avec moi, de rester à mes côtés parce que l'idée que je doive être seul est peut-être malvenue, ce n'est peut-être que de l'orgueil, de la vanité, ce n'est peut-être que le couplet que j'ai rabâché quand Lara est morte : m'en sortir tout seul, résister tout seul, toujours, et on voit les résultats maintenant, je dois m'enfuir, comme papa, comme Carlo. Est-ce cela que tu m'ordonnerais de faire ? Et peut-être, après avoir demandé pardon à D., après lui avoir dit que je ne souhaite plus être tout seul, qu'elle est importante pour moi et que je ne veux pas la perdre, après l'avoir prise dans mes bras, serrée contre moi et lui avoir fait sentir pour la première fois peut-être qu'elle était ma femme, aller tout raconter aux carabiniers, mettant un terme à ma cavale pendant qu'il en est encore temps, puisque j'ai commencé à faire du mal *après* avoir décidé de fuir, et pas avant ? Est-ce cela que tu m'ordonnerais de faire ? Ou m'ordonnerais-tu plutôt de penser à Claudia, de la rejoindre au plus vite à Milan pour lui parler, l'écouter, la comprendre, sans plus penser à D. et à ce dernier épisode, parce qu'elle n'est pas la femme qu'il me faut, que si j'en suis arrivé à commettre un geste aussi sordide, la vraie raison est là, et que puisque je m'en suis rendu coupable, revenir en arrière ne serait qu'une erreur de plus ? M'ordonnerais-tu de continuer, donc, d'assumer le mal que j'ai commis, d'abandonner pour toujours l'illusion d'être bon, innocent, seul et immaculé, de continuer sur mon élan, de copier dans mon carnet les numéros de téléphone importants du répertoire, de laisser ici mon téléphone portable, sur ta tombe au milieu des tubéreuses blanches, de continuer ma cavale, de me battre, d'essayer de sauver ce qui peut l'être encore ? Quelle est la bonne décision ? Où est mon devoir ? Que me répondrais-tu ? Que me dirais-tu ?

Je baisse la tête et réfléchis. Je me concentre. Je me recueille. Si quelqu'un me voyait, il penserait que je prie. Mais il n'y a personne. Personne ne me voit. Et je ne prie pas.

Je me rappelle.

Carlo et moi, on s'est dit autre chose, ce jour-là, avant de nous quitter. Toi, m'a dit Carlo d'un ton accusateur, tu as toujours vénéré papa, tu as toujours voulu être lui. Toi, lui ai-je répliqué d'un ton tout aussi accusateur, tu l'as toujours détesté, et tu as toujours désiré prendre sa place.

On se l'est dit. Ce jour-là. Ici.

Je lève le regard sans lever la tête, je regarde pour la dernière fois l'inscription sur la pierre tombale : REVIENS AUPRÈS DE MOI COMME EN CE JOUR D'AVRIL.

On entend les cigales dans ce cimetière. Le silence n'est qu'un vaste craquètement de cigales. À côté, la tombe de Calvino disparaît sous le romarin. Il y a aussi des moustiques et un bruissement affairé d'autres insectes. Le soleil est fort et chaud comme si on était dessus.

Quand Carlo et moi nous sommes parlé, cette dernière fois, c'était par un de ces après-midi d'automne sombres, secoués par le vent, où l'on dirait que le monde touche à sa fin.

Sois sincère avec toi-même : voilà ce que tu me dirais, rien de plus. Sois sincère avec toi-même comme en ce jour d'octobre.

4

Ainsi concourent, cahin-caha, toutes choses au seul possible.

Samuel BECKETT

« Allô ?

— Bonjour, Cinzia.

— Oh enfin ! Où es-tu ?

— Pas à Rome. Comment ça va ?

— Tu as vu ce pataquès ?

— Non. Quel pataquès ?

— Ils ont coincé Oscar.

— Quand ?

— Hier matin. Ils l'ont arrêté en même temps que deux autres comptables et une ribambelle de Roumains.

— Et pourquoi ?

— Association de malfaiteurs, recel, blanchiment. Le *Messaggero* parle d'un réseau international de vol de véhicules et cite Oscar comme un des cerveaux de la bande.

— J'ai du mal à croire qu'Oscar puisse être le cerveau de quoi que ce soit.

— Moi aussi. En attendant, il est sous les verrous, à Regina Cœli. Et puis il y a le problème Lello.

— À savoir ?

— Il n'est pas allé se faire opérer, Pietro. J'ai essayé de le joindre à la clinique de Trévise et on m'a dit qu'il n'était pas hospitalisé et qu'aucune opération n'était prévue. Chez lui, ça ne répond pas et le téléphone portable de sa femme est éteint, comme le sien. Que se passe-t-il ?

— Je n'en ai pas la moindre idée, Cinzia.

— Le message d'hier, Pietro, ne me dis pas qu'il est étranger à cette histoire parce que je ne te croirai pas.

— Il n'y est pas étranger, mais Lello me disait seulement qu'il prenait la fuite sans m'expliquer de quoi il retourne.

— Donc il est en cavale.

— Oui.

— Alors on est mouillés, nous aussi.

— Hum, faut voir. Que disent les journaux ? On cite son nom ?

— Non. Je les ai tous lus et ils donnent les mêmes informations. Le plus détaillé est *Il Sole-24 Ore* en ligne, et le nom de Lello n'y apparaît pas. Mais il y a un autre truc bizarre...

— À savoir ?

— L'opération est baptisée “Supercar”.

— Que veux-tu dire ?

— Tu sais les opérations de police portent des noms. Ils ont appelé celle-ci “Supercar”, comme nous. Qu'est-ce que cela signifie ?

— Je n'en sais rien. C'est peut-être un hasard. Tout attaché ?

— Quoi donc ?

— Supercar tout attaché ou Super Car en deux mots, comme nous ?

— Je ne m'en souviens pas et je ne peux pas vérifier parce qu'il n'y a plus d'ordinateurs ici.

— Tu es au bureau, donc ?

— Oui. J'ai appelé le réparateur pour la clim. Mais quelle importance que ce soit tout attaché ou en deux mots ?

— En un seul mot, c'est sûrement un hasard, parce que c'est le titre d'une série télé. En revanche, si c'est en deux mots...

— Et alors ? Parce qu'il me semble que c'est en deux mots...

— Je ne sais pas. C'est peut-être un hasard de toute façon.

— C'est quand même bizarre.

— Oui, c'est bizarre.

— Mais nous, Pietro, qu'est-ce qu'on doit faire ? Et moi ?

— Écoute, ferme tout, mets les clés des voitures au cof... OK, emporte-les. Emporte toutes les clés des voitures du parking, toutes, prends tes congés et ne reviens pas au bureau tant qu'on n'aura pas compris à quelle sauce on va être mangés. D'accord ?

— Toutes les clés ? Même celles des camions ?

— Toutes, Cinzia. Garde-les chez toi. Et dis à Virginio de passer jeter un coup d'œil sur le parking tous les jours jusqu'à notre retour.

— À propos de Virginio, comme il n'est pas venu aujourd'hui et que son portable ne répondait pas, c'est moi qui suis allée chercher la Yaris et tu sais quoi ? Elle avait une vitre cassée.

— Parfait.

— Mais il ne manque rien. À part ton attelle, que tu m'as dit y avoir laissée et qui n'y était pas. Mais j'ai retrouvé la carte grise et l'assurance, ainsi que le badge d'autoroute. Ils ont explosé la vitre pour piquer ton attelle.

— Ma foi, tant mieux. Je m'en rachèterai une.

— Alors je m'en vais ? Et je ne reviens pas demain ?

— Non, reste chez toi, tu as quartier libre.

— Et toi ?

— Moi je dois m'occuper de ma fille, je ne serais pas rentré à Rome avant lundi de toute façon.

— Où es-tu ?

— À Naples.

— Ah. Comment fais-tu sans permis ?

— Train et taxi.

— Je vois. Bon, tiens-moi au courant, téléphone-moi. Promis ?

— Sois tranquille. Dès que je sais quelque chose, je t'avertis.

— Mais qu'est-ce que je dis si on m'interroge ?

— C'est simple, que tu n'es au courant de rien.

— Ils ne vont pas m'arrêter moi aussi ?

— Ils t'auraient arrêtée hier.

— Tu as raison.

— Ne t'inquiète pas, Cinzia, tout ça va s'arranger.

— Espérons.

— Au revoir.

— Au revoir. »

*

« Allô ?

— Bonjour, Marta.

— Oh Pietro ! Ça va ?

— Oui oui. Et vous ?

— Très bien. On est à Gattico, au frais. Tu n'as toujours pas récupéré ton portable ? Tu t'affiches encore comme numéro inconnu.

— Je n'ai pas eu le temps. Où êtes-vous ?

— À Gattico, dans les Préalpes, près du lac d'Orta, chez une amie. Il faisait trop chaud à Milan.

— Claudia aussi ?

— Tout le monde. Sauf Marietto qui est à la mer avec son papa.

— Ah ! Et vous rentrez quand ?

— Je ne sais pas. On est bien ici, la température est idéale. On se fait des super petits déjeuners et de chouettes dîners.

— C'est bête, dire que j'étais à Milan.

— Comment ?

— Je suis à Milan.

— Ah. Et tu voulais voir Claudia ?

— Ben, oui.

— Tu es venu exprès ?

— Exprès, non. J'ai des trucs à faire. Mais je voudrais en profiter pour la voir, oui. Pour comprendre ce qui lui a pris.

— Il ne lui a rien pris, Pietro.

— Ah non ? Une gamine fugue et il ne lui a rien pris ?

— Elle n'a pas fugué. Elle est venue voir ses cousins.

— Tu lui as parlé ?

— Pas encore.

— Bon Dieu.

— L'occasion ne s'est pas présentée, Pietro, et je ne veux pas la bousculer.

— Tu as raison. Bref, vous n'êtes pas là. Jusqu'à quand ?

— Je ne sais pas. Quelques jours.

— J'ai compris. Alors je fais mes trucs et je te rappellerai avant de repartir. On réussira peut-être à se voir. Toi et moi, je veux dire. Au moins toi et moi.

— D'accord. En attendant je vais essayer de lui parler, mais ne te mets pas martel en tête. C'est une crème de gamine, et si elle est un peu perturbée, il ne faut pas en faire un drame. Elle me fait confiance, imite-la.

— Je n'ai pas le choix.

— Charmant.

— Je plaisantais. Je te remercie pour ce que tu fais. Et j'ai confiance en toi.

— Voilà qui est bien.

— Embrasse tes garçons de ma part.

— Entendu. Bye, Pietro.

— Bye. »

*

« Allô ?

— Enrico ?

— Oui. Qui êtes-vous ?

— Pietro Paladini.

— Ça alors ! Comment vas-tu ?

— Bien, et toi ?

— Très bien. Et encore mieux maintenant que je t'entends. Qu'est-ce que tu fais ?

— Oh, comme d'habitude.

— Toujours à Rome dans la revente de voitures volées ?

— Mais qu'est-ce que tu racontes ?

— Ce système de leasing impayés : ça s'apparente à du vol, non ?

— Euh, pas tout à fait quand même. Et toi ? Tu continues ton truc de fous, là, le triathlon ?

— Je marche du feu de Dieu, Pietro. Mieux qu'il y a quinze ans.

— Génial. Et Chiara ? Les enfants ?

— Ils vont bien. Mais tu n'es peut-être pas au courant des derniers rebondissements.

— Non. Quels rebondissements ?

— On est séparés.

— Oh, je suis désolé.

— C'est la vie, Pietro.

— Depuis quand étiez-vous ensemble ?

— Vingt-deux ans. C'est dingue, non ? Mais bon, qu'est-ce que tu veux, ainsi va le monde.

— Certes.

— Et nous deux, on ne se voit plus parce que tu ne rends jamais visite aux vieux amis.

— Ce n'est pas faux. Mais justement, là, je suis à Milan et si tu es à ton cabinet, j'avais pensé venir te voir parce que j'aurais un conseil à te demander sur–

— Nooon, c'est trop bête ! Pietro Paladini émerge du passé pour me demander un conseil et je ne suis pas là !

— Tu n'es pas là ?

— Non. Je suis en Sardaigne. J'ai pris des vacances. Trop de stress, Pietro, une pression de dingues. Il faut que je débranche un peu.

— Tu as bien fait.

— Tu sais, j'ai eu un enfant il y a trois mois, et je me suis dit : au diable, c'est ça l'important à mon âge. Et je suis venu passer quelques jours avec sa mère et lui.

— Ça alors, un autre enfant. Félicitations ! Un garçon ?

— Oui, un garçon.

— Et comment s'appelle-t-il ?

— Lucifer.

— Pardon ?

— Lucifer.

— Ah, c'est original.

— Ça veut dire porteur de lumière.

— Exact. Et la mère ? Qui est-ce ? Je la connais ?

— Je ne crois pas. C'est une jeune avocate de mon cabinet, elle s'appelle Lucilla Giustiniani. Tu as peut-être entendu parler de sa famille.

— Giustiniani, les Giustiniani ?

— Oui.

— *Dosio, les Dosio, gare gare.*

— Qu'est-ce que tu as dit ?

— Non, c'est une réplique de Mastroianni dans ce film, tu sais.

— Quel film ?

— Je ne me souviens plus. Je me souviens qu'il dit– Mais peu importe, c'était un clin d'œil. Donc tu es à la mer et tu pouponnes. Super. Il est calme ?

— Un petit ange. Il mange et il dort, genre tu le poses quelque part, tu oublies qu'il est là. Et puis ici, on est comme des rois. Lucilla possède une villa incroyable les pieds dans l'eau à Liscia di Vacca, tu situes ? Derrière Porto Cervo. Hors saison, c'est le paradis. On va à la pêche, petits restaus, couchers de soleil sur la mer...

— Extra.

— Je crois que je le mérite, Pietro. Je crois vraiment que je le mérite.

— Sans aucun doute.

— Combien de temps restes-tu à Milan ?

— Pas longtemps. Deux ou trois jours...

— Mince, je rentre mi-juillet. Mais ça me ferait très plaisir de te voir. J'ai un paquet de trucs à te raconter. Tu as toujours le même numéro ? Parce que mon écran affiche numéro inconnu.

— Non, j'ai changé de numéro, mais j'ai perdu mon portable hier, donc je n'en ai plus pour le moment. Je t'appellerai.

— J'y compte, Pietro. N'attends pas à nouveau trois ans et demi pour te manifester.

— Non, promis, j'appellerai.

— J'ai une idée ! Tu pourrais venir passer un week-end ici avec Claudia, en juillet. Lucilla y sera tout le mois et pour ma part je ferai des allers et retours. C'est un endroit fabuleux, crois-moi.

— Je te crois. J'ai du boulot, mais si je m'organise...

— Alors c'est dit. Mais ce conseil que tu devais me demander, un souci ? C'est urgent ?

— Non, non, rien d'urgent. C'était juste une–

— Non, parce que si ça urge, Gianluca, mon associé, est au cabinet. C'est un bourreau de travail, il ne lâche jamais. Je lui téléphone et je te prends rendez-vous.

— Non, non, Enrico, merci. C'est sans importance.

— Ne te gêne pas, vraiment. Ça me prendra une seconde. Gianluca est formidable, bien meilleur que moi.

— Non, je t'assure, ça n'en vaut pas la peine. C'était surtout un prétexte pour te revoir. Ce sera pour une autre fois.

— Tu ne peux pas savoir comme je regrette. Mais bon, on se voit bientôt, promis ?

— Promis.

— Dès que tu auras ton portable, envoie-moi ton nouveau numéro, s'il te plaît.

— Bien sûr.

— Je pourrai t'appeler moi aussi. Je vais à Rome de temps en temps.

— D'accord. Au revoir, Enrico.

— Ah, une chose...

— Oui ?

— Voilà, si à Milan tu rencontrais Chiara, ne lui dis pas que, enfin, que je suis en Sardaigne. Ne lui dis même pas qu'on s'est parlé. Tu sais, elle ne va pas bien depuis notre séparation.

— Je suis désolé.

— Ça m'oblige à lui cacher mon histoire avec Lucilla.

— Quoi ? Chiara ne sait pas que tu as une autre femme ?

— Non, elle ne le sait pas.

— Ni que tu as un autre enfant ?

— Encore moins ! Ça la rendrait dingue. C'est pourquoi je te demande de ne rien lui dire si tu la vois.

— Je ne la verrai pas. Pourquoi la verrais-je ?

— Je ne sais pas, le hasard...

— Comment ça, le hasard ?

— Dans la rue, que sais-je. Tu marches dans la rue, tu es au téléphone, tu es absorbé dans tes pensées, et bing, Chiara.

— Ma foi, ça me paraît assez improba–

— Pietro, quand il s'agit de Chiara, le hasard sait se montrer féroce. Ce n'est pas pour rien que j'ai des trucs de dingue à te raconter. Tu n'as pas idée de ce qui m'est arrivé, à cause du hasard. Un roman.

— Alors rassure-toi. Je ne pense pas que je la rencontrerai, mais si je la rencontre, je ne lui dirai rien.

— C'est à n'y pas croire, elle a un pouvoir spécial pour provoquer les coïncidences. Il suffit qu'elle pense très fort à une catastrophe pour qu'elle arrive.

— Et dans ce cas, la catastrophe, ce serait moi ?

— Non, idiot, pas toi. Mais si en marchant dans la rue, il t'arrivait de la croiser et qu'au fil de la conversation, tu lâchais qu'on s'est téléphoné et que je suis en Sardaigne, ça Pietro, pour elle ce serait une catastrophe. Tu comprends ?

— Je comprends.

— Bref, quand on se verra, je te raconterai tout parce que c'est une histoire de dingues, mais pour le moment je te conseillerais de ne pas sous-estimer la possibilité que vous vous croisiez par hasard.

— D'accord, Enrico. Je ne la sous-estimerai pas.

— Merci. Alors à bientôt.

— Oui, à bientôt.

— Salut, Pietro.

— Salut. »

*

« Allô ?

— Bonjour...

— Bonjour. Qui est à l'appareil ?

— C'est-à-dire, voilà, je cherchais un ami, Marco Tardioli. J'avais ce numéro de portable, mais manifestement il n'est plus–

— Vous avez le bon numéro, je suis son assistante. Pour l'instant, M. Tardioli est occupé, mais dès qu'il sera libre, je vous ferai rappeler. Vous êtes monsieur ?

— Paladini. Pietro Paladini. Mais on ne peut pas me rappeler, parce que je téléphone d'une cabine. Si vous aviez l'amabilité de me dire quand je peux rap–

— Le voici, monsieur Paladini. Il est disponible, je vous le passe. Au revoir.

— Au revoir. Et merci.

— Allô ?

— Marco ? C'est Pietro.

— Pietro ! Quelle bonne surprise ! Comment vas-tu ?

— Hum, comment je vais... Pardonne-moi de ne pas m'encombrer de formalités, mais j'ai un problème.

— Un problème ? Quel problème ?

— Je suis à Milan et j'ai besoin d'un avocat. Un bon pénaliste, de préférence. Je t'expliquerai quand on se verra. J'ai appelé Enrico Valiani, tu te souviens ? Ce copain qui avait une maison à côté de la mienne à Roccamare, celui qui a vu mourir Lara. Vous vous êtes connus là-bas, avec Irma, il y a des années.

— Bien sûr que je me souviens de lui. Ce gars qui pratique le triathlon. C'est lui qui a négocié ton départ de la boîte.

— Tout à fait. C'est un vieux copain. Je viens de l'appeler, mais à part le fait qu'il est en vacances, je l'ai senti un peu déphasé, je ne sais pas, et je n'ai pas trouvé opportun de lui parler de mon problème.

— Je dirais que tu as bien fait.

— Pourquoi ? Que lui est-il arrivé ?

— Disons que ces derniers temps, il est un peu à côté de la plaque.

— Que veux-tu dire ?

— Il a fait plusieurs grosses conneries.

— Avec sa femme, c'est ça ?

— Pas que. Au niveau professionnel aussi. Il a été suspendu du barreau pour manquement au devoir de loyauté. Il semblerait qu'il se soit esquinté les neurones avec ces produits dont se bourrent les obsédés de la performance : stéroïdes, amphétamines.

— Ça alors... En effet il m'a semblé un peu bizarre. Il a dû prononcer dix fois l'adjectif « dingue ».

— Oui, il est passablement à l'ouest. Laisse-le dans son délire. Plutôt, quel est ton problème ? C'est grave ?

— Ça peut l'être. Comme je te le disais, je suis à Milan ces jours-ci, j'essaierai de venir te voir pour te raconter. Mais dans l'immédiat, j'ai besoin d'un avocat, c'est urgent. Je me disais que tu étais peut-être resté en relation avec ceux de notre service juridique, tu te souviens ? Comment s'appelaient-ils ? Innaco, Pieralisi... L'un d'entre eux peut-être...

— Non, je n'ai pas gardé de relations aves les gens de la boîte. Et puis, ce ne sont pas des pénalistes.

— C'est ce qui me semblait. Mais ils auraient pu me conseiller un de leurs confrères. Ou peut-être la société où tu travailles maintenant a-t-elle un service juridique qui peut m'orienter.

— Non, pas ici. On est une petite structure, Dieu merci, sans service juridique, sans contentieux. Mais excuse-moi, pourquoi ne demandes-tu pas à Annalisa ?

— Annalisa qui ?

— Annalisa, ton ancienne secrétaire. Il n'y a pas mieux placé qu'elle.

— Et pourquoi donc ?

— Ne me dis pas que tu n'es pas au courant.

— Que suis-je censé savoir ?

— Pardon, mais vous n'êtes pas restés en contact ? Elle ne venait pas te voir de temps en temps à Rome ?

— Si, la première année. Elle m'a aidé pour mon installation. Puis on s'est perdus de vue, tu sais ce que c'est. Ça doit faire cinq ou six ans que je n'ai pas de nouvelles. Qu'a-t-elle fait ?

— Rien. Sauf que maintenant elle est avec Miriam Falk Belgrado. C'est pour cette raison que je te disais qu'il n'y a pas mieux placé qu'elle.

— Falk Belgrado, la super-avocate ?

— Tout à fait. Ça te suffirait comme pointure ?

— Oui bien sûr, mais bon, Annalisa n'est que secrétaire et mon affaire est non seulement urgente, mais délicate. J'aurais besoin d'un rendez-vous demain, ce soir, tout de suite, et je doute fort que–

— Pietro, je n'ai pas dit qu'Annalisa travaille avec Miriam Falk Belgrado. J'ai dit qu'elle est avec elle.

— Dans quel sens ?

— Vraiment, tu n'es pas au courant ?

— Mais de quoi ?

— Ton ex-secrétaire s'est mise avec l'avocate la plus influente d'Italie, qui a plaqué pour elle son compagnon et ses enfants, voilà ce que tu devrais savoir.

— Mais qu'est-ce que tu me chantes ? Annalisa ?

— Oui, Annalisa.

— Quand est-ce que ça s'est passé ?

— Il y a un peu moins d'un an.

— Je ne peux pas le croire. Tu es sûr ?

— Sûr et certain. Ça a été le scandale de l'année.

— Annalisa...

— Annalisa.

— Attends, quel âge a Miriam Falk Belgrado ?

— Plus de soixante à tous les coups.

— La vache !

— Annalisa doit en avoir trente-cinq, non ? Peut-être trente-six ?

— Même moins. Elle était toute jeune quand je l'ai embauchée. Mais comment ça s'est passé ?

— Ça, je l'ignore. Je sais qu'il y a quelques années elle a été embauchée dans son cabinet, et petit à petit...

— C'est vrai ! J'avais oublié, je lui avais même fait une lettre de présentation. C'était quand ? Il y a quatre ans ?

— Oui.

— Elle ne m'avait pas précisé de quel employeur il s'agissait, elle avait juste indiqué qu'elle avait trouvé une belle opportunité et qu'elle avait besoin de fournir des références. J'avais rédigé une lettre enthousiaste, parce qu'en effet, c'est une secrétaire hors pair. Elle n'en finissait plus de me remercier. C'est la dernière fois que je lui ai parlé.

— Alors tu es paré. Appelle-la et demande-lui de t'obtenir un rendez-vous avec la vieille, de toute urgence. Il paraît qu'elle ne jure que par elle.

— Mais non, ce n'est pas possible, ce sont des ragots.

— Pietro, elles vivent ensemble dans un appartement de neuf pièces, corso Como. Elles vont ensemble aux dîners en ville, à la Scala, *au tribunal*. Miriam Falk Belgrado ne fait pas un pas sans Annalisa, c'est de notoriété publique. Si tu veux des ragots, en voici : on raconte qu'elles se sont mariées cet hiver à New York et que la vieille lui a acheté un chalet à Crans-Montana.

— À t'écouter, on a l'impression que ses neurones à elle aussi battent de l'aile.

— Ce qui est vrai, sauf que, contrairement à Valiani, ça n'a pas compromis son travail, si c'est là ton souci. Au contraire, elle est encore plus efficace et teigneuse. Je ne sais pas pourquoi tu as besoin d'un pénaliste, mais là, tu as un bol monstre, crois-moi. Suis mon conseil et appelle Annalisa.

— D'accord, je vais l'appeler. Et deux fois plutôt qu'une, avec ce que tu me dis.

— Mais après, tu prends une demi-journée, et tu me racontes ce qui t'est arrivé, OK ?

— OK.

— Tu joues au golf par hasard ?

— Au golf ? Non.

— Moi, c'est devenu une passion. J'ai résisté jusqu'à l'année dernière, puis j'ai craqué. Peu importe, on fera un tour sur le green, ce que tu veux, mais ne te risque pas à rentrer à Rome sans m'avoir raconté ce qui t'arrive. Je ne pourrai jamais te rendre ce que tu as fait pour moi, mais si je peux t'aider à résoudre ne serait-ce que le début d'un problème...

— Penses-tu, ce que j'ai fait ! J'ai retenu comme stagiaire le meilleur candidat, voilà tout. Au fait, ce n'est pas Annalisa qui t'avait obtenu cet entretien ? Maintenant que j'y pense, vous n'étiez pas parents plus ou moins éloignés ?

— Parents, non. Annalisa est la cousine du père d'un de mes amis de Florence. Un type que je ne vois plus depuis des années, comme toi du reste, alors qu'avec cet entretien vous m'avez pour ainsi dire sauvé la vie.

— Crois-moi, Marco, personne ne t'a sauvé la vie. Tu étais bon, c'est tout.

— D'accord, Pietro, pense ce que tu veux. Ce qui compte, c'est que je ne bouge pas du week-end parce que ma fille participe à un concours d'équitation. Trouve une heure et appelle-moi, je veux savoir ce qui t'arrive. Si ça peut aider, je te dirais que je suis inquiet. Tu as des ennuis ?

— Des ennuis, pas à proprement parler. Disons que je me trouve dans une situation pas nette. Mais si je réussis à rencontrer maître Falk Belgrado, j'aurai fait un grand pas en avant.

— Souhaitons-le.

— Maintenant que j'y pense, je n'ai plus le numéro d'Annalisa. Peux-tu me le donner ?

— Bien sûr, il est dans mon répertoire. Attends, je vais essayer de te le donner au vol. Sauf que je ne suis pas sûr d'y arriver tout en téléphonant. Si on devait être coupés, rappelle-moi.

— Vas-y.

— J'ouvre le répertoire. Tu m'entends ?

— Oui.

— Annalisa, Annalisa. Le voilà. Annalisa. Tu y es ?

— J'y suis.

— Tu as de quoi écrire ?

— Oui.

— 348...

— Oui.

— 87 04.

— OK.

— 087. Répète.

— 348 87 04 087.

— Parfait.

— Je te remercie, Marco. Je te donnerai des nouvelles bientôt.

— J'y compte bien. Ciao.

— Ciao. »

*

« Allô ?

— Annalisa ?

— Oui. Qui est-ce ?

— C'est Pietro, Annalisa.

— Pietro *Paladini* ?

— Oui. Comment vas-tu ?

— Quelle surprise ! Je vais bien. Et vous ?

— Oui, oui, ça va. Le temps a passé, n'est-ce pas ?

— Ah oui. Beaucoup de temps. Comment va Claudia ? Elle doit être grande. Quel âge a-t-elle ?

— Elle a dix-huit ans et se porte comme un charme.

— Vous êtes toujours à Rome ?

— Oui. C'est-à-dire non. Enfin si. En principe nous sommes toujours à Rome. Sauf que...

— Oui ?

— Sauf que pour le moment je suis à Milan et que j'ai un problème. Excuse-moi si je vais droit au but, mais j'aurais besoin de parler à maître Falk Belgrado.

— C'est urgent ?

— Annalisa, c'est très urgent. Je suis dans le pétrin.

— Dans le pétrin, vous ? Comment est-ce possible ?

— Je ne le sais pas encore, je n'ai pas très bien compris. Mais avant de faire quoi que ce soit, j'ai besoin de consulter un pénaliste, alors, j'ai pensé te demander ce service. Si tu peux.

— Quand vous dites très urgent, c'est *tout de suite* ?

— Le plus tôt sera le mieux.

— Bon, dans ce cas, autant que vous veniez ici, au cabinet, et dès qu'elle sera libre, je lui demanderai de vous recevoir. Sauf qu'il y aura peut-être un peu d'attente. Cela vous convient-il ?

— Annalisa, tu es restée l'ange que tu étais. Où dois-je venir ?

— Via Monte di Pietà 1A. À l'angle avec la via Brera.

— Parfait. J'y serai dans une demi-heure.

— Je vous attends.

— J'arrive. »

*

« Allô ?

— Marco, elle m'a dit de venir tout de suite !

— Tu vois ? C'est elle qui commande, je te l'ai dit.

— C'est un véritable tournant. Il y a encore un quart d'heure, je ne savais pas à quel saint me vouer, et maintenant j'ai accès à maître Falk Belgrado. Je ne sais pas comment te remercier.

— Mais de quoi ? Remercie Annalisa.

— Je la remercierai aussi, mais en attendant si tu n'avais pas–

— C'est la moindre des choses, Pietro, avec tout ce que tu as fait pour moi.

— Mince alors, qu'est-ce que j'ai fait ? Disons qu'on est à égalité, d'accord ?

— Tatata, on ne sera jamais à égalité.

— Eh bien moi je te remercie quand même, je peux ?

— Bon, bon. Mais surtout appelle-moi, d'accord ?

— Promis, je t'appellerai.

— Salut, Pietro.

— Salut. »

5

Puisque tout change, pas étonnant que je change aussi.

Julio NUMHAUSER

Parquet, boiseries, lampes halogènes, plafond avec moulures et rosaces, tableaux anciens aux murs. Deux secrétaires derrière un comptoir en palissandre, dont la plus âgée, plongée dans la lecture d'un dossier, porte des lunettes à monture violette, tandis que la plus jeune, yeux clairs et cheveux très fins, s'occupe de moi.

« J'ai rendez-vous avec Annalisa. »

Voilà que j'ai oublié son nom de famille. C'est Peluso qui me vient à l'esprit, mais rien à voir.

Sans me demander mon nom, signe qu'elle a été avertie de mon arrivée, la secrétaire vient à ma rencontre et m'indique une salle d'attente qui s'ouvre inopinément sur ma droite, où je n'avais pas encore regardé. « Asseyez-vous », me dit-elle. Elle réintègre son comptoir et décroche le téléphone.

« *Dottoressa* Calone ? » dit-elle. Voilà c'est Calone, son nom de famille. « Oui, il est ici. »

La nouveauté c'est qu'Annalisa a droit au titre de *dottoressa*.

« Pouvez-vous attendre un instant ?

— Bien sûr. Merci. »

Je m'assieds. J'observe les revues étalées sur la table basse. Quand Annalisa travaillait pour moi, elle avait la mission expresse de veiller à ce que les revues de ma salle d'attente ne soient pas périmées, parce que ce qui m'horripilait dans les salles d'attente, c'étaient leurs piles de revues défraîchies vieilles de plusieurs mois, éculées et graisseuses, dont les couvertures annonçaient à grands cris des idylles et des scandales passés d'actualité. Ô praticiens de renom qui avez pignon sur rue, avocats, médecins, biologistes, dentistes, pensais-je, arrêtez-moi si je me trompe, mais vous achetez toutes ces revues, *vous les emportez chez vous*, vous les lisez sur le trône, vous les prêtez à vos proches, puis, quand elles sont fripées, déchirées, froissées et que leurs nouvelles n'ont plus rien de nouveau, vous les laissez à votre cabinet pour moi ? Peut-être que vous ne les achetez même pas et que vous vous approvisionnez dans les conteneurs de recyclage ? C'était une obsession chez moi, dont Annalisa était l'exécutante. Certes, aujourd'hui je m'en soucie comme d'une guigne, surtout que notre bureau à Tredicesimo est dépourvu, non seulement de revues, mais carrément de salle d'attente, pourtant je note avec plaisir qu'Annalisa continue le combat, car sur les tables basses les numéros de *l'Espresso*, *Vanity Fair*, *Internazionale*, *Focus*, *Io Donna*,

Sette, *Il Vernerdì*, *Marie Claire* correspondent tous aux éditions disponibles en kiosque.

« *Dottor* Paladini ! »

Et la voici, Annalisa, qui vient vers moi. Elle a conservé l'appellation déférente de *dottor*, mais c'est bien la seule chose chez elle qui n'ait pas changé. Ce qu'elle donne à voir diffère du tout au tout. Autant jadis, timide, tout en os et presque invisible dans son manque de confiance en soi, elle avait une personnalité anale, autant à présent elle en impose, maîtresse d'elle-même, belle, oui, d'une beauté pleine et rassurante dont elle ne possédait pas une once quand elle travaillait avec moi.

« Annalisa. Comment vas-tu ?

— Bien, merci. Et vous ? Mais que vous est-il arrivé ?

— Rien de grave. » Je lève mon poignet maintenu par l'attelle. « Je traîne une tendinite.

— Non, à la lèvre... »

Ah oui la lèvre. Mince alors, j'avais oublié. Depuis quand ne me suis-je pas regardé dans une glace ? Je bafouille :

« Oh, je me suis cogné. Je me suis retourné brusquement et... C'est encore enflé ?

— Un peu. »

On ne s'est jamais embrassés, sauf à la mort de Lara, dans la chambre funéraire où tout le monde m'embrassait. Entre nous, le contact physique a toujours été retenu, empreint de sévérité et de raideur, même quand elle passait le week-end à la maison, au début de mon installation à Rome, pour m'aider à régler tous les détails pratiques dont elle s'était toujours occupée, et j'étais convaincu que ce blocage venait d'elle, qu'elle refusait d'introduire plus de chaleur dans notre rapport. Mais là, nous avons failli nous embrasser et, cette fois, c'est moi qui suis resté sur la réserve. Nous nous serrons la main et sa poignée de main aussi a changé. Avant on avait l'impression de serrer un petit poisson, maintenant, malgré les précautions qu'elle prend à cause de l'attelle, elle y met de la chaleur, de l'énergie.

« Mais je n'ai plus mal, ne t'inquiète pas. »

Elle sourit, d'un sourire lumineux. Son parfum aussi est différent : il sent la mer, le vent marin, comme celui qu'utilisait Lara. Elle a pris quelques kilos, qui sont tout à son avantage. Elle porte une robe bleu électrique en cachemire très fin, très frais et très coûteux – comment s'appelle cette marque déjà ? Lara l'adorait –, plaquée sur les hanches et les seins. Et ses seins semblent – non, sont – nettement plus gros.

« Allons dans mon bureau, je vous précède. »

Je la suis dans un couloir élégant, large et bien éclairé. Il me semble qu'elle a une autre démarche : bras qui se balancent, corps qui ondoie. Avant elle semblait relier un point A à un point B comme une particule télécommandée. Du reste, à chaque pas s'affirme la distance qu'elle a réussi à mettre entre le comptoir des secrétaires et elle. Chacun de ses mouvements, du moins ici, transpire l'ascension sociale, l'économie pure.

Nous entrons dans son bureau vaste et luxueux, milanais en diable. Parquet en bois précieux, brillant comme un miroir, couleur ambre. Meuble bureau imposant en palissandre strié, où trône un Mac. Un canapé et deux fauteuils Frau, une table basse en cristal, une bibliothèque en bois remplie de collections reliées. Climatisation réglée sur la température idéale. Plantes vertes, lampes halogènes, écran plat fixé au mur. Une autre porte qui donne sans doute sur le bureau de...

« Asseyez-vous. » Elle me montre le canapé. « Voulez-vous un café, un thé ou préférez-vous une boisson fraîche ? »

Elle sourit, maîtresse de son univers, ayant oublié dirait-on l'insignifiance qui était son lot quand elle travaillait avec moi et qui donnait à croire qu'elle était toujours mal à l'aise. Cette femme ne s'est pas contentée de changer : elle a réussi à oublier comment elle était.

« Alors un verre d'eau, merci. » Ma réponse est moins dictée par une soif réelle qu'elle ne vise à lui procurer le plaisir de passer commande au téléphone à la secrétaire, comme j'en avais l'habitude avec elle. Geste qu'elle exécute avec le plus grand naturel, comme si elle l'avait fait toute sa vie. Sa secrétaire s'appelle Debora.

Je m'assieds sur le canapé et elle dans un fauteuil. Je devrais peut-être commenter sa métamorphose, me montrer surpris ou admiratif, et je n'y aurais pas manqué si Tardioli ne m'avait pas informé, mais après ce qu'il m'a dit, je n'arrive pas à sortir un mot. Ce qui, notons-le, révèle au passage que *je sais* et, somme toute, n'est pas un mal.

« Elle est en rendez-vous, fait Annalisa en désignant du menton la porte fermée. Mais la personne est là depuis un bon moment. Dès qu'elle partira, je vous introduirai.

— Merci, Annalisa. Il se trouve que je me suis aperçu que mon associé trempe dans de grosses magouilles et je crains d'être compromis moi aussi. Je ne t'aurais pas dérangée s'il n'y avait pas... »

Et là, Dieu sait pourquoi, je m'arrête. Peut-être parce que la marque de ces merveilleuses robes m'est revenue à l'improviste : Annapurna. Ou peut-être parce que Annalisa a croisé les jambes et que son mouvement a découvert une plage de cuisse d'une blancheur d'albâtre, lumineuse, choquante.

« Détendez-vous, me dit-elle. La *professoressa* vous aidera. »

C'est vrai, elle a droit au titre de professeur. Je me demandais comment Annalisa l'appellerait, maître Falk Belgrado, l'avocate, la *dottoressa*, Miriam. *Professoressa* tranche la question, puisqu'elle donne des cours, je crois à la Bocconi.

On frappe, c'est la secrétaire – Debora – avec l'eau minérale. Annalisa m'en verse un verre et me le tend. Je bois. *Détendez-vous*, donc mon agitation est visible. Mais comment me détendre ? Et pourquoi ne me pose-t-elle pas de questions ? Elle n'a pas envie de savoir ce qui m'est arrivé ? J'aimerais le lui raconter, mais sans son aide, j'en suis incapable.

« Avez-vous besoin de quelque chose en attendant ? »

La double contrainte est à l'œuvre chez elle aussi, qui, ainsi métamorphosée, me traite comme si j'étais encore son supérieur. Et ce pourrait être l'aide dont j'ai besoin pour lui conter mes déboires, lui expliquer dans quoi je me débats. Mais il est clair qu'elle sera présente quand j'exposerai mon affaire à la *professoressa*, c'est donc inutile. Plutôt cet ordinateur...

« Oui, dis-je en posant mon verre sur la table. Pourrais-je utiliser ton ordinateur un instant ? J'aurais besoin d'aller sur Internet.

— Mais bien sûr. » Elle se lève. « Installez-vous. »

Elle m'escorte jusqu'à son poste. Son iMac est doté d'un écran immense, comme je n'en ai jamais vu. En fond trône un chat, un chartreux gris aux yeux jaunes, la langue pendante. Elle ouvre le moteur de recherche, puis recule et me fait signe de m'asseoir sur sa chaise, qui d'ailleurs n'en est pas une, puisque c'est un fauteuil de direction en cuir noir doté d'un dispositif de massage du dos – dont voici la télécommande –, le genre qui coûte la peau des fesses.

Je m'assieds. Annalisa me laisse et va se rasseoir dans son fauteuil. Mais son parfum s'attarde.

« Merci, dis-je. Ce ne sera pas long.

— Prenez tout votre temps. »

Voyons. Cinzia a dit que le meilleur article était sorti dans le *Sole-24 Ore*, édition en ligne. Je tape Oscar+Sbriccoli+Sole 24 Ore, et voilà : *Véhicules volés : un gang italo-roumain démantelé*, publié il y a huit heures. Les battements de mon cœur s'accélèrent. Je lève les yeux et croise le regard de velours d'Annalisa qui m'observe de son fauteuil. Je lui souris et j'ouvre le document :

Véhicules volés : un gang italo-roumain démantelé

Rome. La Co.Pi, entreprise leader dans le secteur du recouvrement de créances et la chaîne de concessionnaires automobiles Cheap & Safe, spécialisée dans la vente de voitures zéro kilomètre dans le Latium, en Émilie-Romagne et en Vénétie, figurent sur la liste des sociétés perquisitionnées hier par la police judiciaire de Rome, dans le cadre de l'opération baptisée Supercar contre le trafic international de véhicules volés. Seize mises en examen (dont sept assorties de détention provisoire, six assignations à résidence et trois placements sous contrôle judiciaire) ont été prononcées par le juge d'instruction, Maria Luisa Pireddu, à l'encontre des instigateurs, coauteurs et complices d'une organisation criminelle spécialisée dans le trafic de véhicules volés, pour association de malfaiteurs, vol de véhicules, recel, blanchiment, faux, usage et falsification de faux. On estime à quinze millions d'euros le chiffre d'affaires de la bande qui, depuis début 2012, est accusée d'avoir vendu en Italie plus de cinq cents véhicules volés en provenance d'Allemagne et de Slovénie. L'enquête initiée par le procureur adjoint Marzio Di Molfetta et menée par le substitut Anna Barbara Savino est partie des déclarations faites par Nicodim Rotariu, incarcéré pour extorsion, qu'on présume être le chef de la branche roumaine de l'organisation. Les enquêteurs ont pu remonter aux trois cols blancs romains considérés comme les cerveaux de la bande, un avocat, Giangiacomo Trane, et deux experts-comptables, Nereo Faiella et Oscar Sbriccoli. Les trois hommes auraient conçu le jeu complexe de transformations en chaîne de sociétés et modifications de dénomination sociale derrière lequel se dissimulaient l'importation et la vente de véhicules de luxe et utilisé un groupe bien rodé de criminels roumains et de prête-noms. Les véhicules volés en Allemagne et en Slovénie étaient soit ré-immatriculés en Italie soit revendus comme véhicules de société ou zéro kilomètre par des concessionnaires complaisants. Parmi eux on trouve le patron de l'enseigne Cheap & Safe, Germano Provoleri, assigné à résidence. L'enquête suit son cours.

Doux Jésus. *Doux Jésus.* Mes mains tremblent, je suffoque. Cinzia a raison : lire que l'opération s'appelle comme nous fait un sale effet, même s'il s'agit sans aucun doute d'une coïncidence, parce que « Supercar » est écrit en un seul mot. Ce pourrait même être bon signe. On peut imaginer en toute logique que si notre Super Car était impliquée, la police aurait choisi un autre nom. D'ailleurs, qui baptise ces opérations ? Et allez savoir selon quelle logique ? D'ailleurs quelle logique veut que les opérations de police soient baptisées ? Quel besoin a-t-on de donner un nom à l'opération qui conduit mon expert-comptable en cabane ? Parce que, abstraction faite du reste, Oscar est aussi mon comptable personnel, il vient de remplir ma déclaration de revenus. Pourquoi me suis-je adressé à lui, pourquoi n'ai-je pas gardé Bussa, qui est ici à Milan ? Parce que c'était plus pratique, bon sang. Oscar s'occupait de la société, il avait la confiance de Lello, autant valait que je lui fasse confiance moi aussi. Et à propos de Lello : son nom n'est pas cité, d'accord, mais combien le sont ? Trois, quatre, cinq avec le Roumain. On ne cite que cinq noms alors qu'on parle de seize mises en examen. Il est forcément impliqué. Sinon, pourquoi aurait-il pris la fuite de cette façon ? Et s'il est impliqué, comment pourrais-je ne pas l'être. Doux Jésus...

L'enquête suit son cours.

Annalisa pianote sur son téléphone portable. La lampe halogène de la pièce caresse son corps doux, donne du brillant à ses cheveux. C'est une tout autre personne. Elle était de ces filles qui en hiver ont toujours le bout du nez rouge et qui serrent dans leur paume l'ourlet de leurs manches. Elle avait une peau laiteuse qui marquait dès qu'on l'effleurait. Cette fille éteinte désormais rayonne. Et si sa peau est restée très pâle – parce qu'elle est blanche comme un cachet d'aspirine, alors que nous sommes en été –, c'est d'une pâleur lumineuse, pleine de vie. Ses genoux sont des lampes. Voilà qu'elle relève les yeux, elle voit que je la regarde, elle sourit…

« Une minute encore, dis-je.

— Prenez tout votre temps. »

Prendre tout son temps, à qui le dit-elle. Gmail. Scansamose. Lomamelda. Bienvenue Olindo Stupazzoni. Brouillons (1).

« ÇA VEUT DIRE QUE TU AS VENDU DES VOITURES VOLÉES, PIETRO… MAINTENANT L'ABCÈS EST CREVÉ… NE VA PAS CHEZ LES FLICS CROIS-MOI… CE SERAIT PAS TOP PARCE QU'IL Y A UN HIC… »

Le téléphone sonne sur le bureau. Il y a un autre appareil près du canapé, sur lequel Annalisa répond.

« Oui ? » dit-elle.

« … ET LE HIC, C'EST QUE J'AI FAIT UNE CONNERIE… C'EST DE…– »

« Elle est disponible, dit-elle.

— Je viens.

— Finissez si vous voulez.

— Non, non, j'arrive. »

« C'EST DE ÇA SURTOUT QUE TU DOIS ÊTRE INFORMÉ... »

Dieu sait que j'aurais envie de finir, mais je ne peux pas faire attendre la grande avocate. Je finirai après, dans son bureau, avec elle. Avec elles deux.

Quitter.

Retour à Google.

« J'arrive. »

Il a fait une connerie, qu'il dit. Sans blague...

6

La honte est bénéfique car elle pousse à l'humilité.

Le pape François

« Annalisa, consultons les fichiers », dit l'avocate.

Elle a la voix éraillée des fumeurs et ce défaut d'articulation – qui s'appelle blésité, je crois – qui affecte les *r* et les *l* : *Annayisa, consutons yé fichiers*. Au début de sa carrière, le handicap ne devait pas être mince : *Monsieur le Pyésident, ye voudyais inteyoger ye pyévenu*. Pourtant il ne l'a pas empêchée d'arriver là où elle est. D'ailleurs, c'est la détermination faite femme. Petite, trapue, la soixantaine, le nez camus, le visage ridé et digne, les cheveux courts sur un col d'une vague couleur rouille assortie à son teint qui semble de fer, un collier de perles, une bague ornée d'un brillant, des yeux bruns vifs et un air redoutable de félin, pour qui tout est gibier potentiel. On comprend d'entrée de jeu qu'il vaut mieux éviter de l'avoir comme adversaire, qu'on soit ou non dans son bon droit.

Je lui ai tout raconté d'un ton calme – un calme que m'inspirait son air de guerrier –, tandis qu'elle m'écoutait avec attention et qu'elle jetait quelques notes sur une feuille avec un stylo Montblanc. Enfin, je lui ai raconté le racontable, bien entendu, c'est-à-dire ce qu'elle doit savoir pour m'aider, assez toutefois pour me couvrir de honte devant Annalisa qui se souvient de moi comme d'un homme avisé et puissant, alors que c'est peanuts par rapport à ce que j'ai trafiqué au cours des dernières trente-six heures. En réalité, je m'aperçois que le pétrin où Lello m'a fourré n'est en soi pas grand-chose comparé aux bassesses et délits que j'ai commis de mon propre chef ces deux derniers jours et que j'ai passés sous silence ici. En d'autres termes, je ne suis pas une victime. Jusqu'à hier matin, j'aurais pu l'être ou du moins affirmer que je l'étais, mais depuis hier matin, j'ai enchaîné une série d'actes tellement vils qu'ils m'ont transformé en... en une espèce de...

Annalisa apporte un ordinateur portable, qu'elle pose devant maître Falk Belgrado et, debout à côté d'elle, se penche sur le clavier. Sa position est une soudaine invite à lorgner son décolleté, où en cinq ans, je n'avais jamais posé les yeux, pas même une fois, alors que des situations similaires se présentaient tous les jours. Par correction, croyais-je, respect, probité, mais à l'évidence il était facile de ne pas regarder là où il n'y avait rien à voir. Maintenant que sa poitrine a pris deux tailles de soutien-gorge, mon regard s'y attarde sans se faire prier. J'ai compris ce qui m'embarrasse dans cette situation, ce qui me bloque : la même sensation terrible d'inaptitude qui la paralysait quand elle était ma secrétaire, l'impression que la réalité dépasse mon entendement. Parce que cette histoire qu'elles sont en couple est pour moi inacceptable. Bien sûr qu'Annalisa possédait déjà cette féminité débordante à l'époque où elle ne la cultivait pas et je peux comprendre qu'à un certain moment, un jour, parce qu'elle a changé, parce qu'elle s'est réalisée, elle ait pu lui donner libre cours. Mais que cette libération ait eu lieu au bénéfice de cette femme, *spontanément*, ça me dépasse. Je découvre donc que je nourris des préjugés sexuels machistes et petits-bourgeois. Il ne manquait plus que ça. Pourtant ça semble être le cas. *C'est* le cas. Je n'arrive pas à concevoir que cette métamorphose d'Annalisa soit sincère et spontanée. En réalité, je la connais bien, je sais que c'est quelqu'un de bien, d'intègre, et pourtant, nom de nom, je n'arrive pas à m'ôter de la tête qu'elle simule, c'est-à-dire qu'elle a saisi là l'unique opportunité offerte par le milieu social où elle était vouée à occuper une place subalterne pour le restant de ses jours : séduire une personne beaucoup plus âgée, riche et influente qu'elle, l'asservir à une sorte de dépendance sexuelle et prendre son envol. Si c'était le cas, le fait qu'il s'agisse, non pas d'un homme, mais d'une femme, ne serait qu'un détail secondaire. Ce qui compte, c'est que cette personne soit à la fois assez forte pour affronter le scandale et assez faible pour ne pas se raviser, caractéristiques que semble posséder Miriam Falk Belgrado ici présente. C'est pourquoi, bien que j'aie l'intime conviction qu'Annalisa n'est ni une intrigante, ni une manipulatrice, ni une carriériste, il m'est plus aisé de concevoir ce scénario qu'imaginer une union naturelle entre une jeune femme à la sexualité en effet énigmatique et une femme mûre qui épanouit la sienne après des années de refoulement silencieux.

Cette dernière entre-temps s'est mise à saisir elle-même ses notes à l'ordinateur, sans mot dire.

« Connaissez-vous le numéro fiscal de ce Pica ? », demande Annalisa.

Excellente question.

« Non. C'est à peine si je me souviens du mien. »

Annalisa et l'avocate se regardent. Annalisa devine et reprend le contrôle du clavier.

« Le nom exact de la société ?

— Super Car srl. En deux mots Super Car. »

Elle pianote, lit sur l'écran.

« Rome..., dit-elle sans me regarder, comme à part soi.

— Oui. »

Elle pianote à nouveau.

« La voici. »

Toutes les deux examinent l'écran en silence. Annalisa manipule le touchpad. L'avocate continue à copier des données sur sa feuille.

« Yaffaéyé ou Yaffaéyo Pica ? s'enquiert-elle.

— Pardon ?

— Le prénom de votre associé, intervient Annalisa, est Raffaele ou Raffaello ?

— Raffaele. Pourquoi ?

— Ici il apparaît comme Raffaello. Né à Rome le 10 juillet 1964 ? Domicilié via Licio Giorgieri, 28bis ?

— C'est bien lui. Et il s'appelle Raffaello ?

— Oui. Raffaello Pica.

— Je l'ignorais. Je le connaissais sous le nom de Raffaele. »

Silence. De temps en temps, Annalisa fait défiler la page sur l'écran, qu'elles ne lâchent pas des yeux. De nouveau, Annalisa effleure le touchpad, de nouveau maître Falk Belgrado prend note. Qu'ont-elles donc trouvé ? De l'autre côté du bureau, je suis exclu.

« Qui est ce Vidjinio ? demande l'avocate.

— Qui ?

— Virginio Gaiano, répète Annalisa en articulant le prénom. Né à Monte Porzio Catone le 27 janvier 1939, domicilié via Pantaleo Carabellese 53/a.

— Qui est-ce ? » insiste la vieille.

Virginio... Je bredouille :

« C'est... C'est le retraité qui garde le parking et qu'on charge des menues tâches : laver les voitures, raccompagner les clients chez eux... Quel rapport ?

— C'est l'administrateur de la société. » Telle est la réponse surprenante d'Annalisa.

« De la Super Car ?

— Oui. Depuis... » Elle fait défiler l'écran. Maître Falk Belgrado prend toujours des notes. « Depuis le 10 juin 2011. Venez voir... »

Enfin. Je n'osais pas le demander, mais j'étais sur des charbons ardents. Je fais le tour du bureau et me place à droite de l'avocate, assez près pour sentir son parfum douceâtre, écœurant – à la framboise, semble-t-il. Je découvre l'écran.

« Vous voyez ? », fait Annalisa.

Elle sélectionne avec le touchpad la zone de l'écran où figure – voilà ce qu'elles avaient trouvé – l'historique de la société. Maître Falk Belgrado note.

« Jusqu'au 10 juin 2011, poursuit-elle, l'administrateur était Oscar Sbriccoli. Il a été remplacé par Virginio Gaiano. »

Mes mains recommencent à trembler, mon cœur à battre la chamade. Je murmure :

« Merde... »

Virginio administrateur, un type insolvable. Ils m'ont mouillé jusqu'au cou. Depuis deux ans. C'est-à-dire que dans ces procès-verbaux que je signais sans les lire, parce que dans mon esprit ils ne contenaient que des bilans – que j'avais déjà vérifiés avec Cinzia –, je ratifiais des nominations et Dieu sait quoi d'autre sans même le savoir. Ils m'ont bel et bien piégé. Et Cinzia ? Elle savait forcément que Virginio était devenu administrateur. Elle n'a pas trouvé ça bizarre ? Pourquoi n'a-t-elle jamais rien dit ? Pourquoi continue-t-elle à ne rien dire ? Elle marche avec eux ? Et Virginio qui aujourd'hui n'est pas passé au bureau : arrêté lui aussi ?

Pendant ce temps, Annalisa a entamé une autre recherche de données, concernant Lello. Voici la réponse.

« Il ressort que Raffaele Pica est impliqué dans deux autres sociétés. Le saviez-vous ? »

En effet, les voici : Tecnomeccanica srl et Long John srl.

« La Tecnomeccanica est l'atelier, j'étais au courant. Son cousin et lui équipent des voitures de rallye. L'autre m'est inconnue. »

Annalisa sélectionne, maître Falk Belgrado note.

« L'autre a été constituée en juin 2011, vous voyez ? »

Oui, je vois, le 6 juin 2011. Quatre jours avant la substitution d'Oscar par Virginio...

« Et on peut voir les autres associés ?

— Bien sûr. »

Un clic et voici la fiche de cette Long John srl. Nom, forme juridique, siège, acte de constitution... Sauf que je suis trop désemparé pour voir, trop bouleversé pour comprendre.

« Yegadez où est ye siège », souffle maître Falk Belgrado.

Annalisa sélectionne le siège légal avec le touchpad : ROME (RM), VIA PANTALEO CARABELLESE 53/A, CODE POSTAL 00166.

« L'adresse de Virginio...

— Eh oui. »

Annalisa fait défiler vers le bas, jusqu'à la liste des administrateurs, puis elle sélectionne : Conseil d'administration. Nombre d'administrateurs en charge : 1. Conseiller délégué président du conseil d'administration : Virginio Gaiano, né à Monte Porzio Catone le 27/01/1939, numéro fiscal GNA VGN 39A27 F590M, DOMICILIÉ À ROME (RM), VIA PANTALEO CARABELLESE 53/A, CODE POSTAL 00166. Je demande :

« Et les associés ? »

Annalisa remonte jusqu'à la liste des associés. Il y a Lello. Il y a Oscar. Et puis – les voilà, les Roumains – Dare Molitor, Inolau Costea, Iovan Costea, Nicodim Rotariu. *Nicodim Rotariu.*

« Merde. » Et de deux, ça m'a échappé. « Ce Nicodim Rotariu est cité dans l'article que je lisais tout à l'heure. »

Je demande à Annalisa d'ouvrir une nouvelle page et de chercher l'article du *Sole-24 Ore* édition en ligne.

Le voici.

« Vous voyez ? Nicodim Rotariu. »

Elles lisent l'article depuis le début, en silence, toujours selon les mêmes modalités, c'est-à-dire qu'Annalisa sélectionne les noms et maître Falk Belgrado les note. Je le relis moi aussi. La coïncidence entre le nom de l'opération et celui de notre société me paraît plus saugrenue que jamais.

« Vous voyez ? dis-je. L'opération a été baptisée du même nom que notre société, Supercar, mais en un seul mot. Cela a-t-il une signification ? »

Elles me regardent, et j'ai l'impression que ces deux femmes dont le degré de concentration, le sang-froid et l'efficacité dépassent les miens de très loin n'avaient pas relevé cette coïncidence. Maître Falk Belgrado recopie « Supercar » sur sa feuille.

« Je ne sauyais diye. Peut-êtye une simpe coïncidence. »

Elle reprend sa lecture que j'avais interrompue et quand elle a fini, elle me dévisage sans un mot. Je m'aperçois que depuis mon entrée dans cette pièce, elle n'a pas eu un sourire, et pourtant je préfère regarder son visage dur et revêche, plutôt qu'Annalisa, devant qui je suis de plus en plus dévoré de honte. Outre mon jugement sur sa métamorphose, outre l'associé véreux avec qui je suis allé m'acoquiner, j'ai honte pour la première fois d'être tombé aussi bas, d'exercer cette activité, de m'être exilé dans cette banlieue, de mener une existence aussi modeste comparée à celle qui était la mienne quand elle travaillait pour moi. Certes, c'est le résultat d'un choix, entendons-nous, pourtant je ne peux pas m'empêcher d'éprouver soudain un frisson de pitié pour moi-même, qui sans doute la parcourt elle aussi.

« Tout à l'heure, avant que vous soyez disponible et que j'entre ici, dis-je à maître Falk Belgrado, je consultais autre chose : le dernier message de mon associé, dans les brouillons de ce compte dont je vous ai parlé. Je n'ai pas eu le temps de le lire, mais j'ai l'impression qu'il contient des informations importantes. »

Les deux femmes se regardent à nouveau et à nouveau se comprennent au vol. Annalisa ouvre une troisième page Google.

« Je vous en prie, *dottore* », dit-elle, en poussant l'ordinateur devant moi.

J'entre dans le compte, vais dans les brouillons.

« ÇA VEUT DIRE QUE TU AS VENDU DES VOITURES VOLÉES, PIETRO... MAINTENANT L'ABCÈS EST CREVÉ... NE VA PAS CHEZ LES FLICS CROIS-MOI... CE SERAIT PAS TOP PARCE QU'IL Y A UN HIC... ET LE HIC, C'EST QUE J'AI FAIT UNE CONNERIE... C'EST ÇA SURTOUT QUE TU DOIS SAVOIR... J'AI PIQUÉ DU FRIC AUX ROUMAINS, PIETRO... CEUX AVEC QUI JE M'ÉTAIS ASSOCIÉ... JE LEUR AI CACHÉ QUE J'AVAIS VENDU DES VOITURES QU'ILS M'AVAIENT FOURNIES... ENFIN C'EST TOI QUI LES AS VENDUES... DÉSOLÉ J'AI DÉCONNÉ... TU PEUX COMPTER

SUR MAURO POUR TE TROUVER UNE PLANQUE TOP... FAIS GAFFE... NE VA PAS CHEZ LES FLICS PARCE QU'ILS POURRAIENT T'ARRÊTER... REGINA CŒLI EST L'ENDROIT LE MOINS INDIQUÉ PARCE QUE TOUS LES ROUMAINS SONT DÉJÀ EN TAULE... MAIS DEHORS AUSSI C'EST DANGEREUX... LEURS AMIS LEURS FAMILLES... J'ESSAIE D'ARRANGER LES CHOSES ET DE RÉGLER L'AFFAIRE UNE BONNE FOIS... MAIS IL FAUT UN PEU DE TEMPS... TOUT CE QUE JE PEUX FAIRE POUR LE MOMENT EST DE T'AVERTIR ET TE CONFIER À MAURO... SOIS VIGILANT... NE TE FAIS PAS PRENDRE RESTE CHEZ LUI... TANT QUE JE N'AURAI PAS TOUT ARRANGÉ... ET RESTE EN CONTACT AVEC MOI... »

C'est la réponse à mes questions d'hier soir, mais comme elle stipule que tous les Roumains sont derrière les barreaux, il a dû l'écrire aujourd'hui. Ou bien était-il informé des arrestations dès hier ? Mais alors pourquoi ne me l'a-t-il pas dit dans un précédent message ?

Silence.

Elles n'ont pas fini de lire. À présent, j'ai honte aussi devant l'avocate. Allez savoir ce que Annalisa lui a raconté sur moi, à quel éloge elle s'est livrée. Et voici que je débarque avec cette sale affaire sur les bras. Que va-t-elle penser ?

Ça y est, elles ont terminé. Elles relèvent toutes les deux les yeux de l'écran.

« Aute chose à signayer ? demande l'avocate.

— Non. Dois-je lui répondre ?

— Non. Oubyiez ce compte. N'accodez aucune confiance à cet homme. »

Annalisa me regarde et me sourit.

« Alors asseyez-vous », dit-elle en me montrant ma chaise. En effet, ce n'est pas en restant planté là, raide comme un piquet, que je vais maîtriser mon agitation. Je repasse de l'autre côté du bureau, reprends ma place. Elles me regardent.

« Impyimons ce message », dit l'avocate.

Annalisa pianote sur le clavier et une imprimante se déclenche sous la fenêtre.

« J'y ai pensé moi aussi, dis-je avant tout parce que je ne supporte pas le silence. Mais c'est une preuve inutilisable, non ? Je pourrais l'avoir écrit moi-même. Avec ce système, on n'a pas les moyens de prouver que l'auteur du message est–

— Mieux vaut gader une tiace », décrète l'avocate.

Annalisa récupère le document imprimé, le dépose sur le bureau et repasse de l'autre côté, pour s'asseoir à côté de moi.

Nous y voilà. Miriam Falk Belgrado va devoir appliquer sa science à un fait divers minable, ce qui ne lui est sans doute jamais arrivé, pas même en début de carrière, et elle se retrouve dans cette obligation parce que sa fiancée – mieux, son épouse – l'a priée de prendre en main le cas de son ancien patron sans soupçonner qu'il était impliqué dans une affaire d'aussi bas étage. Et la voici lancée :

« Pour commencer, disons que vous avez été très imprudent. Très très imprudent. Je comprends bien que votre associé jouissait de votre confiance et qu'il en a abusé, mais dans ce cas... »

Et là – instant de grâce – il se passe quelque chose d'étonnant, de magique, style un *Federer moment*, quand Roger Federer est sur le court et que soudain la logique du tennis accepte un événement qui ne peut pas avoir lieu et qui *a lieu* pourtant, parce que la frappe de Federer le rend possible. De la même façon, voici que la blésité de maître Falk Belgrado a disparu, ou plutôt ce n'est pas la blésité qui a disparu, mais sa perception comme un défaut, de même qu'a disparu toute difficulté de compréhension et toute nécessité qu'Annalisa l'assiste en traduisant ses paroles. Non qu'elle s'exprime soudain d'une autre manière, plus nette et correcte. C'est plutôt que sa voix, son regard étincelant et toute sa petite silhouette tassée derrière le bureau provoquent l'attention et la concentration. C'est du charisme. Du magnétisme. Une aptitude au commandement. Un *Falk Belgrado moment*. Voilà qui explique qu'elle en soit où elle en est.

« ... mais dans ce cas, vous avez négligé certaines obligations propres à votre fonction et cela ne peut être imputé à personne d'autre qu'à vous-même. Vous avez à l'évidence signé des procès-verbaux sans les lire, vous n'avez pas surveillé les agissements de votre associé et la présence de ce retraité dans le rôle d'administrateur me donne à penser que les bilans de la société non plus n'étaient pas en règle, ce que vous n'avez pas le droit d'ignorer. J'entends par là que, selon toute probabilité, vous aurez à répondre de ces légèretés devant un tribunal. Cela posé, voici ce que je peux faire pour vous. Je peux accéder à des informations confidentielles concernant votre position dans l'enquête, c'est-à-dire savoir si une quelconque mesure préventive a été prise à votre égard, si vous êtes mis en cause ou si vous restez extérieur à l'enquête, bien que cette éventualité me semble peu probable. Je compte obtenir aussi des informations sur le point qui ici me paraît le plus grave, à savoir l'attitude de ces citoyens roumains à votre endroit. Je ne peux pas vous le garantir, mais sachez que je compte bien y arriver. Je peux en outre vous assurer que je m'emploierai à recueillir ces informations au plus vite, c'est-à-dire pendant le week-end ou plus probablement d'ici lundi. Si elles sont positives, tant mieux. Si elles sont négatives, je mettrai en œuvre tout mon potentiel de persuasion auprès du parquet de Rome pour que les mesures adoptées à votre égard soient les moins restrictives possible et que surtout elles ne vous exposent à aucun danger. Danger que je ne manquerai pas de signaler au magistrat, parce qu'il pourrait l'ignorer. En attendant, je vous conseille de rester en lieu sûr. Disposez-vous d'un endroit où passer les prochains jours sans vous exposer ?

— Oui », réponds-je sans ciller, alors que Marta est au vert près de son lac et qu'en réalité je n'en ai pas. J'ignore même où passer la nuit.

« Bien, alors allez-y et n'en bougez plus. Pour communiquer avec moi, vous appellerez Annalisa, puisque vous avez son numéro de portable. D'ailleurs, je vous conseille de lui téléphoner tous les jours, au cas où il me faudrait vous joindre. Ce sera tout. »

Silence. J'aurais bien des questions à lui poser, et des angoisses à apaiser, mais plus elle parlait, plus je me ratatinais et son intonation a été sans équivoque : une prise de congé trop ferme pour que j'ose la différer. Mieux vaut donc que je ravale mes questions et mes angoisses et que je quitte la scène avec un minimum de dignité. Je balbutie :

« *Professoressa*, je ne sais comment vous remercier.

— Peu importe comment vous me remerciez, réplique-t-elle. Il suffit que vous me régliez mes honoraires. »

Et là, enfin, elle sourit. Il s'agit à coup sûr du sourire le plus cher qu'on m'ait jamais adressé, mais au moins l'étau de la honte se desserre. À la façon dont Annalisa baisse les yeux et redevient un instant la fille gauche et timide que je connaissais, on dirait que c'est elle qui a honte maintenant, et non sans raison somme toute, puisqu'il avait toujours été évident pour moi que je paierais son assistance. Le fait que maître Falk Belgrado ait voulu le préciser de façon aussi directe semble être plutôt un message à son adresse, *ne te figure pas que je vais rendre ce service à ton ancien patron gratis*. Une escarmouche entre elles deux, une faille, une fêlure dans le front granitique qu'elles constituaient jusqu'ici, où je puise le courage d'avouer enfin l'acte honteux que j'avais tu jusque-là et de me libérer de son poids.

« À propos d'argent, dis-je, il faut que je vous signale autre chose qui pourrait compliquer la donne. Hier matin, j'ai vendu une voiture à un client... »

Et je lui raconte de A à Z Jürgen et ses coupures de cinq cents euros, la découverte qu'elles étaient marquées, le change que Goliath m'a proposé et que j'ai accepté. Annalisa et maître Falk Belgrado se regardent, consternées.

« J'ai commis un délit, n'est-ce pas ?

— Je diyais que oui », répond-elle. Le *Falk Belgrado moment* est passé.

« Blanchiment, c'est ça ?

— Un cas d'écoye.

— Et cela peut aggraver ma situation ?

— Ça dépend. Ya voituye que vous yui avez vendue était un des véhicuyes voyés ?

— Je ne saurais pas vous dire.

— Et queye yéponse vous êtes-vous donné à ya question de savoille si ce gade suisse avait un yien avec vote associé ?

— Pour être sincère, ce doute ne m'a pas effleuré.

— Pouyquoi ?

— Parce qu'il n'y a aucun rapport. Ce client a tergiversé un mois avant de se décider, il a essayé de négocier le prix, il a failli renoncer à son achat. C'est sans doute un délinquant lui aussi, puisqu'il détient des billets marqués, mais je vous assure qu'il rêvait de cette voiture. Certes, tout est possible, mais si Lello me l'a envoyé pour me compromettre avec de l'argent sale, ça ne tient pas debout qu'il m'indique ensuite la personne en mesure de me changer l'argent en question, non ? »

Maître Falk Belgrado se tait, elle réfléchit.

« Comment s'appeye cet homme ?

— Jürgen... »

Oups, et le nom de famille ? Passé à la trappe. Minute, je l'ai copié avec son numéro de téléphone...

« Un instant », dis-je en sortant de ma poche le bloc-notes où j'ai relevé les numéros de téléphone de mon répertoire, il y a cinq heures, sur la tombe de ma mère.

Le voici...

« Capitaine Jürgen Bùcheli ou Buchèli. »

Maître Falk Belgrado le note aussi sur sa feuille. Elle s'arrête.

« B – U – C – H – E – YE - I ? demande-t-elle.

— Oui. »

Elle finit d'écrire le nom. Puis elle se lève.

« Bien, *dottoyé* Payadini. Dans ya mesuye du possibe, ne vous tyacassez pas, vous veyez que nous vous tiyeyons d'affaiye. »

Elle me tend une main osseuse, constellée de taches de rousseur. Je la serre.

« Merci encore, *professoressa*. Alors je reste en contact avec Annalisa. »

Sa poignée de main est énergique, sûre, très semblable à celle d'Annalisa, comme si elle la lui avait enseignée. Elle provoque dans mon poignet un élancement douloureux que j'ai du mal à cacher. Et je pense que, puisque j'y suis, c'est peut-être le moment de boire le calice jusqu'à la lie.

« Il y aurait une dernière chose, dis-je en retirant ma main. Hier matin, on m'a arrêté alors que je roulais un peu trop vite dans une situation que je vous épargne, et on m'a retiré mon permis. Est-ce que cela peut constituer une complication ? »

Cette fois, la surprise est évidente, même sur un visage de sphinx comme le sien. Elle ne peut retenir un coup d'œil effaré vers Annalisa.

« Une compyication, dit-elle. À savoille ?

— Voilà, je me demandais si dans l'optique disons d'un éventuel procès, cette histoire de retrait de permis pourrait, que sais-je, avoir une incidence sur mon casier judiciaire... »

Je l'ai déconcertée. Maigre consolation – car je dois lui paraître de plus en plus calamiteux –, mais au moins je l'ai déconcertée.

« Non, répond-elle. C'est une sanction administyative, yien à voille avec vote casier judiciaiye.

— Tant mieux. Excusez-moi de vous avoir posé la question, mais je ne voulais pas garder ce doute. Alors au revoir.

— Au yevoille. »

Elle se rassied et Annalisa m'escorte vers la porte de communication entre leurs deux bureaux, qu'elle ferme avec précaution, d'un geste lent, comme si pendant ces trois secondes, l'avocate s'était endormie et qu'il fallait éviter de faire du bruit pour ne pas la réveiller. Enfin, elle se tourne vers moi.

Je la regarde dans son élégante robe Annapurna. Force m'est de constater qu'elle est devenue une vraie beauté, entourée d'un puissant magnétisme sexuel. Encore une fois, je trouve inconcevable que ce soit l'espèce de pitbull tapi dans la pièce voisine qui en soit le déclencheur. Où a-t-elle pris ce magnétisme ? À qui l'a-t-elle pris ? Soudain j'ai un flash. Je me souviens qu'un jour, je l'avais envoyée dans je ne sais plus quelle boutique chercher une robe pour ma femme, très semblable à celle qu'elle porte aujourd'hui, et, en sautant à pieds joints toutes les étapes, j'arrive à la conclusion lourde de sens qu'Annalisa *copie* Lara, c'est-à-dire que Lara est la source de cette féminité en fleur. Je ne dis pas qu'Annalisa lui ressemble, parce qu'elle ne lui ressemble pas du tout, je dis que c'est comme si elle s'efforçait de lui ressembler. Ses gestes, ses vêtements, son parfum, son type même de beauté : rien, dirait-on, qui ne sorte de la malle de Lara. Du reste, à l'époque, elles se fréquentaient. Lara n'était pas du tout jalouse d'elle et si, au fond de mon cœur d'homme insatiable, j'ai pensé qu'Annalisa était secrètement amoureuse de moi – parce que je l'ai pensé –, c'est parce que je préférais croire au lieu commun selon lequel toutes les secrétaires s'éprennent de leur patron plutôt que de voir que j'étais hors jeu de ses préférences sexuelles. (J'ai commis la même erreur avec Cinzia, quand j'y pense, en la croyant amoureuse de Lello plutôt que lesbienne, comme il l'a toujours affirmé.) Mais ici et maintenant, au moment le moins opportun, il me semble que je comprends tout : Annalisa n'était pas éprise de moi, elle était amoureuse de Lara. Évident. Tant que Lara, vivante, brillait de toute sa beauté sous ses yeux, Annalisa est restée dans le no man's land où je l'ai toujours vue. Lara morte et moi parti, elle l'a choisie pour modèle de féminité, elle s'est littéralement vêtue d'elle. Unique façon de la posséder...

Ah, si l'univers tournait autour de moi ! Si l'univers tournait autour de moi et que j'en étais le centre, ce serait une formidable intuition. Oui, une brillante intuition. Mais comme pour l'heure, je suis dans tous mes états, déboussolé, ne sachant même plus qui je suis, et comme surtout l'univers ne tourne pas autour de moi, la réalité est beaucoup plus simple. La voici : je n'avais pas compris qu'Annalisa était lesbienne et les événements qui ont fait d'elle la femme qui se trouve désormais devant moi ne me concernent pas et je ne les connaîtrai jamais. D'ailleurs n'ai-je pas changé, moi aussi ? N'ai-je pas éprouvé à l'instant de la honte pour ce que je suis devenu ? Ne suis-je pas en train de chercher les mots pour m'excuser, me justifier et prendre congé avec un semblant de dignité ? Je bredouille :

« Annalisa...

— Oui ?

— Je voulais mener une vie simple, c'est tout, dis-je. Je croyais que c'était possible, qu'il suffisait...

— Je sais, répond Annalisa.

— Je pensais qu'en quittant cette ville, en optant pour une existence modeste, je pourrais à nouveau croire ce que je voyais, puisque ici c'était devenu impossible. Comme un imbécile, j'ai imaginé que...

— Je sais, *dottor* Paladini, répète-t-elle avec douceur. Je sais. »

Elle me serre le bras et cela suffit pour me donner envie de pleurer. Mais pas question – pas de larmes. Je respire. Je résiste.

« Vous êtes quelqu'un de bien », dit-elle.

Elle relâche son étreinte sur mon bras, et déjà sa main me manque.

« Je suis désolé, Annalisa. Je suis désolé d'avoir les problèmes que j'ai, de les avoir apportés jusqu'ici, dans ce bureau, de t'avoir placée dans une situation gênante...

— Mais que dites-vous, *dottor* Paladini ? Quelle situation gênante ? Alors vous avez oublié qui consulte un avocat dans cette ville. Vous avez accordé votre confiance à la mauvaise personne, c'est tout, mais ne vous inquiétez pas, la *professoressa* vous aidera, et ce ne sont pas des paroles en l'air. Elle ne vous l'a pas précisé parce qu'elle est toujours expéditive, mais laissez-moi vous expliquer comment elle va s'y prendre. Dès que je serai de retour dans son bureau, elle me demandera de contacter plusieurs de ses correspondants de Rome, des avocats qui lui doivent beaucoup et dont l'éthique professionnelle est, disons, plutôt élastique. Elle les chargera de rassembler les informations dont elle a besoin, ils partiront aussitôt en chasse et réussiront à se les procurer. Comment se débrouilleront-ils au juste, avec quels moyens et en passant par quels détours, la *professoressa* ne voudra même pas le savoir. Ce qui compte, c'est que demain, samedi ou lundi, elle saura ce qu'il faut savoir et, à partir de là, ce qu'il faudra faire aussi. Pour l'aspect financier, rassurez-vous. Ne vous arrêtez pas à ce qu'elle vous a dit, en réalité c'est une femme très généreuse, même si elle a la coquetterie de paraître âpre au gain.

— Mais l'argent n'est pas un problème, Annalisa. Je ne suis pas ruiné, je me débats dans un océan de boue, c'est tout. Au contraire, je serai fier de lui régler ses honoraires puisque je peux encore me le permettre. Sauf que sans toi, je n'aurais jamais bénéficié d'une telle attention parce que je ne la mérite plus.

— Et là, vous vous trompez, *dottor* Paladini. Si vous n'aviez pas mérité cette attention, elle ne vous l'aurait pas accordée. Je suis sûre que vous pouvez imaginer la façon dont cette ville a réagi devant ce qui s'est passé entre la *professoressa* et moi, et je vous garantis que certaines expériences ouvrent les yeux sur le fait que les personnes comme vous sont très rares. J'ai beaucoup d'affection pour vous, croyez-moi, comme j'en avais pour votre femme. Je suis heureuse de vous aider. »

Bon, maintenant stop, sinon je vais pleurer pour de bon.

« Merci », dis-je.

Et cette fois, nous nous embrassons. Je sens son corps prendre la forme du mien, ses mains faire pression sur mon dos, le cachemire extra-fin de sa robe caresser ma peau, son parfum de mer envahir mon cerveau. Toutes choses égales par ailleurs, j'ai presque la sensation d'embrasser Lara. Ça dure – je ne sais pas – dix, quinze secondes, puis nous nous reculons. Annalisa semble aussi plus grande, mais c'est dû à ses bottes à talon.

« Pourriez-vous avoir l'amabilité d'embrasser Claudia de ma part ? dit-elle. Si elle se souvient de moi...

— Bien sûr qu'elle se souvient de toi.

— Quel genre de jeune fille est-elle devenue ? Vous savez que je n'arrive pas à l'imaginer ?

— Elle est belle, avec une forte personnalité, mais encore immature. Elle prend son temps.

— Elle ressemble toujours autant à sa mère ?

— Oui. À sa mère et à sa tante. C'est une Siciliano pur jus. »

Annalisa se tait, le regard perdu vers un point indéfini à ma droite. Ce serait merveilleux de lire dans ses pensées et de voir comment elle imagine ma fille.

« Alors je t'appelle demain, dis-je.

— Entendu.

— Merci encore, Annalisa.

— De rien, *dottore*. »

Et là, elle a un dernier geste surprenant. Mais alors, très surprenant. Elle me tend le poing et me fait comprendre qu'elle veut me dire au revoir ainsi, poing contre poing, à la Obama. Je ne l'ai jamais fait, déjà dans un high five j'étais emprunté. Pourtant je réponds à son invite comme si j'en avais l'habitude, et notre geste est naturel, décontracté, malgré l'attelle qui prive mon poignet de souplesse. Annalisa sourit et je souris aussi. Disparue la honte. Je viens de faire un petit truc sympa que je n'avais jamais fait. Annalisa me raccompagne à la porte, et c'est de nouveau un festival de roulements de hanches et d'harmonieux balancements de bras. Le comptoir des secrétaires est désert. Sur le seuil nous nous saluons encore – Au revoir, ciao –, mais il est évident que notre vrai au revoir était ce geste des poings si réussi.

Je descends dans la rue et je ne saurais dire comment je me sens. D'ailleurs, c'est toujours le cas, à mon avis, on ne sait pas comment on se sent exactement. J'ai encore honte, je suis encore dans le pétrin, je ne sais toujours pas où passer la nuit, mais à présent il y a aussi de la légèreté en moi, de la grâce. C'est la plus belle heure du plus beau jour de l'année. Le soleil est tombé, le ciel est encore éclairé d'une lumière prodigieuse. Il souffle même une brise incroyable pour Milan, qui tempère la violence de la chaleur. Une fille d'une extrême blondeur passe à côté de moi, en short et débardeur, traînant une énorme valise à roulettes qui tangue sur les pavés inégaux. La Q3 est à deux pas, après le carrefour, là où, par miracle, j'ai pu me garer : une place autorisée libre, via Verdi, qui semblait m'attendre. J'appuie sur le bouton de la télécommande tandis que je traverse le carrefour, puis j'ignore pourquoi, je me retourne et regarde en haut vers l'immeuble dix-neuvième d'où je viens de sortir. À une fenêtre à l'angle du premier étage, accoudée à la balustrade, sous le somptueux fronton en pierre, se tient Annalisa. Elle fume – elle ne fumait pas –, mais surtout elle me regarde et me fait au revoir avec la main. Et maintenant ? Je viens de lui dire qu'on m'a retiré mon permis. M'a-t-elle vu ouvrir la voiture avec la télécommande ? Non, parce que je l'ai actionnée dans la poche de ma veste. Pourtant la honte revient, et l'angoisse. Je ne peux pas me montrer partant en voiture, tranquille Bill, sans permis. Pas maintenant, pas devant elle. C'est pourquoi je dépasse la Q3 et continue tout droit – non sans la refermer toutefois d'un autre bip. Il y a un bar devant moi, un bar-tabac, je m'y dirige. Avant d'y pénétrer, je regarde à nouveau l'immeuble et Annalisa est toujours là-haut à la fenêtre, qui me suit des yeux. Je lui fais encore un signe, et j'entre. Plusieurs personnes attendent à la caisse, des hommes seuls qui distillent, à cette heure-ci à Milan, dans cette débauche d'aluminium anodisé, au milieu de ces sandwiches club invendus, une tristesse digne d'un polar de Scerbanenco. Je me regarde dans la vitrine réfrigérée. En effet ma lèvre est bel et bien enflée, même si Dieu merci il ne me semble pas apercevoir de sang. Quand mon tour arrive, je commande un paquet de cigarettes et un Coca. Au lieu de prendre mon temps comme je devrais, je bois en hâte et ressors en laissant la moitié de ma boisson, avec pour résultat qu'au moment où je sors, Annalisa est encore à sa fenêtre. Mais qu'est-ce qu'elle fabrique ? Elle a dû finir sa cigarette, pourquoi gaspille-t-elle son temps de cette façon ? Ne devait-elle pas appeler les larbins romains de maître Falk Belgrado, qui lui dégoteront toutes les informations sur mon cas ? À mon tour d'allumer une cigarette, c'est la dernière ressource qui me reste pour qu'entre-temps elle rentre dans son bureau et que je puisse monter dans ma voiture. Mais nenni, elle ne bouge pas, alors je n'ai plus qu'à tirer deux ou trois bouffées et continuer ma route, comme elle s'y attend, en direction de la Scala. Et zut, j'ai compris, je vais faire le tour du pâté de maisons et je resterai caché au coin de la rue jusqu'à ce qu'elle rentre. Plus rien n'est simple dans ma vie, il faut que je m'y résigne.

D'ailleurs il faut aussi que je trouve une cabine téléphonique, car je viens d'avoir une idée d'endroit où dormir.

7

Il n'est pas vrai que la vie vous surprend. Ce qu'elle fait surtout c'est vous maintenir à votre place.

Diego DE SILVA

« *Hallo ?*

— Chantal ?

— *Ja ?*

— Ciao. C'est Pietro.

— Oh Pietro, bonjour. Excuse-moi, je ne t'avais pas reconnu. Comment vas-tu ?

— Bien, et toi ?

— Bien. Tu es à Rome ?

— Justement non, je ne suis pas à Rome. Je ne suis pas loin, en Suisse, et je comptais te rendre visite si je ne te dérange pas.

— Tu ne me déranges pas du tout, ce sera un plaisir.

— Sans façon, Chantal, dis-moi si je te dérange, je viendrai une autre fois.

— Mais non, Pietro, qu'est-ce que tu dis. Tu n'imagines pas le cadeau que tu me fais. Un coup de fil, c'est une chose, mais venir le passer ici c'en est une autre.

— Pardon ?

— L'anniversaire. C'est toujours une journée difficile pour moi, comme ce doit l'être pour toi. Que tu viennes ici est un cadeau.

— ...

— ...

— ...

— Pietro ? Tu es là ?

— Oui. Mais la communication est hachée et je ne t'entendais plus. Je n'ai pas compris ce que tu disais.

— Je disais que l'anniversaire, demain... Tu m'entends ?

— Là, oui.

— ... L'anniversaire, donc, est toujours une journée difficile, même après cinq ans.

— Ah, bien sûr...

— Et que tu viennes à cette occasion est une magnifique surprise, le contraire d'un dérangement. Tu es seul ou avec Claudia ?

— Non, je suis seul. Claudia est restée à Milan chez sa tante.

— Dommage, j'aurais aimé la voir. Comment va-t-elle ?

— Elle va très bien.

— C'est ce qui compte. Bref tu me fais un très beau cadeau. Quand arrives-tu ?

— Écoute, à vrai dire, je ne suis pas tout près. J'arriverai un peu tard, je risque de te réveiller. Il vaut peut-être mieux que j'aille à l'hôtel.

— Il n'en est pas question. En réalité, je ne serai pas à la maison, parce que je passe la nuit chez Mme Roggen-Dalpiaz, juste en face. Quand tu arrives, tu m'appelles, je descendrai te donner les clés. Tu es en voiture ?

— Oui.

— Tu te souviens de l'adresse ? 31, Adligenswilerstrasse. En venant du centre-ville, tu suis les indications pour l'hôtel Montana et c'est à cinquante mètres.

— J'ai un GPS. Il n'y a pas de problème.

— Je te prépare la chambre d'amis. Une bonne nuit de sommeil, et demain matin quand je rentre, on prendra le petit déjeuner ensemble, puis on ira au cimetière, d'accord ?

— D'accord.

— On achètera de belles fleurs, tu veux bien ? Pas mes éternels chrysanthèmes.

— Bien sûr, Chantal.

— Quelque chose de spécial, d'accord ?

— Entendu. Mais ce soir en arrivant, je ne pourrai pas t'appeler parce que j'ai perdu mon téléphone portable.

— Oh désolée pour toi. Mais tu peux sonner à l'interphone. Roggen-Dalpiaz. Au numéro 26. Juste en face de chez moi. Je serai toute seule avec Mme Roggen-Dalpiaz, qui a alzheimer.

— Entendu, je serai là d'ici deux heures environ.

— Ne t'inquiète pas. Roule doucement.

— Merci, Chantal.

— Merci à toi, Pietro. »

8

> *Alors pardonne-moi, j'ai un peu forcé sur la teinte, je t'ai peint en noir pour ne pas me souvenir de toi.*
>
> GATTI MÉZZI

Liste de petits trucs sympas que je n'ai jamais faits :

Lancer une pierre de curling

Jouer au tennis sur un terrain en gazon

Célébrer une messe

Pêcher un thon

Sortir en kilt

Toucher une pépite d'or

Détacher l'étiquette d'une boîte de médicaments avec l'espèce de petit couteau des pharmaciens

Construire un château en bâtonnets d'esquimau

Moissonner du blé

À l'arrivée à l'aéroport, me diriger vers le chauffeur qui porte la pancarte, lui faire croire que je suis le conférencier qu'il attend et me faire déposer chez moi

Décorer un gâteau avec une poche de pâtissier

Crever un soufflé

Autrefois je dressais des listes. Ça me rassurait. Je prenais un sujet et je me triturais la cervelle pour remplir la liste. Puis je la relisais et, aussi étrange que cela paraisse, ma vie, réduite à l'une de ces listes (les femmes que j'avais embrassées, les compagnies aériennes avec lesquelles j'avais voyagé, les endroits où j'avais habité, etc.), semblait moins vaine, si vous voyez ce que je veux dire. Puis ce besoin a disparu et j'ai arrêté, mais ce soir j'ai recommencé. Incapable de dormir alors que je suis épuisé, agité, inquiet, je me suis assis dans le fauteuil devant le bow-window, dans la salle de séjour de cet appartement où mon père a vécu les dix dernières années de sa vie, et j'ai écrit cette liste pour essayer de me calmer, mais en vain. Je n'ai pas dû choisir le bon sujet. Mon agitation a augmenté et je n'ai quasiment pas fermé l'œil jusqu'à l'aube. À vrai dire, maintenant encore en les relisant les uns après les autres, ces petits trucs sympas que je n'ai jamais faits ne me disent rien de rassurant sur moi, ne m'apportent aucune détente, mais au contraire un stress supplémentaire. Ce ne sont pas des désirs. Ils ne décrivent aucun projet de vie, aucune identité. Ils ne signifient rien.

Si je les accomplissais tous, les uns après les autres, serais-je satisfait ? Serais-je en sécurité ? Au moins serais-je davantage moi-même, plus que je ne le suis à présent ? Celui qui fait glisser la pierre de curling sur la glace, qui décore le gâteau ou qui, en habit de prêtre, repêche le bloc miraculeusement intact de ses souvenirs d'enfant de chœur pour réciter la

Préface du Saint-Esprit, serait-il par hasard un Pietro Paladini meilleur ?

C'est une question ridicule, non ? Tout bonnement ridicule.

Alors qu'elle ne devrait pas être ridicule, elle devrait être sensée, et la réponse devrait être « oui ». C'était du moins le cas quand je dressais mes listes thérapeutiques. Celui qui recevait les uns après les autres tous ces baisers, qui montait et descendait de ces avions ou qui déménageait d'une adresse à l'autre, était une personne meilleure, libre et légère, et la retrouver en moi dans les moments difficiles me donnait du courage. Et si la liste ne concernait pas des actes passés, mais des souhaits à réaliser, elle finissait par ressembler à un chemin de croix à l'envers, le long duquel à chaque station je pourrais me libérer d'un poids ou d'une gêne, jusqu'à me retrouver meilleur là encore, à une orée nouvelle. Par exemple quand j'ai quitté Milan, il y a huit ans, et que je suis revenu à Rome avec pour objectif aussi plaisant que lumineux de tout réduire – resserrer mes horizons, gagner moins, avoir moins de pouvoir, m'effacer dans un quotidien de fonctions banales et ordinaires, qu'à cette époque je considérais comme plus authentiques –, j'ai dressé aussi une liste de petits trucs sympas pour ma nouvelle existence. Dans sa conception, elle était proche de celle que j'ai établie cette nuit, et pourtant tout à fait différente. Je ne m'en souviens pas in extenso, mais je peux dire que la plupart de ces désirs ont été exaucés et que, contrairement à ceux que j'ai recensés cette nuit, ils étaient pertinents, concrets, en mesure de forger une identité, comme recommencer à jouer au tennis, manger des poulets élevés en plein air, boire l'eau du robinet ou visiter des monuments. Si on ne tient pas compte du pétrin sans nom où cette nouvelle vie m'a catapulté, si on néglige le fait qu'à l'évidence je me trompais, que la solution n'était pas donnée et que même les vies les plus simples sont exposées à ce désordre que j'imaginais éviter à l'époque en quittant Milan, je me suis en effet senti mieux, à ce moment-là et pendant les huit années qui ont suivi, en cochant l'une après l'autre les intentions portées sur ma liste, au point que malgré des situations dures ou problématiques – la fuite de Carlo, le harcèlement de Patrick, les relations avec Claudia –, je n'étais plus angoissé et que du coup j'avais arrêté les listes. Et voilà que je me découvre incapable d'y revenir, parce que l'angoisse qu'elles engendrent est pire que celle qu'elles sont censées apaiser, ce qui ressemble à une de ces nombreuses morts qu'il nous faut endurer avant de mourir pour de bon.

Je regarde ce bout de lac, par-delà les toits, la portion de côte que mon père a contemplée tous les jours après avoir quitté Rome, l'Italie, nous, pour venir mourir dans cette ville belle et mélancolique. Une brume épaissit l'horizon. L'été italien a disparu d'un coup hier soir, à la sortie du tunnel du Saint-Gothard, dans les fumées de brouillard qui ont duré jusqu'ici, jusqu'à ce matin. Les pensées que je comptais réduire au silence en planchant sur ma liste sont encore actives, dangereuses et inattendues, et elles flottent autour de moi dans l'odeur de pain grillé et de café. La plus curieuse de toutes, c'est que, ayant oublié qu'aujourd'hui, 28 juin, est l'anniversaire de la mort de mon père, moi qui rebondis d'une péripétie à l'autre dans cette cavale ridicule dont personne n'est encore informé, accumulant en deux jours plus de conneries que durant ma vie entière, je me retrouve quand même ici à le célébrer. C'est le cinquième anniversaire. Aucun des quatre précédents ne m'avait échappé. J'avais appelé Chantal chaque fois pour lui manifester ma sympathie, mais l'idée de venir passer la journée avec elle à Lucerne ne m'avait jamais effleuré. Or cette année, alors que les urgences de ces derniers jours ont gommé le souvenir de cette commémoration, me voici assis à la place qu'occupait mon père, regardant ce qu'il regardait et m'apprêtant à accompagner Chantal sur sa tombe.

Il s'en est fallu d'un cheveu que ma cavale ne tourne court hier soir de piteuse façon, à la station-service de Bellinzona, à cause d'une des susdites conneries. Le fait est que pour emprunter les autoroutes suisses il faut s'acquitter d'un péage annuel, la fameuse vignette qu'on doit acheter et coller sur le pare-brise. Je dis fameuse parce que, lorsque je vivais à Milan, je le savais très bien, puisque je me rendais souvent en Suisse. Concrètement, il est vrai, c'était Annalisa qui s'occupait d'acheter ma vignette chaque année et il ne me restait plus qu'à la coller sur mon pare-brise, mais bon, je le savais, je le savais très bien. Tout comme je savais qu'à la frontière les douaniers ne vous alertent pas. Certes un panneau le prescrit, mais c'est un panneau parmi d'autres, qui échappe souvent à l'attention, d'ailleurs quand on n'est pas au courant, on ne le remarque pas, et la police cantonale vous épingle et verbalise. Je savais tout. Pourtant hier soir, tendu comme je l'étais à l'idée qu'un douanier inspiré décide de bloquer le flot des voitures qui défilaient devant lui pour me contrôler moi en particulier, qu'un mandat d'arrêt ait été lancé contre moi, que mon nom ait été signalé sur les fichiers et qu'à cause de ce geste téméraire de franchir une frontière je me retrouve en prison avec les circonstances aggravantes de tentative de fuite hors du territoire national, donc avec cette peur au ventre, j'ai zappé la vignette. Soulagé de voir que le douanier italien ne manifestait pas le moindre intérêt pour moi et qu'il me faisait signe de circuler comme à tout le monde, j'ai roulé le cœur serein pendant quarante kilomètres avant de m'arrêter sur une aire pour manger un morceau. Je me suis garé par erreur sur le parking près des pompes à essence, alors que le restaurant se trouvait cent mètres plus loin et disposait d'un grand parking juste devant. Je suis entré dans la boutique du rez-de-chaussée, j'ai suivi les indications pour le restaurant à l'étage, j'ai pris un plateau, j'ai choisi des crudités et de la salade de fruits en barquette, plus une saucisse chaude à la moutarde, j'ai réglé en euros et je me suis installé près de la baie qui donnait sur le parking. Le climat était encore méditerranéen, la soirée chaude et pétillante, les montagnes puissantes, le ciel rose et bleu, tout me parlait de calme et de beauté. Mais pendant que j'avalais mon dîner sous cellophane, j'ai assisté à une altercation dans le parking que je surplombais entre un homme blond corpulent et deux agents de la police cantonale. L'homme gesticulait de façon théâtrale, faisait volte-face, s'éloignait de quelques pas, se ravisait, reprenait ses protestations, s'échauffait, s'arrachait les cheveux, tandis que les deux agents restaient impassibles devant lui, l'un tenant des papiers auxquels il jetait un œil de temps à autre, l'autre les poings sur les hanches et le menton relevé comme un personnage de jeu vidéo. À proximité, deux voitures : la BMW série 1 cinq portes blanc et orange de la police suisse et une Mercedes classe B blanche avec toit ouvrant noir immatriculée en Italie. Je n'ai pas imaginé une seconde que la situation me concernait aussi et j'ai suivi cette scène muette sans me presser, attendant que la serveuse m'apporte un médiocre café. Puis j'ai quitté la table et suis descendu sur le parking où les trois hommes parlementaient toujours. Je me suis approché. L'homme était toujours aussi agité, et avec lui, sa chevelure couleur bouillon de poulet, tel un champ de blé balayé par le vent, tandis que les deux policiers qui l'avaient alpagué semblaient de plus en plus raides et inhumains. De près, j'ai eu la surprise de constater qu'ils étaient tous les trois beaucoup plus vieux que je ne l'avais cru de la fenêtre du restaurant : la cinquantaine pour les deux policiers, la quarantaine pour le conducteur à qui, de loin, à cause de ses cheveux blonds, on ne donnait pas trente ans. À l'évidence, la situation stagnait depuis longtemps, parce que les données du problème me sont apparues tout de suite : les fonctionnaires avaient relevé l'absence de vignette sur le pare-brise de l'automobiliste, lequel s'était justifié en déclarant qu'il ignorait cette injonction et les policiers étaient disposés à fermer un œil (après tout nous étions encore en Suisse italienne) si l'homme achetait son autocollant et le plaçait séance tenante à l'endroit requis. Sauf que le contrôle de routine avait révélé une irrégularité côté permis de conduire, ce qui constituait un délit et entraînait l'immobilisation du véhicule, conséquences sur lesquelles, en dépit des prières du conducteur, les deux agents se montraient intraitables. Je me suis précipité à la boutique acheter ma vignette, puis j'ai couru jusqu'à la Q3 garée par erreur, comme je l'ai dit, en réalité par chance, sur le parking de la station essence, loin de celui du restaurant où, entre-temps, un des deux flics vérifiait que tous les pare-brise arboraient la vignette et que son collègue, qui semblait avoir maîtrisé les derniers soubresauts du type blond, se contentait de le surveiller du regard, tandis que, vaincu et atterré, il passait un coup de fil, appuyé contre le capot de la Classe B. Enfin je suis reparti, secoué par une de ces montées d'adrénaline qui sont mon lot depuis quarante-huit heures et forcé de constater que, à l'opposé de mon agitation, tout restait normal autour de moi, plausible et même opportun : j'allais à Lucerne pour le cinquième anniversaire de la mort de mon père et le fait que je sois au volant d'une voiture rendait évidente la présence d'un permis dans ma poche. L'illégalité restait confortable et accueillante pour moi aussi à condition de prendre un minimum de précautions, mais le problème était que je n'arrivais pas à respecter ce minimum et qu'il avait fallu le sacrifice de ce pauvre type pour m'éviter le pire. Et j'en suis encore là. Du coup je me sens comme un de ces arbres déracinés par la crue qui finissent en pleine mer, ballottés par les vagues et les courants, rongés par l'eau salée. Ma vie désormais semble gouvernée par le pur hasard (si je n'avais pas téléphoné à, si je n'étais pas passé par, si je ne m'étais pas arrêté à, si je ne m'étais pas garé dans) et je ne peux même pas imaginer ce qu'il en serait de moi à cette heure si la chance ne m'avait pas souri. Voilà où le bât blesse : je ne sais plus qui je suis, moi qui oublie les commémorations familiales et les règles de comportement en société que j'ai toujours respectées et qui, au bout du compte, ne me reconnais plus dans une liste de souhaits que je viens de rédiger. Et ce qui aggrave mon désarroi, abstraction faite de la mouise insensée où je me trouve, c'est que les autres en revanche sont convaincus de le savoir, parce qu'ils ont en tête ce que j'ai été si longtemps et la tentation est très forte de me rassurer en me regardant dans le miroir de leur candeur.

Prenons Chantal qui, en ce moment, sort de la cuisine en poussant une table roulante chargée d'un tas de gourmandises pour le petit déjeuner. Pour elle, il est normal que je sois ici. De son point de vue, rien peut-être ne saurait être plus normal, et ça l'est en tout cas plus que mon coup de fil rituel. Malgré sa douceur et son absence de rancœur à l'égard du monde, il se peut qu'au fond, les années précédentes, elle ait jugé un peu maigre le signe que je lui envoyais le jour de la mort de mon père et qu'elle ait justifié mon attitude parce qu'elle m'imaginait loin, seul avec ma fille et totalement débordé. Si je lui racontais ma conduite de ces dernières quarante-huit heures, je suis convaincu qu'elle serait capable de m'excuser sur toute la ligne, sauf pour avoir oublié mon père. Elle ne me pardonnerait un tel oubli en aucun cas, il lui semblerait plus monstrueux que le fait que j'aie blanchi de l'argent, frappé une femme, conduit sans permis et menti chaque fois que j'ouvrais la bouche. Il est tout bonnement inconcevable pour elle que je sois ici aujourd'hui par pur hasard et sa conviction, je m'en rends compte, me permet de supporter d'y être justement venu par pur hasard. Je salue tous les mets que Chantal dispose sur la table :

« Magnifique !

— Je ne prends jamais de petit déjeuner aussi copieux, parce que je suis au régime. Mais aujourd'hui, on marque le coup. »

Œufs brouillés, crêpes au Nutella, pain grillé, confiture, emmenthal, jus d'orange et de pamplemousse, café, lait, miel, abricots, cerises, bananes et même raisin. Elle est peut-être au régime, en attendant elle avait toutes ces gâteries en stock, parce qu'elle s'est activée en cuisine dès son retour de la garde de nuit chez Mme Roggen-Dalpiaz.

En effet, elle est un peu trop ronde. Depuis la dernière fois où je l'ai vue – à la mort de mon père il y a cinq ans –, elle a dû prendre six ou sept kilos, qui lui donnent une mine joufflue que je ne lui connaissais pas. Elle semble avoir grossi surtout du visage, que je me rappelais fin, ovale, et qui à présent est rond et luisant comme une motte de beurre. Elle a soixante-trois ans, j'en suis sûr, parce que lorsqu'elle est partie avec notre père, à la mort de maman, c'est-à-dire en 1999, elle en avait quarante-neuf, et c'est ce que

Carlo et moi avions trouvé le plus obscène : qu'elle n'ait pas cinquante ans.

Je mange les crêpes chaudes au Nutella. Elles sont délicieuses. Cela faisait une éternité que je n'en avais pas mangé. Les premières années après notre déménagement à Rome, j'en préparais moi aussi trois fois par semaine, pour rendre plus appétissants nos petits déjeuners avec Claudia à sept heures du matin, quand au réveil l'absence de Lara était plus tangible. J'avais acquis un beau tour de main, j'utilisais une petite poêle et un filet d'huile de tournesol, et je les réussissais toujours, régulières, épaisses, moelleuses dans les règles de l'art. Puis mes analyses de cholestérol sont devenues alarmantes et ces friandises m'ont été interdites. J'ai continué à faire les crêpes pour Claudia, mais ce n'était plus pareil, d'ailleurs Claudia n'en a plus voulu, elle disait que ce n'était pas bon pour elle non plus. Je n'ai pas trouvé de substitut qui conserve cet air de fête à notre petit déjeuner et ne me soit pas déconseillé (pour moi fini les œufs, le pain frais, le lait, le cacao). Résultat : notre rituel et son intimité avaient été remplacés par deux autres habitudes, où les sens étaient réduits à la portion congrue : Claudia avalait une ou deux biscottes et un jus de poire sur le canapé devant *La vie de palace de Zack et Cody* sur Disney Channel, tandis que je prenais mon café en contrôlant sur mon ordinateur les cours de la Bourse, où j'avais investi mes économies pour ne pas avoir à travailler. Le pire, c'est que nous avons accepté sans sourciller ce qui en réalité était une perte immense. Il faut dire que la Bourse avant la crise de 2008 se comportait plutôt bien et que Claudia en grande fan de cette série télé était ravie. Peu à peu nous avons commencé nos journées de deux façons différentes qui s'excluaient. Au fil des années, la situation s'est installée jusqu'à devenir irréversible et, aujourd'hui 28 juin 2013, elle aboutit pour nous deux à un petit déjeuner calorique où les sens ont la part belle, mais que nous prenons séparément, moi ici à Lucerne avec Chantal et elle au bord du lac avec sa tante et ses cousins. C'est peut-être à ce moment-là que nous avons commencé à nous perdre : quand j'ai arrêté de faire des crêpes...

« On ne t'a jamais dit de manger plus lentement ? fait Chantal.

— Si. Mais c'est excellent et je meurs de faim.

— Tu manges trop vite comme ton père », dit-elle en me regardant avec tendresse.

OK, elle est arrivée à ses fins. Elle y serait arrivée de toute façon, à partir de n'importe quel sujet, parce que nous sommes ici pour lui et qu'il est logique que nous parlions de lui.

« Mon père mangeait trop vite ?

— Il dévorait », déclare-t-elle sur un ton décidé, qui me signifie que si je compte la contredire, elle a tous les arguments pour me convaincre. En réalité, je n'avais aucune intention de discuter : je ne me suis tout simplement jamais demandé si mon père mangeait trop vite. Ce n'est pas une particularité qu'un fils tend à remarquer chez son père.

« Ce n'était pas bon pour lui, continue-t-elle. Il faut manger lentement et bien mâcher si on veut éviter les maux d'estomac. Mais ton père n'y arrivait pas, c'était plus fort que lui. »

Voici la raison pour laquelle j'ai évité de venir la voir toutes ces années. Je n'aime pas qu'elle me parle de mon père sur ce ton maternel, qu'elle me dise comment il était et comment il n'était pas. Le fait qu'elle ait partagé son intimité et sache sur lui beaucoup de choses que seule ma mère aurait dû savoir m'incommode beaucoup plus que le fait qu'elle ait raflé ses sous, couché avec lui et tout ce qui s'ensuit.

« Écoute, dis-je en avalant mon café. Tu dois être très fatiguée. Tu ne préfères pas dormir un peu et aller au cimetière plus tard ? »

Elle aussi boit son café. Ses yeux pénétrants de veuve me regardent par-dessus la tasse.

« Non, je n'ai pas sommeil. Allons-y maintenant. Mme Roggen-Dalpiaz a passé une nuit calme, et j'ai pu dormir un peu moi aussi. Je ferai peut-être une sieste dans l'après-midi. »

Je voudrais lui demander pourquoi elle s'astreint encore à un travail aussi pénible, puisque mon père lui a laissé largement de quoi s'abriter de la neige, comme il disait. Mais quelle que soit la réponse, elle saisirait l'occasion pour ramener la conversation sur lui, je le sais. Et ça, je–

Le téléphone sonne dans le séjour. Tant mieux. Cette interruption met fin à la torture et après nous irons au cimetière.

« Excuse-moi », dit Chantal.

Elle se lève et va répondre dans la pièce voisine. Elle a une démarche aisée, comme si elle avait pris des cours de maintien. Jeune, elle devait être très belle.

« *Ja ?* » J'entends sa voix sans la voir, parce que le panneau de la porte coulissante la cache.

Silence.

« Oh ciao, Carlo ! Comment vas-tu ? »

Comment ça, Carlo ? Quel Carlo ?

Silence.

« Moi ça va. Merci, tu es très gentil. »

Et rebelote l'adrénaline, les tremblements, le cœur qui bat : Qui est très gentil ? *Quel Carlo ?*

« Je parie que tu n'imagines pas qui est dans la pièce à côté. »

Mais enfin, il avait, il était, il disait…

« Surprise. Attends, s'il te plaît. »

Et la voici qui apparaît par la porte coulissante. Elle s'approche de moi.

« C'est Carlo, dit-elle à voix basse. Je ne lui ai pas dit que tu étais là, ce sera une surprise. »

Elle est excitée comme une gamine par cette coïncidence, qui toutefois doit aussi lui sembler normale, après tout, vu qu'il est normal pour elle que je sois ici et que Carlo l'appelle. Moi, j'essaie de dissimuler la stupéfaction totale et violente qui me prend aux tempes et qui soudain, j'ignore pourquoi, se teinte d'humiliation. Je réponds tant bien que mal à son sourire et m'apprête à faire cette fameuse surprise à mon frère.

Mais comme il ne peut s'agir que de moi, comme surprise, on repassera !

9

« Après tout, nous sommes peut-être frères. Nous verrons bien. »

Le chef SEATTLE

« Allô ?

— Pietro ?

— Salut, Carlo.

— Salut. Qu'est-ce que tu fais là-bas ?

— Je passais dans le coin. Comment vas-tu ?

— Bien.

— Que fais-tu ? Où es-tu ?

— Comme d'hab.

— Comme d'hab, quoi ?

— Comme d'hab, Pietro. On est au téléphone.

— Ah, c'est vrai. Et depuis quand appelles-tu Chantal pour l'anniversaire de la mort de papa ?

— Comme d'hab.

— On ne peut pas en parler non plus ?

— Non, Pietro.

— La barbe, tout est confidentiel alors.

— Adresse-toi à Chantal.

— Entendu. Et de quoi peut-on parler ?

— De comment tu vas, de comment va Claudia.

— Claudia a fugué et je suis dans la merde jusqu'au cou.

— Comment ça fugué ? Quelle merde ?

— Comme d'hab.

— Ne sois pas idiot.

— Je ne suis pas idiot. On ne peut pas en parler non plus.

— Dois-je m'inquiéter ?

— Non, Claudia est chez Marta et moi je m'en sortirai.

— Mais tu es dans la merde.

— Plus ou moins.

— Et c'est à cause de cette merde que tu es là-bas.

— Plus ou moins.

— Si c'est une question d'argent, tu es au bon endroit.

— Ce n'est pas une question d'argent.

— Alors de quoi ?

— Comme d'hab.

— OK. Dans ce cas, écoute-moi : charge une application qui s'appelle Telegram. Elle est toute nouvelle, c'est pareil que WhatsApp, mais on y est à l'abri des écoutes. À partir de maintenant, ce sera notre moyen de communication.

— Pourquoi ? Skype n'est plus sûr ?

— Je ne sais pas. Il paraît que non. Mais Telegram, oui. C'est une invention des Russes. Les conversations sont chiffrées et s'autodétruisent. On peut chatter en sécurité.

— Chatter ? Tu emploies ce genre de vocabulaire ?

— Fous-moi la paix avec mon vocabulaire. Télécharge Telegram sur ton téléphone portable.

— Je n'ai plus de téléphone portable.

— Comment ça tu n'as plus de téléphone portable ? Et pourquoi ?

— Je l'ai perdu.

— Mais enfin, l'autre jour, tu m'as bien envoyé un texto ?

— Je l'ai perdu tout de suite après.

— Et comment tu t'es débrouillé ?

— Comme d'hab.

— Ah. Au fait, pourquoi tu m'as posé cette question sur Ernesto ?

— Parce que j'ai pensé à lui et que je ne me souvenais plus de son nom.

— Tu es retourné à Roccamare ?

— Non.

— Alors pourquoi as-tu pensé à Ernesto ?

— Je ne me rappelle pas.

— Bref, te voilà sans téléphone portable.

— En effet.

— Rachètes-en un. Profite de ce que tu es là-bas : les cartes suisses sont mieux. Tu pourras charger Telegram et on se racontera tout.

— Je n'ai pas le temps.

— Mais ça ne prend pas longtemps.

— Ça prend un temps que je n'ai pas. Je suis embarqué dans une ronde infernale, je n'ai pas une minute pour souffler, alors qu'il faut par-dessus le marché que je démêle ce qui se passe dans la tête de Claudia.

— Mais pourquoi a-t-elle fugué ? Vous vous êtes disputés ?

— Je n'en sais rien, Carlo, je n'ai pas encore pu discuter avec elle. Il paraîtrait qu'on s'est disputés, même si ce n'est pas mon impression. Avant-hier, elle a pris le train sans rien me dire pour aller chez sa tante. C'est tout juste si elle parle à Marta, et moi, elle me raccroche au nez.

— Laisse-la faire à sa guise, Pietro.

— Mais je ne lui ai jamais rien interdit !

— Laisse-la faire. Elle est bien armée.

— Elle est surtout majeure.

— C'est vrai ! Et moi qui ne lui ai pas souhaité son anniversaire ! Dis-lui de télécharger Telegram. Au moins elle.

— Oui, je lui dirai. Si je réussis à la voir.

— Et embrasse-la fort pour moi. Dis-lui que je pense toujours à elle. D'accord ?

— D'accord.

— Donc, tu vas aller au cimetière avec Chantal.

— Oui.

— J'y suis allé moi aussi, tu sais.

— Quand ça ?

— Comme d'hab.

— Et merde, Carlo...

— Demande à Chantal, elle te racontera tout.

— Écoute, moi, j'ai un moyen sûr de communiquer.

— Ah oui ? À savoir ?

— Je te l'expliquerai sur Telegram quand je pourrai.

— Quand tu auras Telegram, tu l'auras ton moyen sûr.

— Non. Le mien est beaucoup mieux.

— Mieux que les Russes ?

— Mieux qu'al-Qaida.

— Sans blague ? Et comment le connais-tu ?

— Comme d'hab.

— J'ai compris. Alors donne de tes nouvelles dès que possible.

— Entendu.

— Fais gaffe, hein ?

— Toi aussi.

— On se parlera sur Telegram.

— Sur Telegram.

— Salut.

— Salut. »

10

Wittgenstein n'arrivait pas à comprendre quels dégâts pouvait bien produire une contradiction.

Benjamin WOOLLEY

À gauche :

JOSEF SCHÖNGART 1921 2009	ERNA SPINDLER 1920 2012

À droite :

ERNST
ROGGEN-DALPIAZ
1918
1998

Et lui au milieu.

LUIGI
PALADINI
1929
2008

La première chose qui me frappe, c'est que le nom de mon père sur la pierre tombale est décalé à gauche, comme celui de Josef Schöngart, à l'évidence pour laisser de la place à la femme qui sera inhumée avec lui. Je ne m'en souvenais pas. Erna Spindler a rejoint son homme à peine trois ans après. Chantal y met plus de temps, puisqu'elle est beaucoup plus jeune, mais c'est là qu'elle finira. La deuxième, c'est que le nom du défunt sur l'autre pierre tombale est écrit au milieu, comme si on ne prévoyait pas d'en ajouter d'autres. La troisième, c'est que son double nom de famille, Roggen-Dalpiaz, est aussi celui de la dame malade d'alzheimer que Chantal a veillée cette nuit. Nous sommes dans la plus belle partie du cimetière, où l'on jouit d'une vue panoramique sur une avancée de lac entre les collines coiffées de prés et de conifères. Il n'y a que trois concessions, et alors que je n'en ai pas la moindre intention, d'une façon donc tout à fait indépendante de ma volonté, voilà que je comprends en un éclair ce qu'il s'est passé pour que mon père soit enterré ici. Car enfin, c'était un étranger, arrivé déjà âgé dans cette ville, il n'a pas travaillé ici, il n'y connaissait personne et Chantal est une infirmière originaire d'un autre canton : comment a-t-il pu obtenir un des trois meilleurs emplacements ? D'après moi, voilà ce qu'il s'est passé. Comme avec maman en 1983, il est venu ici un jour avec Chantal choisir le lieu de leur sépulture. Il a vu Chantal séduite par ce *petit coin de paradis* et décidé qu'ils seraient inhumés ici. Il restait deux emplacements disponibles, celui-ci et celui d'à côté.

Quand il a voulu les acheter, il a découvert qu'ils n'étaient pas libres, que quelqu'un les avait achetés de son vivant, comme lui-même la concession du cimetière de Castiglione. À ce stade, toute autre personne aurait renoncé et cherché un autre petit coin de paradis, sur l'autre versant, face aux collines, mais pas mon père. Il a mené son enquête sur les acheteurs des deux derniers emplacements et appris que le premier avait été acheté par les époux Schöngart, encore en vie tous les deux, et le second par M. Ernst Roggen-Dalpiaz, inhumé juste à côté en 1998, pour sa sœur bien-aimée qui avait pris soin de lui jusqu'à son décès.

Excluant d'entrée de jeu les époux Schöngart, mon père a visé Mme Roggen-Dalpiaz qui semblait être la gazelle blessée de la situation. Son raisonnement fut le suivant : si son frère avait dû pourvoir à sa sépulture, il était probable qu'elle soit seule au monde et si son frère, toujours, avait eu cette prévenance, il était probable aussi qu'elle ne roulait pas sur l'or. Épaulé par Chantal, il l'a cherchée, trouvée, contactée et convaincue de lui donner un rendez-vous. Comme il l'avait supputé, elle était seule : pas de mari, pas d'autre frère, pas d'enfant. La seule différence par rapport à ses prévisions était son aisance financière, puisqu'elle habitait un appartement dont elle était propriétaire dans une des rues les plus chic de Lucerne, Adligenswilerstrasse, à quelques mètres de l'hôtel Montana, avec une vue imprenable sur le lac. Elle n'était pas encore malade et n'avait rien d'une pauvre femme sans défense, puisqu'elle sut prendre ses dispositions pour que la rencontre organisée chez elle se déroule en présence d'un avocat, ami de son frère. Mais la démarche de mon père excluait qu'elle soit malade ou sans défense, puisque son plaisir consistait à manipuler non pas des incapables, mais des gens avertis.

Deux avocats se trouvaient donc ce jour-là chez Mme Roggen-Dalpiaz : l'un plus jeune qui assistait la dame et l'autre âgé – à l'entendre, près de mourir et soucieux d'exprimer ses dernières volontés –, mon père. Mais il y avait aussi le vieil Ernst. Or l'os, c'était lui, parce que de toute évidence cet homme n'entendait pas reposer pour l'éternité dans la même tombe que sa sœur. Il la voulait près de lui, d'accord, mais pas mélangée à lui. Il était donc essentiel que sa volonté ne soit pas évoquée. Par conséquent, avant que la conversation tombe sur lui, sur le lien qui l'unissait à sa sœur, mon père a exposé son idée tout de go : si vous, Mme Roggen-Dalpiaz, me vendez la concession de sorte que je puisse, quand Dieu le voudra, m'y faire inhumer en attendant que ma chère femme ici présente me rejoigne, toujours quand Dieu le voudra, espérons le plus tard possible, je mourrai heureux. Vous-même pourrez toujours vous faire inhumer avec votre frère bien-aimé. Et en prononçant ces mots, il écrivait sur une feuille la somme qu'il proposait, selon son habitude, s'épargnant la vulgarité de prononcer un chiffre. Bien entendu cette somme dépassait de beaucoup ce qu'on était en droit d'attendre dans une circonstance semblable, afin que l'avocat de confiance, conscient des honoraires conséquents qui en découleraient pour lui, soit obligé de le signaler à sa cliente. À ce stade, l'affaire était déjà dans le sac, mais comme il s'agit de mon père, ou plutôt de la dernière affaire de mon père avant son déclin définitif, la conversation a dû rebondir sur l'autre appartement que possédait Mme Roggen-Dalpiaz, dans la même rue, au deuxième étage de l'immeuble d'en face, sans doute vacant ou occupé par un locataire lambda. Parce que en effet tout cela se déroule en 2001 ou 2002, au plus tard 2003, quand mon père habitait encore l'autre appartement, plus petit, près de l'hôpital, et que son Alzheimer était surtout une excuse pour qu'on lui pardonne son comportement impardonnable à la mort de maman. (Ce que, soit dit en passant, j'ai fait et pas mon frère, du moins à en croire ce qu'il m'a toujours déclaré.)

Mais revenons dans le salon de Mme Roggen-Dalpiaz, où mon père a déployé pour la dernière fois ses talents. Dans la conversation dont il tenait les rênes, il est apparu comme une certitude que cet appartement serait bradé au décès de sa propriétaire, puisqu'il serait transmis par héritage à quelque lointain parent qui ne se manifestait plus depuis des lustres et qui vendrait les deux biens dès qu'il rentrerait en leur possession, sans aucune considération de nature familiale et surtout avec l'assistance d'un autre avocat de confiance. À la suite de quoi, mon père a formulé son offre d'achat à brûle-pourpoint, sans crier gare, le chéquier encore fumant du coup qu'il venait de tirer pour la concession au cimetière et prêt à en tirer un second quatre fois plus puissant à titre d'acompte, une offre qui prenait des allures de cadeau fait à cette dame, la solution à un problème qu'elle avait négligé jusque-là. Contrairement à la somme offerte pour la concession, le montant était inférieur – j'en mettrais ma main à couper – au prix du marché immobilier, mais il présentait l'avantage d'un règlement immédiat et sans frais d'agence et s'avérait surtout très intéressant pour l'avocat de confiance, qui cet après-midi-là s'était dérangé dans l'idée de consacrer deux heures de son temps à l'amitié qui le liait au vieil Ernst et qui soudain caressait la perspective d'un gain aussi inattendu que consistant.

C'est ainsi qu'à l'issue de cette rencontre, tandis que mon père et Chantal emménageaient dans un appartement plus beau, Mme Roggen-Dalpiaz se décida à empiler son cadavre dans le lopin de terre où celui de son frère était retourné à la poussière, avec pour résultat que quiconque passera par là après sa mort, c'est-à-dire bientôt, croira en voyant les deux noms l'un au-dessus de l'autre (ils ne pourront pas figurer côte à côte puisque celui du frère est gravé au centre de la pierre tombale) ce que le vieil Ernst justement ne voulait pas que l'on croie, à savoir qu'ils étaient mari et femme. Il va sans dire qu'au terme de l'opération prise dans sa globalité, qui inclut aussi la vente de leur propre appartement, mon père a récupéré les francs suisses investis dans sa tombe panoramique, et sans doute au-delà.

Tel a dû être le scénario, en gros. J'ai ajouté des détails de mon cru, parce que l'image de mon père tissant sa toile est d'une telle netteté qu'ils ont jailli tout seuls. Et même s'ils étaient inexacts, il n'en reste pas moins que seule une manœuvre de ce genre peut concilier mon père et les indices qui m'entourent.

Sans compter qu'au moins deux questions qui me tracassaient, l'une ancienne et l'autre toute récente, obtiendraient par ce biais une réponse : pourquoi (question ancienne) trois ans après leur arrivée à Lucerne, mon père et Chantal avaient-ils changé de domicile ? À l'époque, ce déménagement était passé pour la énième lubie d'un homme privé, non pas de la raison – c'est la maladie qui se chargerait de la lui ôter au cours des années suivantes –, mais de sa propre identité, c'est-à-dire un homme qui abandonnait tous les comportements, les sentiments, les habitudes et même les lieux qui avaient été les siens jusqu'à une certaine date dans sa vie. Aujourd'hui, je comprends que tout au contraire il revenait à ce qu'il était, il renouait avec lui-même dans cet exil qu'il s'était infligé avec une telle brutalité. Et pourquoi Chantal (question toute récente), infirmière retraitée et riche héritière, passe-t-elle ses nuits à essuyer le menton baveux de Mme Roggen-Dalpiaz ? C'est typique de tous les proches de mon père de se retrouver empêtrés dans la, appelons-la ainsi, compensation karmique pour les bienfaits dont son énergie franche du collier leur a permis de jouir. Pendant des décennies, cette tâche a échu à notre mère. Parfois à moi. Plus rarement à Carlo...

Et à propos de Carlo, si je dois prendre de ses nouvelles auprès de Chantal, autant que je m'y colle ici, devant la tombe de notre père. De toute façon, j'ai bien compris que je ne sais jamais rien des membres de ma famille et qu'il me faut chaque fois m'humilier à interroger des personnes censées en savoir moins que moi. Autant que cette humiliation devienne ma façon d'honorer mon père, après l'avoir imaginé s'adonnant à une ultime manipulation avant de glisser dans la démence.

« Chantal, tu pries ?

— Non. Pourquoi ? »

Elle se tient en silence devant une tombe : elle priait peut-être.

« Je voulais te demander quelque chose, dis-je sans détourner le regard de la pierre tombale.

— Je t'écoute. »

Je pourrais ne pas l'interroger, parce qu'il vaut presque toujours mieux continuer à ignorer ce qu'on ignore, mais ces derniers temps les choses que j'ignore se sont multipliées et celle-ci en particulier semble de taille. Je m'enquiers donc :

« Quand Carlo s'est-il manifesté ? »

Chantal garde le silence quelques secondes de trop, comme s'il lui fallait le temps de la réflexion.

« Auprès de moi ? répond-elle et j'ai l'impression qu'elle cherche à gagner du temps.

— Oui. Il m'a dit qu'il est venu ici lui aussi. Il ne pouvait pas parler au téléphone. Il m'a dit que tu me raconterais. »

Je me tourne et la regarde. Elle a *réellement* grossi : ses bras sont dodus, avec des fossettes aux coudes.

« Pour le premier anniversaire, répond-elle sans me rendre mon regard. Quelques mois avant de partir. »

Là aussi, ses paroles sont d'un naturel désarmant. Carlo n'avait plus voulu voir ni notre père ni elle depuis leur venue ici en 1999. Le premier anniversaire de sa mort, c'est 2009, c'est-à-dire dix ans plus tard. Et « partir » est une façon très adoucie de dire « fuir ». Il n'y a rien de naturel dans tout ça, et je me demande si Chantal en est consciente ou si sa vision des choses ne pèche pas par superficialité.

« Et qu'est-ce qui l'a fait changer d'idée ? »

Du reste, j'ai l'impression qu'elle a aussi toujours sous-estimé cette énormité qui consistait à devenir la compagne de notre père, elle qu'on avait engagée comme infirmière pour notre mère, à l'amener ici et à – bon, c'est vrai – prendre soin de lui avec amour en l'assistant jusqu'à sa mort comme ni Carlo ni moi n'aurions jamais pu le faire.

« La nécessité », répond-elle.

Elle se retourne, me regarde enfin. Elle sourit et ses dents luisent.

« Sans l'argent que votre père lui avait laissé, il n'aurait pas pu partir. »

Autre énormité. Sait-elle l'effet de cette révélation sur moi ? Le comprend-elle ? Ou pas ?

« Ça te surprend ?

— Ben, un peu.

— Moi aussi à ce moment-là. Mais ça n'aurait pas surpris votre père. Il était sûr que cet argent vous servirait tôt ou tard.

— Comment ça s'est passé ? Il t'a appelée, il est venu ici directement ? Comment s'y est-il pris ?

— Exactement comme toi. Il a téléphoné la veille, il est venu dormir à la maison et le lendemain il m'a accompagnée ici.

— Si tu veux vexer un homme, dis-lui qu'il agit exactement comme son frère.

— Et pourquoi ? Où est le mal ?

— Mais non, je plaisantais. Comment ça s'est passé ? C'est ici qu'il t'a expliqué qu'il comptait laisser un trou de plusieurs millions et se réfugier en Amérique du Sud avec l'argent de notre père ?

— Il m'a décrit la situation où il se trouvait, son intention de payer ses créditeurs, puis de quitter l'Italie grâce à l'argent qui lui venait de votre père, pour ne pas se faire bouffer tout cru par les banques.

— Ça équivaut à du vol, Chantal.

— Voler les banques, ce n'est pas voler. C'est de la–

— Légitime défense, oui : beau discours. Surtout dans la bouche d'une Suisse. »

Elle me regarde, désorientée. Elle ne semble pas saisir l'ironie.

« Leur attitude a été injuste. Il n'était pas en difficulté.

— Je sais.

— Il n'y avait aucune raison de le mettre en faillite.

— Je sais.

— Sa faillite a été provoquée, insiste-t-elle, parce qu'il avait refusé de céder sa marque à ces Espagnols... »

Là, en revanche, je ne suis pas au courant. Quels Espagnols ?

« ... et s'il n'avait pas disposé de cet argent, il aurait dû céder, s'humilier pour, au final, se faire dépouiller quand même, ou bien aller en prison.

— Je sais, je sais. Et comme il était victime d'une injustice, il est parti siroter des daïquiris sur la plage d'une espèce de paradis fiscal, célèbre pour accueillir des nazis et des crapules du monde entier... »

Pas moyen, l'ironie la dépasse. Elle me regarde d'une façon qui me donne à penser qu'elle est offusquée, pas moins.

« Non, tu n'es pas au courant, dit-elle. Il te manque un élément. Il n'y est pas allé pour cette raison.

— Ah bon ? Pourquoi alors ?

— Il y est allé parce que votre père avait acheté du terrain là-bas. Une de ses affaires de visionnaire. Il l'a toujours gardé et il est mort sans en avoir rien fait. »

Comme si ma stupeur avait eu le pouvoir de la déclencher, une tronçonneuse se met à ronfler en me faisant sursauter. Un employé taille une haie derrière nous. Pile maintenant. Pile ici.

« Mon père avait du terrain en Uruguay ? » Il faut que j'élève la voix.

« C'est ce que je suis en train de t'expliquer.

— Quelle surface ?

— Une centaine d'hectares.

— Où ?

— À la frontière avec le Brésil. Au bord de la mer. »

Pour sa part, elle n'élève pas la voix, elle continue à parler sur le même ton, avec le même naturel. Résultat : je l'entends mal.

« Quand l'avait-il acheté ?

— Je ne sais pas. Quand je l'ai connu... (tronçonneuse)... depuis longtemps, mais comme je te l'ai dit, il n'a... (tronçonneuse)... parce qu'il aurait fallu y aller... (tronçonneuse)... il ne pouvait plus, et vous, ses deux fils... (tronçonneuse)... Pour finir, c'est à moi qu'il l'a laissé, tu imagines : il n'y était pas arrivé... (tronçonneuse)... moi qui pouvais y arriver. »

Bref, j'ai un mal de chien à comprendre ce qu'elle m'explique et encore plus à l'accepter. Ouf, la tronçonneuse s'arrête.

Silence.

Chantal hésite, comme si elle n'y croyait pas. Mais la tronçonneuse se tait. Profitons-en.

« Continue, dis-je.

— La hasard a voulu, reprend-elle, que quelques mois après sa mort, mon frère jumeau, Jean-François, se soit retrouvé mis à pied. Il travaillait pour le groupe UBP à Genève, il était conseiller en investissements financiers et tout allait à merveille. Jusqu'au jour où l'on a découvert que le groupe avait investi des sommes colossales dans les fonds de cet escroc américain, comment s'appelle-t-il déjà ?

— Madoff ?

— Oui, c'est ça. Le désastre. Des milliers d'investisseurs ont tout perdu, Jean-François le premier, ce qui prouve sa bonne foi. Mais ça n'a rien fait à l'affaire. Alors qu'il n'avait aucune responsabilité bien sûr, qu'il était en bout de chaîne, un simple exécutant, on l'a mis à la porte du jour au lendemain. À soixante ans, sans un sou et avec cette référence, tu comprends bien qu'il ne pouvait pas compter retrouver un emploi. Alors j'ai pensé à ce terrain et je lui ai proposé d'aller sur place voir s'il était possible de l'exploiter. C'est ainsi qu'il est parti s'installer là-bas avec sa famille. Il était désespéré, tu comprends ? Il était– »

Et la tronçonneuse de redémarrer, plus bruyante et plus fastidieuse qu'avant. En effet l'employé est plus près. Chantal secoue la tête, contrariée.

« Tu disais ?

— Je disais que Jean-François est parti s'installer là-bas. Comme il a de la ressource, il a commandé des analyses géologiques et découvert... (tronçonneuse)... de minéraux précieux. Pas précieux genre or ou... (tronçonneuse)... des minéraux à partir desquels on obtient des éléments... (tronçonneuse)... emploi dans l'industrie électronique et automobile... (tronçonneuse)... On les appelle des terres rares. »

La tronçonneuse se tait à nouveau.

« On les appelle comment ?

— Terres rares, répond Chantal en détachant les syllabes. Mais ne m'en demande pas plus, je ne pourrais pas te répondre. Ce que je sais, c'est qu'elles sont précieuses et que Jean-François en extrait de ce terrain. C'est pourquoi quand Carlo est venu ici chercher son argent pour fuir, mais qu'il ne savait pas où aller, je lui–

— Tu veux dire que c'est toi qui l'as envoyé en Uruguay ?

— Je lui ai décrit la situation, Pietro. Au fond, ce terrain vous appartient. Vous ignoriez jusqu'à son existence, mais votre père l'avait acheté en pensant à vous. J'ai suggéré à Carlo de partir travailler là-bas avec Jean-François et d'investir cet argent dans l'extraction des minéraux. Et il a opté en ce sens. Par conséquent, il n'est pas parti boire des daïquiris, mais travailler...

— Mais il est recherché par la police, Chantal. Condamné par contumace. Comment peut-il travailler ?

— Il a changé de nom. Ce n'est pas compliqué d'obtenir de nouveaux papiers dans ce pays.

— Ah bon ? Il a changé de nom ? Et comment s'appelle-t-il maintenant ?

— Michele Campovecchio.

— Michele Campovecchio ? D'où ça sort ?

— Il dit que c'est le nom italianisé de son chanteur préféré quand il était jeune. Moi je n'y connais rien... »

Mike Oldfield... Je m'insurge :

« Ah non, stop ! Non, non et non ! Mike Oldfield est à moi, pas à lui ! Et ce n'est pas un chanteur, vu ? C'est un poly-instrumentiste dont *moi*, j'étais fan, pas Carlo ! Carlo, *Tubular Bells* le faisait "prodigieusement chier", comme il disait à qui voulait l'entendre et ça faisait rigoler tout le monde. » La tronçonneuse redémarre. « Il ne l'a jamais écouté en entier, pas même une fois. Pour lui, ce n'était que la bande-son de *L'Exorciste*. Lui, il écoutait les Culture Club, les Wham, ces groupes de discothèque qu'aimaient les filles. Il aurait dû choisir de s'appeler Ragazzo Giorgio, Boy George, tu comprends ? Hein, pourquoi il ne s'est pas appelé Ragazzo Giorgio ? Ou Giorgio Michele, hein, George Michael ? Ou Bambino Creolo ? Ou Simone Lo Bono ? Ou – Ça va finir cette tronçonneuse, oui ? »

Je me dirige d'un pas décidé vers l'employé, parce que j'en ai ma claque. Je me plante devant lui et je n'y vais pas par quatre chemins. Je lui ordonne :

« Stop ! »

Il coupe le moteur.

« On est dans un cimetière, bonté divine ! » Je me suis exprimé en italien sans me soucier de savoir s'il me comprend, parce que de toute façon le message est clair. « Nous honorons un défunt, bon sang, un peu de respect ! Vous n'avez vraiment rien à élaguer ailleurs ? »

Il me regarde. C'est un jeune type. Harnaché de pied en cap : casque, combinaison, visière, gants. Il ne répond pas, mais il est impossible qu'il n'ait pas compris. Chantal arrive, calme et souriante, et se livre à un rapide échange en allemand avec lui : « Blablabli blablabla. Ja. Aber. Natürlich. Danke. Bitte. » Et l'employé vide les lieux...

Nous voici revenus devant la tombe de mon père, comme si nous ne pouvions parler que là. Libérée de ce rugissement de moteur, la nature semble s'être réveillée, reconnaissante. Chants d'oiseaux. Bruissements de feuilles. Aboiements de chien au loin... Je reprends :

« Il n'aimait pas Mike Oldfield, tu comprends ? C'est moi qui enregistrais, parce que c'était l'époque des magnétophones et des cassettes. J'enregistrais et je distribuais à droite et à gauche des BASF C90, c'est-à-dire quatre-vingt-dix minutes. Face A, *Tubular Bells*, qui hélas ne tenait pas en entier. Il manquait quatre minutes, que je reportais sur la face B avec *Hergest Ridge*, qui rentrait parce qu'il est plus court et qui, lui, pour le coup, comporte une partie chantée dans cette langue qui m'est toujours restée mystérieuse, *Borla Di Ena Labato Oncota...* »

Mais je dois bien admettre que ce n'est plus ça maintenant... Pourtant je continue :

« Mike Oldfiel était à moi, il *est* à moi. Pourquoi me l'a-t-il volé aussi ? »

Rien à faire, sans la tronçonneuse, la baudruche est dégonflée. Je débordais d'une colère biblique tout à l'heure, d'une inspiration furieuse : où ont-elles disparu ? Voilà que je parle à voix basse, le ton de ma voix s'est fait implorant. Je donne l'impression de pleurnicher, rien de plus.

« Ne dis pas "aussi", Pietro, répond Chantal. Que t'a-t-il pris d'autre ? Il a choisi ce nom parce qu'il sonnait mieux, mais il ne t'a rien volé. Il a partagé l'argent de votre père au centime près.

— Je m'en fous du fric. »

En fait, je ne m'en foutais pas du tout. J'étais venu pour ça moi aussi. J'étais venu le chercher, le cacher sur moi et le rapatrier en Italie. Sauf que maintenant je répète :

« Je me contrefous de ce fric. »

J'ai à nouveau le regard rivé sur la tombe. Les tombes. Josef Schöngart. Erna Spindler. Luigi Paladini. Ernst Roggen-Dalpiaz.

« D'accord, dis-je, le *mien* sonnait mieux. OK. Mais pourquoi m'a-t-il caché la vérité ? Pourquoi t'a-t-il parlé, et pas à moi ? Je suis son frère, merde. Pourquoi me bourrer le mou sur tout, toujours, jusqu'au bout ? Il avait peur que je le dénonce aux flics ? Quel danger je pouvais bien représenter pour lui ? Moi aussi, je le lui avais dit quand il m'a informé de la situation : heureusement qu'il y a les sous de papa, en Suisse, ils vont t'être sacrément utiles. Pire que si j'avais sorti un gros mot ! Il ne voulait pas en entendre parler... »

Je la regarde à nouveau droit dans les yeux. La tronçonneuse redémarre, mais elle ne gêne plus, parce qu'elle est beaucoup plus loin. Comme quoi, il pouvait élaguer ailleurs. Je continue :

« Pourquoi la veille de son départ, *la veille*, Chantal, alors que vous complotiez déjà depuis des mois cette affaire de mine, pourquoi m'a-t-il répété qu'il ne pardonnerait jamais à papa et même qu'une fois mort, il voulait être– »

Non, ça non.

« Je préfère ne pas y penser. »

Chantal me regarde avec tendresse, et là aussi il y a maldonne. Pourquoi de la tendresse ? Somme toute cette femme est une parfaite inconnue. Qui est-elle ? *Carlo* la connaît, pas moi. Il n'a qu'à lui dire où il veut se faire enterrer... Et voici que, en plus de la jalousie – ma bonne vieille jalousie à l'égard de mon frère –, je sens monter aussi de l'animosité contre elle, oui, contre Chantal, pour tout ce qu'elle m'a laissé ignorer d'elle et qu'en revanche mon père et Carlo ont connu. Le premier au moins me l'a jeté au visage, même si c'était douloureux, tandis que le second agissait en cachette, avec à la clé mensonges, cachotteries, fanfaronnades, comme toujours...

Liste des bobards que m'a racontés Carlo :

Cette femme, je ne veux même pas en entendre parler, vu ?

Qu'est-ce que tu veux, j'ouvrirai une guinguette sur la plage.

Je ne toucherai pas à un centime de ce fric.

Vas-y si tu veux, moi j'ai coupé les ponts avec lui.

« Il avait honte, dit Chantal. Tu l'as toujours impressionné. Ce n'est pas une supposition de ma part, Pietro, il me l'a dit. Tu es droit dans tes bottes, tu ne déroges jamais. Tu as été capable d'élever ta fille tout seul, tu as traversé des problèmes énormes sans jamais te salir les mains. Tu es un pur, comme votre mère. »

Tout va bien, Pietro. Super-bien.
Cette fois, j'ai arrêté pour de bon. Je te le jure.
Cette fille-là, je vais l'épouser, Pietro.

« Tandis qu'il est comme votre père : hyper-généreux, génial, mais faible, désinvolte, imparfait. Il a changé d'avis, par nécessité, et il avait honte de te le dire. »

J'ai arrêté, je te le jure.
Juste comme ça, Pietro, de temps en temps, avec les copains.
Une seule fois, je te le jure.
Que des joints, je te le jure.

« C'est une souffrance pour lui, Pietro. Il redoute ton jugement, il se sent inférieur à toi et il en a honte. Crois-le si tu veux, mais tu es son idole, Pietro. »

Je ne savais pas qu'elle te plaisait aussi, je t'assure.

Elle doit avoir fini, parce qu'elle se tait enfin, stop, silence. À cette distance, le vrombissement de la tronçonneuse s'intègre à la perfection dans tous les autres bruits qui composent ce silence suisse.

Il fait déjà chaud, l'air est encore plus humide qu'hier, le ciel est voilé d'une brume redoutable.

Chantal semble avoir fini de me dire ce que ma mère aurait dû me dire, le cas échéant, mais pas elle.

« Allons-y, dis-je, il est tard. »

J'ai perdu les sous, et ce ballon, je l'ai trouvé.

11

Nous sommes des machines à refouler.

Douglas COUPLAND ou Massimiliano GOVERNI

Je raccroche.

Et maintenant ?

Il est dix-sept heures et pour la première fois depuis je ne sais combien d'années, il ne me reste qu'à tuer le temps. Depuis huit ans, pour être précis, depuis l'époque où je passais mes journées à attendre Claudia à la sortie de l'école, tout de suite après la mort de Lara. C'était alors ma seule et unique occupation quotidienne : tuer le temps, rien d'autre. Cette situation a duré trois mois. Puis elle s'est arrêtée. Et ne s'était pas reproduite jusqu'à maintenant. Autrefois, j'étais devant l'école, aujourd'hui je suis dans une chambre d'hôtel, ce qui représente un sacré progrès si on pense à la situation où je me trouvais jusqu'à ce matin. Une chambre d'hôtel signifie que j'ai pu présenter mes papiers à la réception sans craindre qu'on me repère et qu'on m'arrête. Voilà le premier vrai progrès depuis que le cours de ma vie a dévié, la première bonne nouvelle, apprise ce matin quand j'ai appelé Annalisa de chez Chantal – plus parce que j'avais un téléphone sous la main que dans l'espoir réel de recevoir des informations réconfortantes, alors que maître Falk Belgrado et elle avaient obtenu cette assurance fondamentale : aucun mandat d'arrêt n'a été lancé contre moi, je ne suis pas recherché, je peux aller où bon me semble. Je n'ai pas précisé à Annalisa que j'étais en Suisse – elle a dû le comprendre à l'indicatif –, ni surtout que j'y étais allé en voiture, sans permis. Je me suis contenté de lui dire que je la rappellerais dès que je serais descendu dans un hôtel à Milan de façon à lui indiquer le numéro de téléphone où me joindre quand les autres renseignements seraient disponibles, et c'est ce que je viens de faire. Entre-temps, un autre coup de fil à Marta, juste pour m'entendre dire qu'ils sont encore tous à Gattico et qu'ils rentreront dimanche et, quand Chantal est allée se coucher, vers treize heures, parce que ce soir, rebelote elle essuie le menton baveux de Mme Roggen-Dalpiaz, un retour tranquille à Milan avec la Q3, les retrouvailles avec la fournaise de l'été italien et l'installation dans cet hôtel.

La chambre est vaste, lumineuse, mais glacée à cause de la climatisation, et son design insupportable. Un univers que j'ai longtemps fréquenté moi aussi, toujours identique, que ce soit à Paris, New York ou Londres, mais qui, après sept ans à Tredicesimo, me semble étranger, limite indécent. Des gens déboursent encore des centaines d'euros pour ce genre de chambre ? Ou les font débourser à leur entreprise ? Rien n'a donc bougé pendant que ma vie changeait ? Et surtout : ma vie a-t-elle réellement changé puisque je suis de retour ici ?

Je paie cent soixante et un euros par jour, mais je le dois à un heureux hasard qui au dernier moment a libéré une chambre pour une personne. Les autres chambres coûtaient deux cent neuf et deux cent cinquante-neuf euros, la suite Junior trois cent trente-neuf, la suite Superior quatre cent quarante-neuf et celle avec vue sur le Duomo quatre cent quatre-vingt-dix-neuf. Petit déjeuner compris. Parking non compris. Tout cela m'était familier quand j'habitais ici. Mais après mes années romaines – que par ailleurs je n'ai pas trouvées dures, mais paisibles, tout en étant exemptes de cette frime coûteuse –, après avoir fréquenté des gens comme D. à la vie – là pour le coup – rude et cabossée où rien n'est jamais gagné, ou encore comme Lello, salopard, d'accord, enfoiré de menteur et de voleur sans scrupules, mais qui jamais, du moins devant moi, ne s'est montré attiré par le style de vie écœurant qui semble ici incontournable, donc après cette immersion dans la vraie vie des vraies gens qui n'imaginent même pas qu'on puisse claquer cinq cents euros pour une nuit d'hôtel, je croyais que je ne reviendrais pas en arrière. Et voilà qu'au moment de choisir un hôtel où attendre un coup de fil, j'ai choisi celui-ci : NH President, largo Augusto, à deux pas de San Babila, exemple parfait du luxe standardisé qui a transformé la classe dirigeante du monde entier en une horde de parasites capricieux incapables de vivre sans un spa à portée de main. Pourquoi ce choix alors ? Je déteste ce luxe : pourquoi suis-je ici ? La réponse est pathétique : parce que c'est à côté de chez moi, à côté de l'appartement qui pendant onze ans a été mon chez-moi. Raison pour laquelle 1) force m'est d'admettre que j'avais beau me bercer de l'illusion que je m'étais éloigné, tout cela m'est encore d'une familiarité obscène et 2) me voilà dehors en pleine canicule d'après-midi pour aller le revoir, ce chez-moi, de l'extérieur, comme un crétin, sept ans après. De toute façon, Annalisa ne m'appellera pas dans l'immédiat, elle vient de m'avertir que la *professoressa* attend des informations dans la soirée, demain, dimanche ou lundi.

Mon ancien domicile est juste à côté, de l'autre côté de la via Cavallotti, qui est calme, presque déserte, parce qu'il n'y a déjà plus grand monde dans le centre de Milan fin juin à cette heure de l'après-midi un vendredi. Et voici en effet que– Minute, que se passe-t-il ? Un chantier devant chez moi. La façade est recouverte d'une cathédrale de tubes Innocenti et dissimulée sous un filet de protection rouge. Sur le trottoir une baraque en bois tapissée d'avertissements danger semble interdire tout accès à la porte de l'immeuble. Et le restau, ils font comment ? Parce qu'il y a un restaurant en bas de chez moi, un restaurant réputé, Peppino, où j'ai mangé un nombre incalculable de fois, et pas seulement pour le boulot, même si les additions passaient toujours en notes de frais. Par où les clients rentrent-ils ? Ah voilà, il y a un passage, que toutefois je me garde bien d'emprunter, car je me retrouverais sur le seuil de l'établissement, dont je connais le patron, ainsi que les serveurs s'ils n'ont pas changé, et que je n'ai pas la moindre envie de me montrer rôdant autour de l'appartement que j'ai quitté il y a sept ans. Je traverse la rue, mais en vain, parce qu'on n'en voit pas plus de l'autre trottoir. Mon ancien immeuble est entièrement caché par l'échafaudage. Je n'ai pas envie qu'on me remarque de ce côté de la rue non plus, où se trouve un magasin B&B dont j'étais un client assidu. Là aussi on pourrait me reconnaître et vouloir lier conversation en cet après-midi creux et caniculaire.

Je reviens sur mes pas. C'était une idée à la con de revoir l'endroit où j'habitais, voilà la vérité, un accès de romantisme déplacé dans la situation où je me trouve. Je vis une parenthèse dangereuse et il me faut passer des heures et peut-être des jours dans l'attente d'un coup de fil ou au moins du retour en ville de ma fille. La dernière chose dont j'ai besoin est de me torturer avec des souvenirs. Le mieux est que je rentre attendre à l'hôtel, et que j'évite autant que possible de laisser divaguer mon esprit. Il me faudrait une occupation qui me permette de rester cloîtré dans ma chambre sans céder à l'angoisse. Quelque chose qui m'absorbe, me happe, comme le sommeil ou même comme la cascade d'énormités qui se sont–

J'ai trouvé.

Je vais bouquiner.

C'est l'occasion rêvée. Moi qui rabâche que j'aimerais lire comme quand j'étais ado, mais que je n'ai pas le temps, que je n'ai jamais le temps : maintenant je l'ai ! Il y a des bouquinistes au bout de la via Battisti, devant l'église, zut j'ai oublié son nom, en face du tribunal. J'y ai acheté pas mal de livres au fil du temps, de vieilles éditions qui, sans être précieuses, portaient souvent le nom du propriétaire bien calligraphié au stylo-plume, des dates, des dédicaces, des phrases d'amour, des fioritures – traces d'une intimité dont il n'était pas prévu qu'elles échouent entre les mains du premier venu, sauf que... Ça y est, je les vois. Un jour, j'ai acheté un livre de Tommaso Landolfi avec un autographe de l'auteur. Il s'intitulait *En société*, je ne l'ai jamais lu, mais il m'attend dans ma bibliothèque, à Rome, et c'est celui-ci que je prendrais si c'était possible. Mais comme ce n'est pas possible, je vais en acheter un autre, que j'irai lire tranquille à l'hôtel. Un bon bouquin qui me passionne, qui m'enthousiasme. Pourquoi pas un classique. Une histoire puissante, avec un destin fort, et le temps volera. Voici les étals. Deux. Dans mon souvenir, il y en avait plus. Verts, en bois, montés sur roulettes avec un toit en tôle ondulée. Soit dit en passant, l'église s'appelle San Pietro in Gessate. C'est écrit sur le panneau devant la façade et à l'instant même où je le lis, comme d'habitude, je m'en souviens, non sans raison, puisque c'est l'église où nous avons fait baptiser Claudia, cédant en cela au conformisme hypocrite qui pousse beaucoup de non-croyants, tels que Lara et moi, à faire baptiser quand même leurs enfants. À présent, une foule de détails de cette journée et de cette église me reviennent à l'improviste : nos proches rassemblés dans la rue devant la porte, la méchante bise qui soufflait, rare pour Milan, le curé toute soutane au vent, la tante de Lara, Isotta, désignée pour marraine en sa qualité de seule véritable croyante à disposition dans les deux familles, ma mère qui observe cette façade en briques et note la ressemblance avec celle de Sainte-Marie-des-Grâces où la veille elle avait vu la *Cène*...

Stop, on se secoue. J'ai dit que je n'ai pas envie de me souvenir, que je ne peux pas me le permettre. Les bouquinistes, donc. Je m'approche du premier étal. Le vendeur assis sur une chaise est plongé dans un livre. Il ne me regarde même pas, il semble très absorbé. Que lit-il ? Je n'arrive pas à voir. Est-ce toujours le même ? Et si c'est le cas, me reconnaîtra-t-il ? Était-ce chez ce bouquiniste que j'achetais mes livres ou chez son voisin ? Dieux du ciel, c'est sans issue : si je me souviens, ça ne va pas, si je ne me souviens pas, ça ne va pas non plus. Stop, j'ai dit, ça suffit. Il faut juste que je choisisse un bouquin et que je rentre à l'hôtel. Rien d'autre.

Je passe les titres en revue : *Jeunesse allègre* de Manlio Cancogni, *Comment vivent les morts* de Derek Raymond, *Examen de conscience d'un écrivain* de Renato Serra, *Ilona* de Hans Habe, *Le Journal d'Anne Frank*, *Anthologie de l'histoire et de la critique littéraires* Vol. 1 de Natalino Sapegno, *Romans et nouvelles* de Grazia Deledda, *Savoir-Vivre international*, *Heurs et malheurs de la fameuse Moll Flanders* de Daniel Defoe, *Cocinas regionales peruanas* vol. 3, *Les Yeux fermés* de Federigo Tozzi, *Cher ami je t'écris de la télé* de Federico Scianò, *Cyrano de Bergerac* d'Edmond Rostand, *Les Braises* de Sándor Márai – le seul que j'aie lu jusqu'ici et que j'aie aimé, mais qui ne me semble pas franchement indiqué pour une relecture : fraternité trahie, secrets inavouables, haine qui cohabite avec l'amour, tout ce que je dois tenir à distance. Non, j'ai besoin d'un–

Surgi de nulle part, un gamin sur une planche à roulettes couleur piment déboule devant moi, me heurte de plein fouet, et me voici étalé de tout mon long sur le trottoir. Le gosse qui n'a pas perdu l'équilibre me lance un regard d'écureuil et s'enfuit sans autre forme de procès, comme s'il venait d'accomplir une mission. Je m'apprête à me relever, mais une douleur lancinante me traverse le poignet – j'ai laissé l'attelle dans ma chambre. Le bouquiniste s'approche de moi, tandis que je me redresse tant bien que mal en position assise, il me demande si ça va. Je réponds que oui. À part le poignet, dont je ne lui parle pas, j'ai l'impression qu'il n'y a pas de dégâts. Il m'aide à me relever en commentant l'accident : ce n'est plus possible, même marcher sur le trottoir est devenu dangereux, ces petits cons font comme si la ville leur appartenait et patati et patata. Dans ma chute, j'ai dû me retenir à l'étal, parce que les livres sont dérangés. L'un est tombé par terre, le bouquiniste le ramasse et je comprends tout de suite que c'est celui que je lirai.

Bel-Ami.

Boum boum boum, mon cœur se met à battre la chamade : *Bel-Ami*, c'est-à-dire Marta toute jeune, très belle et plutôt remontée, parce que je viens de faire un truc que les filles en général n'apprécient guère, c'est-à-dire que je suis sorti avec sa sœur après être sorti avec elle. Je revois son visage offensé, son sourire hostile, presque un rictus, qui pourtant ne compromet en rien sa ressemblance lumineuse avec Natalie Wood, quand elle me donne son cadeau et attend que je l'aie remerciée sans ouvrir le paquet, puis que je l'aie déballé et que je sois resté interdit avant de m'assener que c'est le livre idéal pour moi et que j'y trouverai d'excellentes suggestions pour mon avenir...

Sachant sur ce livre le minimum que je ne pouvais ignorer, je saisis au vol que c'était sa manière de me traiter de mufle, et pour cette raison, je ne l'ai jamais lu, je crois d'ailleurs que je l'ai perdu le jour même et par la suite, je l'ai soigneusement évité. Depuis, alors que je me fiançais avec Lara, m'installais avec elle et lui faisais une fille, que Marta rebondissait d'une relation orageuse à l'autre, tombant toujours enceinte au moment où sa carrière semblait prendre un tournant, toujours d'hommes différents, toujours en gardant l'enfant sans qu'aucun des pères se décide à s'en occuper – ou elle les en empêchant, difficile à démêler – et moi restant donc le seul adulte de sexe masculin avec qui elle est en relation et qui s'occupe d'elle, de ses enfants et de ses besoins bourgeois avec un minimum de continuité et d'intimité, par ailleurs sans plus jamais pêcher dans les eaux troubles de notre – comment l'appeler ? – amour raté, et encore moins tenter à aucun moment d'éclaircir la situation comme on dit, au fil des années notre vie innocente de beau-frère et belle-sœur a fini par recouvrir la braise, dans une opération de refoulement presque parfait.

Presque...

Je prends le volume, le contemple. *Bel-Ami*, le titre, avec le trait d'union. L'auteur, Maupassant tout seul, sans le prénom. Éditions Garzanti, série « *Per tutti* ». Collection « *I grandi libri* ». 350 lires. Traduction de Giorgio Caproni. La couverture est illustrée du portrait stylisé d'un jeune homme à moustache et chapeau, dont je lis sur la quatrième qu'il s'agit d'une lithographie en couleurs de Toulouse-Lautrec, conservée au musée d'Albi.

Je l'ouvre. Pas de nom, ni de date, ni de dédicace. Je le feuillette. Une biographie de Maupassant que je saute allègrement, puis, après le frontispice et la mention « Première édition août 1965 », j'entame la lecture du premier chapitre :

Quand la caissière lui eut rendu la monnaie de sa pièce de cent sous, Georges Duroy sortit du restaurant. Comme il portait beau, par nature et par pose d'ancien sous-officier, il cambra sa taille, frisa sa moustache d'un geste militaire et familier, et jeta sur les dîneurs attardés un regard rapide et circulaire, un de ces regards de joli garçon, qui s'étendent comme des coups d'épervier.

Les femmes avaient levé la tête vers lui, trois petites ouvrières, une maîtresse de musique entre deux âges, mal peignée, négligée, coiffée d'un chapeau toujours poussiéreux et vêtue d'une robe toujours de travers, et deux bourgeoises avec leurs maris, habituées de cette gargote à prix fixe.

Lorsqu'il fut sur le trottoir, il demeura un instant immobile, se demandant ce qu'il allait faire. On était au 28 juin, et il lui restait juste en poche trois francs quarante pour finir le mois.

Pardon ?

Je relis la dernière phrase :

On était au 28 juin, et il lui restait juste en poche trois francs quarante...

Le 28 juin. *Aujourd'hui.* Le livre que j'ai fui comme la peste ces quinze dernières années commence le jour où j'ai décidé de le lire.

Lorsqu'il fut sur le trottoir, il demeura un instant immobile, se demandant ce qu'il allait faire.

Il commence sur un trottoir, et je me trouve sur un trottoir. Ce môme sur son skate était bel et bien en mission.

12

Le méchant fuit sans que nul le poursuive.

Proverbes, 28,1

Annalisa attend que je me sois assis dans le fauteuil Frau, puis elle passe derrière la table basse en cristal pour s'installer dans l'autre. Elle croise ses jambes lisses comme de l'albâtre.

Je ne suis pas comme Bel-Ami.

« Donc », dit-elle en ouvrant un dossier frappé des initiales MFB en lettres d'or. Mais elle s'absorbe dans son contenu sans poursuivre.

C'est le crépuscule – « l'heure où l'on arrose les jardins dans toute l'Europe », je me souviens de la citation, pas de son auteur. Il y a deux jours à la même heure, j'étais ici, pétri d'angoisse, la lèvre tuméfiée, baba devant la métamorphose d'Annalisa. Debora, la secrétaire, m'apportait de l'eau. L'avocate recevait un client dans le bureau voisin. Le souvenir de *Bel-Ami* était enfoui en moi. Aujourd'hui, c'est samedi, ma lèvre va beaucoup mieux et le cabinet est désert. Pas de maître Falk Belgrado, ni de secrétaires ou de coursiers, mais Annalisa et moi seuls comme au bon vieux temps et sa féminité sans complexes ne m'étonne pas plus que sa gaucherie de l'époque. Et surtout l'angoisse a disparu, ou plutôt, *cette angoisse-là* a disparu, puisqu'une autre a émergé, liée à ma lecture et étrangère à ce qu'Annalisa s'apprête à m'annoncer.

Mais pour Marta, j'étais comme Bel-Ami.

De toute façon, si la vieille n'est pas venue, c'est qu'à l'évidence la situation n'est pas grave. « Yègue ye dossier toi-même », a-t-elle dû lui dire, écœurée par l'insignifiance de mon affaire.

« Donc », répète Annalisa, qui consulte toujours ses papiers et n'enchaîne pas.

De fait je ne suis pas impatient de savoir. Mon unique hâte est de retourner à l'hôtel terminer *Bel-Ami*. Georges – avec qui je n'ai rien en commun – a poussé le bouchon très très loin : il vient de s'envoyer Mme Walter...

« Je vous annonce tout de suite que les nouvelles sont excellentes », déclare Annalisa, qui s'interrompt à nouveau pour ranger les papiers dans le dossier.

« Vous n'avez rien à craindre, ajoute-t-elle.

— Vraiment ? dis-je, mais sans éprouver le soulagement que j'escomptais.

— Oui, confirme Annalisa. Vous pouvez être tranquille. »

Et elle sourit. Aujourd'hui elle est habillée plus légèrement, signe qu'elle n'est pas restée toute la journée dans un cocon climatisé, qu'elle a été exposée à la chaleur. Elle porte une petite robe en soie sans manches, gris perle, à encolure ronde, qui tombe de sa poitrine en larges plis verticaux et dissimule ses formes : une tenue *de promenade*, dirais-je, imprégné comme je le suis des descriptions de Maupassant. Elle est peut-être sortie avec la *professoressa* ce matin ou elle a déjeuné au club de golf. Mais sa peau est toujours hivernale, comme si pas un rayon de soleil ne l'avait effleurée.

« À vrai dire, nous avons eu de la chance, continue-t-elle. Notre contact à Rome, ou plutôt nos contacts, parce qu'en réalité ils sont deux, ont obtenu des informations sûres, directement à la source.

— C'est-à-dire le parquet ?

— *Dottore*, il vaut mieux que vous ne le sachiez pas. »

Pourtant ce serait tout à fait intéressant de savoir comment leurs limiers ont réussi à mettre la main sur ces informations. Mais bon.

« Ce qui compte, continue-t-elle, c'est qu'il s'agit d'informations sûres à cent pour cent. C'est pour cette raison que je dis que nous avons eu de la chance et que vous pouvez être tranquille. »

Elle décroise et recroise ses jambes. Ses chaussures aussi sont adaptées à la promenade : grises comme sa robe, à talon plat, échancrées, confortables.

« Donc, reprend-elle, la situation est la suivante : le parquet de Rome en les personnes de – elle baisse les yeux et lit – le procureur adjoint Di Molfetta et le substitut Savino en charge de l'enquête – elle relève les yeux –, sait que vous êtes étranger à l'affaire. L'enquête s'appuie sur de nombreuses interceptions et écoutes – de nouveau les yeux sur la feuille – cent quarante et une pour être exacte – de nouveau le regard vers moi – desquelles heureusement pour vous il ressort clairement que vous n'étiez pas au courant de l'activité criminelle de votre associé.

— Mais comment cela peut-il ressortir clairement ? Après tout, je vendais ces voitures...

— En effet. Et vous êtes mis en cause pour complicité de recel, mais seulement–

— Ah voilà, je suis mis en cause. Je ne suis pas si étranger que ça, alors.

— Si. Votre mise en cause est un acte d'office dans ce cas, parce que vous étiez le vendeur. Le chef d'inculpation n'a rien à voir avec ceux qui sont retenus contre les autres et de toute façon la *professoressa* est sûre qu'à l'audience préliminaire vous serez mis hors cause.

— Mais enfin, comment peut-elle en être sûre ?

— L'expérience, je suppose.

— Mais sur quelle base ?

— Sur la base de ces documents que nous avons réussi à nous procurer, où le parquet se dit convaincu que vous êtes étranger à l'affaire.

— Voilà, c'est ça qui me semble bizarre. D'habitude les juges sont pires que des chiens de chasse. Quand ils sont à vos trousses, vous n'arrivez plus à vous en débarrasser. Mais là, ils se persuadent tout seuls que je n'y suis pour rien. Ça me semble trop simple.

— C'est formulé explicitement dans les écoutes par votre associé, le comptable et les Roumains, répond Annalisa en agitant le dossier. Entre eux, ils font allusion au fait que vous n'êtes au courant de rien.

— Ah oui ? Et comment ?

— Ils disent qu'ils comptent sur votre ignorance, parce qu'elle vous permet de continuer à travailler en toute bonne foi.

— Ce dossier contient une copie des écoutes ? Puis-je la voir ? »

Elle se crispe. Quand elle travaillait avec moi, elle était toujours crispée et je n'aurais rien vu, mais maintenant elle est si souple et détendue qu'on le remarque tout de suite. Elle s'est crispée.

« Non, il n'y a pas de copie des écoutes.

— Alors de quels documents s'agit-il ? »

Elle hésite. Hésitation minime, mais hésitation quand même.

« Ce sont les extraits du dossier d'instruction où le parquet évalue votre position.

— Ah. Et pourrais-je les voir, s'il te plaît ? »

Je tends la main vers elle. Un éclair de consternation traverse ses yeux gris-vert soulignés d'un maquillage léger. En soi la grimace qui plisse ses lèvres pourrait signifier tout et son contraire, mais dans le cas présent, elle exprime sans conteste de l'embarras. Elle me tend le dossier, qui contient une demi-douzaine de pages, pas plus. Cinq, tiens, il y a cinq pages. Les deux premières sont les notes que maître Falk Belgrado a prises voici deux jours avec son stylo Montblanc, tous les noms et les informations issus de mon exposé et de l'article du *Sole-24 Ore* en ligne. La calligraphie est petite, hargneuse, inégale – avec des ajouts au feutre, à l'évidence postérieurs. Mon regard tombe sur « Virginio Gaiano – retraité

– insolvable – prête-nom » au stylo et « ARRÊTÉ » au feutre. Je murmure, comme à part moi :

« Ils ont arrêté Virginio aussi.

— Oui », dit Annalisa.

Sous ces deux feuilles se trouvent les photocopies des documents provenant du dossier du parquet de Rome – papier ministre, cachet et tout le tintouin. Trois autres feuilles. Deux passages du premier sont surlignés au feutre jaune.

Je lève les yeux, Annalisa a le regard braqué sur moi. Je demande :

« Les passages surlignés me concernent ?

— Oui. »

Le premier dit ceci :

> ... et à Rome, outre le susdit concessionnaire Easy & Safe appartenant à Provoleri, elles étaient vendues au siège de la srl Super Car, appartenant à Pica et son associé Paladini Pietro, société spécialisée dans la récupération de leasing contentieux et leur mise en vente sur le marché de l'occasion...

Et l'autre :

> ... selon une division des tâches entre les deux associés, qui semble bien rodée : Pica procède à la récupération des véhicules et aux formalités auprès des banques et du tribunal, tandis que Paladini s'occupe de leur vente...

La deuxième feuille comporte deux autres passages surlignés :

... il apparaît clairement que la responsabilité de Paladini n'est pas engagée, puisque à trois reprises dans les conversations entre Pica, Sbriccoli et les frères Costea il est défini comme n'étant pas informé des différents délits...

Et, quelques lignes plus loin :

... et dans vingt-sept autres cas désigné sous l'appellation de « le couillon », parfois déformé en « le couyo » dans les conversations en roumain...

Bon, ça c'est fait.

Pour le soulagement on repassera. Bel-Ami peut aller se rhabiller.

Le couillon.

Je ne peux pas relever les yeux maintenant, je ne soutiendrais pas le regard d'Annalisa. Une solution consisterait à feindre de ne pas être encore arrivé à cette phrase et de continuer à lire. Mais d'un autre côté, je ne peux pas non plus laisser mon regard s'attarder sur cette feuille. Je peux le diriger par terre, voilà, c'est la seule solution, braquer mon regard sur le parquet ciré, clair, en frêne ou peut-être en érable canadien – oui, le même que nous avions choisi via Durini, quand nous en avions changé – qui vient d'être briqué, j'imagine, parce qu'on pourrait se mirer dedans. Ce parquet en point de Hongrie, entouré d'une large bordure et de son raccord, ressemble comme deux gouttes d'eau à celui de mon ancien salon. Ce qui me donne une possibilité, ou au moins un espoir, de réussir à relever le regard vers cette femme en face de moi.

« Il y était déjà ou tu l'as fait poser en arrivant ici ?

— Quoi donc ? demande Annalisa.

— Le parquet. »

Mon regard reste au sol. À cause des nœuds et des veines, certaines lattes sont couleur café, mais le reste est lumineux, couleur des blés. Et surtout il semble flambant neuf.

« C'est moi qui l'ai fait poser. »

Ah ah, c'est elle qui l'a fait poser. En voilà une grande nouvelle pour le couillon. Et alors ? Parle, ma fille. Tu hésites mal à propos : avoue tout, libère-toi, ne m'oblige pas à te placer dos au mur avec la question que je suis prêt à t'assener : « Quand avions-nous refait les sols via Durini ? » Tu as opté pour ce parquet cloué, de préférence au système plus classique de parquet flottant, sans savoir que cette décision chez nous, de même que le modèle dont nous pouvons admirer ici ta reproduction scrupuleuse, c'est-à-dire la couleur ambrée, le vernis brillant, la géométrie, la pose à la hongroise, la bordure plus sombre – tout cela donc était motivé par la nostalgie de Lara pour un revêtement de sol plus ancien d'une maison au bord du lac de Côme, à Bellagio, qui pendant plus d'un siècle avait appartenu à la branche paternelle de sa–

« Je me suis inspirée de celui que vous aviez choisi pour votre salon », ajoute-t-elle.

C'est bien, ma fille. Cet aveu te fait honneur, même si je qualifierais le verbe « inspirer » d'euphémisme, vu qu'à mon avis tu l'as copié dans les moindres détails. Et merci, parce que même ainsi tempéré, il tempère à son tour la honte immense qui vient de se déverser sur moi et en transfère une partie sur toi, puisque – c'est désormais évident – tu as chipé le souvenir de Lara que, pour des raisons qui m'appartiennent, j'ai décidé de, disons, laisser vacant, en même temps que les bribes de vie passée qui y sont attachées, et surtout tu as chipé leur forme, la forme de Lara et de ma vie avec elle. Voici ton raisonnement : le *dottore* a tout quitté pour partir à Rome chez les banlieusards – tu l'as constaté de visu quand tu es venue à Rome m'aider dans mes démarches administratives : vêtements ordinaires, meubles Ikea, lino dans la cuisine, chaises dépareillées, pas de meuble de valeur ou autres reliques, aucune continuité –, donc tu ne dérobais à personne cette manne d'élégance milanaise, elle était là, toute prête, inutilisée, et tu t'en es emparée, puisque le bond que tu as effectué t'a obligée à modifier dare-dare tous les éléments de ton apparence en d'autres plus adaptés, et tu l'as imitée, répétée, reproduite, portée à même la peau, vaporisée sur toi, répandue autour de toi et clouée sous tes pieds : la bordure de deux lattes juxtaposées, minces et sombres à l'intérieur, larges et claires à l'extérieur, la tête de certains clous qui ressort déjà dangereusement du bois, comme ça s'est passé chez moi d'ailleurs, mais par manque de recul, tu l'ignorais, car avec le temps le problème des parquets cloués, c'est que les clous ont tendance à ressortir, parce que la surface de ciment sur laquelle ils reposent travaille...

Je lève les yeux – à présent je peux – et je découvre le visage de mon ex-secrétaire empourpré.

« Je n'avais rien décidé, dis-je, tout venait de Lara. Elle l'avait pensé et commandé à cette vieille fabrique de parquets qui était sur le point de cesser son activité et où tu l'avais accompagnée un jour toi aussi. Comment s'appelait-elle ? À Porta Vittoria, ou plutôt Porta Tosa comme le patron s'entêtait à l'appeler, monsieur...

— Zavattari.

— Oui, Zavattari. Lara ne l'avait pas payé cher justement parce que la boîte fermait.

— Elle n'a pas fermé, je me suis fournie chez eux moi aussi.

— Sans blague ? Zavattari n'a pas fermé ? Pourtant le vieux se plaignait qu'avec ses diplômes d'université son fils ne comptait pas reprendre leur entreprise vieille d'un siècle et transmise de génération en génération.

— Oui, mais le fils a changé d'avis et continué à travailler avec lui.

— C'est ce qu'on appelle une bonne nouvelle. Zavattari n'a pas fermé. Le vieux Milan survit. Sacrée bonne nouvelle... »

Je me sens un peu mieux, en effet. Pas pour Zavattari, entendons-nous, mais parce que c'est une chance que cet entretien avec Annalisa se soit déroulé dans son bureau, et nulle part ailleurs où notre rendez-vous était envisageable, où je me serais précipité de la même façon, laissant en plan *Bel-Ami*, et où j'aurais vécu cette incapacité de relever les yeux sur le monde avec pour champ visuel une bouche d'égout, une plinthe ou l'herbe dans une fente du trottoir.

« Annalisa – je lui rends le dossier –, le moins qu'on puisse dire, c'est que tu as été providentielle. »

Je me frappe les cuisses, de ce geste un peu affecté par lequel on annonce qu'on va se lever – en général on l'accompagne de quelques mots prononcés dans un soupir, genre « Bon, eh bien » ou « C'est parti » – mais Annalisa anticipe mon mouvement et me retient en position assise.

« Il y a autre chose, *dottore*, le plus important. Un de nos correspondants a réussi à contacter le défenseur de Rotariu Nicodim, qui était déjà incarcéré pour d'autres délits, et il a reçu l'assurance que les Roumains n'ont rien contre vous, tandis qu'en revanche votre associé et Sbriccoli sont dans leur collimateur. »

Retour au parquet, à travers la table basse en cristal. Je murmure :

« En effet, pourquoi s'en prendre au *couyo* ? »

Le bord de la table coïncide avec la ligne de conjonction des lattes.

« Remerciez le ciel qu'ils vous aient appelé ainsi, *dottore*, dit Annalisa. La *professoressa* affirme qu'à elle seule, la triple assurance selon laquelle vous n'êtes au courant de rien n'aurait pas suffi à vous mettre hors de cause. L'insistance sur ce surnom a été déterminante. »

Ben voyons. « Yassuye ye couiyon. »

Je relève les yeux sur elle, sur son regard à la fois ancillaire, compatissant, embarrassé, sage, triomphant.

« Ça a été une vraie chance », dis-je.

Je me lève. Je suis un homme libre au casier judiciaire vierge et destiné à le rester, et c'est ce qui compte. La façon dont ces salauds me qualifiaient importe peu.

« En revanche, nous n'avons rien pu apprendre sur le garde suisse.

— Ah oui, ce vieux Jürgen. Espérons qu'il n'ait pas d'ennuis.

— S'il arrive quoi que ce soit, nous le saurons.

— Bien sûr. Cette fois, je prends congé pour de bon. J'appellerai la *professoressa* dans les prochains jours pour la remercier en personne et lui demander quelle ligne de conduite adopter. »

Je la serre dans mes bras et lui murmure à l'oreille, à travers ses cheveux odorants, mon menton effleurant le creux de son cou :

« Merci.

— Je vous en prie... »

Je suis l'ancien patron de cette jeune femme, qui a fait son chemin et qui m'est restée fidèle parce que je l'ai mérité. Regardez comme elle me serre dans ses bras : c'est cela qui importe.

« Merci de tout cœur », dis-je encore, tandis que ses mains pressent mon dos.

Dommage que ces salauds étaient à peu près mes seuls amis. Dommage que ma belle-sœur me considère comme un enfoiré.

« *Dottore*, dit Annalisa dès que j'ai relâché mon étreinte, je me rends compte que l'invitation arrive un peu tard, mais ce soir nous organisons un dîner. Nous serions très heureuses de vous compter parmi nos invités. »

Traduction : la *professoressa* ne pouvait pas vous convier avant de savoir si vous étiez en effet étranger à ce bourbier, à présent qu'elle est sûre de ne pas se compromettre, elle vous invite volontiers. Ou alors, autre traduction dans une langue plus intime : vous voyez, *dottore*, comme j'ai tenu haut la bannière de votre réputation, tandis que vous fréquentiez des gens qui vous traitaient de couillon ? Vous voyez comme vous êtes encore respecté, grâce à moi (et je ne parle pas de l'aide que je vous ai apportée) ? Ne croyez-vous pas que j'ai mérité tout ce que vous aviez laissé ici et dont je me suis emparée ? Ou encore : puisque vous m'avez percée à jour, je voudrais vous montrer que j'ai récupéré, en les payant au prix fort, trois des meubles que je vous avais aidé à vendre à des antiquaires à votre départ de Milan, étant donné que vous ne vouliez rien emporter : le buffet de cuisine Art nouveau sicilien en noyer, le bureau néoclassique marqueté et le canapé hollandais Biedermeier de votre salon. Ou enfin : cher *dottore*, si je vous invite chez moi – car il va sans dire que c'est à mon initiative, Miriam est de la pâte à modeler entre mes mains –, c'est parce que je voudrais que vous me voyiez dans cette vie qui fait tant jaser, peut-être arrêteriez-vous enfin de pousser des cris d'orfraie et l'admettriez-vous pour de bon, puisque manifestement vous n'y arrivez toujours pas. Merci d'avance.

Dans tous les cas de figure, je suis Pietro Paladini : le mufle, le couillon, le fugitif – qui plus est, fils, frère et même père d'autres fugitifs. Je regrette, mon ange, mais les dîners en ville, très peu pour moi. Ma cavale n'est pas finie.

13

Pas facile d'être vert.

Kermit la Grenouille

« Bonjour, papa.
— Bonjour, petite fleur. Comment vas-tu ?
— Bien. Et toi ?
— Bien.
— Ça ne s'arrange pas, ton poignet ?
— Si, c'est juste une précaution. Tu sais quand on conduit...
— Et la lèvre ?
— Rien de grave. Un coup. C'est déjà guéri. »

Ma fille est une femme. Dire « jeune fille » adoucirait un peu le choc, mais induirait en erreur. Bien sûr qu'à dix-huit ans, c'est sans conteste une jeune fille, mais elle vient de franchir le pas sans retour qui la rend femme : elle a brisé la chaîne qui faisait de moi son unique intermédiaire avec le vrai monde, l'extérieur au-delà de la frontière floue des réseaux sociaux, où les choses sont réelles, coûtent un argent qu'on n'a pas et marchent bien ou moins bien selon des lois qui vous échappent, un monde d'où le mal peut sourdre à tout moment sans qu'on comprenne pourquoi. Certaines personnes ne réussissent jamais ce saut et enchaînent les dépendances, incapables ne serait-ce que d'imaginer qu'ils pourraient renoncer au contrôle et à la protection des autres. Elle, en revanche, a pris le taureau par les cornes et, bien qu'il s'agisse sans l'ombre d'un doute d'une réaction contre moi et que je ne comprenne pas ce que l'existence que je lui proposais avait d'aussi insupportable pour qu'elle cherche asile dans une autre ville, m'obligeant à solliciter l'intercession de sa tante pour une simple entrevue – ici, sur les canapés déglingués de Marta recouverts de tissus indiens, dans son appartement qu'elle a rendu disponible en emmenant à point nommé ses deux cadets dîner dehors, tandis que l'aîné, qui a le même âge que Claudia, l'attend dans une pizzeria qu'ils aiment bien près de Porta Ticinese –, je dois reconnaître que la découvrir aussi décidée et téméraire me réjouit. Elle ne subira jamais, me dis-je, le chantage et les vexations d'un Patrick Negretti, auxquels D. a été en butte pendant toutes ces années...

« Tu es à Milan toi aussi... », dit-elle.

S'essaie-t-elle à l'ironie ?

« Oui, pour affaires.

— Quelle coïncidence. »

Pas de doute, elle fait dans l'ironie, et c'est ma faute. Je suis ironique. Sa mère ne l'était pas du tout. Marta, si, mais elle n'a eu ni le temps ni l'occasion de lui montrer l'exemple. Le modèle, qu'elle est obligée de suivre à présent, vient de moi. Mais l'ironie est une faiblesse.

« En effet, dis-je. Mais je ne suis pas arrivé aujourd'hui et je savais que tu n'étais pas là. Ta tante m'a dit que vous étiez à, comment déjà ?

— Gattico. »

Elle a maigri. Elle porte un débardeur en stretch bleu clair et un short en jean. Pieds nus. Une seule boucle d'oreille, à droite, qui accroche la lumière de la pièce. Pas de bague. Pas de vernis à ongles. Pas trace d'aucun cadeau de moi. Je poursuis :

« À vrai dire, je suis arrivé vendredi après-midi. Je suis passé à Lucerne voir Chantal pour l'anniversaire de la mort de ton grand-père, avant de venir à Milan à cause de tracasseries. »

J'essaie de rester calme, de me montrer conciliant. Si son attitude comporte un défi, il ne faut pas que je le relève. C'est un peu tard pour lui donner le bon exemple, je sais, mais c'est aussi la dernière occasion pour moi. Il faut que j'admette le plus dur pour un père : elle n'est plus à moi, ce qui signifie qu'elle ne l'a jamais été.

« Et c'est arrangé ? s'enquiert-elle.

— Oui. »

Du reste, elle est d'une beauté impressionnante, qui m'intimide. Sa bouche, le rouge de ses lèvres sont impressionnants. Son front si large où les cheveux sont implantés très haut et qui, en termes de proportions, serait un défaut – le seul défaut physique de sa mère et de sa tante –, son front aussi devient beau comme pour faire de la place à ses yeux immenses, tombants et bleus comme la Terre vue de la Lune.

« D'accord, dit-elle. Que voulais-tu me dire ?

— Moi ? Rien.

— Tu ne voulais rien me dire ?

— Non. »

Ses cheveux noirs, fins et disciplinés, tirés en arrière dans un chignon sophistiqué et brillant. Son dos que neuf années de gymnastique artistique ont rendu majestueux et ses épaules que quatre années d'arrêt de la même gymnastique artistique ont adoucies. Ses bras fuselés, ses mains toujours en mouvement...

« Au passage tu es venu voir tante Marta, un petit bonjour, et pendant que tu y étais...

— Ne sois pas ironique, petite fleur, il n'y a pas lieu.

— Et toi, s'il te plaît, ne m'appelle pas petite fleur.

— Bon d'accord. »

Même sans tenir compte de l'effet intimidant de sa beauté, ces derniers jours m'ont montré que je n'ai rien à lui apprendre, parce que moi aussi j'ignore tout, moi aussi je suis incapable de prévenir le déferlement du mal et, par conséquent, même si c'est triste de l'admettre, de la protéger. Cette raison à elle seule justifie qu'elle me largue.

J'ajoute :

« Je croyais que toi, tu avais quelque chose à me dire.

— Eh bien, déclare-t-elle tout à trac, je te dis que je ne retournerai pas à Rome. Je me sens mal à Rome. Je m'y suis toujours sentie mal. »

Elle n'a sûrement pas la partie facile pour trouver le ton juste et me dire ce qu'il en est sans m'humilier. Et de mon côté, je dois me laisser humilier. Il faut que j'imagine qu'elle vient de me signifier ceci :

« Dans la ville où on te connaît comme “le couillon”, en roumain “le couyo”, je me sens mal. »

« Je reste ici », ajoute-t-elle.

Je résiste à grand-peine au réflexe de réagir, de lui opposer un « dis donc gamine » et tout le tremblement, pour défendre mon vieil ego paternel, et sans doute aussi masculin, humilié par cet indicatif présent, par cette façon inédite de se libérer de l'obligation, pour ne pas dire la simple courtoisie, de demander – putain – ma permission. Et je m'entends répondre :

« D'accord. »

Je n'ajoute rien. Au fond, c'est ça, l'humilité : être humble avec ceux qui nous humilient.

« Je ne veux pas dire aujourd'hui, papa, insiste-t-elle. Ou cette semaine. Ou cet été. Je veux déménager ici. Je veux y vivre. Toujours.

— Ici, chez tante Marta ?

— Oui. Elle m'a dit que je peux.

— Oh. Alors tout va bien. »

Mais non, ça ne va pas du tout : il y a de l'ironie dans cette réponse, une ironie désespérée, parce que je n'ai pas de modèle pour me laisser humilier sans mettre en avant mes satanées bonnes raisons. Il ne me reste donc qu'à me taire. Il ne reste que le silence.

Silence.

Silence.

Claudia me dévisage pendant que je me tais, et c'est peut-être la première fois. Le contraire s'est produit tant de fois, je la regardais se taire, et si quelque chose s'est cassé entre nous, ce ne peut être étranger à–

« C'est-à-dire que tu n'y vois pas d'objection ? », me demande-t-elle.

D'un autre côté, ses traits sont sortis de l'enfance depuis si peu de temps qu'ils trahissent encore ses états d'âme, comme quand elle était petite. Ce qui affecte ses yeux et sa bouche trahit sans ambiguïté son ébahissement. Je réponds d'un ton paisible :

« Que veux-tu que je te dise. Tu es majeure somme toute. Je suis désolé que tu te sois sentie mal toutes ces années, mais si tu estimes que tu seras bien en revenant à Milan, alors non, je n'ai rien contre. »

Voilà, la stupeur chasse l'air sévère qui avait envahi son visage, qu'on dirait lavé sous l'eau fraîche. C'est émouvant de voir comme il serait facile encore de la tromper.

« Et je suis on ne peut plus sérieux », dis-je en conclusion.

Enfin, voici ses dents. Un sourire minuscule, aussitôt retenu, mais un instant, l'ovale de son visage lance un éclair de lumière capable d'étourdir n'importe quel être humain. À présent j'ai l'impression qu'elle me regarde presque avec tendresse, pour ne pas dire avec amour. Mais ce n'est peut-être qu'une impression, la récompense que je m'accorde pour m'être laissé humilier.

« Où es-tu à Milan ? », demande-t-elle.

Cette question me surprend.

« Tu veux dire pour dormir ?

— Oui.

— À l'hôtel.

— Quel hôtel ? »

Là aussi mon réflexe est de lui demander pourquoi elle me pose cette question, quelle logique la dicte, dans quel raisonnement elle s'inscrit. Compte-t-elle téléphoner pour vérifier ? Redoute-t-elle que je dorme ici moi aussi, lui imposant ma présence alors même qu'elle a accompli l'effort de s'en libérer ? Que je ne respecte pas ma promesse de la laisser rejoindre son cousin à la pizzeria aussitôt notre conversation achevée ? Mais là encore, je parviens à me contrôler et à répondre avec calme.

« NH President, largo Augusto. À côté de notre ancien appartement. »

Elle a le droit de nourrir des soupçons. Que j'ai le devoir d'accepter. Et si je n'arrive pas y mettre des mots, alors il convient que je me taise.

Donc silence, de nouveau.

Claudia sort de son sac un paquet de dix Marlboro Light et allume une cigarette. Donc : *elle fume*. Mais enfin, depuis quand, toi qui répétais toujours, qui me cassais les pieds que ci et que ça – non, rien de tout cela. Claudia fume, et moi qui ai fumé dix-huit ans sous son nez, je suis la dernière personne qui doive s'en étonner. Elle fume, mais sans avaler beaucoup la fumée à vrai dire, en débutante. Deux bouffées courtes, mesurées, et aussitôt rejetées entre les lèvres à peine entrouvertes. Pourtant elle semble déjà plus détendue, comme si elle avait besoin de ces deux bouffées pour se calmer. Ce qui me serait bien utile.

« Je peux ? » Et à sa réponse positive – un « Mmm-mmm » gourmand pendant qu'elle tire sa troisième bouffée –, je tire une cigarette de son paquet et l'allume.

Le monde à l'envers. Le père qui tape une clope à sa fille.

Elle se lève, prend sur la table basse le cendrier déjà plein et le pose près d'elle sur le canapé.

« Écoute papa, je vais te raconter un truc. Tu veux bien ? Un truc important.

— Bien sûr que je veux. »

Je tire fort sur ma cigarette, je me sens mieux.

« Sais-tu pourquoi j'ai été recalée en physique ? La vraie raison ?

— Parce que tu t'es plantée à ta dernière interrogation orale.

— C'est ce qu'affirme Marchegiano.

— Et c'est ce que tu m'as dit.

— Oui, d'accord, mais sais-tu ce qui s'est passé ?

— Je vois mal comment, tant que tu ne me le racontes pas. »

Comme ce n'est pas pratique pour moi de jeter ma cendre – il faut que je me lève pour atteindre le cendrier à côté d'elle – et qu'il n'est pas question qu'on s'assoie plus près l'un de l'autre, elle en prend un autre sur l'appui de la fenêtre et me le tend.

« Merci.

— J'avais bien bossé, dit-elle. Tu te souviens, j'avais pris des cours particuliers, j'ai obtenu trois dix à la suite au troisième trimestre, alors que je méritais plus, mais la prof me collait toujours dix. En attendant, j'avais rattrapé ma moyenne. Et je m'étais bien préparée pour l'interrogation orale.

— Et alors ?

— Alors la prof m'a laissée libre de choisir mon sujet. Et là, j'ai cru au père Noël.

— À savoir ?

— Puisqu'elle me permettait d'exprimer une préférence, j'ai décidé de lui faire confiance, de m'ouvrir, de lui parler de moi.

— Pendant une interrogation de physique ?

— Oui.

— Comment peut-on parler de soi pendant une interrogation de physique ?

— J'ai choisi de parler des terres rares. Tu connais ? »

Et pan dans les dents. Bon sang, je ne peux pas baisser la garde cinq minutes sans écoper d'un nouveau coup. Les *terres rares.* Que se passe-t-il ? J'ai l'impression d'avancer au petit bonheur la chance, quand en réalité tout est lié ? C'est quoi, un complot ? On tourne un épisode de reality show ? Tout le monde sait tout sauf moi ? Je réponds :

« Non. »

Claudia prend sa respiration et fait claquer sa langue contre son palais, comme quand elle était petite, signe qu'elle est sûre de ce qu'elle va dire.

« Ce sont des éléments chimiques du tableau périodique, qui se trouvent à l'intérieur de minerais assez courants sur la croûte terrestre : les argiles et d'autres que j'ai oubliés, mais le jour de l'interrogation je connaissais la liste par cœur. Exemple : la monazite. Mais il y en a beaucoup d'autres. On les appelle terres rares parce que leur teneur est très faible et leur extraction compliquée et coûteuse. Là, je te le résume, mais j'étais incollable, y compris sur ce que j'ai déjà zappé un mois et demi après : les noms, lanthane, dysprosium, les sous-catégories, les numéros atomiques, les minerais de provenance, les techniques d'extraction. Tout...

— Alors pourquoi l'interrogation s'est-elle mal passée ?

— Parce que quand je lui ai dit le sujet que je voulais traiter, la prof m'a demandé du ton hautain qu'elle a toujours : "Ah oui ? Pourhquoi prhécisément les terrhes rharhes, Paladini ?" Parce que, tu vois, elle ne sait pas rouler les *r*, et qu'elle a tout de suite pensé que j'avais choisi les terres rares pour me moquer d'elle, tu comprends ?

— Tu ne crois pas que tu exagères ? Elle ne peut pas t'avoir recalée pour cette raison. »

Elle éteint sa cigarette (j'ai déjà éteint la mienne depuis un moment). Elle a du mal à venir à bout du mégot allumé, elle manque d'expérience.

« Non, en effet, répond-elle. Mais c'est pour te dire qu'elle était prévenue contre moi. La réponse à sa question était simple. Elle se trouve dans notre manuel. Parce que ces trente dernières années, leur utilisation a permis un développement considérable de la production d'aimants, moteurs hybrides, panneaux photovoltaïques, turbines d'éolienne, fibres optiques, laser, écrans d'ordinateur et smartphone, c'est-à-dire des technologies les plus rentables. Or, bien qu'on trouve des terres rares un peu partout, Brésil, Californie, Afrique du Sud, Russie, Inde et même Italie, elles sont extraites à quatre-vingt-quinze pour cent par la Chine, qui les utilise comme arme stratégique pour peser sur la politique industrielle mondiale. Tu me suis ?

— Oui.

— C'était la réponse que voulait la prof.

— Et tu ne la lui as pas donnée ? »

Elle hausse les sourcils à l'horizontale, de cette façon qui lui est familière et qui, conjuguée avec ses yeux tombants, lui confère une expression troublante, très sensuelle, alors que cette mimique remonte à son enfance et signifie qu'elle parle en confiance. Si elle jouait un reality show, je ne crois pas qu'elle y aurait recouru.

« Non. »

C'est une femme, d'accord, et cette femme s'est éloignée de moi, mais je connais la petite fille qu'elle a été, et cette petite fille émettra toujours des signaux que je serai le seul à savoir déchiffrer. Elle ne va pas me dire ça, il s'agit d'une coïncidence.

« Et pourquoi ?

— Parce que je lui ai dit la vérité, la véritable raison pour laquelle j'avais choisi de parler des terres rares. Une raison personnelle, puisque c'était le cas. »

Merde alors. Donc c'est vrai. Quelle peut bien être cette raison personnelle à part ça ? Alors je suis le seul couillon au courant de rien. Je murmure :

« Et quelle était cette raison personnelle ?

— Je lui ai répondu : "Les terres rares m'ont apporté un enseignement très important qui m'accompagnera toute ma vie." »

Ou bien non, c'est une pure coïncidence.

« Et elle ?

— Et elle, toujours avec son ton hautain : "Et quel serhait cet enseignement ?" Alors je le lui ai exposé devant toute la classe, je lui ai fait confiance et après elle a décidé que je me foutais d'elle et elle m'a collé un quatre sans même me poser de questions. Voilà comment ça s'est passé. »

Une folle coïncidence, bien sûr, après toutes les autres, la plus folle de toutes qui ferait de moi le champion du monde des folles coïncidences. Mais en somme c'est possible. Eh oui, c'est possible qu'elle ne sache rien de Carlo. Alors il resterait encore un peu d'espoir... Voyant qu'elle s'en tient là, je lui demande :

« D'accord, mais qu'est-ce que tu lui as dit ? Quelle est cette vraie raison ? »

Elle dégage son visage de ses cheveux – à quel moment les avait-elle lâchés ? – et les rassemble tous d'un côté dans sa nuque.

« Justement. Je l'ai exposée une fois et ça a été la cata. Je n'ai pas envie que ça recommence. »

Elle tourne trop autour du pot. Peut-être n'arrive-t-elle pas à la dire en effet, mais peut-être est-on en plein reality show.

« Tu ne vas pas m'expliquer ? Tu m'as raconté tout ça, et pour finir tu ne me dis pas le plus important ?

— Si, si, je vais te le dire, répond-elle. Sauf que ce sera un peu plus long, parce que tu n'es pas Marchegiano. Il y a des trucs que tu ne sais pas qu'il faut que tu saches. »

Donc, nous y voici. Les caméras sont peut-être cachées dans les cendriers. Et les micros dans les filtres des clopes...

« Donc : il y a des années, oncle Carlo, tante Marta, Chantal, son frère jumeau, ton associé, ton comptable, Virginio, ta secrétaire, ton ex-secrétaire et moi avons été convoqués par un producteur de télévision qui nous a proposé de... »

« À toi de me les expliquer.

— D'accord, mais tu dois promettre de me laisser parler. Comme je vais dire des choses qui te déplairont, je te prie de ne pas m'interrompre. Je crois que je suis prête à te parler, après tout le travail que j'ai fait avec Mme Chianese, mais sûrement pas à discuter. Et je suis sûre que si je m'interromps, quels que soient la raison ou le moment, je serai incapable de reprendre. Promis ?

— Promis. »

Ras-le-bol. Reality show ou folle coïncidence, c'est du pareil au même : il faut toujours que je la ferme. Encore que...

« Mais il y a une chose que je vais te demander tout de suite, dis-je. Pour ne pas te couper après. Mme Chianese est-elle au courant de ta décision ? Sait-elle que tu veux vivre à Milan chez tante Marta ?

— Oui.

— Depuis combien de temps ?

— Assez longtemps. »

Et allez. Une complice du reality show. Mme Chianese. Et dire que je la paie en plus, que je me farcis les entretiens mensuels de soutien et qu'elle me cause de double contrainte et de dimension émotionnelle, pendant que ma fille mijote une fugue. Si elle m'avait alerté, bon sang de bois...

« Ne lui en veux pas, continue-t-elle, elle ne pouvait pas te le répéter. Elle est liée par le secret professionnel.

— Bien entendu. C'était par simple curiosité. Vas-y, raconte : je te promets que je t'écouterai sans rien dire. »

Et sans cogiter si possible, sans interpréter, sans supputer, sans disséquer. Le moment est arrivé de faire taire cette maudite voix qui m'accompagne partout, recouvre tout, fausse, déforme, pour découvrir au bout du compte que rien n'est comme elle déblatère toujours...

« Alors... »

Elle croise les jambes. Ses longues jambes de flamant rose, encore adolescentes.

« Bon, tout commence à la mort de maman, évidemment. J'étais petite et je ne comprenais pas très bien ce qu'était la mort. Je veux dire... j'avais compris que maman ne serait plus là, ça oui, mais il y avait aussi cette histoire qu'elle était allée au ciel, qu'elle nous regardait de là-haut, qui me consolait beaucoup. Bref, je ne la voyais plus, mais elle me voyait, voilà ce que j'avais compris. Je sais que tu ne m'as jamais rien raconté de ce genre, c'étaient les autres, ta tante dont je ne me rappelle plus le nom, les dames du catéchisme, les mères de mes copines, mais moi, j'aimais que maman me regarde du haut du ciel, et à partir de là j'ai bâti une sorte de rêve. Je ne me souviens plus quand, si c'était une semaine après, un mois, trois mois, parce que j'ai vécu le temps de façon bizarre après cet événement, comme si j'étais dans une bulle, mais dans mon souvenir, c'est arrivé tout de suite, c'est-à-dire que c'est la première pensée dont je me souvienne après la mort de maman, à savoir : d'accord, maman est morte, elle nous regarde du ciel, *et nous allons faire une seule famille avec tante Marta et mes cousins.* Je ne peux pas te dire pourquoi je l'ai pensé, mais je t'assure que c'est venu tout seul, c'était évident qu'il en irait ainsi. »

Son téléphone sonne. La même sonnerie que Rosy Malaparte, que le grand crique la croque. Elle regarde l'écran, répond.

« Allô ? » Elle fronce les sourcils. « Allô ? Je n'entends rien. Allô ? »

Elle regarde à nouveau l'écran, coupe la communication, soupire.

« Bref, reprend-elle, tu n'avais plus ta femme, tante Marta n'avait pas de mari, je n'avais pas de maman, Giacomo et Giovanni n'avaient pas de papa, enfin... ils en avaient un, mais déjà c'étaient deux papas différents, et quand ils étaient avec leur papa, ils disparaissaient, je ne les voyais plus, et je ne voyais pas les papas, et eux ne voyaient– »

Rebelote, son portable qui sonne. Cette fois Claudia le coupe sans répondre et le jette sur la table basse sans s'interrompre.

« Pour moi, un papa, c'était quelqu'un comme toi, qui étais toujours avec moi, qui m'accompagnais à l'école, à la gym, etc. et que tout le monde voyait. Eux n'avaient pas ce genre de papa. Bref, je tenais pour acquis qu'on se réunirait en une méga-famille. Avec oncle Carlo aussi bien sûr, malgré ses voyages. La méga-famille serait la véritable conséquence de la mort de maman, et j'aimais cette conséquence. Je la trouvais joyeuse. »

Ting. Elle a reçu un texto. Elle ne le regarde même pas et continue. Son expression s'assombrit.

« Tu peux imaginer comme j'ai peiné à admettre avec Mme Chianese que j'avais eu une pensée aussi joyeuse après la mort de maman. Pendant la première année et demie de thérapie, nous n'avons même pas abordé le sujet parce que je l'évitais : je lui parlais des cappuccinos que je buvais, du sucre en suspension dans la mousse, de la température du lait. Je ne collaborais pas, je n'y arrivais pas du tout. Je veux dire... Je comprenais au fond de moi que tout partait de là, mais je ne pouvais pas l'admettre. »

Elle marque une pause. Il me faut un sacré effort pour repousser les réflexions et les questions qu'appellent ses propos, mais je m'y tiens.

« Quoi qu'il en soit, reprend-elle, quand tu m'as demandé si j'étais d'accord pour vendre l'appartement de la via Durini, j'ai été soulagée. Enfin, ai-je pensé. Ça me semblait une étape nécessaire, puisque cet appartement était trop petit pour qu'on y tienne tous. Alors j'ai dit oui. »

Et pour bannir aussi les souvenirs, les images poignantes, les élans de tendresse...

« Au bout d'un certain temps, tu m'as demandé si je voulais bien déménager à Rome, et là j'ai été surprise. Je ne m'y attendais pas. Rome pour moi, c'était juste la ville où tu étais né et où habitait oncle Carlo, et cela me la rendait familière. Je l'avais associée à un mot que j'aimais beaucoup : "romantique". Je croyais que Rome venait de romantique ou vice-versa, et avec cette pensée en tête, je t'ai dit que j'étais d'accord aussi pour déménager à Rome. Mais je croyais toujours à la méga-famille, tu comprends ? J'ai tenu pour acquis que nous déménagerions *tous* à Rome : nous deux, tante Marta, mes cousins, et que c'était peut-être mieux parce que ça incluait aussi oncle Carlo. Tous dans la même maison à Rome, avec maman qui nous regardait du haut du ciel. »

Elle baisse le regard, marque une nouvelle pause comme si elle revoyait tout cela projeté sur le tapis. Une terrible mélancolie se peint sur son visage. Elle relève la tête et me regarde droit dans les yeux.

« C'est maintenant le plus dur, papa. J'espère y arriver. Mais si je patauge ou que je pleure, ne m'interromps pas, d'accord ? N'interviens pas, ne viens pas m'embrasser, ne fais rien. Entendu ? »

Elle est à présent d'une beauté extraordinaire, à vous couper le souffle. Hélas, elle semble née pour être mélancolique. Je réponds dans un souffle :

« D'accord. »

Elle respire, poings légèrement serrés, et reprend :

« À Rome, j'ai mis deux ans avant de comprendre de quoi il retournait. C'est-à-dire que pendant deux ans, j'ai attendu que tante Marta et mes cousins nous rejoignent, y compris Marietto qui venait de naître. Notre appartement me semblait encore un peu petit, mais la certitude que nous serions réunis était si forte que ça ne me paraissait pas un problème. Je pensais qu'au bon moment nous prendrions le bon appartement ou bien que nous nous débrouillerions, et mon rêve persistait. C'est vrai aussi qu'à Rome, oncle Carlo passait beaucoup plus de temps avec nous, ce qui allait dans le sens de mon projet. Comme j'avais appris que tout se passait en septembre, parce que la rentrée a lieu en septembre, maman est morte en septembre, nous avions déménagé en septembre, chaque année en septembre je m'attendais à voir tante Marta arriver à Rome. Mais elle n'arrivait pas. Tu vas me demander : pourquoi ne m'en as-tu pas parlé pendant ces deux ans ? La raison est toujours la même, à savoir que c'était une certitude pour moi, ça l'avait toujours été et donc c'était comme si je te l'avais déjà demandé et que tu me l'aies confirmé. »

Elle hésite. On dirait qu'elle se retient de pleurer.

« Je n'en ai jamais douté, tu comprends ? J'ai simplement attendu que ça arrive. Jusqu'au jour où j'ai compris soudain que ça n'arriverait pas. C'était le jour où oncle Carlo m'a annoncé qu'il partait. C'était en septembre là encore, il me semble, ou peut-être pas, c'était peut-être octobre, parce qu'il faisait déjà froid, on se promenait au parc de la Villa Borghese sur un pousse-pousse à moteur et on s'était arrêtés regarder les gens en rollers qui faisaient des figures entre les quilles, quand de but en blanc oncle Carlo m'a dit qu'il allait quitter l'Italie et qu'on ne se verrait plus pendant un certain temps. Il ne m'a pas précisé qu'il avait des ennuis, ni que *je ne le verrais plus du tout*, c'est toi qui me l'as dit après, mais à ce moment-là j'ai compris que ce que j'avais attendu tout ce temps n'arriverait jamais. J'ai compris qu'il s'était passé plutôt le contraire, qu'on s'était tous perdus. En effet, on ne voyait presque plus tante Marta et mes cousins, pas même en été depuis qu'on avait vendu la maison de Roccamare. Et maintenant oncle Carlo aussi disparaissait de l'horizon. Comme méga-famille, on pouvait repasser. En quelle année c'était ? Je me souviens de cet après-midi comme si c'était hier, mais je ne me souviens pas de l'année. En quelle année il est parti, oncle Carlo ? »

Nous y voilà : ses yeux plongent vers le bas, ses lèvres tremblent... Je réponds :

« 2009.

— 2009, répète-t-elle en baissant de nouveau les yeux par terre. J'avais quatorze ans... »

Et, les yeux baissés, elle se met à pleurer. Elle n'éclate pas en larmes, elle y glisse plutôt, comme si elle avait décidé à ce stade de relâcher un peu pour ne pas être submergée après.

« Et nous voici arrivés au problème, papa. Mon problème. Celui autour duquel j'ai tourné toutes ces années. »

Elle relève les yeux courageusement et me dévisage avec son regard encore si bleu, fier et profond, mais à présent adouci et flou derrière le voile des larmes.

« Ce jour-là, j'ai éprouvé la plus grande douleur de ma vie, tu comprends ? »

Elle pleure plus fort et, comme quand elle était petite, les larmes ne l'abîment pas : ses yeux tirent davantage vers le bas, c'est tout, mais son visage reste digne. Elle ne me lâche pas du regard, comme si elle cherchait sur moi la force de résister.

« Ce n'est pas quand maman est morte, tu comprends ? C'est quand le rêve par lequel je l'avais remplacée est mort. »

Mais sa voix s'est brisée, les larmes débordent et glissent le long de ses joues, rapides, lourdes. Ce n'est pas déchirant pour moi, c'est plus encore, et je dois détourner le regard pour ne pas éclater en sanglots avec elle. Maintenant c'est moi qui regarde par terre, le bord de ce tapis effiloché, pour que les pleurs de ma fille soient moins intolérables, restent une affaire de sanglots étouffés, le simple son de sa douleur.

« C'est là que j'ai commencé à aller mal et ça n'a plus arrêté. Même que tu t'en es aperçu, tu te souviens ? »

Je me risque à relever les yeux. Elle renifle et, de ses deux mains, tire ses cheveux en arrière. Elle ne pleure déjà plus.

« En effet, Mme Chianese a fait son entrée, même si tu mets toujours un bémol à tout et que tu n'as jamais soupçonné à quel point j'allais mal. J'allais *très mal*, papa, et le pire, c'était que la raison pour laquelle je souffrais n'était pas du tout celle pour laquelle tout le monde s'attendait à me voir souffrir. Je me sentais un monstre. »

Là, c'est moi qui ai envie de pleurer en l'entendant prononcer le mot « monstre », et je dois déglutir et plisser les yeux pour me retenir. Mais sur elle, il produit l'effet contraire et semble lui redonner des forces.

« Il faut dire que Mme Chianese a eu l'intelligence d'être patiente, parce que si elle avait essayé de faire le forcing pendant toutes ces séances où je lui parlais de cappuccinos, je n'y serais pas retournée et je serais incapable aujourd'hui de prendre des décisions et de te raconter tout ça. Mais elle a su attendre, et à la fin, il y a deux ans environ, j'ai réussi à le formuler. Pour moi, c'était énorme, mais j'allais si mal que j'ai pu le dire. Je ne souffre pas de la mort de ma mère, lui ai-je déclaré, je souffre parce que, après sa mort, les choses ne se sont pas passées comme je le voulais. »

Elle secoue la tête, s'efforce d'ébaucher un pâle sourire, l'effigie même de la douleur.

« Et même si elle m'expliquait qu'il n'y avait pas de différence et que je comprenais ce qu'elle entendait par là, pour moi il y en avait une, et de taille. »

Elle tire de nouveau ses cheveux en arrière et de nouveau, je ne m'étais pas aperçu qu'ils étaient retombés sur ses épaules. Qu'est-ce que je regarde en réalité ?

« Pile au même moment, voilà que débarque Diana, c'est-à-dire la perspective d'une méga-famille, d'accord, mais pas celle dont j'avais rêvé. »

Elle s'essuie les yeux avec la main. Elle renifle. Elle se durcit.

« Là, je te demande de ne pas te vexer, papa, parce que comme tu le vois j'ai été sincère, j'ai admis que tout vient d'une erreur de ma part, d'une *distorsion cognitive* comme l'appelle Mme Chianese. Je l'ai admis, et je l'admets. Donc quand Diana a débarqué, je veux dire elle et pas une autre femme, elle, Diana, je me suis sentie perdue. Pardonne ma franchise, papa, mais je ne comprenais pas comment une femme pareille pouvait te plaire. Crois-moi, ce n'était pas de la jalousie. Dans sa naïveté, ce rêve où je t'avais adjugé tante Marta signifiait que je m'attendais à te voir avec une autre femme. Mais assurément pas avec une femme aussi... c'est quoi, le mot ? Pleine de tatouages, qui parlait avec cet accent de banlieue, qui avait appelé ses enfants Kevin et Eden : c'est quoi, le mot ? »

Elle me dévisage comme si elle attendait une réponse.

« Tu me le demandes ?

— Oui.

— Pourquoi ?

— Parce que ça ne me revient pas. C'est quel mot ? »

Là aussi, il y aurait matière à intervenir, car sa question est teintée de violence, de méchanceté. Il y aurait lieu de lui dire du calme, petite fleur, tu parles d'un être humain. Un être humain que j'ai néanmoins frappé. Alors je pourrais lui dire que je l'ai frappée et que nous avons rompu, et elle serait estomaquée. Mais c'est ce que j'ai promis de ne pas faire, parce que la stupeur la ferait taire, alors qu'elle s'efforce d'être à la hauteur du problème qui la fait souffrir, et ce problème c'est moi, que ça me plaise ou non. Je réponds :

« Une marginale. » J'essaie d'y mettre un tant soit peu de cette fierté que manifesterait D., comme s'il s'agissait d'une patrie, d'une identité. Ce qui est d'ailleurs le cas.

« Non, dit Claudia, ce n'est pas ce mot, mais peu importe. Ce qui importe, c'est que j'ai eu une peur panique de devoir vivre avec elle la méga-famille que j'avais espérée toutes ces années. De devoir nous installer chez elle, dans cette maison foutraque, dans un quartier nul, avec deux gamins aux noms débiles... Au fait, papa, Eden, c'est un prénom de garçon, pas de fille, et il était inconcevable pour moi que toi, qui tirais à bout portant sur les "petites secondes", tu n'y trouves rien d'étrange. Je voyais que tu te coupais en quatre pour t'occuper d'elle et de ses deux enfants et je pensais ça y est, il va me dire qu'*en septembre* on déménage là-bas et je serai perdue. Résultat : j'ai commencé à souffrir de l'absence de maman. »

Elle marque une pause, comme pour vérifier que cette dernière affirmation a porté. Puis elle poursuit.

« Tout à coup, après combien ? Cinq ans ? Tout à coup, à la seule idée que tu étais avec une femme si différente d'elle, maman me manquait à chaque instant de la journée, elle me manquait terriblement... Mais elle me manquait *enfin*, a commenté Mme Chianese. Pour elle, c'était positif, libérateur, et elle avait raison, parce qu'au moins je souffrais désormais pour la bonne raison. Sauf qu'un nouveau problème se présentait, une nouvelle distorsion : je te détestais et je me sentais en faute de nouveau. »

Prends ça. Quelle tête je fais, là ? Je sens que mon visage accuse le coup, mais je n'ai pas idée du résultat. J'ai l'impression qu'il s'effondre. Rien qui effraie Claudia en tout cas, puisqu'elle continue sur sa lancée.

« Parce que, tu vois, je sais que ce que je dis est injuste, je sais que tu es un homme bon et que tu as le droit d'être avec qui tu veux, et je sais aussi que tu as dû passer des années très dures, après la mort de maman, pendant que j'attendais la méga-famille : tout seul, te consacrant à moi, toujours à faire ton devoir sans jamais penser à toi et sans savoir qu'après tu pourrais... Enfin, tu ne savais pas comment ça se terminerait, tu étais là et tu t'occupais de moi sans savoir que tu pourrais... refaire ta vie, excuse le lieu commun, mais je ne trouve pas d'autre expression. Je sais tout ça, et hélas je le savais aussi pendant que je te détestais. Et alors, en te détestant, je me sentais de nouveau un monstre. Et j'ai eu l'idée de quitter la maison. »

Le moment de crise passé, à l'évidence Claudia a atteint une sorte de *disclosing euphoria*, parce qu'elle n'use plus d'aucune précaution pour assener certaines vérités, elle ne semble même pas se soucier de l'effet qu'elles pourraient avoir sur moi : « peur panique », « te détester », « quitter la maison » sont autant de coups de fouet donnés de toute la force du bras, que je m'efforce d'encaisser sans la couper, mais qui font fichtrement mal.

« Je l'ai dit à Mme Chianese, parce que désormais je lui faisais confiance, et si je ne suis pas partie, c'est uniquement sur son conseil. Elle me demandait de réfléchir. Elle m'expliquait que je ne pouvais pas partir puisque j'étais mineure, que tu ne faisais rien de mal et que partout où j'irais, on me ramènerait à toi. Elle me poussait plutôt à te parler, à te dire tout ça, mais je n'y arrivais pas parce que chaque fois qu'on parlait, depuis ce jour avec oncle Carlo à la Villa Borghese, j'avais peur que tu me mentes encore, et je dis bien encore, alors que je sais pertinemment que tu ne m'avais pas menti une première fois, que je me suis monté la tête toute seule... »

Oh que c'est dur à entendre. D'autant plus dur, comme je l'ai dit, que je manque d'un modèle pour me laisser humilier. En d'autres termes, je n'aurais jamais osé dire des trucs pareils à mon père et de toute façon, si je m'y étais risqué, il n'aurait jamais écouté en silence, quand bien même il l'aurait juré devant Dieu, et on se serait méchamment engueulés. D'ailleurs tout ce qui coinçait entre nous alimentait la machine à disputes, ce qui était une excellente façon d'éviter toute clarification, au point que si je devais dire aujourd'hui ce qui n'allait pas entre lui et moi, j'en serais incapable. On s'engueulait, voilà ce qui n'allait pas. Alors que dans le cas présent, je suis en face d'une sincérité qui m'anéantit.

« J'ai résisté deux ans. J'ai attendu de devenir majeure. Pendant ce temps tu n'as jamais parlé d'aller vivre avec Diana, et tu as continué à courir dans tous les sens pour t'occuper à la fois d'eux et de moi, sans jamais mélanger les choses. Conclusion, même si j'allais mal et que maman me manquait, je me sentais de plus en plus coupable à ton égard. C'était un cercle vicieux. J'allais mal et je voulais quitter la maison, mais dès que j'envisageais de partir, je me sentais coupable parce que je pensais que j'allais te planter là tout seul pour venir à Milan mener ma petite vie. En admettant que tante Marta m'accepte, bien sûr, parce que je tiens à préciser qu'elle n'a jamais rien su ni de mes rêves la concernant ni de mes projets de fugue, vu ? Ne lui reproche rien, s'il te plaît, parce qu'elle a tout appris avant-hier soir. Quoi qu'il en soit, j'allais de plus en plus mal. »

J'allume une autre cigarette, il faut que je m'occupe les mains. Claudia – parfait – ne m'imite pas. Elle continue à tirer ses cheveux derrière sa nuque et je continue à ne pas me souvenir quand elle les avait lâchés.

« Et on arrive à l'interro de physique, puisque c'est là notre but, n'est-ce pas ? En avril, j'ai été majeure et à partir de ce moment-là, la loi me donnait ma liberté de mouvement, mais je voulais finir l'année scolaire, et la finir bien, sans me faire recaler dans aucune matière. Alors j'ai bossé pour rattraper cette mauvaise moyenne, passer en terminale et partir de façon clean, en ayant fait mon devoir jusqu'au bout. Tu te rends compte, papa : pour te quitter, j'avais décidé de me comporter comme tu te serais comporté toi-même. Tu es mon seul exemple, alors je t'imite même quand c'est pour t'abandonner. »

Et là, elle éclate en larmes à nouveau. Une explosion violente cette fois, brutale : de véritables sanglots qui l'obligent à baisser la tête, à la prendre entre ses mains. Je pense : si elle pleure aussi fort simplement en prononçant les mots « t'abandonner », c'est qu'elle m'a quitté pour de bon, c'est-à-dire qu'elle ne reviendra plus vivre avec moi, que notre vie commune est terminée. Mais le plus atroce n'est pas là. Le plus atroce, c'est sa main qui se lève et qui, tandis qu'elle pleure sans retenue, tête basse, me fait signe de ne pas bouger, de la laisser tranquille. J'obéis, écrase ma cigarette dans le cendrier et la regarde peu à peu arrêter de pleurer, se calmer, se reprendre, s'essuyer les yeux, renifler.

« Excuse-moi », murmure-t-elle.

Elle respire à fond, renifle encore et s'efforce de sourire, d'une façon toutefois qui fait encore plus peine que ses larmes.

« Tu te rendais compte que j'allais mal et même si tu minimisais, comme d'habitude, et que tu n'avais pas la plus petite idée de mon état, à un point que je trouvais pathétique, tu venais dans ma chambre, me parlais, cherchais à comprendre, me donnais des conseils. Tu me disais que j'étais trop fermée, c'est ça ? Qu'il fallait que je m'ouvre, que je fasse confiance aux autres, que je sois moins méfiante, tu employais ce terme, *méfiante*, et dans un certain sens, tout cela était vrai et coïncidait avec les conseils de Mme Chianese. De cette façon – et c'est la raison pour laquelle je t'ai demandé aujourd'hui de ne rien dire, d'écouter et c'est tout –, avec ces remarques toutes simples, si inappropriées et éloignées de mon problème, tu as réussi à me faire douter et j'ai pensé qu'après tout je pourrais finir le lycée à Rome et partir l'année suivante à la fac à Milan ou à l'étranger comme tu t'y attendais. »

Elle dit cela comme si c'était la chose la plus triste dans tout ce qu'elle a dit jusqu'ici. Comme si c'était le point le plus bas de l'histoire qu'elle raconte.

« Ce n'est pas tout, continue-t-elle. J'ai essayé de m'ouvrir, en effet. Je l'ai fait avec mes copines et avec ce garçon, Fredy, que tu as tout de suite baptisé mon fiancé alors que je suis juste sortie avec lui deux ou trois fois. Mais ces quelques fois, je me suis épanchée et ça m'a fait du bien. Cette fameuse interrogation a été une de mes premières tentatives pour m'ouvrir, à la personne la moins indiquée qui soit, Mme Marchegiano, notre prof de physique qui me détestait comme elle déteste toutes les filles qui ne sont pas des épouvantails. Rien de prémédité, je précise : j'avais bien bossé, y compris sur les terres rares qui étaient le sujet le plus trapu, le dernier au programme, que les élèves qui n'avaient pas de rattrapage à passer n'ont même pas regardé. J'étais prête à décrocher un quatorze au moins, douze, parce qu'elle me notait toujours plus bas, et donc à réussir en juin. Et je tiens à ajouter que ce n'était pas une interrogation annoncée : j'étais prête depuis dix jours, je savais qu'elle finirait par m'interroger, mais je ne savais pas quand. Ce jour-là, elle m'appelle. Elle me prend au dépourvu en me demandant – ce qu'elle ne fait jamais – de choisir un sujet, et j'opte pour les terres rares, mais à ce stade, je n'ai pas l'intention de me confier à la prof de physique, tu comprends ? Je veux seulement réussir mon interrogation, point barre. Mais voilà qu'elle me demande pourhquoi-les-terrhes-rharhes et à ce moment-là, juste avant de répondre, je décide de lui dire la vérité. Ce n'est pas tout. Pendant cette fraction de seconde, remontée à bloc comme je le suis, bourrée de connaissances mais aussi de sentiments contradictoires, parce que je me sens fin prête, mais que je vais toujours mal, que par ailleurs je suis soulagée parce que je vais bientôt partir, tout en me sentant coupable comme si je l'avais déjà fait, que j'ai encore la peur panique de devoir vivre avec Diana, mais que je suis consciente aussi que ce scénario n'a jamais été ne serait-ce qu'évoqué, à ce moment-là donc, une idée folle me traverse l'esprit, et, dans ma façon romantique de voir les choses, je fais un pari. Je me dis : je vais lui répondre la stricte vérité, et donc je vais m'ouvrir à cette conne, ici, devant tout le monde ; si elle apprécie et qu'en plus de remonter ma moyenne, j'établis enfin un rapport avec elle, dont je n'ai rien à cirer, que ce soit bien clair, mais qui signifierait que je mets un peu trop de bonne volonté à aller mal, alors je ne partirai pas ; j'affronterai plutôt papa, je me confierai aussi à lui, je lui parlerai, je lui raconterai tout, tout ce que je te raconte en ce moment, et nous déciderons ensemble. Parce que entre Diana et lui ça ne va peut-être pas si bien, puisqu'ils ne parlent toujours pas de vivre ensemble, peut-être que lui aussi au fond est mal dans cette situation et pour finir, peut-être, qu'*en septembre*, on rentrera à Milan ensemble. Voilà ce que j'ai pensé, dans cette fraction de seconde avant de répondre. Puis j'ai répondu.

— Et qu'as-tu dit ?

— Je lui ai dit que les terres rares m'intéressaient parce que leur extraction implique la destruction des minerais qui les contiennent. On a un cristal de monazite, lui ai-je dit, qui en soi n'est pas rare, mais qui contient une terre rare qui s'appelle dysprosium. En grec, lui ai-je dit, monazite signifie "être solitaire" et dysprosium "difficile à atteindre" (ce qu'elle ne nous avait pas précisé, soit dit entre parenthèses, ni le manuel, mais que j'ai trouvé sur Wikipédia). Ainsi, lui ai-je dit, on part d'un être solitaire, qui en soi est assez commun, pour obtenir une matière rare et difficile à atteindre. Pour obtenir cette matière rare, l'être solitaire est détruit, car les procédés d'extraction des terres rares comportent l'élimination de toutes les autres composantes au moyen d'acides ou d'autres substances très agressives. Donc, quand on arrive à récupérer la matière difficile à atteindre, l'être solitaire n'existe plus. Et c'est à peu près ce qu'il se passe, lui ai-je dit, quand les gens traversent une expérience qui rend leur vie unique, comme l'amour, l'art, la thérapie ou, j'imagine, la foi. Voilà pourquoi les terres rares m'intéressent, lui ai-je dit : parce qu'elles m'apprennent que si je veux arriver à une chose difficile à atteindre je dois détruire l'être solitaire qui la contient. »

Je suis laminé. Je n'avais jamais écouté personne avec autant d'attention, et je m'aperçois qu'écouter est mille fois plus fatigant que parler. Mais mon état ne compte pas. Ne compte plus. Ce qui compte, c'est que j'ai l'impression d'être elle, à présent, et ça ne m'était pas arrivé depuis longtemps : depuis qu'elle était petite, qu'on se serrait dans les bras, qu'on s'embrassait, qu'on se touchait tous les jours, dans une consubstantialité physique et, surtout, naturelle. Et voici que sans le moindre contact, et même au summum de la distance entre nous, cette sensation revient. Je l'ai écoutée dans un tel silence qu'il me semble que c'est moi qui lui ai raconté ma douleur, qui ai pleuré, qui me suis illuminé. Je m'enquiers :

« Et Mme Marchegiano ? »

Elle sourit. Et cette fois, c'est un vrai sourire, franc et aveuglant.

« Elle m'a dit qu'elle transmettrait au professeur de philosophie, mais qu'en physique, elle me mettait quatre. La chameau. Vu ce que j'avais associé à cette réponse – même si ça te paraîtra sûrement idiot –, ça m'a décidée à partir sans rien te dire, en te mettant devant le fait accompli. »

Elle se gratte la tête comme une gamine. Beaucoup d'attitudes et de gestes enfantins survivent chez elle.

« Puis les vacances sont arrivées, et je me suis dit, je pars demain, je pars demain, mais je n'arrivais pas à me décider, je me suis retrouvée avec mes cours de rattrapage, et j'ai pensé, tiens tiens on découvre que je suis une pauvre trouillarde et que cette situation pourrie va durer toujours. Et puis l'autre soir, on s'est disputés parce que tu voulais m'emmener dîner au restaurant avec Diana et tu étais tellement loin de soupçonner ce que j'avais en tête que la situation m'a semblé insupportable et que je suis partie. Je suis venue ici chez tante Marta, je lui ai dit qu'on s'était accrochés et que j'avais besoin de rester un peu chez elle. Je n'en ai pas dit plus et elle a été vraiment top. Elle ne m'a posé aucune question, elle m'a juste dit reste autant que tu veux et elle s'est même chargée de t'avertir. C'est la seule personne avec qui je sens la proximité de maman, peut-être parce qu'elle lui ressemble tant. Puis on est allés à Gattico avec mes cousins et là-bas, l'autre soir, on a parlé et je lui ai tout raconté. C'était la première fois que ces choses sortaient de ma bouche devant une personne autre que Mme Chianese, et je me suis tout de suite sentie mieux. À la fin, tante Marta m'a dit qu'elle me garderait chez elle même sans ton accord, à condition que je te dise ce que je lui avais dit, sans te fuir ou te raccrocher au nez comme j'ai fait l'autre jour, ce dont je te prie de m'excuser. Voilà, c'est tout. »

Je suis abasourdi. Je suis ému. Je suis, je suis, je suis... Mais de nouveau, comment je suis n'a aucune importance, parce que désormais la première et la troisième personnes se confondent et donc ce que je sens déborder de moi en réalité déborde d'elle. Par exemple, je hais de toutes mes forces Mme Marchegiano : obtuse au dernier degré pour saquer une ado après un tel exposé. Par exemple, j'ai envie de revenir vivre à Milan. Je voudrais la prendre dans mes bras, et c'est chouette, parce que ça signifie qu'elle a envie que je la prenne dans mes bras, mais je n'en ai pas le loisir, vu que Claudia n'a pas fini.

« Ou plutôt non, papa, ce n'est pas tout. »

Nous ne sommes pas au bout.

« Il y a autre chose. Une chose qui est arrivée au début où on parlait. Et pendant qu'on y est, je veux te la dire aussi. Sauf que tu dois me faire une autre promesse.

— Quelle promesse ?

— Tu dois me jurer de dire la vérité. C'est ce que j'ai fait, et maintenant c'est ton tour. Promis ?

— Promis. »

Je pose une main sur ma poitrine comme un crétin de comédien, dans un geste que je n'ai jamais fait de ma vie et dont il n'y a nul besoin. Peut-être ne suis-je plus moi-même. Si seulement. Enfin.

« Avant, dit-elle, quand tu m'as dit que tu étais à l'hôtel, je t'ai demandé lequel, tu te souviens ?

— Oui.

— C'était une question un peu bizarre, en effet, mais le fait est que l'autre matin, avant de prendre le train pour Milan, je ne savais pas encore si tante Marta me garderait ici. Elle aurait pu refuser, se ranger dans ton camp, rien ne me l'indiquait. En réalité, je ne savais même pas si elle était là, parce que je ne lui avais pas téléphoné pour l'avertir, par crainte qu'elle essaie de me dissuader. Donc en partant, je n'étais pas sûre que je pourrais loger chez elle, et j'ai cherché un hôtel sur Internet. Je suis allée sur Google et j'ai tapé "Milan hôtel via Durini" et le *premier* hôtel de la liste sur la carte, le plus proche de chez nous, était justement le NH President de largo Augusto. Celui où tu es descendu. Sauf que j'ai regardé les prix, pétard, j'ai compris que je ne pourrais pas me le permettre : combien tu paies ta chambre là-bas ? »

À présent ses yeux sont rouges d'avoir pleuré, mais ils semblent plus sereins, plus libres.

« Cent soixante et un la nuit.

— Gulps, c'est encore super-cher. Mais j'avais trouvé que toutes les chambres dans cet hôtel, même pour une personne, coûtaient plus de deux cents euros la nuit.

— J'ai eu de la chance : une chambre une personne s'était libérée au dernier moment et ils me l'ont louée moins cher.

— Ah, je vois. Bref, quand tu m'as dit que tu étais à l'hôtel, j'ai eu une idée un peu folle... enfin, je veux dire... tu avais eu le même problème que moi, n'est-ce pas ? Sur quel critère choisit-on un hôtel quand on retourne dans une ville où l'on a habité longtemps ? J'ai découvert que je ne pouvais pas me le permettre, mais pour moi le critère était simple : le plus près de l'endroit où j'habitais. Alors tout à l'heure, quand tu m'as dit que tu étais dans un hôtel, il m'est passé par la tête qu'en revanche tu pouvais te le permettre et même si c'était absurde – combien d'hôtels y a-t-il à Milan ? –, j'ai refait à ce sujet mon petit pari romantique. Ce n'est sûrement pas le cas, ai-je pensé, mais s'il se trouvait qu'il soit descendu pile dans cet hôtel, alors on pourrait dire... et tout et tout »

Elle baisse les yeux. Ou est-ce moi qui les ai baissés ?

« Que signifie et tout et tout ? »

Elle rougit. Ou est-ce moi qui ai rougi ?

« Euh, je sais pas. Je n'ai pas eu le temps de creuser. Ce serait un signe de toute façon, non ? Un signe positif. »

À présent, nous sommes debout. Quand nous sommes-nous levés ?

« Bon, si ça se trouve, c'est une simple coïncidence, et il n'y a que toi qui le sais. C'est pour cela que je t'ai demandé d'être sincère. »

Elle reprend sa respiration. Moi aussi.

« Pourquoi es-tu allé dans cet hôtel et pas dans un autre ? »

Quand Claudia est venue au monde, j'étais là. Le travail avait été très long, il avait duré tout l'après-midi et toute la soirée, jusqu'au moment où, une minute avant minuit, Claudia s'était décidée à sortir. La sage-femme l'avait prise, avait coupé le cordon ombilical, lavé le sang dont elle était couverte et l'avait posée sur le ventre de Lara, qui était si épuisée qu'elle ne s'en était même pas aperçue. Alors elle l'avait reprise et me l'avait donnée, et c'est ainsi que je m'étais retrouvé avec notre bébé dans les bras. Je l'avais regardée. Toute longue, paisible, elle avait la peau grise et ridée et les yeux fermés. La sage-femme m'avait laissé la contempler quelques secondes, puis elle m'avait demandé de la suivre dans la pièce voisine. Je lui avais emboîté le pas, toujours en contemplant la petite, mais au moment de franchir le seuil, Claudia avait ouvert les yeux. Un rayon bleu avait jailli de la fente qui s'ouvrait entre ses paupières, comme un éclair de lumière venu d'ailleurs, minéral, d'une intensité impressionnante, et j'en avais été si émerveillé que je m'étais immobilisé. Dans la seconde suivante, au milieu du couloir que j'aurais dû traverser, exactement à l'endroit où je me serais trouvé si je ne m'étais pas arrêté pour regarder ma fille et ses yeux ouverts, un gros morceau du faux plafond s'était écroulé dans un bruit d'enfer et une puissante cascade d'eau s'était déversée par terre. Tandis que c'était la panique tout autour, je n'avais pas bronché : sidéré, indemne, invulnérable, c'était sur moi que Claudia pointait son premier regard couleur cobalt. Elle avait une expression de sphinx, sévère, pas du tout de nouveau-née. Elle n'avait pas encore émis son premier gémissement et semblait déjà me juger.

Par la suite, on m'a dit que le poids des gravats tombés du plafond dépassait les vingt-cinq kilos. Qui a sauvé qui, dites-moi, au cours de cette première rencontre ?

« Et tout et tout », dis-je, dit-elle, disons-nous.

Je la prends dans mes bras, enfin. Ou est-ce elle qui me prend dans les siens ?

14

Qui que tu cèles en ton cœur,
étouffe-le, si t'en éprendre tu ne peux !

Attila JÓZSEF

Leche
Pain Bauleto
Riz
Riz indio
Spagueti n.12
Spaguetini n.11
Tortilloni
Cornefleix
Biscote
Té et camomile
Azucar de cana
Azucar tóxico
Nutela
Tablete
Huile frite
Amburguesas
Sel

Pulpa de tomate
Jugos
Pepsi
Cerveza
Skip likid
Mocieu propre salle de bin et sol
Paic vaissel
Roulo de sopalin
Papier vécé
Sac de la ruera
Transparent
Almonium

On est au supermarché Pam. Cette sorte d'hégire personnelle m'a conduit en définitive dans le lieu pour moi le plus inhospitalier et déstabilisant de la Terre. Depuis des années, je fais le gros de mes courses sur Internet et mes achats quotidiens chez les petits commerçants pour éviter l'angoisse où me plongent les supermarchés. Mais aujourd'hui, c'était le seul moyen pour parler avec Marta. Or, à ce qu'il paraît, c'est vers elle que me conduit ma cavale.

En effet, Marta est désormais une femme très prise. Depuis qu'elle a redressé sa vie, elle n'a plus de temps pour ce qui semblait être son occupation principale, à savoir : parler, justement, ou plutôt discuter de façon acharnée, épuisante, systématique pour prendre en fin de compte des décisions téméraires sur lesquelles il lui fallait revenir tôt ou tard. Il ne fait aucun doute qu'elle a redressé la barre. À présent, c'est une femme occupée, organisée, et s'entretenir avec elle relève du luxe. Par exemple ce matin, elle ne disposait que de ce créneau. Avant, elle devait déposer Marietto au centre aéré, à onze heures elle va bosser et après le travail, il lui faudra récupérer Marietto, le ramener à la maison et préparer le dîner. Sachant que dans ce créneau, elle case aussi les courses. (Soit dit en passant, son travail, le premier vrai boulot régulier et non précaire de sa vie, dit beaucoup sur sa métamorphose : elle est opératrice à Telelombardia, c'est-à-dire qu'elle est passée de l'autre côté de la caméra.)

C'est pourquoi je suis ici, au Pam, muni de la liste établie par Piedad, son employée dominicaine. Assourdi par les rafales de bips aux caisses, perdu dans cette avalanche de marchandises inodores, je la suis, agrippé au chariot, redoutant de me perdre, sans avoir encore réussi à échanger le moindre propos avec elle. Marta en revanche est à son aise, évoluant avec élégance dans cet espace pour moi insensé. Familière des lieux, détendue, efficace, elle compare les prix, étudie les promotions, contrôle les dates de péremption sans agacement, sans se pendre à son téléphone portable. Plus qu'une métamorphose, on dirait une révolution biopsychique. Pour le moment, elle examine les différents paquets de cornflakes – complets, aux fraises, au chocolat, classiques – et on voit bien qu'elle a du plaisir à perdre tout ce temps pour choisir le bon et le poser dans son chariot.

« Mais tu y comprends quelque chose à cette liste ? dis-je, histoire de parler.

— Bien sûr.

— *Tablete*, c'est quoi ?

— Des tablettes de chocolat.

— Ah. Et *azucar tóxico* ?

— Le sucre blanc. Avant de venir en Italie, Piedad a travaillé dans une raffinerie et elle dit que le sucre raffiné est un poison. C'est aussi l'avis des diabétologues...

— Alors pourquoi tu en achètes ?

— Parce qu'il n'y a pas moyen de faire manger du sucre roux aux enfants.

— À moi non plus. Que veut dire *almonium* ?

— Le papier aluminium.

— Attends, c'est une autre langue. Un jargon entre vous. »

Le visage de Marta s'éclaire d'une expression espiègle de gamine, cette gamine solaire et spontanée qu'elle n'a jamais été.

« Mais si, c'est compréhensible. Elle mélange, invente, mais à la fin, elle se fait comprendre. Il suffit d'un peu d'imagination.

— Style *huile frite* signifie huile pour la friture ?

— Gagné.

— Et *sac de la ruera*, c'est les sacs poubelles ?

— Tu vois que c'est compréhensible.

— Mais *ruera*, c'est du dialecte d'ici.

— Ben oui. Qui ressemble à s'y méprendre à l'espagnol. »

Elle sourit. Le même sourire lumineux, rare et par conséquent précieux, que Claudia, une espèce de sceau tribal.

« Une folle, dis-je.

— En attendant, que Dieu la bénisse. Sans elle, je ne sais pas comment je ferais. »

Et sa beauté. Comment a-t-elle fait pour la transformer de cette façon, l'épurer ? On dirait une trouée de ciel bleu à travers les nuages. Marta a toujours été d'une beauté désordonnée, incandescente, ostentatoire, invitation frénétique à croquer puis s'en repentir, justement, et même à croquer puis se défiler, selon un schéma que j'ai inauguré et qui s'est répété avec tous les hommes qu'elle a connus. Mais à présent, c'est tout autre chose. Encore mince malgré ses maternités, elle n'est plus tendue comme un guerrier, prompte à réagir, provocante, combative, mais légère, apaisante et même conciliante, ce que Marta n'a pour sûr jamais été. Elle pourrait presque passer inaperçue.

« Je la partage avec deux autres familles de l'immeuble, ajoute-t-elle. Au bout du compte, ça ne nous coûte pas trop cher et elle gagne un bon salaire. Mais c'est sa façon de faire qui vous change la vie, la joie qu'elle met dans tout. Et sa cuisine aussi... »

La voilà repartie. Elle passe en vitesse devant le rayon des pains sous emballage, moi sur ses talons...

« Et côté finances, comment t'en sors-tu ?

— Bien, répond-elle en jetant dans le chariot deux paquets de pain de mie, puis un de crackers et de pain pour hamburger qui ne figurent pas sur la liste. Un job stable, ça change tout. »

Pas un mot sur la révolution, là encore, que constitue le fait de se retrouver derrière la caméra, d'exécuter des ordres, de travailler dur après avoir fréquenté les plateaux télé pendant des années comme présentatrice, puis invitée, après avoir pris des cours de théâtre et joué dans des rôles moyens, petits, tout petits, nourrie d'espoir, perdant espoir, après avoir en définitive toujours tout raté. Un job stable maintenant, c'est le Pérou.

« Et les pères de tes enfants ? Comment se comportent-ils ?

— Comme d'habitude. Ils font ce qu'ils peuvent.

— Mais ils versent une pension ? Ils voient les enfants ?

— Il y a un peu tous les cas de figure. Leonardo me donne pas mal d'argent, mais il vit à Paris, par–

— Leonardo serait le père de... ?

— De Giacomo. Le chorégraphe. Il a une femme française, un enfant, il gagne bien sa vie mais il s'est installé à Paris et Giacomo ne le voit jamais. Cesare vit à la campagne près de Monza avec sa compagne et leur fille en bas âge : il me donne un peu moins d'argent, mais il voit un peu plus souvent Giovanni. Lorenzo – elle sourit – est, ou plutôt voudrait être, peintre : il ne me donne rien parce qu'il ne gagne rien, il vit encore chez ses parents, mais il passe beaucoup de temps avec Marietto, ce qui tient du miracle, si on pense au début.

— Quel âge a-t-il maintenant ? »

Elle s'arrête devant les biscuits.

« Trente-deux ? Oui, trente-deux.

— Mince, quel âge avait-il quand... ?

— Vingt-trois. » Elle prend un paquet de Pavesini, l'observe et demande :

« Quels biscuits aime Claudia ?

— Les Pan di Stelle. Du moins, je crois. J'en achetais, je n'en mangeais jamais et ils disparaissaient toujours, par conséquent... »

Je parle au passé maintenant à propos de Claudia. Marta repose les Pavesini et prend des Pan di Stelle.

« Elle aime les gaufrettes ? Elle a un peu maigri, j'ai l'impression qu'elle a besoin de calories...

— Oui, au chocolat. »

Elle ajoute dans le chariot deux paquets de gaufrettes au chocolat et zou, pas moyen, la voilà repartie. Je dois me résoudre à lui parler en cavalant derrière elle.

« Écoute... tu lui as parlé ce matin ?

— Non. Elle dormait. »

Elle s'arrête à nouveau. Elle fouille dans son sac, en sort son téléphone portable, se met à pianoter.

« Mais cette nuit, elle m'a envoyé ceci. »

Elle me passe le téléphone. L'écran cassé tient avec du scotch. Je lis le message. De Claudia, envoyé à deux heures et quart du matin – pendant que je faisais la crêpe sur mon lit, dévoré de culpabilité, dans ma chambre d'hôtel qui s'était avérée si déterminante. Sans ponctuation et avec des retours ligne à chaque phrase, on dirait un haïku :

> merci tante Marta
> tu avais raison
> je suis heureuse
> très heureuse

« Rien que ça... », dis-je.

Je rends son téléphone à Marta qui le renfourne dans son sac et réclame :

« Tu me donnes la liste une seconde, s'il te plaît ? »

Je la lui tends. Elle la consulte, me la rend et repart vers le rayon boucherie, interminable. Moi sur ses talons...

« Et que lui as-tu dit pour la rendre si heureuse ? demande-t-elle sans s'arrêter.

— Moi ? Rien. C'est elle qui a parlé tout le temps.

— Elle t'a tout raconté ?

— Je crois que oui. »

Elle s'arrête et compare les paquets de hamburgers. De deux, de quatre, viande de bœuf, de poulet, de porc, de dinde, aux olives, aux artichauts. Mais soudain elle relève les yeux, me scrute. Je ne m'y attendais pas.

« Et quel effet ça t'a fait ? demande-t-elle.

— Ben, ça m'a séché. »

Mais comme je n'arrive pas à poursuivre et qu'elle me dévisage toujours, j'examine à mon tour les hamburgers. Mon regard tombe sur un paquet de saucisses, dont l'étiquette annonce de façon erronée « Chianina hamburger × 2 (250 g, 3,09 €, prix au kg 14,40 €) ». Les paquets voisins portent la même indication, mais contiennent vraiment deux hamburgers. Et un peu plus loin encore, on trouve des saucisses dûment étiquetées « Saucisse de chianina et porc toscan (600 g, 6,54 €, prix au kg 10,90 €) ».

« Hep, dis-je, ils se sont gourés. »

Je montre à Marta l'erreur d'étiquette.

« Tu vois ? Des saucisses au prix du hamburger. Il y a presque quatre euros de différence. »

Je montre les prix, le poids. La totale. Et j'ajoute :

« Il faut le signaler. À qui on s'adresse ? Il doit y avoir un responsable, un directeur... »

Marta me regarde avec tendresse, avec *patience*. Voilà un autre mot qu'on n'associait pas à elle, avant : la patience.

« Alors tu acceptes qu'elle vienne vivre chez moi ? », me demande-t-elle.

Elle a toujours cette façon de me regarder comme si elle me connaissait mieux que quiconque et, étonnamment, je n'en suis ni troublé, ni alarmé, ni embarrassé. Elle me traite encore comme si j'étais à elle, pourtant je ne ressens aucune envie de fuir au fin fond de la forêt, tel un renard traqué par les chiens.

« Oui, bien sûr. »

Elle pose dans le chariot trois paquets de hamburgers et, dans la foulée, deux de saucisses avec la bonne étiquette.

« Alors je vais l'inscrire pour la rentrée. Elle veut aller dans le même lycée que Giacomo. C'est un bon établissement. On les mettra peut-être dans la même classe.

— Mais avant, il faut qu'elle rattrape la physique. »

Un paquet de lardons. Deux de brochettes d'agneau. Un de viande hachée. Pourquoi emporte-t-elle une liste si ensuite elle improvise de cette façon ? Et où sont passés les préceptes d'alimentation saine, les aliments diététiques, les produits bio ? Pulvérisés dans l'extraction de sa nouvelle beauté ?

« Je me suis renseignée, dit-elle, on peut l'inscrire de toute façon. Elle passera son examen à Rome et, si elle est reçue, elle rentrera en terminale, sinon elle redoublera sa première. Mais elle réussira à tous les coups, c'est une tête, cette gamine. »

Fin du rayon viande, on redémarre. Les pâtes maintenant. Marta me prend la liste des mains et la contrôle. Elle trouve tout de suite les spaghetti, les spaghettini, les tortiglioni, et plus loin le riz, plus loin encore le riz basmati – c'est-à-dire, je suppose, le *riz indio* de la liste. Puis toujours dans le même rayon, le sucre de canne, le sucre « toxique », le Nutella, le sel, la farine, la levure à gâteaux. À toute vitesse maintenant, comme si elle se découvrait soudain en retard. Elle repart déjà, sans me donner le loisir de poursuivre la conversation, longeant les produits ménagers (lingettes, lessives, rouleaux de papier hygiénique, spirales anti-moustiques) jusqu'à l'eau minérale. À ce stade, je pourrais ne rien lui dire et ce ne serait pas ma faute. Et sur mon lit de mort : « Je voulais te le dire ce jour-là, au supermarché, tu te souviens ? Mais tu courais à droite et à gauche pour remplir le chariot... »

Elle décrypte les étiquettes des bouteilles d'eau.

« Je voulais te le dire, mais tu vérifiais le résidu sec... »

« Marta, écoute-moi, dis-je. Laisse cette bouteille, s'il te plaît. Regarde-moi. »

Je lui attrape le poignet sans serrer et lâche prise dès que j'ai capté son regard.

« Oui ? »

Qui exprime une certaine surprise.

« J'ai décidé de revenir à Milan, moi aussi. »

Beaucoup de surprise.

« À Milan ? Toi ? Et quand ?

— Quand je reviens ou quand je l'ai décidé ?

— Les deux...

— Je l'ai décidé cette nuit. Et je pourrais revenir dès septembre.

— Mais comment ? Et ton travail ?

— Je n'ai plus de travail. C'est fini.

— Comment ça, fini ?

— Fini, terminé. C'est toute une histoire, mais en deux mots, mon associé a fait des conneries, dont je dois me dépêtrer avec le moins de casse possible. Après quoi, je n'ai plus de raison de rester à Rome.

— Excuse-moi, mais que va-t-il se passer avec–

— Avec Diana, nous avons rompu.

— Depuis quand ?

— C'est récent.

— Mais Claudia m'a dit que tu voulais l'emmener dîner au restaurant avec elle l'autre jour.

— C'est très récent.

— Bon, vous vous êtes disputés. Vous vous rabibocherez peut-être.

— Non. On ne se rabibochera pas. Je l'ai frappée.

— Comment ça frappée ? Toi ?

— Frappée, Marta. Battue. Sa bouche a doublé de volume. On ne rattrape pas des trucs pareils. »

Elle regarde aussitôt ma lèvre enflée et porte la main à la sienne, de bouche, éberluée, bien sûr, mais aussi visiblement amusée. On dirait même qu'elle va éclater de rire et qu'elle s'efforce de se retenir. Du menton, elle désigne ma blessure.

« Mais alors, toi aussi c'est à cause... ?

— Oui. Ça s'est terminé en empoignade. »

Elle exagère sa surprise, parce qu'elle a scrupule à montrer son hilarité, et je me tais, enfin je marque une longue pause pour rassembler mon courage, ce qui est différent. Je suis arrivé où il fallait, c'est maintenant que ça se corse.

« Je disais que j'ai décidé de revenir à Milan. Pour deux raisons. À part le fait qu'il y aura Claudia, ce qui en soi est déjà un bon motif. Mais ne crois pas que j'aie l'intention de sous-estimer sa fugue. Je n'ai pas décidé de revenir à Milan pour la reprendre avec moi. Disons que j'interprète sa décision comme une suggestion, vu ? Une indication sur l'endroit du monde où il vaut mieux que je sois. Elle veut vivre avec toi, et c'est avec toi qu'elle vivra. J'habiterai de mon côté. La seule condition que je pose est que tu acceptes que je te donne de l'argent, et j'entends à titre personnel, pour toi, de façon régulière, en dehors des besoins de Claudia, parce que je ne veux pas que cette histoire pèse en rien sur tes épaules. Au contraire, toujours pour rebondir sur les propos de Claudia, je désire que cela améliore la situation de toute la méga-famille comme elle l'appelle. Tu acceptes ? »

Elle me regarde avec une expression un peu confuse, tout à son avantage soit dit en passant, parce qu'elle a l'air désarmée.

« Pardon, dit-elle, je n'ai pas compris. Que me demandes-tu ?

— Je ne demande pas, je pose une condition. Pour que je consente à ce que ma fille vive chez toi, acceptes-tu, toi Marta Siciliano, que je contribue de façon conséquente aux frais généraux, genre factures, nourriture, ménage, loyer ? »

Marta secoue la tête et une mèche de cheveux tombe devant sa bouche. Elle la repousse en soufflant.

« Qu'est-ce que tu me racontes ? dit-elle. Quel loyer ? Je suis propriétaire de mon appartement...

— Parfait. Je l'interprète comme un oui. Nous déciderons plus tard du montant de ma contribution. Cela posé, j'ai décidé de revenir à Milan pour deux autres bonnes raisons. Veux-tu les connaître ?

— Oui. »

Je reprends ma respiration.

« La première, c'est qu'ici je suis très aimé. C'est incroyable, mais tout le monde me traite encore comme avant, comme si je n'avais rien fait d'autre ces dernières années que continuer à mériter l'estime et le respect des gens. On me considère comme quelqu'un de bien, tu comprends ? Et c'est plus facile d'imaginer mon avenir dans un endroit où les gens me respectent au lieu d'essayer de m'arnaquer ou de me traiter de couillon. »

Je marque une nouvelle pause. La première raison était la plus facile à dire. Maintenant c'est au tour de la moins facile.

« La seconde raison, c'est que tu es ici, et que tu es la seule au monde à savoir que ce n'est pas vrai.

— Qu'est-ce qui n'est pas vrai ?

— Que je suis quelqu'un de bien. Tu sais que je suis un misérable. Et dorénavant je veux te voir, te fréquenter et m'occuper de toi et de tes enfants, pas seulement parce que je vous aime, mais surtout pour ne plus jamais perdre de vue qui je suis et tout le mal que j'ai causé. »

Voilà, je l'ai dit. Depuis combien d'années Marta attendait-elle ce moment ? Même si elle a peut-être cessé de l'attendre depuis longtemps, combien d'années ont passé sans que je lui accorde ne serait-ce que le début d'une occasion de se l'entendre dire ?

Maintenant, le regard rivé sur moi, elle me dévisage. Ses yeux noisette qui étaient paisibles sont de nouveau ardents et agressifs, comme avant, quand ils me faisaient fuir.

« Et quel mal as-tu causé ? »

Je ne me sens pas très bien. J'essaie de respirer à nouveau, mais on manque d'air ici.

« Marta, tu le sais. Pourquoi me le demandes-tu ? Je t'ai dit que je suis un misérable. Il faut en plus que je dise pourquoi ? »

Elle baisse la tête avec un léger mouvement du cou qu'un observateur – si nous n'étions pas dans un endroit où les gens nous ignorent, parce que les supermarchés sont des lieux sans humanité où l'on se bouscule, se marche sur les pieds et se vole l'oxygène tout en s'ignorant –, que *n'importe quel observateur* interpréterait comme un geste de reddition. Il penserait qu'elle va se replonger dans les chiffres du résidu sec de l'eau minérale et l'affaire sera close. Mais pas du tout :

« Je crois que ça ne sert à rien, si tu ne le dis pas. »

Voilà, on passe sa vie à dissimuler, oublier, refouler ses fautes, et soudain on doit non seulement les assumer toutes à la fois, mais spécifier aussi de quoi il s'agit, *en dresser la liste* dans le rayon eau minérale d'un supermarché.

« Je ne sais pas si je vais y arriver, Marta », dis-je dans un souffle.

Lieu qui en l'occurrence n'est pas tout à fait idéal, du moins pour moi. Dans cet air vide, parmi les papis en short qui remplissent des chariots avec l'argent de leur retraite, sur fond sonore de la mitraille de bips aux caisses.

« Essaie », dit-elle. Elle relève la tête et me regarde.

Et puis c'est marre. Il ne s'agit que de dire la vérité, après tout. Un, deux, trois :

« Lara est morte à trente-sept ans sans avoir jamais été heureuse. Elle était belle, sympathique, intelligente, comme nous le savons. Elle avait *le droit* d'être heureuse. Mais elle ne l'a jamais été, et tu sais pourquoi. Tu sais que je ne l'aimais pas, que je ne l'ai jamais aimée, que j'ai seulement fait semblant de l'aimer, parce que je suis un lâche et aussi parce que c'était facile de faire semblant d'aimer une femme comme elle et, du coup, passer pour cette belle personne que je n'ai jamais été. C'était ma cachette. Tu savais tout ça, mais parlons clair, elle le savait aussi, elle ne peut pas ne pas s'en être aperçue, et personne ne m'ôtera de la tête que– »

Ça y est, je fais un malaise. Je le savais. Je ne dois pas venir dans ce genre d'endroit. Je ne dois surtout pas venir y exhumer ce que je me suis efforcé de camoufler pendant des années. Voilà, j'ai la tête qui tourne, mon sang file dans mes veines comme du sable, mes tempes se mettent à battre comme des tambours, j'ai les mains qui tremblent, les jambes et les paupières aussi, les oreilles qui sifflent. Rien à faire, je ne tiens plus debout. Il faut que je m'asseye.

« Qu'as-tu ? » La voix de Marta, alarmée.

Je lui fais un signe de la main pour dire que ce n'est rien, sauf que je veux m'asseoir par terre. Je m'efforce de respirer, mais c'est comme si l'air n'entrait pas. Je vais m'évanouir. Ben voyons, m'évanouir a toujours été mon échappatoire pour fuir les situations insoutenables et ne pas assumer mes fautes. « Le pauvre, il s'est évanoui... »

« Pietro, qu'as-tu ? Le cœur ?

— Non, pas le cœur... »

Marta est penchée sur moi. Je la vois sans la voir. Je vois maman plutôt, son visage poudré de farine pendant qu'elle prépare la pâte feuilletée et regarde une comédie de Gilberto Govi à la télé. Une bulle gonfle dans mon cerveau, un éléphant écrase ma poitrine. Si je ferme les yeux, c'est cuit. Je vais m'évanouir, ou mourir peut-être, parce que ça pourrait bien être un infarctus, et tout sera fini. Mais cette fois, je ne veux pas que tout finisse, bon sang. Pas comme ça, pas encore une fois, tout balayé sous le tapis comme toujours. Je murmure :

« Assieds-toi avec moi, s'il te plaît. »

Marta obéit et s'assied par terre, à côté de moi. Nous sommes surmontés par une montagne de bouteilles d'eau minérale : toutes les bouteilles en rayon, plus, me semble-t-il, celles stockées dans l'entrepôt, plus celles qui arrivent par camions, plus celles entreposées dans tous les supermarchés du monde. Nous sommes les seuls éléments de chair vivante dans un océan de plastique conditionné. Je peine à respirer, bouche ouverte, comme mon pauvre Dylan quand il a commencé à souffrir et que j'ai dû l'emmener chez le vétérinaire pour qu'on le pique. Mes tempes battent de plus en plus fort et maintenant c'est la nausée qui arrive. Si seulement je fermais les yeux et que je lâchais, tout s'arrêterait.

« C'est rien, dis-je. Ne me laisse pas m'évanouir, c'est tout.

— Comment ?

— Je ne sais pas, invente. »

Marta fouille dans son sac. Des gnocchis, voilà ce que prépare maman, pas de la pâte feuilletée, mais des gnocchis. Ou plutôt, comme elle disait avec la coquetterie de l'enseignante s'accordant une entorse dialectale qui, à coup sûr, lui rappelle sa propre mère et sa propre enfance, elle prépare *i gnocchi*... M'évanouir là serait parfait. Je retournerais quelques secondes dans cette cuisine, près d'elle, au plus beau moment de ma vie, et tout recommencerait depuis le début dans un autre endroit du monde, dans un autre temps, et le mal que j'ai causé retournerait sous terre, enseveli comme il l'a toujours été. Mais Marta me tend un truc violet, et la curiosité pour cette couleur si inattendue m'empêche de débrancher.

« Tiens, dit-elle. Respire. »

Une fiole ronde, contenant un liquide violet.

« Qu'est-ce que c'est ?

— Mon parfum. Je vais le vaporiser et tu inspireras à fond.

— Tu te promènes avec ton parfum dans ton sac ?

— Je viens de l'acheter. Bon, tu es prêt ?

— Hein ? Tu achètes ton parfum à Pam ?

— Qu'est-ce que ça peut bien te faire ? Tais-toi et inspire.

— Tant que je parle, je ne m'évanouis pas. Réponds-moi : *tu achètes ton parfum à Pam ?*

— Je l'ai acheté avant de venir ici, gros bêta. Il coûte soixante-dix-huit euros. Allez inspire, ne nous casse pas... »

Marta appuie sur le vaporisateur, juste sous mes narines, et j'inspire. Trop fort. Au début c'est juste une secousse caustique, presque électrique, qui semble me porter le coup de grâce. Mais ça passe tout de suite et voilà, voilà, maintenant je suis plongé dans un doux parfum de fleurs, doux et frais. Fleurs des champs, je dirais, ou tubéreuses blanches, comme s'il venait tout droit de – Mais non, qu'est-ce que je déblatère, il faut que j'arrête avec cette rengaine. Pure mystification. C'est comme ça que j'ai causé du mal. Dans la vie, il n'y a pas que des coïncidences, bon Dieu, et les choses nouvelles ne doivent pas toujours faire écho aux anciennes. Un parfum de fleur, doux et frais, point barre.

« Comment ça va ? Tu t'es évanoui ?

— Non. Ça va mieux. »

Et le plus beau, c'est que c'est vrai, ça va mieux. Je respire, l'étau dans ma poitrine s'est relâché, l'air pénètre mes poumons et surtout j'ai la sensation médicamenteuse de savoir une foule de choses. Pas de m'en souvenir, de les *savoir*, ce qui est différent parce qu'on peut abuser la mémoire, la manipuler ou la perdre, mais pas la conscience, du moment qu'on ne s'évanouit pas. Par exemple, je sais que ce n'est pas le parfum de Marta.

« Ce n'est pas ton parfum, dis-je.

— J'en ai changé. Comment ça va ? »

Et je sais que Gilberto Govi, au moment où maman éclate de rire, proteste que si on court sous la pluie, on ramasse aussi l'eau qui tombe ailleurs.

« Et pourquoi en as-tu changé ?

— Parce que. Inspire encore, allez. »

Elle vaporise, j'inspire – avec plus de prudence cette fois, évitant l'effet urticant – et je sais que la porte où la petite s'est coincé la main, ce n'est pas moi qui l'ai ouverte.

« Comment s'appelait l'ancien, qu'on t'offrait à Noël ? »

Je sais que le nom à côté duquel on a copié la combinaison du coffre-fort dans le répertoire du bureau était « Frustalupi », parce que Lello est un supporter acharné de la Lazio et que, dans les années soixante-dix, ce Frustalupi était un milieu de terrain de la Lazio qui ne perdait jamais le ballon, raison pour laquelle on disait que lui passer le ballon revenait à le mettre au coffre-fort. Je sais que *scansamose* est la banderole que les supporters de la Lazio avaient exhibée au stade Olimpico quand leur équipe jouait contre l'Inter il y a quelques années, pour inciter leurs propres joueurs à se laisser battre et éviter que la Roma remporte le championnat. Et que *lomamelda* est une autre banderole, brandie à l'occasion d'une finale de la coupe des coupes italienne qui, pour une raison qui m'échappe, se disputait à Pékin, entre la Lazio qui avait remporté la coupe d'Italie et l'Inter justement qui avait gagné le championnat, et que le noyau dur des supporters de la Lazio s'était coltiné un voyage de huit mille kilomètres, bien sûr pour suivre son équipe, l'encourager et patin-couffin, mais aussi – et d'après Lello *surtout* – insulter les supporters de la Roma du fin fond de la Chine avec cette banderole. Lomamelda. Loma melda. Roma merda. Et je sais que j'avais oublié tous ces détails de façon délibérée, parce qu'ils prouvent – sans équivoque je dirais – que Lello est un enfoiré de première et que je n'aurais jamais dû lui faire confiance, mais dans ce cas, ça aurait compliqué tout ce que je voulais simplifier pour que ma retraite apparaisse sous des raisons objectives, existentielles, historiques et même politiques : ces bobards de simplicité volontaire, refus de la richesse, insertion dans la banlieue...

« Eau d'Issey. Allez, inspire encore.

— Ton parfum s'appelait Odyssée ? »

Marta pulvérise encore, j'inspire, et je sais que c'est elle que j'ai toujours fuie, parce que, à ma façon lâche, malsaine, atterrée, désastreuse, je n'ai jamais aimé qu'elle, dès la première nuit que nous avons passée ensemble, dès cette première morsure de vampire qu'elle m'a infligée au cou, de toute sa bouche, à pleines canines, faisant crisser tous mes nerfs comme si elle voulait m'arracher une bouchée de chair, sucer mon sang, me contaminer, et pendant un instant j'avais cru que c'était son intention, je l'en avais crue capable, et j'avais tremblé entre ses bras comme un hamster, perdu dans son Odyssée...

« Non. Eau, d, apostrophe, Issey. Inspire. Allez.

— Ah. Et comment s'appelle le nouveau ?

— Éclat d'Arpège. Comment te sens-tu ?

— Mieux... »

Je vais mieux pour de bon, je ne risque plus de m'évanouir. Et pourtant je vais beaucoup, beaucoup plus mal que si je m'étais évanoui, parce qu'elle est ici à côté de moi, que sa sœur est morte, que sa vie a été ce qu'elle a été et que c'est ma faute.

« Marta... »

Je me redresse un peu, parce que j'avais fini par m'allonger de tout mon long, mais Marta me retient avec une force – me semble-t-il – bionique.

« Pour le moment, tu ne bouges pas, vu ? dit-elle. On va rester un peu ici, bien tranquilles. »

Bien sûr. Pourquoi pas ? De toute façon, les gens continuent à éviter de nous regarder, c'est incroyable. Assis par terre dans un supermarché, entourés d'un nuage de parfum, nous sommes à l'évidence incongrus, on devrait au moins nous regarder avec curiosité, eh bien on nous ignore. Les autres font mine de rien. Comme je trouve ça anormal maintenant, monstrueux, après une vie passée à faire mine de rien.

« Je me sens bien, dis-je. Sérieux. »

Je respire normalement, mes oreilles ne sifflent plus, mes tempes ne battent plus. Mais je dois finir le boulot. Et peut-être que tout va recommencer. Il faudra que je résiste.

« Tu sais, dis-je, j'ai lu *Bel-Ami.* »

Elle range le flacon de parfum dans son sac.

« Tu as bien fait. C'est un grand bouquin. »

Aucune émotion dans son regard, comme si elle parlait d'un livre parmi d'autres.

« Je l'ai lu dernièrement... »

En réalité, je ne me sens pas si bien que ça. Mes mains tremblent encore, je suis toujours sonné, faible. Si je me levais trop vite, je pourrais encore...

« Tu en as de la chance. » Elle sourit. « Moi je l'ai lu il y a longtemps. »

De nouveau aucune émotion, comme si elle ne se souvenait pas de ce que signifie ce livre pour elle, pour nous. Est-il possible qu'elle ait oublié ? Je suis en pleine confusion. L'air est confus, tout est confus, sauf elle.

« Marta, j'ai été un mufle. Laisse-moi te le dire. Pendant toutes ces années, j'ai accepté que tu passes pour une demi-folle, une nana déjantée, pas fiable, pour me tenir à distance de toi, mais en même temps j'étais le seul homme destiné à rester *près* de toi, moi qui m'étais défilé comme tous les autres et qui pourtant étais toujours là, à proximité de toi. Et c'est cette proximité qui est ma faute, Marta, ma faute impardonnable, parce que cette proximité s'appelait– »

Sa main se pose sur ma bouche.

« Ça suffit. Tu l'as déjà dit. »

Je repousse sa main, elle ne résiste pas.

« Non, je ne l'ai pas dit. Et si je ne le dis pas, ça ne vaut pas. »

De nouveau je me sens mal, mais ça ne compte pas.

« Lara est morte, et je n'ai pas souffert, tu comprends ? Je ne l'aimais pas, je n'ai pas pu souffrir. J'ai construit ma vie sur le faux-semblant et la naïveté des autres. La distorsion cognitive, à côté, c'est du pipi de chat. Tous ceux qui m'ont aimé y ont laissé des plumes, à commencer par elle bien sûr, et Claudia, et toi, pour arriver à Diana et à ses deux gamins qui se sont attachés à moi et qui vont souffrir eux aussi parce qu'ils ne me reverront jamais. Et ils souffriront beaucoup plus que moi, comme vous tous avez souffert plus que moi, que vous l'ayez montré ou que vous l'ayez gardé pour vous, que vous m'ayez donné la réplique, que vous ayez fugué, que vous m'ayez dit mes quatre vérités ou que votre aorte abdominale ait tout bonnement explosé sous le chagrin causé par– »

Marta remet sa main sur ma bouche et, cette fois, elle appuie, et me fait mal à la lèvre.

« Ça suffit, Pietro. Assez. »

Elle sourit, calme mais péremptoire, et elle laisse sa main appuyée sur ma bouche. Elle a raison du reste : je l'ai presque dit. Le dire jusqu'au bout ne ferait qu'ajouter du mal au mal. Nous sommes ici, assis par terre dans un supermarché, nous sommes ce qui reste de la méga-famille que je me suis refusée à moi-même, que je lui ai refusée, que j'ai refusée à Lara et à Claudia et j'ai presque dit cet indicible qui à la fois nous unit et nous sépare. Vu l'effet que ça m'a fait, Marta a raison de me bâillonner : juste pour ne pas m'avoir aussi sur la conscience, au cas où je passerais l'arme à gauche.

C'est pure sagesse.

« Tu as vraiment changé, dis-je quand elle retire sa main de ma bouche.

— Je te l'ai dit, mais tu ne me crois pas. »

Pendant ce temps, quelqu'un nous a repérés. Un vieux au visage caviardé de vaisseaux éclatés nous dévisage en plongée, devant un chariot rempli à ras bord. C'est moi qu'il regarde, en réalité, pas Marta, et il hoche légèrement la tête en fronçant les sourcils d'un air interrogateur comme pour demander : « Que se passe-t-il ? » Son pantalon de jogging présente au niveau de l'aine – c'est-à-dire en gros à hauteur de regard pour moi – une tache sombre. Transpiration ? *Urine ?* Avec un signe que j'espère suffisamment éloquent, j'essaie de lui répondre que tout va bien, qu'il n'a pas à s'inquiéter, que nous n'avons besoin de rien, et surtout pas d'un type qui vient de pisser dans son froc. Il semble le comprendre, puisqu'il acquiesce de la tête, prend au sol un pack d'eau minérale, le met dans son chariot et s'éloigne avec une dignité et un naturel que je n'aurai jamais le jour où je serai aussi mal en point que lui. Je le suis du regard, jusqu'au moment où il disparaît derrière le rayon des laitages, sans se retourner pour nous lancer un dernier regard comme je l'aurais fait.

Marta n'a pas participé à cet épisode. En habituée des supermarchés, elle ne s'est pas intéressée au vieux, elle ne s'est peut-être même pas aperçue de sa présence. Elle va droit à l'essentiel, elle regarde la marchandise, elle se soucie de sa qualité. Et la marchandise dans le cas présent, c'est moi. Elle inspire pour dire quelque chose, mais j'ai fait de même, et mes paroles devancent les siennes.

« Maintenant je me sens mal, dis-je. Très mal. Pas physiquement. Physiquement, c'est tout bon. Je me sens mal dans le monde. »

Marta continue à me regarder en silence. Qu'aurait-elle dit si je n'avais pas parlé le premier ? Je ne le saurai jamais.

« Tu as été très mal toi aussi, n'est-ce pas ? »

Elle baisse les yeux.

« Oui.

— Pour la même raison, n'est-ce pas ?

— Oui. »

Impossible de nous regarder désormais. Si elle n'avait pas baissé les yeux, c'est moi qui l'aurais fait.

« Mais à présent tu ne vas plus aussi mal, n'est-ce pas ?

— Mmm. »

Elle acquiesce de la tête et, dans ce geste, assise par terre, la tête inclinée, elle ressemble un instant à Claudia hier soir quand elle pleurait.

« Ça se voit, dis-je. Tu as détruit l'être solitaire. »

Elle relève les yeux, surprise.

« Quoi ?

— Claudia t'a raconté comment elle a ramassé sa sale note ?

— Non. »

Sans blague. À mon tour de savoir une chose que les autres ignorent.

« Non, rien. Je disais que tu as trouvé une certaine paix. »

Elle sourit, hausse les épaules, baisse à nouveau la tête.

« Plus ou moins, dit-elle.

— Et comment as-tu fait ? »

Elle relève les yeux, comme si ma question était ambiguë et qu'il fallait me regarder en face pour la comprendre.

« Je voudrais moi aussi trouver un peu de paix. Comment fait-on ? Je ne connaissais que la méthode Bel-Ami. Mais ça ne marche pas... »

Elle secoue la tête. Elle est devenue humble, voilà. Sa beauté est devenue humble.

« Je ne sais pas comment on fait, Pietro. J'ai tout essayé pendant des années, mais rien n'a jamais changé : remords, colère, malheur ; remords, colère, malheur... »

Dans une pose qui est devenue solennelle, porteuse de réminiscences, elle refait ce geste mutin de souffler les cheveux qui tombent devant son visage.

« Puis l'été dernier, j'ai fait ce voyage en Islande, continue-t-elle, et tout a changé.

— Peut-on savoir ce qui t'est arrivé pendant ce voyage ?

— Il m'est arrivé un truc dingue, Pietro. Complètement dingue.

— Et pourquoi tu ne me l'as pas raconté ?

— Ce n'est pas que je ne te l'ai pas raconté : on ne s'est pas vus. Je suis revenue début septembre et depuis on s'est juste parlé au téléphone. C'est la première fois qu'on se revoit. Cette année même pas à Noël...

— Dylan était en train de mourir, je ne pouvais pas bouger.

— Je sais bien. Mais ne te plains pas de ne pas avoir su cette histoire. Par téléphone, ce n'était pas possible.

— Raconte-la-moi maintenant. »

Marta ouvre son sac, fouille dedans. Elle sort un cahier de moleskine qui a beaucoup vécu. Elle le feuillette. Elle y trouve une coupure de journal pliée en quatre. Elle la déplie et me la tend.

« J'ai eu les honneurs de la presse », dit-elle.

Je regarde la coupure. Elle est en anglais et porte au stylo l'annotation « Iceland Review 08/27/2012 » dans une calligraphie inconnue. Elle est illustrée d'une photo de montagne hérissée de pics et de gorges et striée d'une cascade, sous un ciel couleur acier.

Lost Woman Looks for Herself in Iceland's Highlands

A foreign tourist was reported missing in the volcanic canyon Eldgjá in the southern highlands on Saturday afternoon after she failed to–

« Et même – c'est sa voix – excuse-moi de t'interrompre : je peux te donner un conseil.

— Sur quoi ?

— Sur la façon de trouver un peu de paix. Mets un “peut-être” devant.

— Devant quoi ?

— Devant cette chose.

— Quelle chose ?

— Celle qui te fait te sentir mal dans le monde.

— Celle que tu ne m'as pas laissé dire ? »

Au lieu de me répondre, elle me lance un regard en coin et me sourit avec une expression à la fois familière et mystérieuse que je ne me hasarde pas à déchiffrer. Je ne me hasarderai plus à rien déchiffrer désormais. Sa beauté resplendit comme une gemme frappée par un rayon de lumière, et cela aussi m'est douloureux.

15

Pour venir à ce que vous ne savez,
allez par où vous ne savez.

Jean de la Croix

Femme portée disparue se cherche elle-même dans une montagne islandaise

Une touriste étrangère qui n'était pas revenue à son bus samedi dernier dans l'après-midi a été portée disparue dans la gorge volcanique d'Eldgjá, dans les montagnes du sud. Le chauffeur a attendu environ une heure avant d'avertir la police et de continuer l'excursion. Des secours ont été envoyés sur-le-champ. Les recherches ont pris fin vers trois heures du matin, quand on a découvert que la femme portée disparue était restée dans le bus et avait même participé à la recherche de sa propre personne, comme l'écrit mbl.is.

Avant de remonter dans le bus après l'étape d'Eldgjá, elle s'était changée et rafraîchie, et les autres passagers ne l'avaient pas reconnue.

Selon les informations recueillies par la garde côtière, un hélicoptère devait être envoyé sur place pour aider les secouristes et seules les mauvaises conditions météorologiques avaient empêché son décollage. Une cinquantaine de personnes ont participé aux recherches, à pied et dans des véhicules. Le chef de la police de Hvolsvöllur, Sveinn K. Rúnarsson, a déclaré à mbl.is que cette femme n'est pas coupable du quiproquo : les personnes à bord du bus n'avaient pas été comptées correctement. Elle ne s'était pas reconnue dans la description qu'on avait donnée d'elle et « ignorait qu'elle était portée disparue ».

TERRES RARES
(Prato-Rome, 2011-2014)

Liste des personnes que l'auteur désire remercier pour leur aide, leur assistance, leur patience, leurs idées, leurs indications, leurs conseils, leurs autorisations et leurs informations qui lui ont permis d'écrire ce livre.

Manuela
Lucio
Umberto
Gianni
Nina
Giovanni
Valeria
Elisabetta Sgarbi
Beppe Candela
Lorenzo Cherubini
Francesca Valiani
Nanni Moretti
Luca Petrucci
Luigi Ferrarella
Eugenio Lio
Edoardo Nesi
Stefano Bartolini
Mario Desiati
Edoardo Albinati
Francesca d'Aloja
Marco Risi
Gianna Nannini
Edoardo Marzocchi
Pierluigi Amata
Christian Calì
Davide Giovannini
Laura Paolucci
Domenico Procacci
Paolo Carbonati
Tiziana Monachini
Luigi Cavallari
Ester Cavallari
Leopoldo Fabiani
Massimo Mazzoni
Bambi Lazzati
Andrea Garello
Beppe Inverni
Beppe Del Greco
Marius Aradi

Le travail éditorial sur ce roman est dû à Massimiliano Governi.

Les faits racontés sont imaginaires, de même que les noms des personnages, dont beaucoup ont été choisis parmi des noms délaissés par des célébrités ayant préféré un pseudonyme. Les éventuels cas d'homonymie sont fortuits.

L'article de la *Iceland Review* est vrai jusque dans la date. Il a été reproduit avec l'autorisation du journal.

L'histoire racontée au chapitre 10 de la première partie n'est pas du cru de l'auteur. C'est une reprise du superbe monologue autobiographique d'Emanuele Salce, dans son spectacle *Mumble mumble, ovvero confessioni di un orfano d'arte* (*Mumble mumble ou les Confessions d'un orphelin de la balle,* d'Emanuele Salce et Andrea Pergolari). Outre sa gratitude pour l'avoir autorisé à ce remaniement, l'auteur lui exprime ici sa profonde admiration.

Les deux numéros de téléphone portable cités dans le livre correspondent à des cartes appartenant à l'auteur – au cas où un lecteur serait assez fou pour les appeler. Le numéro de fixe est fictif.

Toujours à l'intention de ce lecteur fou : inutile d'essayer d'entrer dans le compte Gmail cité dans le texte, car lui aussi est fictif.

Dylan Orsulic Zimmerman, le chien de l'auteur, est mort le 4 juin 2014 à l'âge de dix-sept ans. Si cela avait un sens, ce roman lui serait dédié aussi.

Du même auteur :

LES VAGUALÂMES, Robert Laffont, 1993.
LA FORCE DU PASSÉ, Plon, 2002.
CHAOS CALME, Grasset, 2008.
TERRAIN VAGUE, Grasset, 2010.
XY, Grasset, 2013.
UN COUP DE TÉLÉPHONE DU CIEL, Grasset, 2014.
SELON SAINT MARC, Grasset, 2017.

PAPIER À BASE DE
FIBRES CERTIFIÉES

Le Livre de Poche s'engage pour
l'environnement en réduisant
l'empreinte carbone de ses livres.
Celle de cet exemplaire est de :
400 g éq. CO_2
Rendez-vous sur
www.livredepoche-durable.fr

Composition réalisée par PCA

Imprimé en France par CPI
en septembre 2017
N° d'impression : 3024677
Dépôt légal 1re publication : octobre 2017
LIBRAIRIE GÉNÉRALE FRANÇAISE
21, rue du Montparnasse - 75298 Paris Cedex 06

53/4413/4